suhrkamp taschenbuch 49

Ernst Bloch wurde am 8. Juli 1885 in Ludwigshafen geboren, studierte Philosophie und Physik und lebte zunächst als freier Schriftsteller in München, Bern und Berlin. 1933 emigrierte er in die Tschechoslowakei und 1938 in die Vereinigten Staaten. Von 1949 bis 1957 war er Ordinarius für Philosophie an der Universität Leipzig und seit 1961 ist er Ordinarius für Philosophie an der Universität Tübingen. 1967 erhielt er den Friedenspreis des Deutschen Buchhandels. Werke: *Geist der Utopie*, *Thomas Münzer als Theologe der Revolution*, *Spuren*, *Erbschaft dieser Zeit*, *Subjekt–Objekt*, *Das Prinzip Hoffnung*, *Naturrecht und menschliche Würde*, *Verfremdungen*, *Tübinger Einleitung in die Philosophie*.

Naturrecht und menschliche Würde erörtert die abendländische Naturrechtsdiskussion von Epikur und der Stoa über Thomas von Aquin, Althus, Hobbes, Grotius, Rousseau, Kant, Fichte, Schelling, Hegel, Feuerbach, die Französische Revolution und Marx bis zum Bürgerlichen Gesetzbuch und faschistischen Theorien. Menschliche Würde wäre nach Bloch nur in einer sozialistischen Gesellschaft gewährleistet, doch wahrer Sozialismus ist ohne demokratische Freiheit ebensowenig möglich wie wahre Demokratie ohne Sozialismus. Freiheit und Würde des Menschen müssen ebenso gegen den mißverstandenen Sozialismus wie gegen die mißverstandene Demokratie verteidigt werden.

Ernst Bloch
Naturrecht und menschliche Würde

Suhrkamp

suhrkamp taschenbuch 49
Zweite Auflage, 16.–22. Tausend 1975

Satz: Druckerei und Verlagsanstalt Konstanz, Am Fischmarkt
Druck: Ebner, Ulm · Printed in Germany
Umschlag nach Entwürfen
von Willy Fleckhaus und Rolf Staudt

INHALT

NATURRECHT UND MENSCHLICHE WÜRDE

Vorwort

Was rechtens sei? – darum kommt man nicht herum. Diese Frage läßt immer aufhorchen, sie drängt und richtet. Ein als naturrechtlich bezeichnetes Denken hat sich ihr gewidmet, grundsätzlich, nicht von Fall zu Fall. Und gleich wie man dazu stand, ablehnend oder unentschlossen: das in ihm Gemeinte, so abstrakt es vielfach war, konnte nicht gleichgültig gemacht werden. Wo alles veräußerlicht wurde, stechen unveräußerliche Rechte sonderlich heraus. Und weil sie keinen bestehenden Platz für sich hatten, stärkte das den jasagenden Untertan wenig. »Kein Mensch muß müssen«, dieser naturrechthafte Satz, im Gewohnten so falsch, wirkte als ungewohnter, als Anlage und Anmeldung, desto richtiger. Gegen diese revolutionäre Anlage trat im neunzehnten Jahrhundert erst die historische Rechtsschule auf, wirkte restaurierend dann der Rechtspositivismus, moderner, anpassungsfreudig, also empiristisch. Aber beide Ablehnungen waren zu heftig, um so abgeklärt zu erscheinen, wie sie das ausgaben. Das aufsteigende Bürgertum hatte in seinem Naturrecht oft nur sich selber idealisiert, aber dann, als arriviertes, hat es sich mit Anti-Naturrecht lediglich smart gemacht, klar zum Profit, oft zynisch. Das Denken eines rechtlichen Maßstabs überhaupt schien erledigt, die alten Versuche dazu galten als lächerlich, mindestens als verdächtig, und das eben, scheinobjektiv, in Bausch und Bogen. Indes: selbst die leicht durchschaubaren Fiktionen im älteren Naturrecht (so der als vorgeschichtlich gesetzte Staatsvertrag) machten das Ganze der Sache nur jenen verdächtig, denen das vorhandene positive Recht viel zu unverdächtig war. Ohnehin hielt die Ablehnung auf die Dauer nicht vor; denn sobald die gesellschaftlichen Widersprüche wuchsen, wurde für das Unrecht selber eine sozusagen naturrechtliche Draperie nötig. Neukantianisch wurde zunächst so etwas wie richtiges Recht dem strikten angestückt, war aber als Flicken nicht lang brauchbar. Desto vitaler inszenierte der Faschismus: er erfand für die Wirtschaftsführer ihr Urrecht des Stärkeren, für die Opfer das anders blutvolle des geborenen Knechts. Mit mehr Salbe wieder ging eine Art klerikales Naturrecht an, tunlichst nicht explosiv in der Gebärde und lauter soziale Harmonielehre. Kapital und Arbeit finden sich zusammen in einer angeblichen lex aeterna gestaffelten Eigentums, ständischer Ordnung, gottgewollt, naturgemäß. Soviel hier über solche Nachgeburten von heutzutage, nachdem Rechtspositivismus nicht mehr ausreicht, und sie sind, bei allem, was rechtens ist, nicht Citoyen. Aber auch noch soviel liberale Erinnerung andererseits, Freiheit, gern auch Brüderlichkeit, unlieber Gleichheit betreffend, kann am Bourgeois nichts oder wenig mehr sein als Sonntag, gute Stube, Apologie. Überraschender, ganz und gar nicht regulär ist, daß sozialistisch, wo expressis verbis der wirkliche, nämlich der zu befreiende und zu erfüllende Mensch im Mittelpunkt steht, noch weithin Ablehnung von Naturrecht im Schwange ist. Der oft abstrakte, nur genushafte, statisch-ewige Charakter in den alten Naturrechtslehren wurde dazu sehr betont, begründet negativ: es gibt freilich noch andere Gründe. Und doch geht genau jetzt, an diesem Punkt, eines der entscheidendsten Themen des Humanismus in Aktion. Zu ihm gehört die Frage nach den *echten* Intentionen des alten Naturrechts, gehört die Aufgabe eines sozialistischen Erbes an diesen ehemals liberalen, nicht nur liberalen *Menschenrechten*. Die Etablierung des aufrechten Gangs, auch gegen gepolsterte, auch gegen umgetaufte, ja retrograde Abhängigkeiten, – es ist ein Postulat aus dem Naturrecht und nirgends woanders her, woanders auch nur findbar. Die Erbitterung war nicht nur moralisch, wenn es Kant als keine Kleinigkeit ansah, daß der Mensch von seinen Herrschern als eine solche behandelt wird, »indem sie ihn teils tierisch, als bloßes Werkzeug ihrer Absichten, belasten, teils in ihren Streitigkeiten gegeneinander aufstellen, um ihn schlachten zu lassen«. Und folgende Weisung bei Marx ist nicht nur ökonomisch, wenn er lehrt, »alle Verhältnisse umzuwerfen, in denen der Mensch ein erniedrigtes, ein geknechtetes, ein verlassenes, ein verächtliches Wesen ist«. Verständlich daher, daß dergleichen ebenso als bloß »soziologisches« Wesen ausgeschaltet oder abgemattet wurde, wie es immer wieder aufhorchen läßt. Altes Eisen also sieht anders aus, das Überalterte steckt mehr in dem, was das Naturrecht angriff, als in ihm selber. Der einfache kritische Spruch: »Tausend Jahre Unrecht machen noch keine Stunde Recht«, die konstruktive Definition: »Aufklärung ist der Ausgang des Menschen aus seiner selbst verschuldeten Unmündigkeit«, beide haben ihren Lohn noch nicht dahin. Dergestalt also, daß weder menschliche Würde ohne ökonomische Befreiung möglich ist noch diese, jenseits von Unternehmern und Unternommenen jeder Art, ohne die Sache Menschenrechte. Beides geschieht nicht automatisch im selben Akt, sondern ist wechselseitig aufeinander angewiesen, bei ökonomischem Prius, humanistischem Primat. Keine wirkliche Installierung der Menschenrechte ohne Ende der Ausbeutung, kein wirkliches Ende der Ausbeutung ohne Installierung der Menschenrechte. Ein Stück Beethoven ist bei ihnen, die Widmung der Eroica zerreißend, als Napoleon Kaiser wurde. Der Grundzug vor allem des klassischen Naturrechts ist mannhaft, ein Pochen auf die facultas agendi endlich unentfremdeter Menschen in der norma agendi einer endlich unentfremdeten Gemeinschaft.

Dazu mögen hier mehrere zuständige Männer genannt, die wichtigen betont werden. Um Erbschaft eigener Art handelt es sich, ihr Bestes ist noch hinzuzufügen, steht aus. Was vergangen, kehrt nicht wieder, besonders nicht in abgelaufener Weise, doch kann beim Wort genommen werden. Das Problem eines Erbes am klassischen Naturrecht ist suo modo ebenso dringend, wie es dasjenige an den sozialen Utopien war. Soziale Utopien und Naturrecht hatten ein sich ergänzendes Anliegen im gleichen humanen Raum; getrennt marschierend, leider nicht vereint schlagend. Obgleich beide in dem Entscheidenden einig waren, das menschlichere Gesellschaft heißt, so bestanden doch zwischen Sozialutopien und Naturrechtslehren lange wichtige Unterschiede. Sie sind, sehr abgekürzt, so formulierbar: Die Sozialutopie ging auf menschliches Glück, das Naturrecht auf menschliche Würde. Die Sozialutopie malte Verhältnisse voraus, in denen die *Mühseligen* und *Beladenen* aufhören, das Naturrecht konstruierte Verhältnisse, in denen die *Erniedrigten* und *Beleidigten* aufhören. Anders auch als bei den meisten Träumen von Glück geht es bei den Vor-Bildern von Würde vorzugsweise nüchtern her; wozu uns in den naturrechtlichen Männern

Odoardo Galotti, Verrina, selbst Oranien manch dramatisches Beispiel anblickt. Echtes Naturrecht, den vernunfthaft befreiten Willen setzend, war eines des erst zu erkämpfenden Ge-rechten; so meinte es auch keine Gerechtigkeit von oben, die jedem, austeilend oder vergeltend, seine Ration vorschreibt, sondern eine aktive von unten, damit man überhaupt keine mehr brauche. Nirgends fällt Naturrechtliches mit bloßem Rechtsgefühl zusammen, wohl aber konnte es sich (in der Stoa, deutlich in der »guten Natur« Rousseaus) mit einer sehr alten Geborgenheit treffen und ihrem Maß: dem Mutterrecht. Hat auch noch von hierher, diesen fast verschollenen Gründen, gegen Willkür und Künstlichkeit angesetzt, warm und voll. Wesentlich jedoch war die mannhaft versuchte Emanzipation ins Freie samt Konstruktion seines Raums. Das wird am knappsten in Schillers Abhandlung »Über das Erhabene« ausgedrückt, ist ein Perspektivplan, der sich hören lassen kann, auch in alter Sprache. Er lautet: »Der Wille ist der Geschlechtscharakter des Menschen, und die Vernunft selbst ist nur die ewige Regel desselben. Eben deswegen ist des Menschen nichts so unwürdig, als Gewalt zu erleiden, denn Gewalt hebt ihn auf. Wer sie uns antut, macht uns nichts Geringeres als die Menschheit streitig; wer sie feigerweise erleidet, wirft seine Menschheit hinweg.« Derart ist es sehr an der Zeit, auch die Unterschiede in den ehedem sozialutopischen Absichten des Glücks und den ehedem naturrechtlichen der Würde endlich funktionell verbunden und aufgehoben zu sehen. Eben voll Gewißheit: es gibt sowenig menschliche Würde ohne Ende der Not, wie menschgemäßes Glück ohne Ende alter oder neuer Untertänigkeit. Das Beste an der Aufklärung kommt genau auf diesem Feld entgegen und macht sich, nicht wieder austreibbar, geltend. Vorliegendes Buch möchte ein so historischer wie vor allem eingedenkender Beitrag zu dem sein, was rechtens und doch noch offen ist: zu den Problemen des aufrechten Gangs. Das ist ein Juristikum eigener Art, mit fragend, fordernd gesuchter Mündigkeit beginnend, mit dem klassischen Naturrecht nicht endend.

VIEL GEBRAUCHT 1

Einer hat es in sich. Er meint zu spüren, was recht ist. Doch wie wechselnd kommt gerade dieses Wort vor. Da läuft von vornherein mehreres durcheinander.

Man fühlt sich etwa nicht recht. Wäre es anders, so würde man sich wohlauf fühlen. Oder man kann einem Mann nichts recht machen. Wäre es anders, so wäre er zufriedenzustellen, er wäre es zufrieden. Das sind keine rechten Leute, auch so etwas läßt sich sagen. Dabei aber werde besonders auf den Finger geblickt, der so zeigt. Denn hier wieder ist gemeint, sie sind einem unpassend, sei es, daß sie nicht wohlhabend oder nicht angesehen genug sind. Scharf dagegen wird behauptet, einer handle nicht recht. Verhielte er sich anständiger, dann wäre er das, wofür man ihn hielt, ein rechtlicher Mann. Dergleichen läßt sich sprachlich weit fortsetzen, denn zu vieles wird in der üblichen Rede recht genannt. Und doch ist auch dann immer etwas bedeutet, das, wenn es da wäre, wohl stimmte. Das im Lot wäre und so richtig. Nur wird auch so von mancherlei gesagt, am bequemsten von obenher, daß es recht sei, und dann ist's nicht so. Der kleine Mann merkte stets, da geht etwas nicht auf. Der größere kann sich den Gang richten, wie bisher.

EIN DRITTER ENTSCHEIDET 2

Keiner lebt, weil er das will. Aber nachdem er lebt, muß er es wollen. Er muß sich daran halten, damit er auch zu etwas kommt. Nicht nur in dem Sinn, daß er arbeitet. Auch viele, die es nicht tun, kommen zurecht, oft sogar besonders gut. Die stecken ein, was andere erarbeitet haben. Doch sucht der eine dem anderen wieder die Beute abzujagen. Es ist ihnen nicht einmal immer sicher, wem sie gehört.

Dann wird um sie gestritten, gekämpft. Zweierlei Begehren, zweierlei Habenwollen des Gleichen sind sich im Weg. Verschiedene Ansprüche an die selbe Sache sind üblicherweise unverträglich. Es entsteht Streit, und der eine Wille kann den anderen verklagen. Indem ein Dritter da ist, der die sich unbeteiligt gebende Macht hat, entscheiden zu können, spricht man davon, daß der Streit geschlichtet wurde. Daß der eine Teil recht bekommen habe, der andere, als der abzuweisende oder zu bestrafende, nicht. Der zivile Streit bleibt gleichsam unter sich, obwohl er – denn sonst könnte jeder kommen – überall schon öffentlich rechtlich eingreift und von daher erledigt werden kann. Wird das öffentliche Recht sehr verletzt, durch einen weniger zivilen als verbrecherischen Täter, dann wird nicht mit der Börse gehaftet, sondern mit dem Leib. Wer aber, was ist der Dritte, wenn er sich als unparteiischen setzt oder gesetzt wird? Und wer und was richtet den Richter? Ein Gefühl, oft nicht nur in eigener Sache, gibt einem Entscheid doch oft unrecht. Er mag sogar unbefangen, unparteiisch sein, und doch: wurde hier recht gemessen? Vor allem, was eichte das Maß selber und zwar einleuchtend, mit dem das Flüssige, auch Schlüpfrige der Rechtsfälle wieder geeicht wird? Das war nie ungefragt, galt nie als selbstverständlich, besonders nicht von unten her, bei den Kleinen, wo es strenger herging und die man nicht laufen läßt. Ist das Urteil ergangen, so muß sich ihm gebeugt werden. Und das verträgliche Leben geht wieder an, bis auf weiteres.

3 DAS SOGENANNTE RECHTSGEFÜHL

Wer verloren hat, will das nicht wahrhaben. Zwar wußte der Kläger oder Beklagte zuweilen schon vorher, daß er unrecht hatte. Aber man ließ es darauf ankommen, kein gerichtlicher Ausgang ist sicher. Man weiß nie, wie der Zufall spielt, und die Schlauheit kann ihn lenken. Aber auch der übliche Gauner glaubt nachher, wenn er verloren hat, daß das Urteil ungerecht war. Erst recht der von vornherein von sich und seiner Sache Überzeugte. Er fühlt sich vergewaltigt, inwendig hält er seine

Ansprüche aufrecht. Wäre das bloß deshalb, weil gegen ihn entschieden wurde, dann wäre die Unzufriedenheit so selbstverständlich wie langweilig. Aber gerade was die Nicht-Gauner, als die bloß wirtschaftlich Schwächeren und die machtmäßig Übervorteilten angeht, so fühlen diese seit alters fast sprichwörtliches Mißtrauen gegen das Gericht. Eben deshalb, weil sie im Schatten leben und nichts Gutes von denen gewohnt sind, die ihn auf sie werfen. Auch das Recht ist nicht für, sondern gegen sie gebaut. Und der Hund, der den Knochen verdient, bekommt ihn nicht.

Leicht scheint zu finden, was hier richtig wäre. Nämlich daß der Hund den Knochen doch bekommt und dergleichen mehr. Zuweilen auch klopft der Herr, der ihn verweigert hat und ihn nun ausnahmsweise nachliefern muß, auf seine Brust und glaubt dann selber, nolens volens, die Stimme des beleidigten Rechts zu vernehmen. Im Herzen wohnt derart ein sehr gemischtes Gefühl, das sogenannte Rechtsgefühl. Selbst bei einem und demselben Menschen zeigt es sich oft aus den verschiedensten Regungen zusammengesetzt. Von vornherein ist es unklar, es legt vor allem in seinem kleinbürgerlichen Gebrauch gar kein Gewicht darauf, klar zu sein. Hat man doch sogar bei Tieren so etwas Merkwürdiges wie einen juristischen Instinkt wahrnehmen wollen. Allerdings nur im Sinn der Rache, der vergoltenen Schädigung. So will man an höheren Tieren beobachtet haben, daß, wenn nicht sofortige Notwehr erfolgt, die Antwort auf einen späteren, besser geeigneten Zeitpunkt verschoben wird. Es gibt sogar ein morgenländisches Märchen über einen Elefanten, der den Schneider, der ihn mit Nadelstichen gequält hatte, mehrere Tage danach mit Wasser besprengte. Noch mehr ist das angebliche Staatsgefühl bekannt, das man gleichsam als insektenhaftes Staatsrecht in Bienen und Ameisen hineingedeutet hat. Doch ist damit wieder fürs menschliche Gefühl nicht viel anzufangen; denn dieses zeichnet sich ja als juristisches dadurch aus, daß es einzelgängerisch ist. Oder tritt es vor die Tür, auf die Straße, dann dazu, um gerade im Staat nach dem Rechten zu sehen. Wenn es aber wirklich nach dem Rechten sieht, also die Sache der Unterdrückten und nicht des eigenen egoistischen Raunzens betrifft, kann das Rechtsgefühl ohnehin nicht auf Tiersitte zurückgehen. Es müßte sich keines Bienenstocks, sondern jener *menschlichen* Urzeit erinnern, wo überhaupt das Mein und Dein, vor der Arbeitsteilung, sich selber nicht erschienen waren. Doch dann wieder wäre das Rechtsgefühl für das Mein seines Trägers nicht so empfindlich, für das Dein des Nebenmenschen nicht so harthörig; wie das meist doch der Fall. Gar bei dem, was der Nazi die Frechheit hatte, Volk zu nennen und seinen gesunden Sinn, trieben sich, weit davon entfernt, goldene Urzeit zu sein, die rohesten und schäbigsten Vorurteile des neueren Mittelstandes um. Die Taten dieses Bluts wurden einzig Bluttaten, die Stimme dieser Naturen war einzig die von Mördern. Der Nazi berief sich ebenfalls auf Rechtsgefühl, das Lynchgericht tut dergleichen schon längst. Wenn die weißen Machthaber und Babbitts der amerikanischen Südstaaten ihren Drang nach Gerechtigkeit spüren, beginnen alle Neger mit Grund zu zittern. Und kein Prolet war im juristischen Klasseninstinkt kleinbürgerlicher Geschworener je gut aufgehoben. Aber auch in harmloseren Fällen, bei weniger kochender Volksseele, entspricht das Rechtsgefühl, als dumpfes und kurzsichtiges, nicht den Zwecken, die ein Unterdrückter damit verbinden mag. Es ist zu leicht denen zugänglich, die nicht mit der gegenwärtigen Wirtschaft überhaupt unzufrieden sind, sondern nur mit dem Platz, den sie in ihr einnehmen. Da wurde, als der Geldwert zu sinken begann, auch die Aufwertung alter Forderungen aus natürlichem Gefühl begründet. Und besonders natürlich kommt sich die Herzenswaage vor, wenn sie unnatürliche Liebe bei Männern verdammt (bei Frauen merkwürdigerweise nicht). Dem Holzstoß mit der Hexe drauf hat ein damals gängiges Rechtsgefühl ganz anders zugestimmt als den wenigen, die die Feuer löschen wollten. Unmöglich, den Muff, auch wenn er es wünschte, naturrechtlich einzumengen; das gilt selbst für höheres Licht. Wenn etwa Ihering seinerzeit sich fast naturrechtlich zu gebärden glaubte, als er einen verlorenen Prozeß noch mit einer Geldstrafe zu schmücken riet. Er eiferte dagegen, daß ein Kläger vom Schuldner, nach langem Kampf, nicht mehr erhalte, als was ihm vom Anfang an gebührte.

Anders wird die Sache erst, sobald das Gefühl beginnt, über sich nachzudenken. Sobald es auch nur insoweit scharf wird, daß es nach angeborenen Rechten fragt und sie vom erworbenen Unrecht, von der Satzung überhaupt, unterscheidet. Daß etwa ein Eigentum, von dem kein Gebrauch gemacht wird, ein herrenloses sei und der Bedürftige sich seiner bemächtigen könne, darin geht das Rechtsgefühl nicht ganz irre. Noch weniger im Urteil, daß ein Eigentümer, der Kaffee, Weizen, Baumwolle vernichtet, um die Preise hochzuhalten, selber als Eigentümer vernichtet werden müsse. Doch auch um *solches* Rechtsgefühl durchzuhalten, muß es erst mit Begriff versehen werden. Das beschränkt sich dann nicht nur auf Schöffen, gegebenenfalls Geschworene, auf die Entscheidungen der Gerichte und ihre Einzelfälle. Man hat gesagt, es ließe sich förmlich hören, ob ein Tatbestand und seine rechtliche Folge zusammenklingen oder nicht. Ob ein richterlicher Entscheid künstlich sei oder sich gleichsam zwanglos, natürlich ergebe. Künstlich etwa, oder wie gesagt wird: dem Volk rechtens unverständlich, wirkt gar eine Rechtsprechung (und mag sie noch so voll sûreté sein), die um 1820 einen Demagogenrichter in Hoffmanns »Meister Floh« sagen läßt: Den Täter haben wir, das ist die Hauptsache, die Tat wird sich schon finden. Eben in Zeiten der Unterdrückung hörte das volkstümliche Kopfschütteln gar nicht auf; aus seinem Grimm sind die mancherlei Sagen vom einfachen bon-sens-Richter entstanden, schließlich eben, ohne Brechts »Kreidekreis«, die Beisitzer, Schöffen, Geschworenen. Rechtsgefühl an sich freilich, und sei es noch so demokratisch, gilt auch bei Volksfreunden nur als Fingerzeig, nicht mehr. Es wirkt auch als reines, gerades zu vag, zu wiederkäubar, zu anfällig fürs Klischee, muß sich schärfer verbünden. Gibt auch bon sens hier gut Gehör, so doch stets als ein der Selbstprüfung bedürftiges, der Würdigung fähiges. Das Gehör wird noch weit besser, wenn es gegen interessierte Gesetze samt ihrer Verkehrssitte ursächlich empfindlich wird. Wenn statt des Unrechts und noch statt des halben Rechtsstaats für arm und reich zugleich diejenige Ordnung bedacht wird, die das wirkliche Rechtsgefühl meint. Von Bräuchen muß zurückgetreten werden, damit man sich seines Verstands bedient. Bias begann so, als er alles Seine mit sich trug. Und ein eigener Kopf gehörte dazu, der das Gefühl zuspitzt, um wirklich zu bohren.

Nicht überraschend, daß zunächst erst der Einzelne aufbegehrte. Das mußte sein, denn die Gruppe selber hält lange zusammen. Zäh und oft auch lähmend verbindet das Herkommen, ein fester Kitt. Brauch, Sitte, Recht sind lange eins, halten desto sicherer die Knechte in Bann. Umso mehr, als Armut und Druck allein gegen die angestammte Peitsche noch nicht aufbegehren lassen. Dumpf ließ er sich an sie gewöhnen, aus dem Zerknirschten kam nicht ohne weiteres ein Knirschen, das sprach und aufreizte. Immer erst seltsame Einzelgänger mögen gegen den Brauch angegangen sein, ja dann unter den Herren, ihr Sondersein oder ihren Sonderfall vertretend, eher als unter den Unterworfenen. Daher wird leichter von einem Kain gesprochen als von einer ganzen Rotte Korah; und erbitterte Knechte haben sich überhaupt erst spät zusammengerottet. Geschichtlich ist auch der Einzelne in seinem Widerspruch gegen Herkommen und Satzung erst notiert worden, als er besonders auffallend und dabei noch in seiner Art standesgemäß auftrat. Nicht etwa revolutionär auftrat, mit peloponnesischen Sklaven hinter sich, sondern fein, frech, geistreich, gar unter neu gebildeter, emanzipierter jeunesse dorée selbst. Unter der athenischen jeunesse dorée, als einer, die ihre Renten in voller Freiheit verzehrte, ohne Kriegerkaste mit alter Zucht, wie in Sparta, ohne Priesterkaste mit alten Tabus, wie im nahen Orient. Ihre Sprecher waren die *Sophisten*, doch so, daß sie gegen das Herkommen nicht nur die beliebige Meinung des Individuums gesetzt haben, sondern zum ersten Mal φύσις als natürlichen Wertbegriff. So gaben sie freilich auch anderen als den Söhnen des Handelskapitals ein Stichwort; zum ersten Mal wurde im *doppelten* Sinn des Worts »räsoniert«. Das Wild-Beliebige und das Allgemein-Beständige gehen im sophistischen Gebrauch der Physis noch ineinander; ebenso das Rechtlose und die Forderung nach gleichem Recht für alle. Einheitlich ist nur der physishafte Gegensatz zur überkommenen Satzung, zum Gesetz, zum Nomos. Das Gesetz, sagte Hippias, tyrannisiert den Menschen, zwingt ihn zu vielem, was ihm physisch zuwiderläuft. Übertrieben wurde hierbei, im Verlauf der Nachrede, das Wild-Beliebige: Eltern dürfen ihre Kinder heiraten, Recht ist

Genuß, ist Vorteil, dem Mächtigen ist alles erlaubt. Doch ebenso finden sich bei Sophisten, weil von Natur doch alles gleich sei, menschenfreundliche Rechte und nur diese. Lykophron nennt den Adel einen eingebildeten Vorzug, Alkidamas weist darauf hin, daß der Gegensatz von Sklaven und Freien der Natur unbekannt sei. Hippias erklärt, alle stünden von Natur im Verhältnis von Mitbürgern; ihre Trennung (auch die Ungleichheit des Besitzes) sei gewaltsam durch das Gesetz herbeigeführt. Ja Protagoras lehrte bereits, sein Ursprung bestünde in einem ἀθροίζεσθαι, Sichversammeln; demgemäß müsse der Staat sich für alle bewähren. Warum und wozu sich die Menschen versammeln, darüber bleibt die Auskunft freilich schwankend und gemischt; denn eben: keine neue Klasse gab dieser athenischen Aufklärung den Auftrag. Sicher ist nur, daß Natur sowohl als Recht des Stärkeren wie als Gleichheit aller gegen das Herkommen auftreten sollte, soll heißen: gegen den genormten Anstand, zu dem sich Zucht und Sitte unterdes verkleinert hatten. Die Sophisten haben demgegenüber das Zeichen des Subjekts gebracht, des natürlich-einzelnen, freien, klugen.

Dergleichen war fortschrittlich durchaus, konnte nicht zum Schweigen gebracht werden. Wenn auch zum Teil wunderlich übertrieben, ging der aufregende Anstoß weiter. Das in der getrennten Ausbildung zweier scharfer Bestimmungen: der privaten Bedürfnislosigkeit hier, der privaten Lust dort. Jede Satzung, die der einen oder anderen Absicht widersprach, war als ungesunde, mithin unnatürliche gerichtet. *Kyniker* wie *Hedoniker* haben derart gleichmäßig Naturrecht eingeleitet, obzwar verschieden abgezieltes. Das kynische Schlagwort setzte Bedürfnislosigkeit, den Reiz des einfachen Lebens. Indem Antisthenes dieses als naturhaft setzte, wurde der sophistische Kampf gegen das Herkommen einer gegen die künstlichen Verwicklungen im Herkommen. Der Weise erkennt nur an, was die animalische Natur unabweisbar verlangt, er verachtet, was nur menschliche Erfindungen als begehrenswert oder befolgenswert erscheinen lassen. Dazu gehören auch Rechtsverhältnisse wie Familie, Vaterland, Bürgerpflicht; keinem Menschen sind sie angeboren, nicht einmal das Menschliche ist angeboren. Das Leben der Hunde ist das rechte, ohne Eigentum, ohne Ehe, ohne Scham, unbekümmert im Tun und Lassen. Über diese laszive Empfehlung hinaus haben die Kyniker Einfachheit als naturrechtliches Zeichen angegeben; es ist seitdem aus Bewegungen des Überdrusses nicht verschwunden. Sei es aus revolutionären, innerhalb gering entwickelter Wirtschaft, sei es aus affektierten, in übersättigter oder sinkender Oberschicht. Wobei diese den Armen auch selber ein Hundeleben anpreisen konnte, weil sie kein anderes mehr zu bieten hatte. Und allemal nahm sie es Arbeiterführern übel, wenn diese sich nicht damit begnügten, in einem Faß zu wohnen. Unmißverständlicher als die kynische Bestimmung ist daher die *hedonische*, die der – wie immer privaten – Lust. Aristipp setzt nur sie als höchstes Gut, und den Wert jeder Satzung maß er danach, ob dieses Gut durch sie, als eine nicht nur künstlische, sondern asketische Verwicklung, ungestört bliebe. Aristipp führte zum Unterschied von Antisthenes und Diogenes ein üppiges Leben, setzte das natürliche Recht darauf, schnorrend oder erbend, sagte aber vom Reichtum, es sei mit ihm wie mit Schuhen, man könne ihn nicht brauchen, wenn er zu groß sei. So wurde auch das Eigentum in ausschließlichen Bezug zur Konsumtion gesetzt, zu einem in sich schrankenlosen, doch äußerlich rücksichtsvollen Lustgenuß. Lust ist der jeunesse dorée selbstverständlich; nicht so selbstverständlich geriet sie bekanntlich den Armen und Unterdrückten, obwohl sie gerade den revolutionären Bewegungen, als denen zum Glück, ein ständiger Antrieb war. Insofern gaben die Hedoniker, mit dem Naturrecht des Glücklichseins, ein Maß, das den Ausbeutern, die zwangsläufig unglücklich machten, lange nicht so bequem war wie die Bedürfnislosigkeit. Die Gesellschaft hatte sich darüber auszuweisen, ob sie mehr aufs Huhn im Topf gerichtet ist oder auf stilles Bescheiden. Nicht verwunderlich, daß sich die Herren über eine so niedere Anforderung an den Staat, wie sie von der Lust her ergeht, fast stets geärgert haben. Dies allgemeine Recht auf Lust erscheint schwerer erfüllbar als das auf ein Wohnfaß. Predigt des allgemeinen schuldenfreien Vergnügens ist, solange es Reich und Arm geben muß, sehr unangenehm.

Noch biß das alles niemanden, es wollte bloß in Ruhe gelassen werden. Nun aber wurde weiter gezeigt, wie man auch ohne Gesetz weise und freundlich leben könne. Viel weniger flackernd als die sophistische hat derart die epikureische Gesinnung ein Recht außerhalb der Satzung zu gründen versucht. Es ist das von Aristipp übernommene Recht der Lust, und zwar ein kühl überlegtes, gänzlich unfeierliches. Das war sehr gut, denn so wurde hier die Satzung zunächst auch sinnlich-sinnfällig geprüft. *Epikur* setzte das Recht zur ungeschoren bleibenwollenden Lust, gerade als dem menschlich werten und würdigen Zustand, auch zeitlich als erstes und nahm dem Staat bereits von seinem Ursprung her die überlieferte Weihe. Die Athener haben ihre Könige vertrieben, aber Epikur vertrieb auch die Polis als das dem eigenen Leben lästig Geratene, das heißt, er machte sie zu einem bloßen Zweckverband aus Abrede. Mit verblüffender Wendung ins Privatrechtliche lehrte er als erster: der Staat sei durch einen *Vertrag* gebildet, sei abgeschlossen worden von freien und gleichen Individuen. Der Anlaß dieses Vertrags, συνθήκη, ist äußerst nüchtern, nämlich Wille zur gegenseitigen Nichtschädigung. Sein Zweckinhalt ist das Zuträgliche, συμφέρον, der Nutzen jedes Teilnehmers, die wohlverstandene Ruhe miteinander und voreinander. Indem diese Übereinkunft unter Gleichen stattfindet, fehlt jede Spur eines Unterwerfungsvertrags; indem sie Gleichheit des Interesses voraussetzt, ist sie überhaupt mehr eine Vereinbarung (im juristischen Sinn) als ein Vertrag. Die Übereinkunft zum Staat ist höchstens ein Einigungsvertrag, mit dem gegenseitigen Nutzen als einziger Grundlage naturrechtlicher Verpflichtung. Selbst das Naturrecht aber, das derart als eines der individuell-utilitarischen Sicherung erfließt, besitzt keine besondere Weihe (wie sie später erschien), keine feierliche Beziehung auf irgendeine »ewige Natur«. Wenn die Sophisten Physis gegen Nomos, Natur gegen menschliches Gesetz ausgespielt haben, so nahmen und benutzten sie den Begriff Physis in dem Sinn, wie die jonischen Naturphilosophen ihn vorher bestimmt und herausgearbeitet hatten: nämlich als das Dauernde im Wechsel, das Gleiche in der Verschiedenheit der

Dinge. Parallel war nun Physis als das werthaft Dauernde im Wechsel der menschlichen Satzungen bestimmt worden; wobei freilich auch die Sophisten den Inhalt dieses Dauernden oder Wesenhaften nicht allzu pathetisch setzten. Epikur nun erkennt überhaupt nichts an, was »von Natur« für alle Menschen ohne Unterschied des Volks und der Zeit gälte, also auch vor der Zeit gegolten hätte. Sein Naturrecht wird durchaus in der Zeit gebildet, durch gemachte Gesetze, die aus gemachten Verträgen hervorgehen, wenn auch nach Maßgabe des Nutzens. Und es hat nur so lange, so weit Gültigkeit, als die Macht und die Interessen der Menschen sich erstrecken, die zu ihrer Sicherung Recht setzen. Und doch hat sich gerade diese bescheidene Form Naturrecht, abgesehen vom ersten Begriff des Contrat social darin, als folgenreich erwiesen. Sie enthält den liberalen »Nachtwächterstaat« in nuce, sie macht das Naturrecht bedeutsamerweise nicht reicher, sondern schmaler als das positive, ja sie bestimmt es wesentlich negativ. Recht ist soweit Recht, als es gegenseitige Schädigung verhütet, das allein ist sein Wert und freilich auch das Gericht über den Wert aller vorhandenen oder zu erlassenden Gesetze. Daß auch die Lust und das Leben der Sklaven bei dieser Sicherung in Betracht kommen könnten, davon ist in der währenden Sklavenhaltergesellschaft, mit dem erlesenen Menschengarten Epikurs darin, selbstverständlich keine Rede. Das Vergnügungsrecht Epikurs brauchte schwielige Hände, die ihm Nahrung schaffen, die ruhig-vornehme Lust war gerade deshalb daran interessiert, die Sklaven außer dem Vertrag zu lassen. Die Sklaven sind nicht Menschen, sondern Sachen, von denen Besitz ergriffen worden ist, sie haben nicht einmal die Beschaffenheit, sich unterwerfen zu können, geschweige einen Einigungsvertrag zu schließen. Auch dies Naturrecht auf Ungestörtheit gilt noch lediglich für Freie und Gleiche, ja letzthin, in praxi, nur für eine Elite der Weisen. Die anderen mögen ihre Peitsche haben oder ihre Gesetze, hiergegen gibt es keine Physis, die sich mit substantieller Allgemeinheit gegen »Ungerechtes« erhöbe. Nicht einmal der Weise hielt es für der Mühe wert, für eine eigene Ungestörtheit sich in die Störung eines Kampfs zu versetzen und nun gar für die Ungestörtheit der anderen. Der Gewinn des politischen Minimum schien keines politischen Ehrgeizes wert; es war dem

Epikureer bereits gewonnen, indem er sich vom positiven Staat möglichst fernhielt. Plutarch, in seiner Schrift gegen den Epikureer Kolotes, bezeichnet diese Haltung folgendermaßen: »Bei Epikur gibt es weder Tyrannenmörder noch Helden noch Gesetzgeber noch Ratgeber der Könige noch Vorsteher eines Demos noch Märtyrer fürs Recht.« Kein Wort ist damit gesagt über das kühn diesseitige, furchtfreie Weltbild Epikurs, wohl aber etwas über allzu privat bleibende Natur und Naturen. Das sind hier die Grenzen; epikureisches Recht legt sich, wo gegen Unrecht gekämpft wird, ins Gras. Mit politischer Gleichgültigkeit bezahlt es die verfrühte Einsicht, daß derjenige Staat am besten wäre, den es am wenigsten gibt.

Anders traten Weise auf, die nicht bloß zum angenehmen Leben drängten. Sei es für sich allein oder im Verband mit wenigen Freunden, als edle kleine neu-hedonische, musisch-hedonische Abtei. Die *Stoiker* bekämpften diesen privaten Stil, obwohl sie ihm in ihrer Bestimmung des Weisen selber verfallen waren. Auch diese Schule suchte vor allem Ruhe, und das nicht aus überlegender Klugheit wie Epikur, sondern aus fraglos gewordener Unerschütterlichkeit. Und wichtig: von hier ab war das Glück nicht die gleichsam bahnbrechende Ehre des Weisen, wie bei Epikur, nicht die besondere Karte zum würdigen Leben. Vielmehr sollte aus diesem das Glück erst folgen, und dann nicht sinnlich-sinnfällig, sondern stärker als Stolz eines Menschseins. Von der Stoa ab hat sich derart die Würde vom Glück auf lange abgesetzt, mit dem Schritt abgesetzt, der zum Kampf gehört. Nicht ohne daß Wärme immer wieder, gerade stoisch ins Herbe einströmte, doch auch dann galt der erhobene Kopf letzthin. Und so nur wurde das Ungebeugte, Aufgerichtete, das im Naturrechtlichen von Anfang an darin war, auch unverwechselt sichtbar. Bei den Stoikern freilich mit noch undeutlichem sozialem Auftrag, der Weise und sein Stolz schien überall blühen zu können. Es war nichts Plebejisches, in den meisten Fällen auch nichts betont Aristokratisches in dieser Unerschütterlichkeit; sie schien wegen ihres formellen Wesens in allen Klassen möglich. Der Sklave Epiktet war ein Stoiker und der Kaiser Marc Aurel; ebenso vertrug sich in der Ataraxia Gleichgültigkeit mit Unbiegsamkeit, Philistertum mit Eisen. Formell allgemeiner Stolz setzte eine übergreifende Haltungs-Verwandtschaft der auf sich selbst gestellten Individuen. Diese behauptete Verwandtschaft hob eben auch die Privatheit auf oder milderte sie, Naturrecht wurde allgemein, international, ja kosmisch. Die Sophisten hatten Physis und Nomos entgegengesetzt, die Stoiker verringerten diesen Gegensatz auf einen zwischen Physis und Thesis (Satzung); dadurch fanden sie Raum für die verblüffendste Erweiterung des Nomos-Begriffs. Dieser wurde nun mit dem Weltgesetz, mit der unverbrüchlichen Anankē in Demokrits Naturphilosophie gleichgesetzt: Physis war nun nicht mehr Gegensatz, sondern Synonym für Nomos – als den rechten, den universal fundierten. Dadurch gelang erst die dauernde, keineswegs mühelose Verbindung der Begriffe Natur und Recht zur Parole Naturrecht, es gelang zum erstenmal das *Pathos* Naturrecht. Bei den Sophisten, auch bei Epikur wurde, wie zu sehen war, die Physis keineswegs pathetisch; sie war wesenhafter, aber nicht weihevoller als der entzauberte Staat. Der Stoizismus dagegen übernahm von der jonischen Naturphilosophie nicht bloß, wie die Sophisten und Epikur, die Physis als Inbegriff des Dauernden, Wesenhaften in allen Erscheinungen, sondern eben auch der Weihe, ja der Göttlichkeit. Eine höchst anthropozentrische, dabei jedoch göttlich erhabene, von der Anankē durchwaltete Natur wurde so gleichsam über den Kopf der positiven Gesellschaft hinweg zum Kriterium des gültigen Nomos erhoben – lex naturae, τὸ φύσει δίκαιον, ist lex divina. Betonter als irgendwo lagen diesem Naturrecht Assoziationen an ein Goldenes Zeitalter zugrunde, an die Legende des Goldenen Zeitalters, die sich erhalten hatte. Als mythologische Erinnerung an die Urkommune, an die Zeit ohne Privateigentum, Amt, Krieg, an die Herrschaft des ungeschriebenen Nomos. Die Inhalte dieses νόμος ἄγραφος, wie er im stoischen Naturrecht wieder aufzutauchen schien, waren: *Gleichheit* aller Menschen von Geburt (Aufhebung des Wertunterschieds zwischen Sklaven und Herren, Barbaren und Griechen); *Einheit* aller Menschen, um Glieder einer internationalen Gemeinschaft, eines Vernunftreichs der Liebe zu sein. Die Stoa ist hier enorm demokratisch, ihr Naturrecht eine einzige Philantropie, ihr Staat eine Bruderschaft. Die politische Aufgabe durchdringt sich aufs engste mit der universal-menschlichen, als welche in dem vernünftigen Wesen der menschlichen Natur und ihrer hieraus sich ergebenden Bestimmung begründet sein soll. Diese Bestimmung aber ist inwendig ebenso Überwindung der unfreien Leidenschaften wie auswendig Überwindung der egoistischen, lokalen, nationalen Interessen; dem Sterben der Polis, dem hellenistischen, dann römischen Großraum gemäß. »Wie die Luft überall vom Adler durchschnitten werden kann, so ist jedes Land für den edlen Mann ein Vaterland«, hatte bereits Euripides gesagt; die Ökonomie der Polis wurde zu schmal. Ebenso wurde das griechische Lokalrecht zu schmal, ein allgemeines griechisches Verkehrsrecht hatte sich schon vor Alexander angebahnt (parallel dem römischen ius gentium). Es entstand daraus eine äußerst weite, dadurch auch äußerst allgemeine Rechtstheorie als Theorie des Rechten; auf die damalige Erde, der sie politisch entstammte, kam sie freilich auch wieder als Ideologie des Alexanderreichs, sodann vor allem des Imperium Romanum, doch zuletzt der beginnenden christlichen Ökumene. Die Ausdehnung dieses Rechten, als des ὀρθὸς λόγος, war jedenfalls nach unten wie nach oben hin ungeheuer. Chrysippos spricht bereits von der gesamten vernünftigen Welt als einem Staat, und Poseidonios formuliert nur das stoische Zentraldogma, wenn er die Welt beschreibt als »Gemeinwesen aus Göttern und Menschen und dem, was um dieser willen entstanden ist«; eine riesige Mutter Natur ums rechte Recht.

Zwei Pfeiler tragen nun die eigentliche *Doktrin* des stoischen Naturrechts: der Begriff der gemeinsamen Gedanken, κοιναὶ ἔννοιαι, und das Postulat eines Lebens in Übereinstimmung mit der Natur, ὁμολογουμένως τῇ φύσει ζῆν. Die gemeinsamen Gedanken sind solche, die vermöge der Art unseres Denkens von allen gleichmäßig aus der Erfahrung abgeleitet werden. Sie begründen nicht nur die wesentliche Übereinstimmung aller Menschen, den consensus gentium des späteren Naturrechts (Cicero, Grotius), in ihnen ist auch, sofern sie sich mit natürlicher Notwendigkeit vollziehen, die sicherste Wahrheit enthalten. Die gemeinsamen Gedanken machen jedem Menschen, der sich ihnen hingibt, auch das Naturrecht evident; ihr ὀρθὸς λόγος zeigt überall die echte Gerechtsame im Lot.

Doch sie spricht sich eben nur dadurch aus, daß die vernünftige Natur des Menschen eben mit der *Sache der Natur* in *Übereinstimmung* steht, dauernd darin gehalten wird. Juristische wie jede Wahrheit gibt sich derart als »einschlagende Vorstellung«, φαντασία καταληπτική, das heißt als eine solche, worin der Geist ebenso unausweichlich das Objekt ergreift wie das Objekt den Geist (so daß er zustimmen muß). Das höchste Kriterium des wahren Lebens, des wahren Rechts, der wahren Erkenntnis ist deshalb ein Kosmomorphes: Teilnahme an der Weltvernunft. Unaufhörlich wird diese von der Stoa als Richtschnur gefeiert: die Welt in ihrer Gesamtheit ist der höchste Richter, der höchste Weise selbst. Sie bildet das Vorbild der Autarkie, denn »sie hat alles in sich, dessen sie bedarf«, sie stellt den Kanon der Ataraxie, denn »sie durchwandelt in höchster Glückseligkeit und Weisheit die unendliche Zeit in unendlichen Perioden, in beständiger Fürsorge, in der gerechtesten und vollkommensten Herrschaft« (Dion I 42). Sie fundiert die Ökumene, denn die Welt kennt nichts von ihr nicht Umschlossenes, und ihr Vernunftgesetz: die allverbindende, vernünftig-zweckhafte Anankē – duldet keine lokalen Unterbrechungen, keine Grenzen. Das Vernunftgesetz selbst ist Zeus; die Gleichung lex naturae – lex divina bleibt also weltimmanent; das Kosmomorphe verlangt nicht noch einen transzendenten Gesetzgeber oder eine Befolgung von Geboten, die nicht im Lebensgesetz der Welt selbst geschrieben und enthalten sind. Hierbei freilich trat eine gewisse Unstimmigkeit im stoischen Naturjubel zutage, in seinem scheinbaren Monismus. Die *Privatheit*, dieser Motor des Naturrechts seit den Sophisten, vertrug sich doch nicht so einfach mit dem Allversammelnden, Kosmisch-Rechten. Auch der Stolz dieser Privatheit, nämlich der Sieg über die Leidenschaften, über die vernunftlosen Affekte, vertrug sich schlecht mit dem allgemeinen Welt-Optimismus; denn diese Affekte setzten im Individuum eine Unvernunft voraus, die im Weltall doch gar nicht vorkam. Dazu kam die zweifache Fassung des ὁμολογουμένως τῇ φύσει ζῆν: Chrysippos bereits betonte, daß die Menschen nicht nur der allgemeinen, sondern auch der spezifisch menschlichen Natur gemäß zu leben hätten. Diese Einschränkung hatte im stoischen System zwar Platz, sein Monismus war nicht ungegliedert, alle einzelnen »Naturen«: Pflanzen, Tiere, Menschen waren ihm besondere Gestaltungen des Weltlogos; ja die Idee einer in der allgemeinen Ökonomie der Welt angelegten spezifischen Wesensentfaltung der Einzelgebilde war sogar besonders geeignet, die Bedeutung des menschlichen Einzelwesens und der spezifischen Menschennatur selber im Zusammenhang des Ganzen zu begründen und zu verstärken. Dennoch besteht ein Riß in concreto zwischen der Weltkonzeption, die hier auf die Unabhängigkeit der Weisen, dort auf den Druck einer universalen Notwendigkeit angelegt ist. Der Riß zeigte sich auch politisch: Die gleiche Stoa verteidigte Republik und Monarchie hintereinander, ja nebeneinander. Auf der einen Seite begründete sie männliche Unbeugsamkeit, auf der anderen Unterwerfung unter einen irdischen Zeus – unter der Hoffnung freilich, daß er in Übereinstimmung mit dem Welt-Zeus sei, mit dem vernunfthaft-universalen Weltwalten. All diese Unstimmigkeiten dekken freilich die eine Klarheit nicht zu: daß der Stoizismus gleiches Recht für alle auf Grund der Einheit des Menschengeschlechts gelehrt hat. Eigentümlich und folgenreich ist die Berührung mit den altisraelitischen Propheten, die zuerst Verwandtes verkündet haben. Die Einheit des Menschengeschlechts, das Naturrecht auf Frieden, formelle Demokratie, gegenseitige Hilfe – diese Grundsätze kamen durch die Stoa zum Ansatz des Begriffs, zum mehr oder minder bestimmten.

STOISCHE SCHULIDEEN UND RÖMISCHES RECHT 6

Die schreibende Güte aber findet es selten nötig, auch noch tätig zu sein. Hier wird von besser gestellten Leuten viel öfter Wein gepredigt und Wasser getrunken als umgekehrt. So hielten es auch die Stoiker, sehr oft, blieben mit ihrem Recht und ihrer Liebe mehr allgemein. Hinter den Weisen stand keine unzufriedene Klasse, sie selber waren, wenn sogar arm und abhängig, außer Berührung mit der ungebildeten Armut. Die Bildung hob aus der unteren Klasse heraus, und die untere Klasse gab der Bildung keinen Auftrag. Spartacus verstand nichts von stoischem

Naturrecht; Epiktet, der desto mehr davon verstand, hätte, obwohl selber Sklave, den Rebellen wegen mangelnder Ataraxie abgelehnt. Hier sind wieder Grenzen: legte sich das epikureische Recht, wo gegen Unrecht gekämpft wurde, in halb entronnenes Desinteressement, so das stoische in Innerlichkeit einerseits, in allgemeine Weltvollkommenheit andererseits. Daran ändert auch wenig, wenn behauptet wird: der Sklavenbehandlung wurden vom stoischen Naturrecht neue Wege gezeigt, Armenversorgung und Anfänge öffentlicher Liebestätigkeit wurden organisiert. Solch hochherzige Anwandlungen, meist nur den Umgang mit Sklaven betreffend, hätten keiner Predigt über allgemeine Gleichheit und Bruderschaft bedurft. Vieles am stoischen Naturrecht klingt daher deklamiert, und das Deklamierte war dann so ernsthaft wie Freimaurertum, Bruderbund aller Klassen im zwanzigsten Jahrhundert. Selbst im Verkehr mit Epiktet, der ein Sklave war, hat der reiche Höfling Seneca keine Konsequenzen aus der Brüderlichkeit gezogen; diese stand lediglich in seinen Schriften (wie auch in denen des sanften Epiktet) und tat sich genug daran. Es ist wahr, einige andere Stoiker sollen sich bei Abreden und Verschwörungen hervorgetan haben. Plutarch berichtet in seinen Lebensbeschreibungen, der Spartanerkönig Kleomenes, der eine Art Kriegskommune einführte (mit Schuldentilgung, Aufteilung des Grundbesitzes), soll von einem Schüler Zenons mit Namen Sphairos erzogen worden sein. Plutarch fügt hinzu, daß Sphairos den jungen König zu kühnen Entschlüssen entflammt habe, »wie denn die Stoa feurige Naturen überhaupt leicht zur Verwegenheit führe«. Und erwiesenermaßen wurde Tiberius Gracchus durch Naturrecht von seiner patrizischen Herkunft auf die plebejisch-revolutionäre Linie gebracht. Sein Lehrer war der Stoiker Gajus Blossius aus Cumae, ein Mann mithin, der mehr politisch als Sokrates Jugend verführt hat. Doch eben, solche Stoiker scheinen irregulär, es gibt nur wenige solch bekanntgewordener Mentoren, und der bekannteste: Seneca, hatte als Schüler Nero. Freilich wie bei Epikur bezieht sich auch stoische Reserve nur auf jenen Akt der Weisheit, qui habet bonam pacem et sedet post fornacem, er bezieht sich nicht auf die riesig hingestellte lex humana der ausgebreitetsten aller Schulen. Theoretisch lehrte die Stoa Freiheit aller von Geburt aus, Gleichheit aller auf Grund ihrer vernünftigen menschlichen Natur, einen kosmischen Bruderbund dazu, mit fast Schillerscher Deklaration. Der Mensch als Würde tritt auf, Marc Aurel findet alles darin beschlossen, τὸ ἀνθρώπου ποιεῖν, das dem Menschen Zugeteilte zu besorgen, das ist, human zu handeln. Hier doch und von hier aus trat zuerst das Pathos der menschlichen Würde auf, in seiner spezifisch naturrechtlichen Gestalt; großer Dank gebührt so der Stoa, der Wiege. Lange trat diese Anmeldung zurück, bis in die Zeiten des klassischen Naturrechts, wo scharfer sozialer Auftrag kam, der bisher fehlte. Zunächst aber, vom Logischen wie Großräumigen her, geriet nur ein erstaunlicher Einfluß der Stoa aufs römische Recht.

Erstaunlich deshalb, weil keines von Haus aus unmittelbarer und nüchterner sein konnte. Keines von brüderlichen Redeformen ferner, keines praktischer auf den Schutz des Eigentums bezogen und fast beschränkt. Das römische Recht hat seinen Mittelpunkt im Schuldrecht; der Gläubiger, nicht der Weise, erst recht nicht der Arme wird juristisch behütet. Das Eigentum allein ist selbstverständlich, als schrankenloses dominium eines Einzelnen an einer Sache; nicht es selber, sondern seine Begrenzungen (aus Gründen des nachbarlichen Zusammenlebens, der allgemeinen Wohlfahrt) bedurften des Beweises. Keineswegs also sieht das römische Recht dem des Goldenen Zeitalters gleich, dem Deklamationsrecht der Stoa. Und auch die Rechtsquellen waren hier durchaus empirisch, das heißt, sie kamen aus der üblichen Praxis des rechtlich geschützten Interesses. Zugrunde lag Gewohnheitsrecht, das ursprüngliche Lokalrecht Roms, ius quiritium und später ius civile genannt. Über ihm erhob sich allmählich ein beweglicheres Amtsrecht, dessen Grundsätze vielfach von den umwohnenden Völkern entnommen wurden. Die Rechtsquelle dieses ius honorarium, auch ius gentium war das Edikt, das zu Beginn jedes Amtsjahrs der Praetor, auch der Aedil anschlugen und worin sie die Grundsätze mitteilten, nach denen sie die Rechtsprechung üben wollten. Aber um die Rechtsbeständigkeit zu halten, stimmte das Edikt des neuen Praetors oder Aedils soweit wie möglich mit dem des Vorgängers zusammen, brachte nur an einzelnen Punkten Verbesserungen oder Neuerungen an und gewiß keine aus spekulativer Vernunft oder Naturrecht geschöpfte. Schließlich entwickelte sich das Amtsrecht oder ius gentium zum Reichsrecht des Imperiums: Rechtsquelle wurden die kaiserlichen Verordnungen und die Gutachten der mit dem ius respondendi versehenen Rechtsgelehrten; den letzten Kanon gab das Sammelwerk des Justinian. Die Eintrittsstelle der Stoa ins römische Recht war nun offensichtlich nicht durch philanthropisches oder auch nur spekulatives Interesse gebildet. Vermittelt haben hier einmal der Snobismus der römischen Oberschicht, sodann eben, hauptsächlich, das Bedürfnis des Amtsrechts nach logischer Formulierung und umfassendem, Einheitlichkeit garantierendem System. Die Bekanntschaft römischer Juristen mit stoischem Naturrecht begann um 150 v. Chr. und wurde eingeleitet durch *Panaitios*, einen der bedeutendsten Lehrer der mittleren Stoa, der als Gast des jüngeren Scipio in Rom sich aufhielt. Das Amtsrecht lernte nun die Kunst der scharfen Definition, die Logik der Zuordnung (genus proximum und species); Abstraktionen griffen Platz (zum Beispiel im Pfandrecht, das nicht mehr aufs handgreifliche Eigentum als buchstäbliches Faustpfand zurückbezogen zu werden brauchte). Vor allem auch brauchte der im Amtsrecht übliche »Formularprozeß« definitorische Bildung, zum Unterschied vom »Legisaktionenprozeß« des älteren Volksrechts (ius civile). Der Unterschied ist der: die Klageschemen des *Volksrechts* bezogen sich auf das allgemeine, durch Plebiszit zustande gekommene Gesetz, die actio war legis actio; die Klageschemen des *Amtsrechts* dagegen ersetzten die ungelenke legis actio durch eine vom Praetor eigens aufgestellte formula. Diese war gelenkiger und den vielfältigen Rechtsverhältnissen, jenseits der Agrargemeinde, scharfsinniger angepaßt. All diese definitorische Bildung hat freilich mit Naturrecht noch nichts gemein, sie erbt lediglich griechische Logik (besonders die formale, die die Stoiker zuerst ausgebildet haben). Ein Anschein von Naturrecht wird erst durch die immer weiter gehende Ausdehnung des Reichsgebietes erforderlich, für das das Amtsrecht (als ius gentium) galt. Das ius gentium selber freilich (vom späteren Völkerrecht, im Sinn des Grotius, durchaus verschieden) wurde auch in seinen Weiterungen nicht aus Naturrecht gebildet; es ist vielmehr

Produkt eines ökonomisch-politischen Verkehrs, der die Schranken des lokalen Rechts überschreitet. Ius gentium ist internationales Handelsrecht, mitsamt der Praxis des zwischenstaatlichen Verkehrs. So hatte schon die hellenistische Zeit die alte vertragsmäßige Rechtshilfe zwischen den griechischen Staaten (die δίκη ἀπὸ συμβόλων) in eine allgemeine Rechtshilfe aufgelöst. Immerhin erzwang dies, wie in Griechenland, so erst recht in Rom, die Besinnung auf allgemeine Rechtsnormen; ja es wurde eine allen Nationen gemeinsame Rechtsidee nahegelegt. Das Stadtrecht Roms und das Fremdenrecht mußten in einem Dritten, Gemeinsamen versammelt werden — ius gentium omni humano generi commune est (Inst. I 2, 2). Dazu eben bot sich das stoische Naturrecht als erwünschte ideologische Hilfe: neben die utilitas trat der stoische Begriff der lex universalis. Es war *Cicero*, der dergestalt das positive Rechtsgesetz philosophisch traktierte und das stoische Naturrecht zugleich folgenden Jahrhunderten faßlich überlieferte. Der sogar die juristisch unbeholfenen Gebilde innerhalb der stoischen Konzeption so glatt und wendig machte, daß sie, wenn es nötig war, sich noch im siebzehnten Jahrhundert vor dem Landesherrn verbeugten. Cicero vollendete in seiner Art, was Panaitios begonnen: er machte die Universalität, die ein Reflex des Alexanderreichs gewesen war, zur Rechtsideologie des Imperium Romanum. Alles positive Gesetz sollte aufs allgemein-menschlich-göttliche zurückgeführt, ihm wenigstens soweit als tunlich angenähert werden. Grundlagen für diese naturrechtliche Beurteilung sind auch für Cicero die κοιναὶ ἔννοιαι, der ὀρθὸς λόγος, das ὁμολογουμένως τῇ φύσει ζῆν; freilich wurden diese Grundbegriffe in der lateinischen »Übersetzung« fast alle banalisiert, vor allem konziliant gemacht. Die κοιναὶ ἔννοιαι blieben nicht die mit dem menschlichen Wesen notwendig verbundenen Gedanken, sie wurden innatae notiones, eingeborene Ideen, also lediglich psychologisch wirksame. Der ὀρθὸς λόγος, worin die natürliche Notwendigkeit den Pfad des Rechten geht, wurde zur recta ratio der Verständigkeit, freilich als einer, die zur höchsten Rechtsquelle geworden ist. Das Praetorialedikt wird von daher nicht nur technisch, auch philosophisch rationalisiert, es muß allen Vernünftigen nachdenkbar, das heißt in der Evidenz des Eigentums- und Vertragsschutzes begründet sein.

»Quibus enim ratio natura data est, isdam etiam recta ratio data est, ergo et lex, quae est recta ratio in iubendo et vetando« (de leg. I 33) – wo Verstand also, ist Gesetz, und das Gesetz sollte, als recta ratio, ein unbiegsames privilegienfremdes, generelles sein. Hierbei wurde die Forderung des ὁμολογουμένως τῇ φύσει ζῆν einzig für die Gebäudeordnung an der recta ratio, an der Rechtsstraße benutzt. Cicero formuliert die stoische Forderung ganz kosmomorph: »Ipse autem homo ortus est ad mundum contemplandum et imitandum« (De nat. deor. II 37). Die Welt aber ist für Cicero ein einziger Nutzungszusammenhang, das heißt, die Naturstoffe wie die Naturerscheinungen sind von der Vorsehung zur Befriedigung menschlicher Bedürfnisse angeordnet. Also folgt auch die Rechtsstraße dieser äußerlichen Teleologie: das Reich der Sachen ist dem Menschen zur Nutzung unterworfen und mit dem Personenreich verbunden. Dem Sachenrecht schließt sich das Obligationen-, das Familien-, das Erbrecht an, gemäß dem Aufbau dieser Welt; gerade die Jurisprudenz des Besitzes, des Eigentums, der Dienstbarkeiten (servitutes) war an einer universalen Nutzungs-Teleologie in der Welt interessiert. Gesehen wurde bei alldem darauf, daß der positiv gegebene Rechtsinhalt sich auf weite Strecken mit dem vermeintlichen oder auch echten Naturrecht der Stoa decke (und ein Formelles in ihrem Naturrecht unterstützte dergleichen). Wenn Papinian vom Amtsrecht sagte, es sei wesentlich »iuris civilis adiuvandi vel supplendi vel corrigendi causa«, so hatte auch das Naturrecht in Rom wenig andere Funktion. Es blieb ein Bestandteil des positiven Rechts, gleichsam ein Ventil des ius strictum, ein besonders edel wirkendes Instrument des sogenannten praktischen Sinns. Als solches erscheint es sogar ausdrücklich in Begriffen wie bona fides oder iusta causa und vor allem in einer besonderen Richtertugend: der aequitas. Aber auch die aequitas bedeutet zunächst mehr eine logische Technik als eine naturrechtliche Korrektur, gar Verwerfung gesetzten Rechts. Die aequitas ist Billigkeit hauptsächlich dadurch, daß sie die freiere Anwendung des juristischen Subsumtionsschlusses vom Gesetz auf einen eigentümlichen Spezialfall gestattet. Nur uneigentlich, nebenbei ist sie Billigkeit im Sinn der sozusagen humanen Würdigung, des einsichtsvollen Verständnisses. Ferner glänzt das römische Recht mit einer Fülle von »Parömien« (Denksprüchen), die wirken, als wären sie gültig über Raum und Zeit. So etwa: »Volenti non fit iniuria« oder: »Nemo potest secum contrahere« oder: »Nemo plus iuris transferre potest quam ipse habet« (ein noch älterer Denkspruch dürfte freilich lauten: »Manus manum lavat«). Auch diese Sätze sind über die Hälfte logisierte Rechtstechnik, keine Ableitungen aus lex divina — lex naturae. Doch bleibt allerdings, im ganzen genommen, stoisches Naturrecht in der römischen Jurisprudenz seit Cicero wenigstens als Dekoration. Ja, in den Werken der Gajus, Papinian, Julius Paulus, in den Institutionen des Corpus iuris, bleibt es sogar als eine Art Basis, wenn auch eine, auf die in den positiven Bestimmungen schwerlich oft zurückgegriffen wird. »Von Anfang an wurden alle Menschen als frei geboren« (Ab initio omnes homines liberi nascebantur, Inst. I 2, 2). Dieser Satz klänge, wäre er auf Sklaven angewandt, nicht übel, und auch ein armer Schuldner wäre gern wieder an diesen Anfang zurückgekehrt. »Die allgemeinen juristischen Vorschriften lauten: rechtschaffen leben, den anderen nicht verletzen, jedem das Seine geben« (Iuris praecepta sunt haec: honeste vivere, alterum non laedere, suum cuique tribuere, Inst. I 1, 3). Dieser Satz hat zwar in dem Suum cuique gewisse Bedenklichkeiten privilegienhafter, mindestens patriarchalischer Art, er hätte aber, wenn mit dem Alterum non laedere Ernst gemacht worden wäre, den ganzen lateinischen Soldatenstaat vernichtet. Am verblüffendsten wird Naturrecht definiert und akzeptiert bei Ulpian, im ersten Buch seiner »Institutiones«: »Naturrecht ist, was die Natur alle lebenden Wesen gelehrt hat; denn dieses Recht ist nicht dem Menschengeschlecht eigentümlich, sondern allen gemeinsam, die auf dem Land, die im Meer geboren werden, auch den Vögeln« (»Ius naturae est, quod natura omnia animalia docuit; nam ius istud non humani generis proprium [!], sed omnium animalium, quae in terra, quae in mari nascuntur, avium quoque commune est«). Es ist dieser Satz zwar ein Musterbeispiel der Verkleinerung durch Ausdehnung; denn indem das Naturrecht auf alle lebenden Wesen erweitert wird, verliert es den humanen Glanz und Stolz. Und wie weit ist die Definition von derjenigen Ciceros im ersten Buch »De legibus« entfernt: »Omnium, quae in hominum doctorum disputatione versantur, nihil est praestabilius, quam plane intelligi, nos ad iustitiam esse natos, neque opinione, sed natura substitutum esse ius.« Ersichtlich ist nicht nur, was kein Schade, dieser rhetorische Klang bei Ulpian verschwunden, sondern eine sehr zoologische Verbreiterung ist zum Humanum oder auch statt seiner hinzugekommen. Spätere Reaktionäre (etwa F. L. Stahl in seiner christlich-konservativen Rechtsphilosophie) haben daher stets darauf hingewiesen, daß mit Ulpians riesiger Definition das Naturrecht eher gerichtet sei: quod licet bovi, non licet homini. Immerhin gaben die Vögel nicht das abschreckendste Beispiel, sie waren allemal hochsymbolisch, als Wesen, die an keine Grenzmarken gebunden sind; es ist ein altes revolutionäres Bild: frei zu sein wie der Vogel in der Luft. Doch leitet Ulpian weder Herabsetzendes noch Hochfliegendes aus seiner Definition ab, sondern lediglich das Naturrecht der Geschlechtsvereinigung, der Ehe, der Kinderzeugung, der Erziehung (»Hinc descendit maris atque feminae coniunctio, quam matrimonium appellamus, hinc liberorum procreatio, hinc educatio«). Ulpian fügt hinzu, daß selbst die wilden Tiere nach der Kenntnis dieser Rechte eingeschätzt werden, es seien die Gebote der »Mutter Natur«, sie schlössen zugleich das Recht der Verteidigung ein (vim vi compellere). Bachofen meinte, der aus Tyrus stammende Ulpian (Phönizien war alter hetärisch-matriarchalischer Kulturkreis) habe in seiner Naturrechts-Definition nicht sowohl stoische Schulideen als primitives Weiberrecht verwendet, gezogen aus der animalischen Natur des Menschen. Gerade in den Anwendungen auf Ehe, Kinderzeugung, Erziehung »erweist sich das Ulpiansche ius naturale als das aphroditische Gesetz, das den Stoff durchdringt und dessen Befruchtung herbeiführt«. Es ist nach Bachofen nicht zufällig, »daß Ulpian das physisch-natürliche Recht am bestimmtesten hervorhebt und ganz im Sinne der alten Mutterreligion definiert« (Das Mutterrecht, 1861, § 66). Wie dem auch sei: sowenig wie aus der urtümlichen Freiheit oder aus der Unverletzlichkeit des Nebenmenschen wurden hier aus einem erinnerten Weiberrecht Folgerungen gezogen. Auch nicht auf Gebieten, die sich dazu anboten, wie der außerehelichen Geschlechtsgemeinschaft; die streng patriarchalische Familienverfassung stand dem von vornherein im Weg.

Doch fehlte eben die Basis oder die Fiktion einer naturrechtlichen Basis nicht: der in der Stoa übliche Rekurs aufs Goldene Zeitalter, sogar aufs »Ideal« der communis possessio. Je verrotteter die sozialen Zustände wurden, je unrentabler die Latifundienwirtschaft, je verzweifelter das Lumpenproletariat in den Städten, je krimineller die Söldnerhaufen, die mit ihrem Kaiser allein noch den Staat repräsentierten, desto verführerischer trat das nicht erworbene, das eingeborene Recht zutage, mitsamt der brüderlichen Ordnung, von der die Stoa geschwärmt hatte. Wobei das römische Reich immer noch besser diese Ordnung erhoffen – oder wenigstens in Worte kleiden ließ – als die Barbarendrohung draußen. Auf dieser Grundlage fanden sich auch die meisten Kirchenlehrer schlecht und recht mit dem bestehenden Staat ab, nachdem das Christentum sein »Bekenntnis« geworden war. Mit dem Ende der Christenverfolgungen wurde der getaufte, der der Kirche willige Staat mehr und mehr vom »skythischen Barbarengesetz« unterschieden. Lactantius, der »christliche Cicero«, bahnte um 300 die Angleichung auch gegenüber dem beginnenden christlichen Naturrecht an. Desto vertrauter schien diese Angleichung, als Lactantius das stoische Naturrecht, das seit Cicero auf so weite Strecken mit dem römischen Staatsgesetz gefüllt worden war, fast vollkommen anerkannte. Und zwar gemäß der stoischen Gleichung: lex naturae – lex divina: Lactantius benutzte in seinem Hauptwerk, mit dem treffenden Titel »Institutiones divinae«, diese Gleichung, um das stoische Naturrecht schließlich durch die biblischen Zehn Gebote zu interpretieren und umgekehrt. Bis Thomas von Aquin und weiter hinaus wurde der Bezug: Stoa–Dekalog beibehalten; mit dem Vorteil, daß der Staat nun nicht mehr an »absolutem Urrecht« zu messen war (dem Goldenen Zeitalter des Paradieses), sondern am »relativen Naturrecht« (dem Eisernen Zeitalter des Sündenstands und seiner Gebote). Lactantius ist derart so das Bindeglied zwischen Stoa und mittelalterlichem Naturrecht, wie es Cicero zwischen Stoa und römischer Jurisprudenz war. Wobei der Grundsatz »Gerechtigkeit« (Suum cuique tribuere) in der Ständegesellschaft wenigstens leichter sein Gesicht wahren konnte.

7 DAS RELATIVE NATURRECHT THOMAE VON AQUIN UND DAS DER REFORMATION

Es galt nun, sich mit völlig neu entstandenen Herren in die Macht zu teilen. Diese hatte sich durchgehend verändert, war nicht mehr städtisch durchgebildet, sondern beruhte auf Acker und Lehen. Selbst die mittelalterliche Stadt, mit ihrer zünftig-patriarchalischen »Fürsorge«, pries sich nicht als kalte Verwaltung, sondern als eine Art vergrößertes Familienleben an. Die Kirche hatte es mit dieser gleichsam organischen Ordnung leichter als mit der harten Staatsräson Roms. Nun aber war die Kirche selber zu einer durchgebildeten Macht geworden, und stritt sie mit dem Kaiser, so lediglich über den Anteil an Ausbeutung und Herrschaft, nicht über das Recht zur Ausbeutung und Herrschaft überhaupt. Dies Recht hatte der hohe Klerus sich selber genommen; also durfte er grundsätzlich nicht mehr kritisiert werden. Das bedeutet: nicht einmal der Dekalog, geschweige das radikale Liebesgebot des Urchristentums waren der Machtkirche unverklausuliert ertragbar. Lange Denkwege waren nötig, um auch hier, gerade hier ein bezeichenbares und doch elastisches Naturrecht zu formulieren. Die Kirchenväter haben dem vorgearbeitet, *Thomas von Aquin* hat die mittelalterliche Gestalt des Naturrechts am geschlossensten kodifiziert. Der von der Stoa hergestellte Bezug von lex naturae und lex divina blieb erhalten, ebenso die Gleichsetzung (seit Lactantius) der lex naturae mit dem Dekalog. Im Dekalog wurde so Naturrecht neu offenbart, jedoch: es wurde einer gefallenen Menschheit offenbart, demgemäß ist es verändert. Es setzt den nicht mehr gerechten, den sündhaften Adam voraus, so ist es eines des Sündenstands, mithin ein relativiertes. Im Goldenen Zeitalter, das hier Urstand oder Paradiesstand hieß, lebten Freiheit und Gewaltlosigkeit (wenn auch keine unterschiedlose Gleichheit), es bestand vor allem communis possessio. Im geschwächten oder relativen Naturrecht jedoch, das der Sündenfall von diesem absoluten übrigließ, verloren sich diese Urrechte, also sollte gerade Adams Sünde den Sündenfall der Kirche rechtfertigen, den Abfall vom urchristlichen Kommunismus zu den Ordnungen der Welt. Ja, das relative Naturrecht sank weit hinter das der Stoa zurück: es sanktionierte sogar die Sklaverei, es sanktionierte vor allem die Obrigkeit und ihr Schwert. Denn der Fall Adams bewirkte, daß das Naturrecht die neue Form der – Strafe und des Heilmittels gegen die Sünde annahm, legitimiert durch den Sündenfall. Seitdem und dadurch bedarf die von Gott als vollkommen geschaffene Menschheit des Gerichts und moraltheologisch der Gnade. Derart wurde gerade die härteste *Verlegenheit* des Naturrechts, nämlich die Oppression, aus diesem selber, als einem relativierten, begründet. Früh allerdings zeigte sich hier ein Unterschied zwischen der West- und Ostkirche: der Osten faßte nur gelegentlich Recht und Staat als Mittel gegen die Sünde auf. Weder Byzanz noch die Zarenkirche kannten ein relatives Naturrecht: das Eigentum wird hingenommen, doch nicht als göttliche Satzung verteidigt, Familienrecht, Staatsrecht haben keinen Rang gegenüber Mönchtum und Klosterkommune. Bereits auf die orientalischen Kirchenväter hat weniger die römische Stoa eingewirkt, in ihrer immer stärkeren Verbindung mit dem römischen Reichsrecht, als die alte Stoa und ihr vager Weltstaat. Besonders aber wurde die betonte Ferne Christi vom Recht beibehalten und ideologisiert, seine Ablehnung des Richteramts (Luk. 12, 13–15). Was alles freilich die praktische Wirkung hatte, daß in Byzanz, dann im Papstzarentum Rußland die Orthodoxie überhaupt in keine Spannung zum Staat geraten konnte. Linksopposition, vom Evangelium her, war ohnehin, im alten Rußland genauso wie im Westen, auf Sekten begrenzt, aber auch Rechtsopposition sozusagen, im Sinn der Kaiser-Papstkämpfe und später des Jesuitismus, fehlte durchaus. Dafür fehlte allerdings auch die Einrangierung von Recht und Staat in einen göttlichen Heilsplan, wie eben im Westen und vollendet bei Thomas. Hier allein gibt es relatives Naturrecht: der Staat galt zwar wie in der Ostkirche als Folge der Sünde, doch auch als *Ordnung* des Sündenstands, und gerade dadurch war er als Obrigkeit zugleich gerechtfertigt. Poena et remedium peccati, das waren seine Gerechtsame, und die Kritik des positiven Rechtszustands war einzig darin fundiert, daß der Staat diese Gerechtsame unter der Leitung der Kirche auszuüben habe und die Grenzen nicht überschreite. Allerdings stellt der Staat ja nicht nur eine poena, sondern auch ein remedium peccati dar, und sofern die menschliche Natur durch den Sündenfall nicht völlig verdorben, sondern nur geschwächt worden ist, enthält der Staat selber noch ein bonum naturae als Zweck. Dieser ist der Vernunftzweck der allgemeinen Wohlfahrt und Sicherheit, verbürgbar und normierbar durch das höchste Kompendium des relativen Naturrechts, den Dekalog. Der Dekalog eben gibt seine Gebote nicht nur als Rechtsgrund der Strafgerechtigkeit (bei Übertretungen), sondern auch als Heilmittel (durch Befolgung der Gebote). So hat Thomas den Dekalog, in seiner Gleichung mit relativem Naturrecht, geradezu technisch-rational als Kanon des positiven Rechts gesetzt; all das im Geist eines gleichsam vor-evangelischen Patriarchalismus. Eines Patriarchalismus, der so zivilrational ist, daß er nicht etwa den Komplex Bauer–Grundherr, überhaupt die Feudalität normieren will, sondern mit auffallender Einseitigkeit sich bei Thomas fast ausschließlich auf die mittelalterliche Stadt bezieht, mit ihrer Arbeitsteilung und korporativem Aufbau, mit ihren durchsichtigen Proportionen von Arbeit und Einkommen, mit ihrem Anschein obrigkeitlicher Fürsorge für jedermann, mit ihrem christlich anmutenden Friedensgeist (im Gegensatz zur Ritterschaft). Das relative Naturrecht füllte sich bei Thomas mit solch mittelständischen Inhalten; meist blieben sie Ideale und erleichterten so den Kompromiß zwischen Welt und Christus. Nicht aber, letzthin, als wäre dieser Kompromiß nur durch Relativierung im Sinn eines Nachlassens erreichbar, einer Bleichung des absoluten Naturrechts durch den Sündenfall. Der Kompromiß kann auch durch *Überbietung* erreicht werden, nämlich durch Überbietung des absoluten Naturrechts, wie es dem Ur- und Paradiesstand zukam im Evangelium. Das Gesetz des Dekalogs ist auf innerweltliche Vernunftzwecke bezogen, die nova lex des Evangeliums dagegen auf den übernatürlichen Gnadenzweck. So erscheint ein Jenseitszweck, der der Kirche dem relativen Naturrecht der Staatsordnung gegenüber ihre Suprematie garantiert, der sogar das absolute Naturrecht des irdischen Paradieses durch ein himmlisches Gesetz ablöst. Das absolute Naturrecht des Paradieses ist eine bloße lex divina der Schöpfung, das Evangelium dagegen gibt die lex divina der Erlösung; es verläßt das Sechstagewerk insgesamt und vollendet die Natur als Übernatur bis zur Unkenntlichkeit. Jene Liebeseinung seliger Geister in Gott, die Dantes Paradiso thomistischen Begriffen gemäß darstellt, hat mit der libertas und communis possessio des irdischen Paradieses nichts mehr gemein. Nicht so sehr der Verlust des absoluten Naturrechts wird durch Christus wiedergutgemacht, sondern der Verlust der mystischen Gnadenvollkommenheit. Wenn die durch Christus wiedererlangte Gnadenvollkommenheit (der Heiligen) kraft ihrer neuen, gottmenschlichen Grundlage die ursprüngliche Adams übertrifft, so kann erst ermessen werden, wie tief davor das absolute Naturrecht versinkt. »Vita aeterna est quoddam bonum excedens proportionem naturae creatae«, also auch die Rechtsproportionen des Urstands. Freilich hat Thomas zwischen Evangelium und Naturrecht keinen förmlichen Gegensatz aufgestellt, auch nicht zwischen Evangelium und dem relativen Naturrecht des Dekalogs. Denn dieser unvermittelte Dualismus hätte sich mit der Suprematie der Kirche über die weltliche Ordnung schwer vertragen: Suprematie braucht Verbindung. Also wurde der Dekalog als »Keim und Samen« dem Evangelium trotzdem zugeordnet, und zwar in der Form, die Thomas zur Vollendung gebracht hatte: in der Form stufenweiser Vermittlung, architektonischer Hierarchie. Dergestalt ist es der gleiche Logos, der die Welt durchwaltet und in der eigenen Weise der Erscheinungen und Sphären sich manifestiert (»qui operatur in unoquoque secundum eius proprietatem«). Lex divina und lex naturae sind nicht identisch wie in der Stoa und ihrer weltimmanenten Theologie, sie sind vielmehr getrennt wie Jenseits und Diesseits, aber das Jenseits ist mit dem Diesseits auch in der Rechtssphäre durch harmonisch gestufte Übergänge vermittelt. Es sind Übergänge der himmlischen Teilnahme und Abwandlung: »Et talis participatio legis aeternae in rationali natura lex naturalis dicitur« (Summa theologiae II 1, qu. 91). Die normgebende Form dieser Teilnahme ist die *Gerechtigkeit*, sie ist die oberste irdische Tugend (wie die Liebe die oberste himmlische) und so das Richtmaß des positiven Rechts. Es ist die Gerechtigkeit Gottes – ein Prinzip, das der Theologie der Stoa nicht fremd, aber nicht das wesentlichste war –, welches sich derart im Einklang mit dem Alten Testament durchsetzt. Die Gerechtigkeit ist ohnedies schon ein Prinzip der Abstufung; indem sie jedem das Seine gibt – sei es vergeltend, als Strafe oder Lohn, sei es verteilend, nach Maßgabe der Würdigkeit –, drückt sie von der höchsten Macht herab Graduierung aus, das heißt eben jene architektonische Hierarchie, die der Thomismus als Vermittlung zwischen Erde und Himmel, Himmel und Erde ausgebaut hat. Also wurde auch in der eigensten Sphäre der Gerechtigkeit, in der Rechtssphäre, der Dualismus zwischen einer lex divina in Ansehung der Natur und einer lex divina in Ansehung der Übernatur gemildert. Der Dekalog bleibt in der Gesetzgebung Christi enthalten, und diese weist auf ihn als ihren Keim zurück. Ebenso involviert die Nachfolge Christi, wie der urchristliche Liebeskommunismus zeigt, das Naturrecht des Urstands. Thomas hat derart, bei aller Überbietung, die Brücken zur lex imperfecta doch nicht abgebrochen – »gratia naturam non tollit, sed perficit«. So sehr aber auch die Kirche das Evangelium hypostasiert hat, als auf einen rein jenseitigen Gnadenzweck bezogen: es wurde mit seinen näheren Normen und Hoffnungen doch nicht gänzlich aus der Welt geschafft.

Wie das erst geschah, als der Bock zum Gärtner gemacht wurde. Als der Junker richtete und der Landesherr allmächtig wurde, ohne daß eine Dreinsprache aus natürlichem Recht oder auch von drüben her noch möglich gewesen wäre. *Luther* macht die Obrigkeit von jeder außerhalb ihrer liegenden Kritik frei, er sah im Staat den schlechthin rechtmäßigen Zwang. Hierbei lieferte er die Kirchenlehre vom Staat als Unterdrücker der Sünde gänzlich der Reaktion aus. Das Naturrecht Luthers ist überhaupt nicht begreifbar, wenn man es, wie seine Theologie, als antipapistisch nimmt. Sein gezielter Gegensatz ist vielmehr das *Naturrecht der Sekten,* die sozialrevolutionäre Lust zum Urstand. Gewiß, auch die Suprematie der Kirche mußte weg, der bürgerlich-monarchische Obrigkeitsstaat brauchte Platz, doch mit der grundsätzlichen Staatsdefinition des Thomas (poena et remedium peccati) vertrug sich Luther so gut, daß er sie übernahm. Ganz anders aber stand es mit der Naturrechtslehre der Täufer, mit dem endlich revolutionären Lichtpunkt eines unverklausulierten Urstands. Die Täufer strichen die Unterscheidung eines Naturrechts im Sündenstand (das nach Lage der Dinge ausschließlich Klassenstaats-Ideologie sein konnte) und eines absoluten. Sie erkannten lediglich absolutes Naturrecht an, ohne Kompromisse, ohne die Rente, welche der Sündenfall der Herrenschicht abwarf, vor allem ohne Trennung zwischen Naturrecht und Evangelium. Naturgesetz des Urstands und Gesetz Christi sind hier identisch; das ist mindestens seit dem vierzehnten Jahrhundert die gemeinsame Überzeugung der christlichen Sekten, bei aller sonstigen Verschiedenheit in Haltung und Lehre. Naturrecht im Sündenstand, also Obrigkeit von Gottes Gnaden besteht nicht, sie gilt dem radikalen Täufertum nicht als Heilmittel, vielmehr: »Grundsuppe des Wuchers, der Dieberei und Räuberei« wird sie genannt. »Darüber«, sagt Thomas Münzer, in der »Ausgedrückten Entblößung des falschen Glaubens«, mit stärkstem Gegensatz zu Luthers Staatstheologie, »darüber müssen die gewaltigen, eigensinnigen, ungläubigen Menschen vom Stuhl gestoßen werden, darum daß sie den heiligen wahrhaftigen Christenglauben in ihm und der ganzen Welt verhindern; so er will mit allem seinem wahrhaftigen Ursprung aufgehen.« Dieser Ursprung war aber dem Sektenideal durch die Obrigkeit selber verstellt, durch die weltliche noch härter als durch die geistliche; erst ein Dasein ohne Eigentum, Staat, Zwangsrecht machte der Christfrömmigkeit, mit ihrer wahren Bitterkeit, echten Gnade, Raum. Kurz, die Sekte achtete das sogenannte Naturrecht im Sündenstand nur als Recht des Teufels; ihr Radikalismus warf die lex Christi mitten in die Welt, nicht neben sie in bloße Innerlichkeit oder über sie ins Jenseits. Hier also ist der Hintergrund, von dem sich *Luthers* pervertiertes Naturrecht erst abhob – als Gegenschlag gegen das Urstands-Ideal des »Herrn Omnes«. Wesentlich ist für Luthers Konzeption, daß sie in ihren Untertanen überhaupt nur Verbrecher und Todsünder sieht, daß sie infolgedessen die Staatsgewalt ausschließlich als Repressalie darstellt und als Naturrecht des Anti-Teufels deduziert. Je strenger, desto besser, je barbarischer, desto gottnäher; so erklärt Luther, in der Schrift »Ob Kriegsleute auch im seligen Stand sein können«, daß Griechen und Römer das wahre Naturrecht nicht gekannt hätten, hingegen bei Persern, Tataren und derselbigen Völker mehr das Recht besser gehalten werde. Es erscheint auf diese Weise ein Naturrecht der

Unterdrückung, einer Gewaltstaats-Omnipotenz, die durch keinerlei Seitenblick auf Urstand und Evangelium mehr geniert wird. Selbst die Zehn Gebote und die aus ihnen erfließenden Rechtsgarantien fallen weg; die Zehn Gebote, sagt Luther, sind nichts anderes als »der Juden Sachsenspiegel« und haben deshalb keine christlich verpflichtende Kraft; äußerstenfalls sind sie zur Erzeugung der Sündenangst dienlich. Der Dekalog war zwar auch von den Sekten überschlagen worden, doch nur deshalb und zu dem Ende, damit statt des halben Naturrechts, des Naturrechts im Sündenstand, den der Dekalog gemäß Thomas enthielt, gleich mit dem ganzen Naturrecht oder dem Evangelium des Urstands Ernst gemacht werde. Luther dagegen verkleinert den Dekalog, um überhaupt keine moralischen Bestandteile in seinem spezifischen Naturrecht zu haben, als dem des Staatszuchthauses aus Gottes Strafe. Erst recht wird das Evangelium, als pure Gesinnungs- und Personenmoral, von der Staatsrepressalie oder dem Anti-Teufel abgetrennt. Christliche Freiheit ist nicht fleischlich und wird nie weltlich, mit der einzigen, sehr bezeichnenden Ausnahme des Nicht-Widerstehens dem Übel. Auf Bauern und Leibeigene wendete Luther sehr wohl »Gottes Reich« und sein Recht an, nämlich als schrankenloses Dulden; hier schienen ihm Naturrecht und Evangelium durchaus verträglich: »Leiden, Leiden, Kreuz, Kreuz ist der Christen Recht und kein anderes.« Alle andere Frohbotschaft an die Mühseligen und Beladenen, an die Erniedrigten und Beleidigten lief in die Inwendigkeit, hielt sich dort so unsichtbar wie möglich. Luthers Naturrecht ist derart einmal eine Notierung des in seiner Zeit sich anbahnenden Staatsabsolutismus (hierin den gleichzeitigen »Naturalismen« von Machiavelli und den späteren von Hobbes verwandt); andererseits aber und der Hauptsache nach ist es Apotheose der Gewalt um der Gewalt willen, der Autorität um der Autorität willen. Während dem stoischen und, wie noch zu sehen sein wird, dem Naturrecht der Aufklärung nichts schwerer fiel als die Deduktion des Strafrechts, ist sie bei Luther die leichteste. Umgekehrt wird in Luthers ius naturae als einem ius divinae irae jedes Übergleiten zu Menschenrechten verhindert, besonders aber zur paradiesischen libertas et communis possessio. Statt dessen wird die Gerechtigkeit, dies mythisch-dämonische

Rechtsideal, bis zur höchsten Furchtbarkeit isoliert und verabsolutiert; mitsamt ihrem mythisch-dämonischen Korrelat: der Schuld und Urschuld, der schlechthin verdammungswürdigen Grundschuld alles menschlichen Daseins. Gänzlich fehlt dafür die Lichtkategorie eines Rechts, Naturrechts, das der Mensch selber zu stellen und zu fordern hat: nicht als sein »Recht auf Strafe«, sondern eben als das Naturrecht auf ursprüngliche Freiheit, Gleichheit, Güte, wie die Stoa es halbwegs zureichend formuliert hatte. Erst *Calvin* lenkte wieder auf vertrautere Bahnen zurück, schon deshalb, weil die Spannung zu den Täufern bei ihm geschwunden war. Vor allem aber lebte der weltkluge Jurist im Westen, in einem fortgeschritteneren Bürgertum, das auf den Staat Einfluß zu nehmen begann. Folglich wird das, was man üblicherweise Christen nennt, statt ins stille Kämmerlein durchaus in die weltliche Ordnung eingesetzt, um sie handelnd nach dem göttlichen Gebot zu gestalten. Dies aber lag für Calvin wieder im Dekalog ausgebreitet, in der gesamten altisraelitischen Geschichte dazu. Auch damals, sagt er, war der Staat, und es zeigt sich an den Mahnungen, die die Propheten gegen schlechte Könige richten konnten, er ist nicht nur bloßes Zwangsmittel gegen die Folgen des Sündenfalls. Er trägt in sich auch die Ordnung des gütigen Gotts und muß zu seiner Ehre verwaltet werden; dem Dekalog gemäß, der nicht »der Juden Sachsenspiegel« ist, sondern die »Règle perpétuelle et infaillible de toute justice«. Statt des Dualismus, den Luthers reaktionäre Nichteinmischung zwischen Obrigkeitsstaat und Christlichkeit gesetzt hatte, zwischen den Dekalog des Rechtsgotts und das Evangelium des Liebesgotts, suchte Calvin den Dekalog ebenso dem Evangelium wie das Evangelium dem Dekalog anzunähern. Das göttliche Gesetz, erklärte Calvin, ist im Alten und Neuen Testament nicht gespalten; der Dekalog muß christlich, die Bergpredigt nach Weise des alten Kriegs- und Rechtsgotts verstanden werden. Und nicht nur nach dieser Weise, sondern vor allem, der entwickelteren Westwirtschaft gemäß, in einem gegen das Lutherische progressiv pervertierten Naturrecht, das sich auf Handel und Wandel verstand. Auf zähen Fleiß dazu, auf methodisch rationalisierte Arbeit, auf Vermehrung der Güter. Derart hatte Calvin die begonnene kapitalistische Entwicklung auch theologisch freigelegt; Sparsamkeit, Zurückgezogenheit, Genußfeindschaft beförderten erst recht einen Typus, der nicht erst vom Citoyen zum Bourgeois herabfallen mußte. Er war von vornherein in dem »Rentmeister Gottes« angelegt, als den sich der Puritaner betrachtete; nach anfänglichen Schwankungen wurde so das Zinsgeschäft christianisiert. Das Heiligungsstreben seiner selbst und seiner Staatsgemeinde enthielt nicht nur die Befugnis, sondern die Pflicht, ad majorem gloriam Dei Besitz zu erwerben. Dazu alles, was das mosaische Gesetz oder das Naturrecht im Sündenstand an Strafgewalt, Krieg, Glaubensstolz, Prophetenzorn, eifernder Frömmigkeit freigibt oder einschließt – hohe Wertungen im Calvinismus und eben kaum mehr auf Naturrecht im bloßen Sündenstand reduzierbar. Sondern auf die Ordnung jenes gütigen Gottes, der seine Prädestinierten hat und sich als gleichsam heroischer Kapitalismus bewährt. Derart also wurde die Spannung zum Evangelium von Calvin freilich gemildert, und sie mußte vom Theologen der Kapitalsbildung gemildert werden, wenn anders ein Reicher ins Paradies kommen wollte. Übrig blieb von dem radikalen Liebesideal der Bergpredigt wesentlich nur die Forderung reichlicher Liebestätigkeit, wobei auch diese Forderung aus dem Alten Testament sich reichlicher, ja bedeutend konkreter belegen ließ. So völlig interpretiert sich, zum Unterschied von Luther, Calvins Naturrecht durch das Alte Testament und die Gleichung des Dekalogs mit der lex divina, daß ihm die Bergpredigt keine Verlegenheit bereitet und auch keinen Anlaß zu Luthers doppelter Buchführung gibt. Calvins Angleichung der Bergpredigt an Moses und die Propheten, an David und die Psalmen wurde derart ein einziges Kunst- wie Kabinettstück von Anti-Luther (dogmengeschichtlich betrachtet: von Anti-Paulus, Anti-Augustin, vor allem Anti-Marcion); doch eben, auch das absolute Naturrecht ist an diesem Punkt völlig aufgegeben. In der Schrift, die bezeichnenderweise den Titel führt: »Contre les Anabaptistes«, ferner in Briefen und Institutionen verlangt Calvin höchsten Ernstes, daß die Annäherung an den Dekalog (wegen »der Unveränderlichkeit Gottes«) bis zur Identität getrieben werde, das bedeutet, dieses Falls: bis zur Absetzung der Lex Christi. Jesus habe der Lex Mosis, als dem Naturrecht im Sündenstand, nichts hinzugesetzt und nichts daran geändert; lediglich pharisäische Mißdeutungen habe er mittels der Bergpredigt anerkannt; sie schärfe lediglich ein, daß dergleichen Akte des relativen Naturrechts ohne persönlichen Haß und Leidenschaft geschehen. Wie zum Evangelium ist auch zum paradiesischen Urstand (zum Goldenen Zeitalter der Stoa) der Kontrast gemildert, ja aufgehoben. Das Naturrechtsideal der beginnenden kapitalistischen Gesellschaft ertrug die communis possessio noch weniger als das radikale Liebesideal; so wird des Urstands überhaupt nicht gedacht. Nirgends ist die Rede von einer Abwandlung der ursprünglichen Gütergleichheit zum Privateigentum; dieses erscheint vielmehr von Anfang an als Stiftung Gottes. Gott ist im Naturrecht der Sündhaftigkeit wie auch im Urstand wie auch im Evangelium der Obereigentümer; Kommunismus ist für Calvin praktischer wie theologischer Nonsens. Das also sind die rein kapitalistischen Züge in Calvins Naturrecht oder die Abriegelung des Evangeliums zugunsten des Handels und Wandels einer aufsteigenden Mittelklasse. Insofern ist Calvin dem Sektenideal allerdings so fern wie möglich, wenigstens dem Ideal der radikalen Sekte, die im Kapitalismus unterging und nicht (wie die Quäker) besonders methodisch zu ihm beitrug. Aber dem ungeachtet kannte Calvin auch das Naturrecht in seiner durch die Stoa bestimmten Bahn; er kannte nicht die communis possessio, doch die libertas der Individuen. Er kannte diese libertas nur als Ideologie der beginnenden Unternehmerperson, indes immerhin als Resistenzpunkt gegen die Staatsomnipotenz. Von hier stammt die berühmte Theorie über das Widerstands- und Reformrecht der magistrats inférieurs, sobald die oberste Gewalt zur »Tyrannei« entartet. Das heißt, sobald sie gegen das im Dekalog niedergelegte Naturrecht verstößt und es dauernd auflöst. Die altisraelitische Geschichte war reich an Predigt gegen die gottlosen Tyrannen (zum Unterschied vom Frieden, den Paulus mit der übermächtigen Obrigkeit schloß), so schlug also die Prävalenz des Alten vor dem Neuen Testament günstig aus. Ohne daß eine Spur der späteren Staatsvertragslehre bei Calvin, selbst bei seinem scharfen Nachfolger Beza zu finden war, erscheinen doch bereits Anfänge von Volkssouveränität, Revolutionsrecht, konstitutioneller Bindung (das »Volk« deckt sich hier weithin noch mit Ständen, ja mit ständischen Rechten). Die Bartholomäusnacht entfachte eine Fülle von Widerstandsliteratur; und es ist deren Lehre, die hernach in England Karl I. den Kopf gekostet hat. Schließlich arbeitete, im späteren Calvinismus, auch die verlangte Gewissens- und Kultusfreiheit (als Naturrecht mit entsprechenden Umdeutungen, ebenfalls aus dem Dekalog hergeleitet) den späteren Menschenrechten vor; auch hier ist eine theologische Wurzel des späteren, rein rationalistischen Naturrechts (der Menschenrechte). Allerdings blieb das Resistenzrecht auch im Calvinismus äußerst verklausuliert; es wurde nur den »gesetzlichen Berufenen«, eben den »magistrats inférieurs« zugebilligt, die Obrigkeit wurde, solange wie nur irgend ertragbar, anerkannt als von Gott. Radikal haben nicht die sogenannten Reformatoren, sondern Jesuiten wie Bellarmin und Mariana den Tyrannenmord gerechtfertigt; vor allem finden sich erst bei ihnen die Anfänge der radikal behauptenden, ja enthauptenden Staatsvertragslehre. Das Interesse der Kirche machte sie geneigt, von der thomistischen Definition des Staats: als einer göttlichen Institution zur Repression der Sünde reichlich zurückzutreten. Vielmehr: wenn der Staat ein göttlich eingesetztes Heilmittel gegen die Sünde ist, so ist er dadurch ebenso selber in die Sündigkeit hineingerissen. Wie erst, wenn er sich von der Leitung der göttlichen Stellvertretung, der Kirche, emanzipieren, gar gegen sie handeln sollte: dann ist er auch keine Repression der Sünde mehr, sondern ist seine Sündhaftigkeit als isoliert, gesteigert bis zum Satanswerk. Zwar hatte auch Thomas gegenüber schlechten und gottlosen Fürsten Widerstandsrecht eingeräumt, jedoch ein so verklausuliertes, daß es praktisch fast unausführbar war. Dem Einzelnen wie der Menge war es hiernach unter allen Umständen verboten, gegen den Tyrannen vorzugehen; nur die autoritas publica ist dazu befugt, verbunden mit Rekurs an den Papst. Nur soweit ging bei Thomas das Widerstandsrecht, ein besonders relativiertes im relativen Naturrecht insgesamt; und es ertrug die äußerste Ungerechtigkeit, weil die Kirche noch den Staat zum Erdgeschoß ihrer Hierarchie rechnen konnte. Dieser Harmonismus änderte sich eben, als der protestantische Staat aufkam und die Gegenreformation nicht jeder Obrigkeit, als solcher, die lex divina der Oppression zubilligen konnte. Solche reservatio, oder wie man das sonst nennen mag, hatte überdies eine nie ganz versiegte Quelle in der alten Papst-Kaiser-Spannung, besonders im Hochmittelalter, und dem Interdikt. Total aber wie nie zuvor glühte das während der Gegenreformation wieder auf, als äußerst brauchbar für ein Papsttum, das ohnehin neu berauschende Popularität sich zuführte, mit sich verbinden wollte. Eben die Jesuiten *Bellarmin* und *Mariana* lehrten demgemäß gegen Ende des sechzehnten Jahrhunderts ganz unverblümt: der Fürst habe seine Gewalt einzig vom Volk, und so habe es das natürliche Recht, sein Mandat zurückzunehmen, den Tyrannen zu vernichten. Mariana (De rege et regis institutione, 1598) verteidigte hierbei sogar die individuelle Aktion, sozusagen als geweihte Propaganda der Tat. Er gestattet die Empörung nicht bloß dem Volk, sondern wenn eine solche Versammlung nicht möglich ist (si publici conventus facultas erit sublata), so hat jeder Private die Aufforderung, den Tyrannen zu ermorden; denn dadurch, daß den Bürgern die Möglichkeit der Versammlung genommen worden ist, hört doch weder ihr Recht noch ihr Wille auf, die Tyrannei zu vernichten. Weit mehr, ganz anders als bei Calvin ist hier die Obrigkeit auch im engsten Sinn verletzlich, der Staat ein menschliches Machwerk, gänzlich von unten, aus einem Gesellschaftsvertrag entstanden; sein Naturrecht war einzig dieses, Diener der Kirche zu sein. Er entstand mit diesem Dienst, wurde durch ihn sanktioniert und verschwindet mit ihm. Derart wurde hier zwar jedes weltliche Naturrecht verneint, vielmehr gänzlich von lex divina abhängig gemacht, wie sie die Kirche zu besitzen schien, dadurch aber zugleich eine Grundlage zum neuen rationalistischen Naturrecht verblüffend kenntlich gemacht: der Gesellschaftsvertrag. Paradoxerweise haben gerade die Jesuiten dermaßen enttheologisiert; das Naturrecht einer wirklichen Aufklärung konnte Tyrannenmord wie Gesellschaftsvertrag sehr gut gebrauchen.

8 DAS DEM RELATIVEN NATURRECHT GEMÄSSE IDEAL: GERECHTIGKEIT VON OBEN

Jeder der bisher betrachteten Männer nahm, was er lehrte, ernst. Aber kaum einer hat mit seiner Lehre, sobald sie gegen das Herkommen war, Ernst gemacht. Kein reicher Denker hat sich in die unnatürliche Lage versetzt, sein Geld herzugeben, weil es im Goldenen Zeitalter keines gab. Kein Sophist, kaum ein Stoiker, hat seinen Sklaven entlassen, weil das Naturrecht der Sklaverei widerspricht. Daß alle Menschen frei geboren sind, diese Überzeugung lag dem römischen Recht zugrunde, doch der Aufbau selber sah anders aus. In die Digesten ist eine Stelle Ulpians aufgenommen, die dem Naturrecht nach alle Menschen für frei und gleich erklärt, um im nächsten Satz die Sklaverei als ein Institut des Zivilrechts zu entwickeln. Wir haben gesehen: Das antike Naturrecht, als von Bohemiens oder Menschenfreunden der besitzenden Klasse gelehrt, biß nicht, fügte der bestehenden Ordnung noch keinen Schaden zu. Epikur hat als erster vom Staat als einem Vertrag gesprochen, der folglich auch kündbar sei, das ist ungemein wichtig, doch es blieb noch dabei. Man hatte Geld oder stoisch pilgernde Tugend, um dem Staat (der Gesellschaft) scheinbar zu entlaufen; Spartacus aber hatte oder merkte noch nichts davon. Die Lehre von der ursprünglichen Freiheit des Menschen hatte nicht einmal theoretisch die Forderung eines Rechts auf Freiheit zur Folge. Ebensowenig oder noch weniger hat das mittelalterliche, das theologische Naturrecht der Rechtsordnung seiner Zeit einen Abbruch getan; Kirche und Staat waren trotz aller Spannung miteinander verschworen. Die Verschworenheit zwischen dem weltlichen und geistlichen Caesar war ökonomisch notwendig, die universalistische Tendenz des Hochmittelalters machte Heinrich VI., Innozenz III. nacheinander groß. Trotzdem ist die Wissenschaft überraschend, womit der Sündenfall der Obrigkeit zum Besten diente und das Naturrecht relativierte. Auch das Pathos der *Gerechtigkeit*, das Thomas stärker betonte als die stoischen Naturrechtslehrer, gab dem Iustum noch keine schärfere Spannung zum positiven ius. Im Gegenteil: hier enthüllte sich, daß Gerechtigkeit, wenn sie sich als Kategorie des Naturrechts gab, weit mehr den Anteil der herrschenden Klasse ausprägte als die Ablehnung eines herrschaftlich mißbrauchten oder verformten »richtigen Rechts«. Praktisch sah sich das Gerechtigkeitsverlangen, selbst das der vollen Objekte des Staats, so gut wie gestillt, wenn das Gesetz ohne Voreingenommenheit und ohne Übergriffe gehandhabt wurde; Gerechtigkeit war synonym mit befolgter Gesetzlichkeit. Aber als immerhin die Sophisten Physis gegen Nomos kehrten, die Stoiker Physis und Nomos zusammen gegen Thesis als Satzung, so war das eine Bewegung gegen das Herkommen im Gesetz und insofern eine von unten her. Chrysippos sah immerhin alle bestehenden Gesetze als verfehlt an, auch wenn seine Schule nicht daran dachte, sie aus den Angeln zu heben. Nur wenn ein Weiser die Stärke und Macht des Herakles habe, meinte Chrysippos, könnte er die Welt philosophisch einrichten; immerhin war ein Herakles gedacht, wenn auch kein Prometheus. Die Gerechtigkeit jedoch, worin Thomas die Norm des Naturrechts, konkreter: des relativen Naturrechts erblickt, involviert keinerlei Bewegung von unten her, sondern ein Geschenk von oben; deutlich zeigt sie ein gönnerisches, ein patriarchalisches Wesen. Sie ist nicht als die subjektive »Gerechtigkeit« Adams vor dem Sündenfall gemeint, das heißt als die ganz andersartige rectitudo oder Integrität der menschlichen Natur und ihres absoluten Naturrechts im Urstand. Sie leitet sich als objektive Gerechtigkeit vielmehr aus der Zeit nach dem Sündenfall, das ist eben: aus dem *relativ* gewordenen Naturrecht der *Sühnung* und *Wiedergutmachung* des Falls her; allemal von oben strömend. Besonders groß erschien das Attribut der Gerechtigkeit am Gott des Alten Testaments; und in der Tat, es unterscheidet den Vatergott Jahwe, der auch sein eigenes Volk nicht schont, bedeutend von den kreatürlichen Heidengöttern, auch wo sie, unter anderem, als Wächter der Verträge auftreten. Jahwe ist der Gott, der »die Schuld der Väter ahndet an den Kindern« (Exod. 34, 7), und wenn auch Maimonides darauf hinweist, daß dieser Anspruch »tatsächlich nur von der Sünde des Götzendienstes, mit Ausschluß jeder anderen, gilt« (Führer der Verirrten I, Kap. 54), so lehrt doch die Schrift vom Vatergott völlig universal: »Alle seine Wege sind Gerechtigkeit« (Deut. 33,4). Der große Kirchenhäretiker oder häretische Kirchenlehrer Marcion (um 120) zeigte eine unverkennbar antipatriarchalische Haltung, wenn er eben das Pathos der Gerechtigkeit in Gott bekämpfte. Marcion erklärte Jahwe nicht nur, wie die meiste Gnosis seiner Zeit, als den bösen Weltschöpfer; er ist gewiß auch das, der Gott des Alten Testaments ist der unvollkommene Schöpfer dieser unvollkommenen Welt, aber er ist nicht einfach böse. Statt der flachen Antithese von Böse und Gut, von Nacht und Licht (die später im Manichäismus, mit starkem Rückfall hinter Marcion, wieder auflebt) setzte Marcion vielmehr die Gerechtigkeit ins Böse ein, er setzte statt der bloßen Antithese Nacht und Licht die von Gerechtigkeit und Liebe dazu. Jahwe, der eifernde, zornige, messende, der Gott des Gesetzes, ist durchaus gerecht, er verkörpert genau die Gerechtigkeit, die Böses mit Bösem, Gutes mit Gutem vergilt, das vergeltende Böse also wie das Gute selber im Arsenal hat und die er als Herr der Maße austeilt. Dem aber, als Weltschöpfer und Weltvater, steht der völlig fremde Gott entgegen, den Jesus und nur Jesus verkündet hat: er ist nicht Gesetz, sondern Liebe, nicht abwägende Gerechtigkeit, sondern gratia gratis data. Dieser fremde Gott, und er allein, ist nach Marcion der Vater Christi; den Menschen gegenüber erscheint er als Entführer und Retter aus dem Vaterhaus der Welt, aus dem Aequinoctium von Schuld und Sühne, von Dienst und Lohn. Soweit dieser schärfste Hinweis auf den patriarchalischen, ja despotischen Charakter der Gerechtigkeit; er ist trotz aller Mythologie lehrreich. In jedem besonderen Fall bleibt Gerechtigkeit, mindestens in den nichtrevolutionären Zeiten, in den riesig überwiegenden Geschichtszeiten statischer Herrschaft, eine von oben. Das bewirkt auch, daß sie an den vorhandenen Rechtsmaßen nichts grundsätzlich ändert; ist und bleibt sie doch selber das Urmaß der herrschenden Verhältnisse, soweit diese statisch zugemessen und ausgewogen sind. Gerechtigkeit, nach Seite ihres equilibrierenden Wesens, wirkt nicht als Kritik, sondern als kritische Apologetik der positiven Gesetzgebung. Die Gerechtigkeit gehört so, ihrer mannigfachen Äquivokation mit der gleichnamigen subjektiv-moralischen Beschaffenheit unerachtet, nur ins uneigentliche, nämlich ins relative Naturrecht der ausgleichenden Repression von Handlungssünden. Wie die echte soziale Revolution sich nicht mit dem »gerechten Lohn« zufriedengab, den Mehrwert nur halb zurückfordernd, so gebrauchte das echte Naturrecht statt »gerechter Gesetze«, gar bloßer »gerechter Handhabung« der Gesetze, weit unausgeglichenere Kategorien als die dieses Ausgleichs.

Deshalb kommt im rechtlich unzufriedenen Denken Gerechtes nicht so vor, als ob es dazu gehörte. Es setzt eine Obrigkeit voraus, die spendet, und redet ihr ins Gewissen, unparteiisch zu sein. Aber das Goldene Zeitalter, auf das sich auch das griechische Naturrecht zurückbezog, wird von der Stoa ausdrücklich als eines ohne Obrigkeit gerühmt. Damals herrschten keine Themis, Dikē, Nemesis, noch bei Homer und Hesiod ist Themis eine bloße Göttin des Brauchs, auch der Beratschlagung, des sich selbst bewahrenden Gewohnheitsrechts. Sie mit Waage und Schwert darzustellen, wie in dem Bild Raffaels, ist ohnehin eine spätere, astrologische Idee, die in der Antike so nicht vorkommt. Das antike Naturrecht kennt keine rationalisierte Themis und keine, die von einer Herrenschicht monopolisiert worden wäre. Gerechtigkeit als Kategorie kommt im stoischen Naturrecht zwar vor, besonders bei Chrysippos, steht aber diesem als einem demokratischen an der Peripherie. Und nicht grundlos rückt Gerechtigkeit nur bei jenen Philosophen ins Zentrum, die, obwohl sie die größten der Antike sind, kein Naturrecht traktiert haben, sondern patriarchalisch-herrenhaftes. Platon und Aristoteles machten aus der Gerechtigkeit, was die Stoa niemals aus der Natur gemacht hatte: nämlich den guten Geist der Herrschaft. Platon stellt seinen gerechten Tugendstaat ausdrücklich in Gegensatz zum kynischen Naturstaat, und die Politeia des Aristoteles kennt überhaupt keine anderen als die positiv der Satzung nach vorhandenen Staatsgebilde. *Platon* lehrte, daß bereits in der Seele die Gerechtigkeit ein Herrschendes, Anordnendes sei; sie ist die Gesamttugend und besteht darin, daß alle inneren Vermögen, die Begierde wie der Mut wie die Vernunft, ihre Aufgabe erfüllen und nicht darüber hinausgreifen. Mit Gesprächen über diesen Einklang, mit Versuchen seiner Begriffsbestimmung leitet Platon das Buch über den Staat ein; im Staat überhaupt, nicht im Individuum wird Gerechtigkeit am besten erkennbar. Eben als haushaltende Tugend, Plätze bestimmend, Portionen vorschneidend, Tafel ordnend, geradezu amtlich sind ihr alle anderen

Tugenden nachgeordnet. Staatliche Gerechtigkeit ist, »daß keiner vielerlei treibe, sondern alle nur das ihnen Zukommende, als Jung und Alt, als Knaben, Weiber, Sklaven, Handwerker, Regenten und Regierte«; sie ist die Aufsicht über das »τὸ τὰ αὑτοῦ πράττειν«, als ständische Pflichterfüllung (Polit. IV 10). *Aristoteles* ist weniger autoritär, doch er erhebt gleichfalls die Gerechtigkeit zur politischen Haupttugend, auf ihr beruht die Erhaltung des Gemeinwesens, und zwar des zwischen allen Ständen wohlausgeglichenen. Das fünfte Buch der »Nikomachischen Ethik«, das ausschließlich der Gerechtigkeit gewidmet ist, hat nicht zuletzt den Harmonismus bei Thomas, den nur im relativen Naturrecht haltbaren, theoretisch befördert. Aristoteles setzte und reflektierte eine gesetzliche Ordnung, worin das gemeine Beste der Gesamtheit dermaßen geschieht, daß den verschiedenen Klassen der Gesellschaft genau der Einfluß und die Vorteile zuerkannt werden, die ihrer Bedeutung fürs Staatsganze entsprechen. »Das Recht ist demnach etwas Proportionales« (Nik. Eth. V 6), diese Proportion ist, »was in der staatlichen Gemeinschaft die Glückseligkeit und ihre Bestandteile hervorbringt und erhält« (l. c. V 3). Näherhin hat Aristoteles als erster (und Thomas folgt ihm nach) zwischen ausgleichender (kommutativer) und austeilender (distributiver) Gerechtigkeit unterschieden. Erstere bezieht sich auf den Ausgleich der Störungen, welche eine Rechtsverletzung hervorgebracht hat, und auf Verträge; letztere besorgt die Zuteilung der sozialen Vorteile und Ehren gemäß der Würdigkeit des Empfängers. Ja, nachdem seit Pythagoras die Gerechtigkeit ohnehin als das Proportionale schlechthin gedacht worden war (ausgedrückt durch die Quadratzahl), in der das Gleiche mit dem Gleichen vervielfacht wird, mathematisierte sich Dikaiosynē bei Aristoteles weiter in ihrer doppelten Gestalt: Die ausgleichende Gerechtigkeit erfolgt nach arithmetischer, die austeilende nach geometrischer Proportion. Die Regel der arithmetischen Gerechtigkeit lautet: Dem, welcher zuviel hat, wird soviel genommen, daß beide Teile sich gleich stehen (das gilt jedoch eben nur für das Straf- und Obligationenrecht). Die Regel der geometrischen Gerechtigkeit lautet: Wie sich die Würdigkeit des A zu der des B verhält, so verhält sich das, was A an Ehren und Vorteilen erhält, zu dem, was B erhält (es findet also eine höchst abgestufte Gleichheit statt). Letztere Proportion greift sogar in die ausgleichende Gerechtigkeit ein, das heißt, Aristoteles sanktioniert von hier aus die differenzierende Klassen- und Ständejustiz; er ist gegen die gleichartige Wiedervergeltung. »Wenn zum Beispiel eine obrigkeitliche Person jemanden geschlagen hat, so darf sie nicht wiedergeschlagen werden, und wenn jemand eine solche Person geschlagen hat, so muß er nicht nur geschlagen, sondern auch sonst noch bestraft werden« (l. c. V 8). Das alles ist Gerechtigkeit; Billigkeit aber (Epikia), obwohl sie »eine Korrektur des Rechts« ist, liegt nicht etwa, im Sinn eines Naturrechts, außer und über ihr. Billigkeit ist lediglich »eine Korrektur des Gesetzes an Stellen, wo es wegen seiner allgemeinen Fassung mangelhaft bleibt« (l. c. V 14); sie ist also (wie übrigens meist auch im römischen Usus) kein von der Gerechtigkeit verschiedenes Wesen. Soviel über Aristoteles; es erhellt, daß der patriarchalische Habitus der Gerechtigkeit hier nicht gesprengt, sondern mit dem kühleren (rein handlungsmäßigen) des Gouvernements versehen worden ist. Es gibt bei Aristoteles selbstverständlich auch den Gerechten als Individuum und Gerechtigkeit als Privatverhältnis zu Individuen. Doch auch dann ist diese Tugend keine des Affekts und der Gesinnung (wie Freigebigkeit oder Edelmut), sondern eine der äußeren Handlung: das Individuum kann ungerecht handeln, ohne selbst schon ungerecht zu sein, das heißt, Gerechtigkeit und Ungerechtigkeit gönnen oder mißgönnen objektiv. Und grundsätzlich hat Dikaiosynē ihr Modell an jener Unparteiischkeit, die der Superiorität entstammt und ihrer Kraft, »Recht zu spenden oder jedem sein Teil«. Daher also konnte die Scholastik die Gerechtigkeit des Aristoteles mit der des Alten Testaments leicht verbinden, trotz aller Unterschiede in der Wiedervergeltungslehre. In diesem Punkt und insofern legitimierte Jahwes Gerechtigkeit rein ideal durchaus keine Klassenjustiz: »Keine Person sollt ihr im Gerichtssaal ansehen, sondern ihr sollt den Kleinen hören wie den Großen und vor niemands Person auch scheuen; denn das Gerichtsamt ist Gottes« (5. Mos. 1, 17). Solche hellen Partien entstammen aber nicht nur der altisraelitischen Bauerndemokratie und urtümlichen Gleichheitserinnerung aus der Zeit der Gentes, sie entstammen erst recht einem Gottvatertum, das so hoch getrieben worden ist, daß vor seiner Majestät die Maße des Standes, jedoch eben nicht des jeweiligen Empfängertums und seiner Ration verschwinden. Die Verbindung des Aristotelischen mit dem Alten Testament wurde vorzüglich durch Maimonides eingeleitet, er überlieferte Thomas die Synthese zwischen Dikaiosynē und Zedeq (alttestamentarische Gerechtigkeit). Maimonides gibt derart, von der »Nikomachischen Ethik« wie von der Bibel her, die konziseste Gerechtigkeits-Definition des staffelnden Patriarchalismus: »Gerechtigkeit besteht darin, jedem, der ein Recht hat, sein Recht angedeihen zu lassen und jedem seienden Wesen das zu geben, was ihm nach dem Rechte zukommt« (Führer der Verirrten, Meiner, III, Kap. 53). Auf diesem Wege also, über Altes Testament und Aristoteles, wird bei Thomas die *Gerechtigkeit ins Naturrecht* eingeführt, als ein relatives und das positive Recht nicht sprengendes, vielmehr idealisch ergänzendes und wärmendes. In ein Naturrecht immerhin, dessen antike Tradition wenig mit Gerechtigkeit bemengt war, wenigstens nicht an leitender Stelle. Hier aber wird sie zum Ideal, erlangt die oberste Stelle unter den natürlichen Tugenden, orientiert alle Handhabungen des Staats, gemäß seinem relativen Naturrecht, poena et remedium peccati zu sein. Gerechtigkeit fordert in der Wirtschaft pretium iustum, das heißt einen Preis, der dem »objektiven Wert« der Ware plus Zuschlag der Reproduktionskosten des Händlers entspricht; sie fordert freilich auch standesgemäße Unterscheidung der Lebenshaltung. Sie fordert soziale Gliederung auf Grund einer – sogar schon im Paradies, wie sehr erst im Sündenstand vorhandenen – natürlichen Ungleichheit und legitimiert aus ihr die Arbeitsteilung, vom Holzhacker bis zum Fürsten. Gerechtigkeit, als Form der »participatio legis aeternae in rationali natura«, normiert aber auch die Beziehung jedes Standes auf den Gesamtzweck irdischer Wohlfahrt: des himmlischen Heils (wobei erst im höchsten, dem kanonischen Recht, dem Recht des Corpus Christianum, alle Standesunterschiede verschwinden). Die weltliche Obrigkeit hat in ihrem relativen Naturrecht, in ihrer Aufrechterhaltung von Ordnung und Landfrieden, überall das Ideal der Gerechtigkeit, als der kommutativen wie der distributiven, über sich; das heißt, es obliegt ihr, dafür zu sorgen, daß jeder seinem Stand gemäß am bonum commune beteiligt werde, und daß sämtliche Rechtshandlungen in genauer Entsprechung von Leistung und Gegenleistung, von Schädigung und Buße vor sich gehen. Der ständische Stellenwert und sein gutes Gewissen sind vollkommen geworden: »Und soviel gibt distributive Iustitia jedem von den allgemeinen Gütern, als dem Grad seiner Bedeutung (principalitas) im Gemeinwesen entspricht« (Summa theologiae II 2, qu. 61). Das ist Gerechtigkeit im Sinn des Suum cuique, eine ständisch-hierarchische mithin, worin der Patriarchalismus, vermehrt um soziale Baukunst, triumphiert. Es ist dieselbe, welche – dem Formprinzip nach – in den streng abgewogenen Proportionen der scholastischen Systeme sich kenntlich macht, dergestalt, daß ein Gegenstand beginnt erkannt zu sein, sobald sein Stellenwert in der Hierarchie der übrigen Daseinsformen festgestellt ist. »Wie Gott, da er die Welt schuf, alles an die ihm entsprechende Stelle setzte und eine solch allgemeine Gliederung herstellte, daß die Welt als harmonische Einheit erscheint, so müssen auch die Staatsgründer allen Gliedern der Gesamtheit die ihnen entsprechende Stelle zuweisen... und überhaupt alles so anordnen, daß eine in sich gegliederte organische Staatseinheit entsteht« (Thomas, De regimine principum cap. 13) – Iustitia fundamentum regnorum. Sicherlich war sie der Grundstein des mittelalterlichen Naturrechts, *des Naturrechts der organisch-hierarchischen Gesellschafts-Ideologie*. So hat auch die bildende Kunst des Mittelalters Gerechtigkeit gefeiert, in den Allegorien der Justitia, die erst hier eben mit Schwert und Waage erscheint, mit dem richtenden, doch auch verteilenden Suum cuique der Waage. Das große Eck-Kapitell des Dogenpalastes symbolisiert die Gerechtigkeit sogar als Grundstein des Hauses, Aristoteles birgt sich im Laubwerk, darüber erhebt sich eine Plastik des salomonischen Urteils. Kein Regierungsgebäude sah sich je dazu veranlaßt, die Bergpredigt als Grundstein zu wählen oder auch nur das Goldene Zeitalter als Allegorie. Dagegen ist es für das wiederum oppositionelle *Naturrecht der Neuzeit* charakteristisch, daß das Pathos der Gerechtigkeit vor dem *der Freiheit und Gleichheit abnimmt.* Gott tritt als Patriarch und oberster Richter gleichzeitig zurück, der Mensch hört auf, Objekt der Gerechtigkeit zu sein und sonst nichts. Das Wort Gerechtigkeit bleibt, doch seine naturrechtliche

Suprematie ist geschwunden, vor allem das unleugbare Moment Gönnerhaftigkeit – Vergönntheit, das seiner selbstverliehenen Strenge anhaftet. Auch seinem unparteiischen Schein (überfüllt mit falschem Bewußtsein), seiner abgelaufenen Äquivokation mit Maßhaltung im weisen Sinn von oben herab, seinem Areopag aus Vergeltern und Austeilern. Die Aufklärung hat das Pathos Gerechtigkeit, trotz Tellheim und gar nachher Kohlhaas, seines Urmaßes beraubt; und Tell als Naturrechtler zieht Geßler nicht wegen seines Mangels an Gerechtigkeit zur Rechenschaft. Rousseau definiert Gerechtigkeit lediglich als »l'amour des hommes dérivé de l'amour de soi« (Emile IV); amour de soi aber ist die unschuldige Selbstliebe des Naturzustands, zum Unterschied von amour propre, der durch Eigentum und Klassenteilung entstandenen Selbstsucht. Die aus der Selbstliebe entstandene Menschenliebe und die Gerechtigkeit, mit der sie zusammenfällt, ist folglich nicht mehr in Starke und Schwache, in Austeiler und Empfänger geteilt: diese Art Gerechtigkeit ist *ungestaffelt, folglich keine mehr*. Zweifelsohne ist auch die bisher geltende Gerechtigkeitsform von oben, als Wahrung der formalen Gesetzlichkeit von oben, in verwilderten wie staatstotalitär gewordenen Verhältnissen noch ein relativer Schutz; weshalb die Nazi-Juristen sie ja auch in jeder Gestalt eliminieren wollten. Weshalb der Jus-Faschist J. Binder, nachdem er erst erklärt hatte: »Für den Einzelnen kann die Forderung der Gerechtigkeit nur bedeuten, daß er sich mit einem positiven Gesetz im Einklang befinde« (Philosophie des Rechts, 1925, S. 389), später der Gerechtigkeit überhaupt »keinen Platz in der Staatlichkeit, als einer autoritären, einräumt« (Grundlegung der Rechtsphilosophie, 1935, S. 163). Aber diese völlige Rechtlosmachung täuscht nicht auch über die Rolle hinweg, über die gleichzeitig mitspielende Pflasterrolle, die der Suum-cuique-Stil zwar nicht im völlig rechtsleeren Faschismus aufweist, es sei denn höhnisch, doch immer wieder in reaktionären Rechtsbauten. In Phantasien über Ständegesellschaft, in Verteidigungen der legitimistischen Monarchie, im fortwirkenden Wahlspruch der preußischen Krone und ihrer Staatsart. So beginnt der Stifter der konservativen Partei, F. L. Stahl, seine »Philosophie des Rechts« auf der ersten Seite mit der verdächtigen Proklamation: »Rechtsphilosophie ist die Wissenschaft des Gerechten ... Es ist ein heiliger Glaube der Menschheit, daß eine Gerechtigkeit ist und daß wir ein Wissen, sei es auch ein beschränktes, von ihr haben.« Was aber in drei Bänden hinterdrein kommt, ist eben wieder aufgeputztes Mittelalter, ist adaptiertes relatives Naturrecht. Mit Erbsünde, Staatsrepressalie, ständischem Prinzip, göttlich eingesetzter Obrigkeit; – Gerechtigkeit führt folgerichtig zu einer Art ewigem Gouvernement mitsamt den neuthomistischen Rezeptionen, die dem Ständestaat nachtrauern. Das relative Naturrecht von oben herab endet damit seit vierhundert Jahren, es beginnt nun der Kampf um die subjektiven öffentlichen Rechte, nicht nur als Rechtsdisziplin, sondern als noch bürgerlich-progressiver Naturrechts-Inhalt selber gefaßt.

ALTHUS, HOBBES, GROTIUS, RATIONALISTISCHES NATURRECHT UND NEUBAU DER GESETZE 9

Von hier ab hat der Drang zum Rechten Stoßkraft hinter sich. Er erscheint nicht mehr, wie bei den Alten, als Besinnung gutgelaunter Leute. Auch nicht als Kunst, über dem alten Adam ständischen Druck und Zwang zu heiligen: Das neue Rechtsgefühl kam aus dem Widerspruch neuer wirtschaftlicher Kräfte gegen die gebundene überkommene Verkehrsform. Es kam juristisch faßbar zuerst aus hugenottischem Widerstand gegen Verfolgung, am eigenen Leib gespürt. Noch aus gesittetem Widerstand freilich, doch aus einem, der Grund genug hatte, mit dem vorhandenen Staat überworfen zu sein. Der beginnende ökonomische Aufstieg des Bürgertums, das Produktionskapital trat gegen das alte Grundeigentum an, gegen die noch feudale Gesellschaft. Handel und Manufaktur schufen vom siebzehnten Jahrhundert ab die große Bourgeoisie, unterwarfen sich die absterbenden Zünfte, höhlten den Feudalstaat aus. Subjektiv bot sich als Parole des beginnenden individuellen Wirtschaftens die Gewissensfreiheit an: So wurde die rezipierte Lehre vom Staatsvertrag zuerst im Zusammenhang mit der

Bartholomäusnacht scharf. Der bedeutendste Kopf aus dem calvinistischen Widerstandskreis war der lange übersehene *Althus* (Politica, 1610), mit ihm kommt ein neuer Ton in die Bürgerschaft. Er lehrte als einer der ersten, daß die Gewalt ans Volk zurückzufallen habe, sobald sie nicht mehr ihm zu Nutzen ausgeübt werde. An der Schwelle bereits unterschied er den Gesellschaftsvertrag vom Herrschaftsvertrag und gab dem Volk den Glanz, den bisher die Krone hatte; der Begriff des Volks als Souverän wurde von Althus erst zur Geltung gebracht. Allerdings geht, wie Gierke herausgearbeitet hat, die Anmeldung der Volkssouveränität bis ins späte Mittelalter zurück. Jäh beginnt sie bei dem Nominalisten Marsilius von Padua (Defensor pacis, 1325); sie findet sich ebenso bei Nikolaus von Cusa. Doch erst die bürgerliche Hugenottenfronde gab der Lehre vom natürlichen als Volksrecht die erste Schlagkraft, mit einem anderen, einem völlig kronenlosen Souverän. Es war unerwartbar, nach so eindeutigem Beginn, daß das neuere Naturrecht nun doch wieder den Fürsten zugute kommen sollte, mindestens der Staatsmacht schlechthin, als solcher. Dennoch geschah diese Drehung, durch Anleihen bei Machiavelli, vielleicht auch bei Luther, und ihr Meister war *Hobbes*. Die englische Revolution erzeugte in Hobbes den schärfsten Denker der neuen naturrechtlichen Form und zugleich den herben, den vertrackten Gegner ihres demokratischen Inhalts. Blieb auch die Königstreue dieses Gegners nicht eindeutig (Hobbes söhnte sich zuletzt mit Cromwell aus), so auf alle Fälle seine Diktaturtreue. Indes gerade diese wieder nimmt dem Staatsherrn, echt naturrechtlich, jede Salbung, konträr, sie denunziert ihn als übriggebliebenen Wolf. Schriften wie »De cive« (1642), auch der wenig royalistische und durchaus antiklerikale »Leviathan« (1651) preisen den Staat, de iure naturae, gerade als Ungeheuer. Diese Drehung wurde möglich durch eine scharf-pessimistische Fassung der menschlichen Natur vor und außerhalb ihrer Vergesellschaftung. Ist jeder Mensch von Natur böse, das heißt des anderen Feind und gewillt, ihm Schaden zuzufügen, dann kann der Staatsvertrag kein Gesellschaftsvertrag sein; Hobbes betont daher, von der Prämisse des Menschenhasses aus, erneut den Unterwerfungs- und Herrschaftsvertrag. Im Naturzustand ist homo homini lupus, das allein ist seine Freiheit, und die Selbsterhaltung gebietet den Menschen, sie aufzuheben. Um der Sicherheit willen danken die Individuen ihre Macht und ihre Rechte (im Urzustand fallen Macht und Recht zusammen) einem Einzigen ab, der als Einziger auch, im so gebildeten Staat, die Wolfsmacht des Urzustands zurückbehält. Dieser Einzige ist Souverän, der zur Zügelung allein noch privilegierte Inhaber des alten Faustrechts. Ja, der Souverän ist, infolge der geschehenen Abdankung aller anderen, zugleich das Volk, und ihm gegenüber stehen lediglich Untertanen, mit der Pflicht unbedingten Gehorsams jedem Befehl des Autorisierten gegenüber (bei einziger Ausnahme, deshalb nicht zum Selbstmord verpflichtet zu sein). Hobbes leitet zwar genau wie die revolutionären Theoretiker des Staatsvertrags den philosophischen Rechtsinhalt aus einem einzigen Prinzip ab, hier aus dem Prinzip der Selbsterhaltung, das Sicherheit und Frieden sucht; und die Ableitung geschieht in völlig konstruktiver und demonstrierender Weise. Doch eben das radikal-pessimistische oder besser vielleicht: extrem naturalistische Ausgangsprinzip bringt in der Ableitung die alte Staatstheorie der Oppression zurück, diesesfalls aber gegen »homo homini lupus, bellum omnium contra omnes«. Sogar, dem Fahrplan des damaligen, antifeudalen Absolutismus gemäß, ohne jede Räsonierbarkeit – »autoritas, non veritas facit legem« (Leviathan, cap. 19). Hiermit säkularisierte Hobbes im übrigen die Lehre vom Primat des Willens in Gott über den Verstand in Gott, welche Duns Scotus präabsolutistisch aufgestellt hatte. Scotus hatte um 1300 gelehrt, das Gute sei nur gut, weil Gott es gewollt und befohlen habe, doch Gott hätte im Dekalog auch Mord, Diebstahl, Ehebruch befehlen können, und Nicht-Töten, Nicht-Stehlen, Nicht-Ehebruch wären dann Sünde (Op.Oxoniense dist. 37). Kurz: das Gute soll keine dem absoluten Willen vorgeordnete Idee sein, sondern lediglich ein bonum ex institutione, gemäß der unbeschränkten Dekretmacht Gottes. Der Nachfolger des Duns Scotus: Occam, hatte aus dem Primat des Willens sogar die Konsequenz gezogen, Gott hätte in Bethlehem auch die Natur eines Holzes, eines Steins, eines Esels annehmen können (Centilogium theologicum, concl. 6) – autoritas de potentia absoluta, non intellectus facit incarnationem. Als purer »Dezisionismus«

ist so auch die politische Theologie des Thomas Hobbes gebildet – doch freilich mitten wieder im werdenden klassischen Naturrecht selbst und um seinetwillen. Denn Hobbes hat selbstverständlich eine rein bürgerliche Ideologie, und sein vertracktes Naturrecht dient ihr. Darf doch nicht vergessen werden, daß eben der Absolutismus des siebzehnten Jahrhunderts trotz Salböl und Olymp eine durchaus bürgerliche Funktion besitzt und im engsten institutionellen Zusammenhang steht mit der Staatswirtschaft des großen Komplexes, mit dem Merkantilsystem. Der Absolutismus, das heißt die in ihm verkörperte Nationalstaatsdiktatur brach im Interesse der Großbourgeoisie die lokalen, ständisch-feudalen Wirtschaftsordnungen; die Demonstration des Absolutismus, wie sie bei Hobbes geschah, steht deshalb, von dieser Seite her, mit der antifeudalen Tendenz des klassischen Naturrechts nicht in Widerspruch. Die Reinheit der Natur fehlt dem Hobbesschen Urzustand (homo homini lupus, bellum omnium contra omnes) gewiß, folglich auch die Tendenz zu ihrer Wiederherstellung und die Weihe ihres Richtmaßes. Das Hobbessche Naturrecht ist dennoch keinesfalls Anti-Naturrecht im klassischen Sinn, wie Carl Schmitt und andere Huren des völlig mortal gewordenen, des nationalsozialistischen Absolutismus es priesen, und der scheinbare Byzantinismus ist so höhnisch, so respektlos, ja so aufrührerisch, daß vor der lediglich intakt erhaltenen Absolutbestie aus der vorstaatlichen Wolfszeit alle Weihe von Gottesgnaden, samt der eines Vaters des Vaterlands, wie selten zuvor zerspringt. Das trotz der eingefügten *Unterwerfung* in den Staatsvertrag, ja letzthin wegen ihrer, der entscheidend klauselhaften. Behält doch die Spitzenbestie am Ende nicht einmal ihren absoluten »Dezisionismus«; denn sie ist, wenn nicht an Rechtsideen, so an Willensinhalte gebunden, und zwar letzthin an die jener, die ihm ihr Machtrecht abdiziert haben. Dieser Willensinhalt war aber Sicherheit und Friede, als Abschaffung des bellum omnium contra omnes; folglich können, so konkludiert Hobbes selber (De cive 13,2), die Gesetze des Staates mit sich als einer Sicherheits- und Friedensanstalt nicht streiten. War Bestialität die erste Naturbestimmung, so ist gerade deshalb *Sicherheit* und *Friede* die zweite oder das apodiktisch unabdingbare Prinzip selber, von dem die positiven Gesetze abhängen. So verwickelt ist das Hobbessche Naturrecht, und so seltsam ist sein derart mephistophelisch angestrahlter Absolutismus an entscheidenden Punkten mit dem Liberalismus der klassischen Linie verbunden. Trotzdem ist die genuine Form des Naturrechts hier durchbrochen: der Staatsvertrag bestätigt den Souverän, um den Preis, ein Wolf unter gleichmäßig Rechtlosen bleiben zu müssen.

Solch eigentümlicher Umweg zum gleichen Recht für alle hielt nicht lange. Er war zu stark an englische Verhältnisse gebunden und in ihnen selber rückwärts wie vorwärts ohne Anschluß. Die feudale Magna Charta, die das Königtum beschränkt hatte, ging in der Folge zur bürgerlich-parlamentarischen über. Auf das Festland war Hobbes unübertragbar, er setzte zu viel englische Verwicklung voraus. Genuin wurde das Naturrecht wieder, als der *Gesellschafts*vertrag, in der Weise, wie Althus das schon angebahnt hatte, vom *Herrschafts*vertrag erneut getrennt wurde. Das geschah bei *Grotius*, als dem Theoretiker eines Rechts, das überhaupt nicht auf staatlicher Macht zu beruhen schien und lediglich durch reine Vernunft begründet werden sollte. Dies war das Völkerrecht, und ihm widmete Grotius die grundlegende, zum Naturrecht sich erweiternde Konstruktion a priori, welche auch Hobbes vorlag und bis Rousseau maßgeblich blieb: »De iure belli et pacis«, 1625. Grotius machte vor allem den Ausgangspunkt optimistischer: nicht *Selbsterhaltungstrieb* mit *Furcht* vor dem Nächsten, sondern *Geselligkeitstrieb*, appetitus socialis führte zum Staatsvertrag. Damit ist der Anschluß an die Stoa wieder erreicht (auch an Aristoteles, den ersten Lehrer des Menschen als eines an sich geselligen Lebewesens). Nun schien es lediglich notwendig, von dieser Feststellung aus streng logisch weiterzuschreiten, und niemand könne, ohne sich Gewalt anzutun, die Wahrheit der Ergebnisse bezweifeln. Die Gemäßheit eines Rechtssatzes zum natürlichen Recht wird bei Grotius zwar auch a posteriori erschlossen, nämlich aus der vergleichbaren, nachprüfbaren, allgemeinen Geltung dieses Rechtssatzes unter allen Völkern und in allen Zeiten. Doch ist ihm diese Methode unsicher, mindestens, wie jede induktive, nicht apodiktisch, folglich in ihrem Resultat nicht verpflichtend. Unbezweifelbar also ist nur die Konstruktion der gültigen

Rechtsinhalte aus einem festgehaltenen Anfangsprinzip der Rechtsschöpfung überhaupt; dieses Falls aus dem Prinzip der Geselligkeit. Hobbes hatte mit gleicher Logik aus dem Prinzip der Selbsterhaltung (des Egoismus) den Unterdrückungsstaat gefolgert; die Beweiskraft der rationalen Naturrechtsmethode selber freilich wurde den Zeitgenossen dadurch nicht widerlegt. Was in der Mathematik erst sehr viel später eintrat, nämlich die Veränderung der gesamten Struktur durch Änderung der axiomatischen Voraussetzungen: das trug sich in den Naturrechts-Konstruktionen früher zu und machte derart Systeme von der Unterschiedlichkeit Hobbes – Grotius möglich. Aus dem Geselligkeitsprinzip ergab sich jedenfalls: Unrecht ist, was einer geordneten Gemeinschaft individueller Vernunftwesen widerstreitet, und alles, was nicht Unrecht ist, ist Recht. Eine negative, höchst liberale Definition des Rechts, der sich die positive anschließt: Recht ist alles und nur dieses ist Recht, was natürlicher Sozialtrieb und seiner gemeinsamen Befriedigung für sich und andere evident gemäß ist. So ist ius naturale ein »dictatum rectae rationis«, und recta ratio ist Übereinstimmung mit der vernünftigen und allgemeinen Menschennatur. »Was zu verschiedenen Zeiten und an verschiedenen Orten für gewiß gehalten wurde, das muß auf eine allgemeine Ursache (ad causam universalem) bezogen werden« (De iure belli et pacis, Proleg. 40). Anerkennung des Eigentums gehört im bürgerlichen Ideal des Grotius selbstverständlich zu den Grundrechten; so weit ging die »natura socialis« nicht, daß sie sich als Natur des gegebenen und gerade aufsteigenden kapitalistischen Individuums vergessen hätte. Dadurch aber trennt Grotius das humane Naturrecht, als Schöpfung der menschlichen Vernunft, erstmals klar von den theologischen Zusammenhängen ab – die alte Verbindung von ius naturae und lex divina wird zerrissen. Das Vernunftgesetz, sagt Grotius, gälte auch dann, wenn es – per impossibile – keinen Gott gäbe; die Identifikation des Naturrechts mit dem Dekalog wird aufgegeben, sonderlich mit der Bergpredigt. Grotius zerreißt zwar den Zusammenhang mit der Bergpredigt lediglich wegen deren »höherer Heiligkeit« und steht – in seinem Bibelkommentar, in seiner Apologetik – durchaus auf dem Boden des Schriftworts, nicht der Indifferenz. Es geht nur so weit, daß er der Einigung der katholischen und protestantischen Kirche das Wort redet, der allen Sektierungen gemeinsamen Christlichkeit (De veritate religionis Christianae, 1627). Dennoch ist der Bezug seines kosmopolitischen Naturrechts zur Toleranz, zur Universalität und Ratio der wenig später wirkenden »Naturreligion«, das heißt einer allen Menschen der Erde vor der Sektentrennung nachwirkend gemeinsamen, mit Händen greifbar. Bei aller Weite freilich dachte Grotius, ein Vertreter der städtischen Aristokratie, noch durchaus ständisch. Er steht in diesem einen Punkt hinter Hobbes zurück, hinter dessen Egalisierung des Bürgertums (um den Preis der Nullität). Grotius hatte das Naturrecht von der Theologie gelöst, aber es war noch nicht von den Gentlemen gelöst, noch nicht tauglich zur *demokratischen Revolution*. Und wie wenig erst, weiterhin, bei seinen *Schülern* in dem gegen Holland doch fast unterentwickelten Bürgertum *Deutschlands*. Heraus aus dessen politischer Schwäche ragen naturrechtlich zwar Männer wie Pufendorf und Christian Wolff, wie gar erst der achtungswürdige Thomasius. Doch die deduzierende Klarheit, die vor allem Pufendorf brachte und Wolff gründlich fortsetzte, reichte bei diesen beiden nicht aus, sie auch gegen die nicht so einleuchtenden Herrschaften und Throne zu bewähren. *Pufendorfs* wie *Christian Wolffs* Naturrechts-Systeme, an sich schon sonderbare Kombinationen von Hobbes und Grotius, dienen so hauptsächlich der Aufgabe, den Staatszwang naturrechtlich zu rechtfertigen. Pufendorf (De iure naturae et gentium, 1672) zog aus Hobbes die Lehre, daß der Mensch von Natur aus selbstsüchtig sei, aus Grotius jedoch, daß er von Natur aus ebenso soziabel sei, zu Geselligkeit strebend. Da nun die Natur selber ihre beiden Grundtriebe nicht harmonisieren könne, so könne diese Harmonie lediglich durch Zwang, durch Staatsgewalt herbeigeführt werden; der Staat sorgt dafür, daß der Egoismus der Einzelnen sich vernünftigerweise in der Befriedigung des Geselligkeitsbedürfnisses auswirkt und erfüllt. Der Staat besteht also de iure naturae dadurch, daß die Natur, welche die Harmonie ihrer Grundtriebe intendiert, doch nicht bewerkstelligt, sie ihm zur Ausführung übergibt. Der Staatszwang ist aus der Schwäche der Natur, der Inhalt der Staatsgesetze aus dem (frühkapitalistischen) Kontrapunkt von

Egoismus und Altruismus deduziert. Hierbei bezieht sich das Widerstandsrecht, das Pufendorf im Widerspruch zu Hobbes einräumt, nur auf Nebensächliches, und die Kritik bezieht sich nicht auf die Verordnungen landesherrlicher Libertät, sondern aufs schwache Reich (es sei, meint Pufendorf, »keine Monarchie, sondern ein Monstrum«). Bei Christian Wolff versinkt das Naturrecht vollends zur Apologie des Staats, des merkantilistischen Wohlfahrts-, auch Polizeistaats. Wie der »rationale Teil« der Wolffschen Philosophie nichts a priori beweisen wollte, was durch den »empirischen Teil« nicht a posteriori als tatsächlich aufzuzeigen war, so faßte auch das Wolffsche Naturrecht die empirisch gegebenen Rechtszustände im großen ganzen als seine nachträgliche Bestätigung. Aus der Definition der Bewegung wurde die Gegebenheit des freien Falls deduziert, aber aus der Definition der Vollkommenheit mit »gleicher Strenge« die Gegebenheit des aufgeklärten Despotismus. Zum Konstruktionswesen Wolffs gehörte so, daß das aus dem Begriff als notwendig Abgeleitete nun tunlichst auch als empirisch korrespondierend in der Erscheinungswelt aufgezeigt werde, also auch rational – bestätigt werde. Daß sich hierbei trotzdem Unstimmigkeiten ergaben, eben aus der Definition der Vollkommenheit, zeigt der Auftritt des einzigen deutschen Naturrechtlers dieser Zeit, der aus der bürgerlichen Vernunft mehr als den vorhandenen Staat deduzierte. Kein »impulsus internus« bringe den Staat hervor, denn die Natur triebe vielmehr zur Freiheit und Gleichheit, sondern der »impulsus externus« der Furcht und Bedürftigkeit. Es war *Thomasius,* der solches lehrte (Institutiones iur. div., 1688, III, cap. 6; Fundamenta iuris naturae et gentium, 1705), ein wahrer Begrenzer der Staatsgewalt, soll heißen: des objektiven Rechts zugunsten des subjektiven Rechts (mindestens im Gebiet der Glaubens- und Gewissensfreiheit). Thomasius definierte zu diesem Zweck das objektive Recht, in seiner Erzwingbarkeit von Staats wegen, als das Iustum, dem die nicht-erzwingbaren Rechte als das Honestum oder Decorum gegenüberstehen. Auf diese Weise gewann mindestens das Widerstandsrecht des religiösen Individuums gegen den Staat und die Staatskirche wieder Raum. Die Bedeutung der Glaubensfreiheit kann daran ermessen werden, daß in ihr der erste Keim zur Erklärung der übrigen Menschenrechte enthalten ist. Darüber hinaus aber begrenzte Thomasius auch innerhalb der Sphäre des Iustum (der deduzierbaren äußeren Erzwingbarkeit): er war der erste juristische Bekämpfer der Hexenprozesse, der erste Advokat gegen die Tortur. Grotius hatte das Naturrecht von der Theologie gelöst, aber erst Thomasius fand vom Naturrecht her den Mut und Grund zum Einspruch gegen die Scheiterhaufen und »Gottesurteile« der Folter. Seine Unbefangenheit ging bis zum Paradox; so wenn er in einer eigenen Schrift (De crimine bigamiae, 1685) lehrte, die Polygamie sei nur durch das positive, nicht durch das Naturrecht verboten. Interessant bei alldem ist die Befreiung, welche ins Naturrecht selber kam, indem es nicht bloß, wie bei Grotius, von der Theologie, sondern auch von der Moral getrennt wurde. Denn dadurch entstand erstens die Definition (die Kant hernach von Thomasius und seiner Schule übernahm): Recht sei lediglich die Ordnung der äußeren Beziehungen der Individuen. Zweitens aber war die Trennung des *Rechts* von der Moral zugleich die der *Moral* vom Recht; und das bedeutete hier: Emanzipation der Überzeugung. Moral wurde so zum Synonym für eine zunächst inwendige Gruppe subjektiver Rechte, für das Recht zur Befolgung der Gewissenspflicht, als einer äußerlich unerzwingbaren, folglich auch äußerlich unverbietbaren. Weder der Polizeistaat noch die Staatskirche hätten also ein Recht, ins Honestum sich einzumengen: Moral ist bei Thomasius ein Asyl der Gewissensfreiheit, ein Naturrecht der Toleranz. Erst hundert Jahre später wurden die Mächte wach, die die Defensive dieses Asyls in die Offensive der Menschenrechte überführten. Und viel später erst kam die immer noch bevorstehende Gesellschaft, die solches innere Asyl nicht nötig hätte, weil wirklich guter, solidarischer Gesellschaft, weil dem Glück, ihr Bürger zu sein (was Sokrates sogar das beste nannte), nicht mehr zu opponieren wäre.

10 NOCHMALS RATIONALISTISCHES NATURRECHT, SEIN BEZUG ZUR MATHEMATISCHEN KONSTRUKTION UND ZUR NATURRELIGION

Der freie Mann war nicht billiger als um den Preis des geschäftstüchtigen zu haben. Aber auch der Unternehmer und sein individuelles Geschäft waren gut und fortschrittlich, als sie entstanden. Als sie im Widerspruch gegen feudale Bindungen sich entwickelten und diese schließlich gesprengt wurden. Wie wertvoll in dieser Zeit war erst die Rechtsbewegung zur individuellen Freiheit, die gleichzeitig mit dem aufsteigenden Kapitalismus einsetzte. Ihre Erscheinung war das klassisch-rationalistische Naturrecht, der versuchte Neubau der Gesetze aus reiner Vernunft. Sündenfall und göttlicher Gesetzgeber, die beiden mythischen Momente im mittelalterlichen Naturrecht, fallen weg. Mit dem Sündenfall verschwindet der Kompromißbegriff des relativen Naturrechts (im Sündenstand), das heißt der Annäherung an die nun einmal unterdrückende und herrschende Obrigkeit. Mit dem göttlichen Gesetzgeber fällt die unantastbare Weihe, welche die Obrigkeit, als von Gottes Gnaden, um sich gelegt hatte. Die feudal-theologische Kruste springt, die antik-modernen Elemente eines anderen Naturrechts (sie werden im Spätmittelalter sichtbar) werden frei. Man erinnert sich der epikureischen Lehre, wonach der Staat durch Vertrag zustande gekommen sei. Man erinnert sich der stoischen Lehre, wonach die rechte Rechts- und Staatsordnung aus der »menschlichen Natur« abgeleitet wird und in Übereinstimmung stehen muß mit der Weltvernunft. Beide Theorien, im Altertum getrennt, werden im klassischen Naturrecht zu höchster Wirksamkeit und gegenseitiger Befruchtung vereinigt. Der Humanismus hatte sie neu vermittelt, doch freilich hatte auch die Scholastik sie lebendig erhalten. Die Spätscholastiker, besonders Occam (Disputatio inter clericum et militem) und Marsilius von Padua (Defensor pacis), auch Nikolaus von Cusa (De concordantia catholica), kannten die Vertragslehre, wie bemerkt, setzten den Staat außerhalb der theologischen Stufenordnung, als ein Gefüge wollender Individuen. Die Hochscholastik bewahrte das stoische Erbe: den Geselligkeitstrieb von Natur aus (der nach dem bei

Grotius zu solcher Wichtigkeit wurde), den vorstaatlichen Naturzustand allgemeiner Freiheit und Gleichheit (verkleidet im Mythos des Ur- oder Paradiesesstands). Daß »menschliche Natur« im klassischen Naturrecht anders dreinsieht als in der Stoa, ist selbstverständlich; sie ist au fond die Natur des beginnenden Unternehmers, nicht des Weisen. Sie ist bürgerlich-revolutionär, im Kampf gegen feudale Willkür, Unterdrückung und Unordnung. Das klassische Naturrecht ist die Ideologie der individuellen Wirtschaft und des kapitalistischen Warenverkehrs, als welcher Kalkulierbarkeit braucht, mithin formelle Gleichheit und Allgemeinheit des Gesetzes, statt des buntscheckigen Privilegienrechts aus dem Mittelalter. Derart leuchtete auch der Vertrag, das hauptsächliche Rechtsverhältnis zwischen Warenbesitzern, als Ursprung des Staats besonders ein, des Staats als eines bloßen Zweckverbands zur Garantie bürgerlicher Sicherheit. Mit großartiger Fiktion wurde das Zivilverhältnis in seiner modernsten Form zur Urzeit rückdatiert: eine Generalversammlung, nicht Gott hat die Obrigkeit betraut. Der Gesellschaftsvertrag verbindet von Althus bis Rousseau alle Lehrer des klassischen Naturrechts, trotz der verschiedenen Schärfe des bürgerlichen Klassenbewußtseins, das in ihnen sich ausprägt. Das entscheidend Neue der so vertretenen Staatsvertragslehre ist die Betonung des Vertrags als einer *Kündbarkeit;* dergleichen fehlt noch bei Epikur. Es konnte erst entstehen, als eine neue Klasse auftrat und das Machtrecht der alten aufzulösen gedachte.

Vier Annahmen zeitbedingter Art lagen einer Lehre zugrunde, die sich für eine dauernde hielt. *Erstens* der Glaube, daß lauter *Einzelne* das gesellschaftliche Leben zusammensetzen und in Gang halten. Unternehmer blicken in den Staat als ihren, der privatrechtliche Gesichtspunkt überwiegt, und darf er verletzt werden, dann nur so, daß der Einzelne aus wohlverstandenem eigenen Interesse zustimmt. Das wurde nicht sowohl historisch als juristisch verstanden, wonach ein rechter Staat sich *denken* lassen müsse als durch Willen seiner Mitglieder entstanden. Diese Art Auslegung liegt auch sonst, wo immer Verträge behandelt werden, Juristen nahe; sie setzen einen Willen zu dem Abgemachten voraus. Alles, was die Partner in Konsequenz ihrer Abmachungen vernünftigerweise beabsichtigen mußten, mögen sie daran wirklich gedacht haben oder nicht, wird als ihr Vertragswille betrachtet. Also läuft auch die fiktive Staatsgenetik samt der Bewertung dessen, was nachher aus ihr herauskam, nicht so sehr in der Sprache der Geschichte als eben in der des Vertrags: Etwas kann vernünftigerweise nicht gewollt gewesen sein, also war es nicht gewollt. *Zweitens* liegt dem der Glaube an die Macht verstandesmäßiger *Konstruktion* überhaupt zugrunde, das ist der Ableitung aller gültigen Bestimmungen aus wenigen Grundsätzen oder gar nur einem einzigen. Indem der Staat überlegt gegründet worden ist, muß er auch nachher vor der Vernunft sich ausweisen können, ja ist überhaupt nicht anders da. Denn das ist dem neueren bürgerlichen Denken von Anfang an wesentlich: einzig das verstandesmäßig Erzeugte ist ihm auch das Erkennbare; es muß aus seinen Elementen und Gründen logisch nachbildbar sein. Genetische Ableitung aus reiner Vernunft war die allgemein rationalistische Forderung dieser Zeit; das Vorbild gab die Mathematik. Wird also nur dasjenige wahrhaft verstanden und ist nur jenes Gegebene vor dem Forum der Vernunft als wirklich anerkannt, was aus seinen ersten Gründen deduktiv ableitbar und konstruktiv aufbaubar ist, dann können sich auch die rechtlichen und staatlichen Gebilde nur dadurch für den Gedanken legitimieren, daß sie bis in die ersten Elemente und bis in den Rechtsgrund ihrer Entstehung zurückverfolgt werden. Hobbes machte sich (De corpore, cap. 6, 1) ausdrücklich Galileis Methode zu eigen und wandte sie nachher auf seine Staatskonstruktion an: als »resolutive Methode«, welche die einfachst bestimmbaren Vorgänge der Bewegung aufzeigte, als »kompositive Methode«, welche die gegebene Erfahrung aus dem aufgezeigten Zusammenwirken der Elemente synthetisch erläutert. Vom fertigen Staatsganzen wird also analytisch auf die Triebbestimmtheit und Zweckratio der staatsbildenden Einzelwillen zurückgegangen, um aus den Konstitutions-Elementen den Staat in methodischer Reinheit aufzubauen, die gegebenenfalls verworrene Empirie an dieser Reinheit zu messen. Die lückenlose Ableitung aus Prinzipien unterschied das rationalistische Naturrecht nicht zuletzt von der scharfen, doch uneinheitlichen Zerlegung und Verknüpfung der Rechtsbegriffe, wie sie dem römischen Recht durch seine scholastischen Glossatoren in Italien zuteil geworden war. Die Methode des »continuo ratiocinationis filo deducere« machte damals das Naturrecht, neben der Mathematik und fast ebenbürtig im Ansehen, zum Ideal einer demonstrierenden Wissenschaft. Der Wolffianer Baumgarten hat dieses Ideal damals besonders bündig formuliert: »Scientia est certa deductio ex certis« (Philos. generalis, 1769, § 21). Erst Kants Kritizismus hat den Erkenntniswert einer synthetischen Konstruktion a priori auf historisch-materialem Feld vernichtet – ohne selbst seinerseits auf Vernunftrecht zu verzichten. *Drittens* schließlich triumphierte damals der Glaube an eine Allgemeinheit, worin alle Bestimmungen homogen und konstant sind: an die nivellierende Idee der *mechanischen Natur*. Sie wurde eine antifeudale Ideologie, indem sie alles Willkürliche, aber auch Ständisch-Gestufte aus sich ausschied. Durch den stoischen Begriff der Naturnotwendigkeit vermittelt, trat zu dem Stetig-Gleichen des Physis-Begriffs ein anderes Pathos hinzu: das der unverbrüchlichen Gesetzmäßigkeit. Aber erst die mathematische Naturwissenschaft der Neuzeit, mit ganz anders geschärfter »Anankē«, schob aus der Natur völlig das Unregelmäßige, gleichsam Unvertrauenswürdige heraus. Wo hier im Mittelalter Liederliches, Fratzenhaftes, nie Geheures, Irrsterne und Ausnahmen, Einbrüche ohne Maß und Zahl Platz zu haben schienen, stand nun ein Reich besonders sicherer Gesetze – gegen jede Willkür hier unten. Dadurch erlangte die mathematische Konstruierbarkeit a priori ein außerhalb der bürgerlichen Ideologie ganz unerwartbares Substrat: Der rezipierte Pythagoras der Zahlenlehre bezifferte den rezipierten Demokrit der Stofflehre. Auch dem Naturrecht erschien jetzt folgerichtig ein anderes Natursubstrat als das mittelalterliche des Urstands oder der dereinstigen Verklärung. Auch wo nicht more geometrico dargestellt wurde, blickte die Rechtsnatur wie der Kosmos Newtons drein: ehern, kontinuierlich, unverrückbar; ja von hierher gilt nun Naturrecht gleich der Natur als besonders ewig. Und diese Gesetz-Mechanik eben wurde feudaler Willkür, despotischem Machwerk, heterogener Ungleichheit entgegengehalten — das Weltall selber ist homogen. *Viertens* zu guter Letzt wirkte damals der sentimentale Glaube an natürliche *Unbeflecktheit* außerhalb des Menschen, an *natura immaculata*.

Sie hatte nicht nur gesetzmäßig, sondern morgendlich zu strahlen, als Sache ohne Falsch und frische Luft schlechthin. Die ursprünglich überwiegende Schäferlust ging aus einer Flucht zu einem Kampf gegen die engen Gassen, engen Verhältnisse, verrotteten Formen über. Das lange vor Rousseau; bereits bei dem trockenen Grotius erscheint der natürliche Mensch, als solcher, von nichts als von Verlangen nach friedlicher und vernünftiger Gemeinschaft erfüllt – ein idyllisches Wesen in paradiesischer Natur. Dergleichen war eine noch schärfere Kontrast-Idee zur »Künstlichkeit« als die homogene Gesetznatur; ja bei Rousseau trat Arkadien bereits gegen die kapitalistische Künstlichkeit und Verdinglichung auf. Zwar blieb der Natur die Gesetzmäßigkeit, sie wurde vom Spinozismus, der in der Zeit Rousseaus durchdrang, besonders zum Erweis der natürlichen Vollkommenheit verwendet. Doch wird die Gesetzesnatur immer mehr zum Behälter von Stimmungen zeitkritischer, wo nicht gesetzesüberlegener Art: der Kristall der mathematischen Physik erschien zugleich als Stein des Gerechten, als Panazee des Glücklichen. Letzteres vor allem unterstreicht die nicht immer so ganz so rationalen, die mindestens übersteigerten Annahmen, welche dem rationalistischen Naturrecht zugrunde lagen; desto größer war seine Wirkung, hinter Rousseau ist es explodiert.

Was die Regel gibt, rückt leicht in die Stelle von Mutter oder Vater ein. Es pflegt verehrt zu werden und desto zutraulicher, je sicherer der Mensch sich ihm verwandt, sich als Glied der Sippe fühlt. Diese Sippe war die Natur geworden, ein Ahnenkult des immer noch Gegenwärtigen breitete sich höchst unhistorisch aus. Verständlich, daß das Rechte, welches die Natur zu lehren schien, nicht nur aufs Recht im engeren Sinn beschränkt blieb. Es breitete sich auch auf Kunst und Religion aus, unterstützte von hierher die Evidenz des Naturrechts. Das Rechtsideal des siebzehnten, besonders achtzehnten Jahrhunderts lebte durchaus im Zusammenhang mit einem ius naturale in Kunst und Religion. Winckelmanns »edle Einfalt, stille Größe« weist in die Richtung einer Reinheit, die nicht nur an Phidias erwachsen ist. Schillers These, daß der Dichter entweder Natur ist, oder er wird sie suchen, setzt deutlich ästhetisches Naturrecht; wie denn »Nachahmung der Natur«, mit allen Fragwürdigkeiten und

Finessen dieses Themas, ein Grundproblem der Aufklärungs-Ästhetik war. Zu Schillers These gehört Kants denkwürdiger Geniebegriff in der »Kritik der Urteilskraft«: Genie ist Intelligenz, welche schafft wie Natur; ein Kunstwerk wirkt vollendet, sobald es wie ein absichtsloses Naturerzeugnis erscheint. Der ökonomisch-gesellschaftliche Grund für diese Entgegensetzung zu bloßem »Menschenwerk« ist der gleiche wie der des Naturrechts: ein Ganzes und naiv Vollkommenes protestiert durch sich selber gegen Künstlichkeit, auch Zerrissenheit und soll aus ihnen herausführen. Folgerichtig landete diese ganze Bewegung, wenigstens was ihre populäre Breite angeht, in *ästhetischer Naturreligion.* Die vielstimmige Verblasenheit des bürgerlich-revolutionären Naturgefühls kam in ihr ebenso unter wie die Abkehr von der Transzendenz. Hatten die Barockfürsten damit begonnen, ihre Schlösser vom Gebirge in die Ebene zu verlegen, so kam nun auch das Schloß des höchsten Herrn vom Himmel auf die Erde. Eine inwendige wie auswendige Norm letzter Art ergab sich aus dem unsichtbaren Subjekt, aber allergewissesten Objekt Natur. Dies merkwürdige Ideal war freilich viel älter als das rationalistische Naturrecht, es kam mutatis mutandis in der Stoa vor und besonders in der arabischen Scholastik (deren Theologen fast alle auch Ärzte waren). Hier bereits tauchte Lessings Fabel von den drei Ringen auf sowie das »natürliche Licht«, das jeden Menschen, auch ohne Offenbarung, quer durch die vorhandenen Religionen hindurch, zur »reinen« als der »Naturreligion« gelangen läßt. Nicht zu einer Naturreligion im primitiven, schamanischen Sinn dieses Worts, selbstverständlich, sondern eben zu der allen Menschen von Natur aus gemeinsamen oder Universalreligion; und deren Inhalt war von Averroës als Moralität bestimmt worden. Wie den Menschen also ihr Recht angeboren ist, so gibt es einen ursprünglichen, allen gemeinsamen Glauben. Wie das angeborene Recht durch die Machthaber verschüttet worden ist, so wurde die natürliche Religion durch Priesterinteressen und die Unwissenheit der Völker in verschiedene Fraktionen aufgeteilt, die alle sich bekämpfen. Doch die Weisen, sagte Toland, der Führer der englischen Deisten, gehörten zu jeder Zeit in allen Völkern der gleichen Religion an, der eingeborenen des natürlichen Lichts. In Tolands »Pantheistikon« (1720) verschwinden Jehova, Jupiter, Brahma, indem sie sich vereinen, nämlich, im gleichen Gesetzgeber und Weltschöpfer, zuletzt – mit Weglassung des Aktors – in »Allnatur« schlechthin. Es ist diese Allnatur, welche der Naturreligion nicht nur die anthropologische Angeborenheit geben sollte, sondern schließlich auch ihr höchstes Objekt: Gott wird Natur, der Deismus wird Pantheismus. So eben tauchte, auf dem Weg der natura immaculata, Spinoza wieder auf, als die ausgeprägteste Darstellung des Deus sive natura; wobei freilich die ganz und gar wertfreie, außerhalb des normierenden Naturrechts stehende Rechtsphilosophie Spinozas ohne Betracht blieb. Bezeichnend jedoch für den damals gefühlten Zusammenhang zwischen den Rationalismen der Natur im politischen wie im religiösen Betracht sind Lichtenbergs berühmte Worte: »Wenn die Welt noch eine unzählbare Zahl von Jahren steht, so wird die Universalreligion geläuterter Spinozismus sein. Sich selbst überlassene Vernunft führt auf nichts anderes hinaus, und es ist unmöglich, daß sie auf etwas anderes hinausführe.« Zugleich allerdings zeigte sich, wie schon die keineswegs revolutionäre Rechts-Gestalt im Spinozismus kenntlich machte, ein letzthinniger Unterschied zwischen den so lange gemeinsamen oder verträglichen Wertungen: Gesetzmäßigkeit und Unbeflecktheit. Denn die Gesetzmäßigkeit der Natur diente dem ruhigen bürlichen Kalkulationsbedürfnis, während das Pathos natura immaculata einem revolutionären, einem aktiv-antifeudalen, schließlich sogar einem beginnend anti-kapitalistischen Interesse diente. Die Gesetzmäßigkeit war die Inhaltsform der bürgerlichen Mechanisierung, die Unbeflecktheit die Inhaltsform des bürgerlichen Protests – gegen den Feudalismus, aber auch gegen die eigene Zerrissenheit und Mechanei. Dieser Unterschied – man kann ihn als einen zwischen dem Kalkülideal und dem Stimmungsideal Natur bezeichnen – erhellt sehr deutlich aus einem Hauptbuch dieser Epoche, aus Holbach-Diderots »Système de la nature« (1770). Spinoza und Rousseau, wertfreie Gesetzmäßigkeit der Natur und Ableitung aller wahren Werte aus der Natur stoßen hier – im Kontrast des Hauptteils zum Schlußwort – lehrreich zusammen. Der Hauptteil weist alles Anthropomorphe, ja alles irgend Wertende in der Betrachtung der Naturgesetzlichkeit von sich; er statuiert sogar: Ordnung und Unordnung sind nicht in der Natur. Der Schlußteil dagegen, von Diderot verfaßt (Abrégé du code de la nature), setzt Natur und ihren Kodex durchaus als Quell und Lehrbuch des menschlich Rechten überhaupt. Natur tritt in diesem Hymnus redend auf, sie feuert an, ihren Gesetzen zu folgen, das Glück zu genießen, das den Menschen zugeteilt sei, der Tugend zu dienen, das Laster zu verachten, die Lasterhaften aber nicht zu hassen, sondern als Unglückliche zu bemitleiden. »La vertu, la raison, la vérité sont les filles de la nature«: nicht allegorisch, sondern buchstäblich, ganz im Einklang mit dem stimmungshaften Naturrecht wie mit dem Reinheitspathos der Naturreligion. Es ist Pathos aus Naturrecht und Naturreligion zugleich, welches zuletzt noch Schillers Rütliszene erfüllt:

> Wenn der Gedrückte nirgends Recht kann finden,
> Wenn unerträglich wird die Last – greift er
> Hinauf getrosten Mutes in den Himmel
> Und holt herunter seine ew'gen Rechte,
> Die droben hangen unveräußerlich
> Und unzerbrechlich wie die Sterne selbst.

So tauchte weiter auch *Mutter* Natur wieder auf und sollte den Ihren beistehen, keinesfalls nur behelfshaft, sondern zentral, ein Demeter-Zeus, der seit der Stoa vergessen schien. Seit deren Feier von waltender Weltvollkommenheit, juristischem Pantheismus, seit der Gleichung von Recht und Kosmos. Das ist der Hintergrund, womit das rationalistische Naturrecht mehr oder minder verschwiegen arbeitete; ein zweifellos nicht ganz rationalistischer Hintergrund. Der wichtige Ausruf in der Rütliszene: »Nein, eine Grenze hat Tyrannenmacht« fand diese Grenze so im eigenen Willen wie in einer, trotz Mechanik, verbündeten Natur. Das wesentlichste Merkmal: Morgenfrische, Unberührtheit, Erhabenheit – wurde dem Naturrecht des noch revolutionären Bürgertums zugeordnet.

11 ROUSSEAUS CONTRAT SOCIAL, AMERIKANISCHE UNABHÄNGIGKEITSERKLÄRUNG, MENSCHENRECHTE

Weniges klingt berauschender als der Ruf, von vorne zu beginnen. Die Jugend gehört ihm, so oft sie eine ist, und es gehört ihm eine jung aufstrebende Klasse. Sie ist an dem geworden Schlechten unschuldig, sie hat noch keine volle Gelegenheit gehabt, schuldig zu sein. Das Rechte wirkt dann morgenhaft, konträr zu dem, was als ewige Krankheit fortgeerbt. Neubeginn ist Frische schlechthin; wie erst, wenn er ganz ungeschichtlich erscheint, wenn er an den Anfang von Geschichte überhaupt zurückzuführen scheint. Der Ort, an dem man sich zu befinden glaubt, ist der der »unverfälschten« Natur, und die Natur blickt genau so drein, wie das revolutionäre Bürgertum sich und das Seine wünscht. Sie blickt mit der Stimmung des Schäfers drein, des Hirten, des einfach-rechtlichen Manns; selbst im Dunkeln kann mit ihm gewürfelt werden. Der Bürger hält sich für unverdorben, für ein Volkslied, und je arkadischer die Verhältnisse (ohne Puder, ohne Weihrauch), desto mehr sind sie seine. So sah man den Menschen, der den Gesellschaftsvertrag geschlossen hatte, so die Landschaft um diesem Vertrag. *Rousseau* ist auch der Lyriker, nicht nur der Jurist des neu anfangenden, frei beschließenden Individuums unter Gleichen. Im Rahmen ihrer übersichtlich bleibenden Gruppen, männlichen Tugend, helfenden mutualité. »Du contrat social« (1762) wurde so die Bibel der Jakobiner oder auch, wie der Anarchismus meint, die Bergpredigt verjüngter Völker. Wurde es wegen des Gesangs der Freiheit, die hier, als eine unveräußerliche, das Naturrecht durchdringt. Es war eine revolutionäre Tat, als Rousseau den Herrschaftsvertrag nun vollständig, weit über Grotius hinaus, aus dem Gesellschaftsvertrag strich; Rousseaus Contrat social enthält nirgends mehr ursprüngliche Unterwerfung. *Absolute Unveräußerlichkeit der Person* – das ist das Novum, das Rousseau dem klassischen Naturrecht hinzugebracht hat. Das Problem des Idealrechts war für Rousseau schlechthin: eine Form zu finden, worin die *individuelle Freiheit* auf gar keine Weise abgedankt werden kann (»trouver une forme d'association qui défende et protège de toute la force commune la personne«). Als Lösung dieses wahrhaft schwierigen Problems bietet Rousseau erstens die Freiwilligkeit, womit das Individuum in den Gesellschafts-Kontrakt eintritt, zweitens die Unmittelbarkeit, womit das Individuum sich an die gesamte, es mit umfassende Gemeinsamkeit mitteilt, also nicht entäußert. Die Person übergibt sich keiner wie immer gearteten Repräsentation, keinem Fürsten, keiner aristokratischen Körperschaft, auch keinem Parlament, sondern einzig der volonté générale (»Chacun de nous met en commun sa personne et toute sa puissance sous la suprème direction de la volonté générale, et nous recevons en corps chaque membre comme partie indivisible du tout«, Du contrat social I, 6). Hierbei, meint Rousseau, entäußert sich das Subjekt seiner Freiheit nicht, indem es ja selber ein gleicher Teil des generellen Willens bleibt und eine ebenso große Zahl von Willen sich verbindlich macht, als die Zahl ist, der es sich selbst verbindet. Durch diese »Reziprozität« bleibt, nach Rousseaus Auffassung, die individuelle Freiheit beim alten; volonté de tous korrigiert sich zur volonté générale. Wie immer es sich mit der so bewerkstelligten Rettung der Person verhalten mag: zum erstenmal tritt damit das Naturrecht einer Volkssouveränität *ausschließlich* auf den Plan; Volk ohne Unterschiede soll erscheinen, entscheiden. Genauer für damals: Der dritte Stand erscheint, unvertretbar, unbeschränkbar, setzt die Regierung einzig als Vollzugsorgan seiner volonté générale. Die Regierung besteht nur aus seinem Auftrag, untersteht der ständigen Verfügung des einzig legitimen Souveräns: des Volks. Ist doch volonté générale selbst nichts anderes als das ständige Geltendmachen des Naturrechtsprinzips, womit Rousseau eingesetzt hat: der *individuellen Freiheit* in Gemeinschaft. Als der Freiheit nicht von Wölfen, sondern von ursprünglich guten Menschen, die erst durch die *Klassenteilung* und ihr *Anti-Naturrecht* zum bellum omnium contra omnes gebracht worden sind. Einzig zum Schutz dieser Freiheit geschah der Staatsvertrag, zu ihrem Schutz ist er wieder kündbar, und alle *Menschenrechte* folgen aus ihr. Es entspricht dem Klasseninhalt der bürgerlichen Revolution, daß auch bei Rousseau das Privateigentum zu den Menschenrechten zählt. Obwohl er in dem dem Contrat social zeitlich vorangehenden »Discours« die Schaffung des Eigentums als Quell aller Kulturübel bestimmt hatte. Trotzdem gab Rousseau in seinen späteren Schriften, auch im »Emile«, dem Eigentumsrecht einen hochlegitimen Platz unter den Menschenrechten. Unter den selben, die gemäß der volonté générale generelle Gleichheit verkündeten, eine Gleichheit, die freilich nur bewirken sollte: »die übergroße Ungleichheit der Vermögen zu verhindern«. Hier stand Rousseau auf verwandtem Standort wie nachher Robespierre, auf einem völlig anderen mithin wie dann Babeuf oder wie die egalitären Theoretiker seiner eigenen Zeit. Wie Kommunisten gleich Morelly (Code de la nature, 1755) und Mably, die an Rousseaus Auffassung des Eigentums als Quelle aller sozialen Übel festgehalten hatten und dessen generelle Abschaffung – aus Naturrecht – proklamierten. Der ideologische Grund für Rousseaus Auffassung liegt unzweifelhaft im Prinzip der individuellen Freiheit und seiner allbestimmenden, die volonté générale der Gemeinschaft durchdringenden Macht. Rousseau, als Vollender des klassischen Naturrechts, lehrte nicht nur Revolution, sondern auch die beständige Kontrolle ihrer Errungenschaften durchs Volk: eben mittels der Unveräußerlichkeit der Menschenrechte, ihrer wichtigsten Eigenschaft. Aber freilich, indem das Privateigentum zu den unveräußerlichen Menschenrechten gezählt wurde, konnten diese selber an den Kapitalismus veräußert werden, an eine viel radikalere Entäußerungsmacht als der Despotismus, gar als die ständische Vertretung. Auch von der individuellen Freiheit blieb hierbei für die Masse wenig und von der Gleichheit nichts als der generelle Schein. Indes zwingt große Dankbarkeit gegen die progressiven Intentionen des rationalen Naturrechts zu sagen: Ohne seine Arbeit wäre nicht einmal die *Abwesenheit* realer Freiheit, realer Gleichheit expressis verbis feststellbar. Die Zauberformel der abstrakten Vernunft, der Deduktion aus Prinzipien ist erledigt, erst recht das bürgerliche Interesse, das sie hervorrief und gebrauchte. Konkrete Vernunft ist fällig, historisch-realer Forminhalt statt der, bei weiterbestehender realer Ungleichheit, notwendig erst formalen, halben Demokratie. Doch ist marxistische Vernunft dem rationalistischen Naturrecht nicht nur wegen der Theorie der Revolution, sondern ebenso wegen der Deklaration der Menschenrechte hoch verpflichtet. Obwohl diese, weil man das Eigentum unter sie rechnete und die Gleichheit auf die politische beschränkte, eben nur – erklärt worden sind.

Immerhin, sie wurden erklärt, sie drangen aus der Stube ins Feld hinaus. Zum ersten Mal griff ein Volk auf, was gedacht worden ist, meinte es zu verwirklichen. Das Wort Mensch war das allgemeine Zeichen, das sozusagen gleichmachte. Vorher besorgte das nur der Tod, jetzt das Leben (soweit es den Adligen nicht den Tod brachte). All das war lange vorbereitet: der Satz, daß die Menschen frei und gleich geboren seien, steht ja bereits im römischen Recht; nun sollte er auch in der Wirklichkeit stehen. Neu war die Formel Freiheit, Gleichheit, Brüderlichkeit, sie wurde erst im Juni 1793 aufgestellt. Ihr Geburtsort war der Klub der Cordeliers, einer politischen Vereinigung, die den Jakobinern anfangs nahestand, mit Danton und Desmoulins als Haupt. Die Formel faßt trotz ihres kurzen Alters die gesamte bürgerliche Revolution zusammen, ja Engels kennzeichnet mit ihr sogar die urkommunistische Gentilverfassung. Nicht so eindeutig aus französisch revolutionären Vorbereitungen oder Ereignissen geboren wie die Formel dieser Trikolore sind erstaunlicherweise die *Menschenrechte*. Es war üblich, die Déclaration des droits de l'homme et du citoyen, wie die französische Nationalversammlung sie am 26. August 1789 beschloß, wesentlich auf den Einfluß, auch auf Formulierungen Rousseaus zurückzuführen. Entspricht doch dieses Manifest mit den Grundrechten: liberté, propriété, sûreté, résistance à l'oppression ziemlich genau dem letzten Stand des klassischen Naturrechts. Jellinek jedoch (Die Erklärung der Menschenrechte, 1904) lenkte die Aufmerksamkeit von Rousseau auch auf die amerikanische Unabhängigkeitserklärung, ihren Einfluß auf Frankreich und ihre nicht-französische Tradition. Die in der Unabhängigkeitserklärung von 1776 notierten Laws of nature: Life, Liberty and the pursuit of Happiness haben ebenso als Vorgänger die *religiöse Gewissensfreiheit*, welche der Amerikaner Roger Williams statuierte, als er 1636 Providence gründete, »die Zuflucht aller wegen ihres Glaubens Verfolgten«. Die Verfassung von New Hampshire bestimmte in ihrem Hauptartikel (VI) als Grundrecht: Gott zu ehren »only according to the dictates of his own conscience and reason« – Religionsfreiheit gab den Durchbruch zur Bill of Rights. Auch in Deutschland war die Toleranzforderung des Thomasius der erste Versuch einer Emanzipation vom Obrigkeitsstaat – mit Gott zusammen fühlte der Bürger Mut. Jellinek nun folgert aus den amerikanisch-religiösen Prioritäten: Die Déclaration des droits de l'homme sei au fond ein Werk der Reformation, nicht der Revolution. Lafayette, der den Antrag auf die Déclaration stellte und zugleich einen Entwurf zu ihr vorlegte, habe diesen Entwurf aus den jungen Freistaaten mitgebracht und die Bill of Rights ihm zugrunde gelegt. Nicht Rousseaus Contrat social sei das Vorbild jener Grundrechte, die seit der Französischen Revolution in alle europäischen Verfassungen übergangen seien, sondern hinter der Bill of Rights eben die staatlich statuierte Toleranz (zuerst in Providence). Die staatliche Religionsfreiheit habe sogar die rein juristische Idee vermittelt, ein allgemeines Menschenrecht durch Gesetz festzustellen, eben durch die feierliche Aufnahme ihrer Deklaration in die Konstitution. Daran ist aber nur richtig, daß zwischen dem Recht auf religiöse Gewissensfreiheit, wie es seit der Bartholomäusnacht das beginnende klassische Naturrecht befeuert und begleitet hat, und dem ausgebildeten, zuletzt Rousseauschen Zusammenhänge gewiß bis zur Wechselwirkung bestehen – jedoch auch in Amerika mit Prävalenz der neuen Weltlichkeit. Dieser Einfluß von Grotius und den Folgen gab der nicht nur religiösen Kultusfreiheit erst staatsrechtlich faßbare Form. Und auch die naturrechtlichen Schriften des Grotius-Epigonen Locke waren bei der Abfassung der amerikanischen Unabhängigkeitserklärung genau bekannt. Wie sehr erst bei der französischen die Freiheits-, die Grundrechts-Definitionen eben Rousseaus, als des anderen Gewissens, als des nicht puritanischen, sondern antikisch Gedachten, das als *Citoyen* auftrat. Dieser schlechthin sollte doch die Deklaration der Menschenrechte anführen, ja zuletzt nicht nur dieser. Sondern er hat als seine weit umfassendere Formel eben die *Freiheit, Gleichheit, Brüderlichkeit,* weit über die gekommene amerikanische, französische Revolution und ihre Depravierungen hinaus. Item, das klassische Naturrecht behält auch in der amerikanischen Unabhängigkeitserklärung, bei noch so viel Reformation, seine Prävalenz, und wie eindeutig erst beim Sturm auf die Bastille. Freiheit, Gleichheit, Brüderlichkeit, sie haben sogar nicht nur historische, sondern fortwirkend-normative Prävalenz bei jedem Sturm auf die Bastille. An einer späteren Stelle wird zu zeigen sein, was es mit dieser Trikolore über den Menschenrechten, wie sie ohne Rousseaus volonté générale nicht aufgezogen worden wäre, für eine Bewandtnis hat. *Es war die hohe Zeit des Naturrechts, als dergleichen blühte, sie war illusionär, denn aus dem Citoyen kam der Bourgeois, sie war antizipierend, denn der Bourgeois wird durch den Citoyen gerichtet.* Ebenso auch: Jedes Volk wird nur diejenige Art und Höhe sozialer Revolution haben und gewinnen, zu der es auf Grund erlangter und behaltener Menschenrechte bereitet ist. Wird von den vier alten Grundrechten die proprieté auf einen neuen Sinn geordnet, das heißt, statt Freiheit des Erwerbs entsteht Freiheit vom Erwerb, dann leben liberté, sûreté rechtens erst auf; und résistance à l'oppression? Gerade in revolutionärer Frische und zwecks ihrer bleibt der 14. Juli auflebend, sein menschliches Gesicht, auch nach und ohne Bastille. Dieses Licht von 1789 steht durchaus; es kann gleich der dem Citoyen so nahe verwandten neunten Symphonie nicht mehr zurückgenommen werden.

KANTS UND FICHTES NATURRECHT OHNE NATUR: ALS VERNUNFTRECHT A PRIORI 12

Was lebhaft empfunden, darüber werden nicht viele Worte gemacht. Ist es überdics klar bejaht und gewollt, dann erscheint es auch ohne Begriff als vernünftig. So wirkte bei den Franzosen die individuelle Freiheit, sie selber brauchte nicht erst gedacht zu werden, sondern nur das, was von ihr rechtens abgeleitet wurde. Anders bei den Deutschen; die Freiheit war dem Impuls nach hier keineswegs selbstverständlich. In der Außenwelt zeigte sie nicht einmal den Schatten, nicht einmal die Anfänge eines politischen Daseins. Durchweg ein Gedanke, konnte sie nirgends empirisch aufgerafft werden, war noch stolz darauf. Das zeigte am stärksten, gewiß auch am reinsten der Widerhall Rousseaus im späten deutschen Naturrecht: bei Kant und Fichte. Besonders bei *Kant* sind wichtige Gewinne des bisherigen Naturrechts erstaunlich verringert, zunächst wenigstens. Die »Metaphysischen Anfangsgründe der Rechts- und Tugendlehre«, 1797, sind ein Alterswerk (Anselm Feuerbach sah sogar Altersschwäche darin), doch auch frischere und frühere Schriften über den gleichen Gegenstand – so der bedeutende Essay »Über den Gemeinspruch: Das mag in der Theorie richtig sein, taugt aber nicht für die Praxis«, 1793 – fallen im Strafrecht und Staatsrecht hinter das achtzehnte, sogar sechzehnte Jahrhundert (Althus) zurück. Kant hält an der Vergeltungsstrafe fest (Auge um Auge, Zahn um Zahn), Kant bestreitet das Widerstandsrecht, verneint es selbst einer satanischen Obrigkeit gegenüber. Die Idee des Staatsvertrags: daß nämlich jeder Gesetzgeber seine Gesetze so zu geben habe, als sie aus dem vereinten Willen eines ganzen Volkes hätten entspringen können – gilt nur »für das Urteil des Gesetzgebers, nicht des Untertans«. Das alles, obwohl Kants Rechtslehre, ganz im Sinn Rousseaus, versichert, daß das Volk der einzige Gesetzgeber sei und der Fürst bloß Exekutor; doch wenige Seiten später wird, in vollem Widerspruch, der Fürst als Gesetzgeber eingeführt und sogar Notrecht gegen ihn unstatthaft. »Also ist die Freiheit der Feder« (und auch diese nur in den Schranken der Verfassung, worin man lebt) »das einzige Palladium der Volksrechte.« Und doch zeigt Kant »eine starke Beimengung von Enthusiasmus« für die Französische Revolution (außer jenem ihrer Widerstandsakte, der in der Hinrichtung des Königs – dem »crimen immortale, inexpiable« – sich übertroffen hatte). Desgleichen hält Kants Naturrecht bemerkenswerten Abstand von dem aufgeklärten Absolutismus, der in der Wolffschen Schule ex ratione deduziert worden war und tatsächlich eine deutsche Form der Aufklärung ausmachte. Der Untertan Friedrichs II. aber deduziert aus Vernunftprinzipien keineswegs den preußischen Staat, lehnt das »Naturmodell« der patria potestas ab: »Eine Regierung, die auf dem Prinzip des Wohlwollens gegen das Volk als eines Vaters gegen seine Kinder errichtet wäre, das ist eine väterliche Regierung, wo also die Untertanen als unmündige Kinder, die nicht unterscheiden können, was ihnen wahrhaftig nützlich oder schädlich ist, sich bloß passiv zu verhalten genötigt sind, um, wie sie glücklich sein sollen, bloß von dem Urteile des Staatsoberhauptes und, daß dieser es auch wolle, bloß von seiner Gütigkeit zu erwarten, ist der größte denkbare Despotismus« (Werke, Hartenstein, VI, S. 323). Derart wirft Kant Institute wie das Lehnrecht, auch die Kirchenverfassung, die das korrumpierte »Naturrecht« der Wolffschen Schule noch enthalten hatte, völlig aus der Rechtsdeduktion. Aufklärung erträgt keine wie immer geartete Diktatur, sie ist »Ausgang des Menschen aus selbstverschuldeter Unmündigkeit«. Der Mensch aber nun und die bürgerliche Selbstbestimmung, die hier gemeint sind, sie stellen eben keine empirische Gegebenheit dar. Bei Rousseau standen sie noch außerhalb jeder Diskussion; die menschliche Natur muß lediglich von der historischen Verschlechterung befreit und ins Bessere fortentwickelt werden. Nichts dergleichen ist bei Kant empirisch gegeben, kein Naturrecht der Freiheit ist innerhalb der deutschen politischen Misere selbstverständlich. Weder der Geselligkeitstrieb des Grotius noch die individuelle Freiheit Rousseaus sind als lebendiges Dasein gesetzt und akzeptiert, sie sind eben Gedanke, Begriff, Idee schlechthin und nur als solche für eine naturrechtliche Deduktion grundlegend. Das bedeutet weiterhin: Der Rationalismus bezieht, um stringent ohne Rest zu erscheinen, das Prinzip seiner Ableitung selber in sich ein. Alle bisherigen Naturrechtslehrer hatten ihren Ableitungen, so rational sie auch vor sich gingen, ein nicht-rationales, ein empirisch aufgerafftes Element, einen empirischen Trieb zugrunde gelegt, nur die Folgerung aus ihm ging rein vernunfthaft vor sich. Kant lehnt, wie in seiner Ethik, so in seiner Rechtsphilosophie, den empirischen Trieb als methodisch unrein ab, er verlangt Deduktion des Deduktionsprinzips selber, das heißt Fundierung des naturrechtlichen Bestimmungsgrunds in einem Grundsatz a priori. Dieser Grundsatz aber ist nicht individuelle Freiheit (mit empirischer Glückseligkeit als Zweck), sondern ausschließlich eingeschränkte oder allgemeine Freiheit als das Prinzip jeder möglichen menschlichen Koexistenz. »Recht ist die Einschränkung der Freiheit eines jeden auf die Bedingung ihrer Zusammenstimmung mit jedermann, insofern diese nach einem allgemeinen Gesetz möglich ist; und das öffentliche Recht ist der Inbegriff der äußeren Gesetze, welche eine solche durchgängige Zusammenstimmung möglich machen« (l. c. S. 322). Dasselbe, diesmal mit besonderem Bezug auf das Abstraktum, ja hölzerne Eisen einer nicht-individuellen Freiheit, in der Rechtslehre: »Das Recht ist also der Inbegriff der Bedingungen, unter denen die Willkür des einen mit der Willkür des anderen nach einem allgemeinen Gesetze der Freiheit zusammen vereinigt werden kann« (Werke VII, S. 27). Ur-recht ist daher nicht sowohl Freiheit des kreatürlichen Individuums (Willkür) als der Gedanke der allen uranfänglich und gleichmäßig beschränkten Freiheit; dies Rechtsgesetz a priori besteht vor allem als Gesellschaftsvertrag. Und der Gesellschaftsvertrag selbst wird zu einer Idee, ja eben, da alle empirische Bestimmung wesenlos geworden ist, zu einer regulativen Fiktion. Nicht als wäre er bei den früheren Naturrechtlern als schiere Realität, prähistorischer Art, aufgetreten; das wäre ein Mißverständnis seiner Funktion. Schon Althus hatte als gleichgültig betrachtet, ob der Vertrag ausdrücklich oder stillschweigend abgeschlossen worden sei, und selbst was Hobbes, gar Rousseau angeht, so bedurfte es nicht erst der Kritik, die unter anderen Hume mit soviel Energie erhoben hat: daß nämlich die Menschen niemals ungesellig gelebt hätten und daß die Sozietät eben aus einer stillschweigenden Übereinkunft entstanden sei. Aber Kant, in seiner Ablehnung jedweder empirischer Rechtssanktion, entfernt das gesamte Problem aus den Beimengungen mit Prähistorie: es ist gleichgültig, wie der Staat faktisch entstanden ist, doch es ist erlaubt und vorteilhaft, ihn unter dem Gesichtspunkt zu betrachten, als sei er aus einem Vertrag entstanden. So verliert bei Kant, im Einklang mit seinem methodisch reinen Rationalismus, auch der Staatsvertrag das Naturvorkommen, er wird zu einer regulativen Idee. Diese besagt einzig: Nichts kann im Staat beschlossen und ausgeführt werden, was nicht hätte beschlossen werden können, wenn er durch einen Kontrakt zustande gekommen wäre, als dem Probierstein der Rechtmäßigkeit, das heißt der Aufrechterhaltung der allgemeinen äußeren Freiheit gemäß der Rechtsidee der Koexistenz. Dieser Rationalismus nun setzte sich erst recht in den Einzelbestimmungen fort, im Privat-, Staats- und Völkerrecht, wie es aus dem Koexistenz-Prinzip folgte und analytisch auskonturiert wurde. Analytisch war auch das klassisch-rationalistische Naturrecht, aber Kant übertrifft es wie im Ausgangsprinzip so in den Folgerungen an abstrakter Reinheit. Die Inhaltsbestimmungen werden nach dem rein formalen Grundsatz des Nichtwiderspruchs zu setzen versucht, dergestalt, daß es zum naturrechtlichen Wesen des Eigentums gehöre, nicht herrenlos zu sein, zum Wesen eines Depositum, nicht unterschlagen zu werden und dergleichen mehr. (Hegel, als Nicht-Formalist, fragte dagegen, in seiner frühen Schrift »Über die wissenschaftlichen Behandlungsarten des Naturrechts«, 1802: »Daß es aber gar kein Depositum gäbe, welcher Widerspruch läge darin?«) Formal bleiben aber auch die wichtigeren Bestimmungen des rechtlichen Zustands, so die der Gleichheit aller Menschen. Diese verträgt sich sehr wohl mit der größten ökonomischen Ungleichheit, als einer materiellen. Die Menschen sind nur dem staatsbürgerlichen Rechte nach einander gleich, »welches als der Ausspruch des allgemeinen Willens nur ein einziges sein kann und welches die Form rechtens, nicht die Materie oder das Objekt, worin ich ein Recht habe, betrifft« (Werke VI, S. 324). Die Normen der Rechtsphilosophie sind also gleich denen der Ethik inhaltslos; denn die radikale Selbsterzeugung der praktischen Vernunft, ohne die mindeste Beimengung von Empirie, kann auch durch das Prinzip der Widerspruchslosigkeit kein iustum oder bonum dem Inhalt nach bestimmen. Unermüdlich hatte Kant in seiner theoretischen Philosophie betont, daß die logische Widerspruchslosigkeit eines Satzes keinen Beweis für seine empirische Realität bilde; in der Rechtsphilosophie und Ethik kommt diesem Kriterium nicht mehr Inhaltswert zu. Das logische Gesetz des Nichtwiderspruchs, welches Kant unter dem Namen Allgemeinheit und Notwendigkeit zum Kriterium der praktischen Vernunft macht, eint Rechtsphilosophie und Ethik um den Preis, daß beide gleichgültig gegen jeden Inhalt sind, also – was dasselbe ist – jeden Inhalt vertragen. Hierbei wurde die »Logik des Wollens« in einem Punkt allerdings differenziert: Kants Rechtsbegriff bezieht sich auf die äußere Handlung und nicht, wie sein Moralbegriff, auf die innere Gesinnung. Demgemäß ist Rechtspflicht die, welche äußerlich erzwungen werden kann, Tugendpflicht dagegen wird durch Selbstzwang gesetzt, durch die innere Gesetzgebung des guten Willens. Legalität und Moralität sind demnach völlig getrennt, und mit kalter Härte wird der Anteil der Gesinnung (Vorsatz, dolus), womit die Rechtspflicht verletzt worden ist, beiseite gesetzt. Wobei jedoch hinsichtlich der Erzwingbarkeit die allemal antidespotische Haltung Kants in der Konsequenz durchschlägt, daß einzig solche Gesetze rechtens erzwingbar sind, welche zum Zweck der Aufrechterhaltung der äußeren allgemeinen Freiheit ergangen sind. Auch die abstrakt-scharfe Trennung zwischen Legalität und Moralität geschieht letzthin wieder nach Vernunftprinzipien a priori: Die Legalität entspricht eben dem Inbegriff der äußeren Gesetze, welche die Glieder eines Staatswesens in Koexistenz halten, die Moralität aber dem inneren Sittengesetz, welches den »intelligiblen Charakter« des Menschen in seinem »Bürgertum intelligibler Welten« betrifft. Doch der Naturcharakter (die Triebbestimmtheit, die Willkür) ist auch innerhalb der deduzierbaren Legalität aufgegeben. Deshalb hebt Kant zu guter Letzt selbst den Begriff Naturrecht auf; seine Rechtsphilosophie handelt vom Urrecht rein als *Vernunftrecht.* Was seit der Stoa, ja seit den Sophisten dem Rechtsideal seinen Halt und Inhalt zu geben schien: die gesellschaftliche Oppositionskategorie Natur hörte so auf, mit juristischem Logos synonym zu sein. Dies griechische Erbe – es hatte die gesamte Transzendenz des Mittelalters überdauert – verschwand erst im deutschen Idealismus, und zwar gleichmäßig. Die Natur als Maß, auch als Maß dessen, was höher wäre als Natur, hielt sich bei Kant und nach ihm nur in der Ästhetik, nicht in der Rechtsphilosophie. Dieser Kantianismus beeinflußte die Gegenstandsbeziehung aller folgenden Rechtsphilosophen, auch der in Gesinnung und Rang ganz unvergleichbaren; er vereint Antipoden wie Fries und Hegel. »Das Gesetz des Rechts«, sagt Fries, »entspringt aus unserem eignen Innern, wir lernen es nicht von der Natur, sondern wir setzen durch dasselbe, als ein Gesetz der Freiheit, die Gesellschaft der Menschen aller Natur entgegen« (Philosophische Rechtslehre, 1803, Vorrede). Gänzlich von diesem subalternen Psychologismus abgewandt sagt dennoch Hegel: »Der Ausdruck Naturrecht, der für die philosophische Rechtslehre gebräuchlich gewesen, enthält die Zweideutigkeit, ob das Recht als ein in unmittelbarer Naturweise vorhandenes oder ob es so gemeint sei, wie es durch die Natur der Sache, das ist den Begriff sich bestimme ... In der Tat aber gründen sich das Recht und alle seine Bestimmungen allein auf die freie Persönlichkeit, eine Selbstbestimmung, welche vielmehr das Gegenteil der Naturbestimmung ist« (Enzyklopädie § 502). Kant hat hier gegen alle Daten eines ursprünglichen empirischen Zustands der Menschheit gesiegt, der Methodismus der Idee hat gesiegt, ab ovo usque ad finem. Natur, nicht nur im Sinn von Hobbes, auch im vertrauenden Sinn von Rousseau, ist seitdem aus dem bürgerlichen Vernunftrecht ausgeschieden. Und doch wirkten bei dem Verehrer der Französischen Revolution, bei dem großen Philosophen der Spontaneität alle Intentionen des Citoyenhaften nach, weiter, höher. So eben in dem leitenden Satz (Werke IV, S. 161): »Aufklärung ist der Ausgang des Menschen aus seiner selbstverschuldeten Unmündigkeit.« So in dem donnernden Bescheid im Streit der philosophischen Fakultät mit der juristischen (Werke VII, S. 403): »Denn für die Allgewalt der Natur oder vielmehr ihrer uns unerreichbaren obersten Ursache ist der Mensch wiederum nur eine Kleinigkeit. Daß ihn aber auch die Herrscher von seiner eigenen Gattung dafür nehmen und als eine solche behandeln, indem sie ihn teils tierisch, als bloßes Werkzeug ihrer Absichten, belasten, teils in ihren Streitigkeiten gegeneinander aufstellen, um ihn schlachten zu lassen, – das ist keine Kleinigkeit, sondern Umkehrung des Endzwecks der Schöpfung selbst.« Trotz eines sonst zuwenig einhakenden Formalismus der Ausführung sind hier die besten Postulate des klassischen Naturrechts bewahrt, ja mit einer Härte, die Rousseau nicht zustand, überboten. So eigentümlich wird hier durch Mangel, dann Abkehr von empirischem Behelf erst formalisiert, dann der Citoyen gesetzt.

Das ging weiter und freilich wieder auch im Kopf, ja noch mehr als bisher. Gab es zu ihm unstimmige, von außen kommende Reste, so sollten sie vom Denken rein aufgearbeitet werden. *Fichte* also ließ alles und jedes mit einem »Denke dich selbst«, mit frei vernünftiger Tätigkeit beginnen, auch das Urrecht. Er besitzt als einfache Voraussetzung den Begriff des

Selbstbewußtseins, das Ich und Du setzt und deren freie, vernünftige Wirksamkeit. Nichts ist der Vernunft sonach gegeben als sie selbst; so beginnt bereits der erste Satz der »Grundlage des Naturrechts«, 1796: »Der Charakter der Vernünftigkeit besteht darin, daß das Handelnde und das Behandelte eins sei und eben dasselbe; und durch diese Beschreibung ist der Umkreis der Vernunft, als solcher, erschöpft« (Werke, Medicus, II, S. 5). Das Urrecht des Menschen wird auch hier als Fiktion bezeichnet, indem der Mensch nur in Gemeinschaft mit anderen Rechte habe, aber diese Fiktion wird notwendig mit dem Urbegriff der freien vernünftigen Tätigkeit gesetzt. »Das Urrecht ist daher das absolute Recht der Person, in der Sinnenwelt nur Ursache zu sein, schlechthin nie Bewirktes« (l. c. S. 117); Recht also bezieht sich auf den individuellen Willen und Urrecht auf dessen Selbstbestimmung. Diese, die Autonomie insgesamt, ist für Fichte nur durch sich determinierbar, die Ichheit und nichts außer ihr ist causa sui. So nannte Fichte seine Wissenschaftslehre, worin alles Außen und Oben sein Lehen von der setzenden Subjekthaftigkeit trägt, nicht mit Unrecht »umgekehrten Spinozismus«. Oder: »Mein System ist von Anfang bis Ende eine Analyse des Begriffs der Freiheit«, also auch des praktischen Urrechts auf sie. Des näheren nun enthält dies Urrecht die Freiheit und Unverletzlichkeit des Leibs, die fixierte Herrschaft in der Sinnenwelt, das heißt das Eigentum. Das Urrecht muß sich jedoch, wie bei Kant, selbst beschränken, damit eine Koexistenz juristischer Personen möglich sei; durch diese Selbstbeschränkung eben erkennen sie einander als freie und vernünftige Wesen an. Aber anders als bei Kant wird das individuelle Freiheitswesen betont: Die Freiheit darf nur durch die Freiheit aller beschränkt werden und lediglich um der Freiheit willen. Das ist das Ziel, und als deduzierbar gelten hierbei nur Einzelbestimmungen des Privatrechts, Strafrechts, Staatsrechts, die als Mittel und conditio sine qua non zum Ziel erkannt worden sind. Bereits Fichtes (theoretische) Wissenschaftslehre hatte bestimmt: Der Grund alles Seins liegt im Sollen, das heißt in der Zwecktätigkeit des Bewußtseins. Zu diesem Zweck wurden die theoretischen Kategorien beweglich gemacht und als beweglich gezeigt, zu diesem Zweck wurden sie als »Geschichte des Selbstbewußtseins« entwickelt und dialektisiert. Der Zweck aber war von Anfang an praktische Vernunft: und in der Rechtssphäre ist er eben die vollkommene Selbstbestimmung des Menschen als juristischer Person. Der Staat fungiert hierbei lediglich als liberale Sicherheits- und Erhaltungsanstalt; der Staatsvertrag selber, diese regulative Idee, ist als Eigentums-, Schutz- und Vereinigungsvertrag einzig ein Interessenvertrag, eine regulative Idee, wobei der frühe Fichte, anders als Kant, das Recht zur gewaltsamen Veränderung jeder Staatsverfassung verteidigte, die keine liberale ist. Der rechte Staat ist ein Produkt seiner Bürger, über den sie frei beschließen wie Kaufleute über ihre Handelsgesellschaft; so ist er zwar eine Sicherheitsanstalt, aber nicht zum Zweck eines verantwortungslosen Herdenlebens, sondern umgekehrt eben zum Zweck persönlicher Freiheit und ihrer Erhaltung. Indem der Staat überhaupt nicht anders denn als Sicherheitsanstalt zur Erhaltung persönlicher Freiheit deduziert werden kann, taucht bei Fichte sogar zum erstenmal der Begriff eines ökonomischen Rechtsanspruchs der Bürger an den Staat auf und die Pflicht des Staats, diesem Anspruch (zur Erhaltung persönlicher Freiheit) Genüge zu tun. Es gibt ein Recht auf Arbeit und Lebensunterhalt: »Jeder muß von seiner Arbeit leben können, heißt der aufgestellte Grundsatz... Da alle verantwortlich sind, daß jeder von seiner Arbeit leben könne, und ihm beisteuern müßten, wenn er's nicht könnte, haben sie notwendig auch das Recht der Aufsicht, ob jeder in seiner Sphäre soviel arbeite, als zum Leben nötig ist, und übertragen es der für gemeinschaftliche Rechte und Angelegenheiten verordneten Staatsgewalt... Wie nach dem obigen Satze kein Armer, so soll nach dem gegenwärtigen auch kein Müßiggänger in einem vernunftgemäßen Staate sein« (l. c. S. 215f.). Fichte hat diese seine – plötzlich durchaus nicht mehr liberalistische – Staatsidee später in einer eigenen Schrift ausgeführt (Der geschlossene Handelsstaat, 1801), und der zentralisierende Sozialismus dieser Utopie rückt sie, trotz ihrer kleingewerblich-kommerziellen, durchaus noch nicht industrialistischen Grundlage in eine merkwürdige Nähe zum späteren Saint-Simonismus. Dabei bildete Fichtes Entwurf keineswegs eine reine Sozialutopie, er gehört mindestens ebenso, ja letzthin mehr zu den juristischen Staatsidealen und ist eine

Vernunft-Konstruktion. Allein schon die zurückgebliebenen Verhältnisse des damaligen Deutschland gaben keine tendenzielle Grundlage zu einer sozialen Utopie (wie England und Frankreich); Fichtes Entwurf erscheint denn auch ausdrücklich »als Anhang zur Rechtslehre«. Und der geschlossene Handelsstaat wird als Ergänzung zum »juridischen Staat« eingeführt, zu dem Ende, »daß die Anarchie des Handels ebenso aufgehoben werde, wie man die politische allmählich aufhebt, und der Staat ebenso als Handelsstaat sich schließe, wie er in seiner Gesetzgebung und seinem Richteramte geschlossen ist« (Werke III, Seite 483). Auf diese Art wird ein Staat gedacht, wie er als Vernunftstaat vorerst sein soll: er überwacht und organisiert alle Zweige der Produktion, den Ackerbau wie das Gewerbe, teilt jedem, gleichsam als oberste Zunftbehörde, sein Arbeitsfeld nach Maßgabe der Marktbedürfnisse zu, nimmt den Handel mit dem Ausland selbst in die Hand, um eben auf diese Weise dem Bürger, wie seine Arbeit, so auch den vollen Ertrag seiner Arbeit zuzuweisen. Der politische Liberalist Fichte ist dergestalt mitnichten ein ökonomischer, ein Freund des freien Spiels der Kräfte, des Manchesterprinzips und der harmonischen Prosperität, die letzthin angeblich aus ihm fließt. Fichte mag ökonomisch noch so naiv gewesen sein, aber auch ohne daß man ihm Liebe zur Manufaktur nachzusagen braucht, so glaubt er nicht an ein Parallelogramm der individual-kapitalistischen Kräfte: »Zu sagen, das wird sich alles schon von selbst geben, jeder wird immer Arbeit und Brot finden, und es nun auf dieses gute Glück ankommen zu lassen, ist einer durchaus rechtlichen Verfassung nicht anständig« (l. c. S. 477). Nicht aber auch, als wäre es dem Vernunftstaat selber durchaus anständig, allzeit dieser Komplex obrigkeitlicher Reglementierung zu bleiben; auch von hier aus gesehen ist Fichtes geschlossener Handelsstaat kein ideologischer Manufakturstaat. Der ursprünglich autonome, ja anarchische Zug in Fichtes Rechtskonstruktion empfindet jeden Zwang als fremd und gibt es zuletzt auf, den positiv gegebenen »Notstaat« innerhalb seiner eigenen Struktur zu verbessern. Darum: all dieser Staatssozialismus hat doch wieder nur als Mittel zum Ziel personhafter Ungedrücktheit und Entwicklung aller zu dienen. Der junge Fichte hat einmal, in der »Zurückforderung der Denkfreiheit«, 1793, die rechtsideale Staatsverfassung einer Kerze verglichen, »die sich durch sich selbst verzehrt, sowie sie leuchtet, und welche verlöschen würde, wenn der Tag anbräche«. Der späte Fichte hat in seiner nachgelassenen »Staatslehre«, 1813, den Untergang des Staats noch konstruktiv gesetzt und an seiner Stelle die Gemeinde, das »Vernunftreich« prophezeit. Hierbei gab Fichte der abstrakten Trennung von erzwingbarer Legalität und reiner Moralität, die er von Kant übernommen, ja noch verschärft hatte, eine interessante Wendung. Das Recht ignoriert zwar die Moralität, aber dafür hebt Moralität auch das Recht auf, sofern es für den ganz und gar Sittlichen überhaupt kein Recht mehr gibt, das ihn zwingen könnte. Ebenso nun hebt das »Vernunftreich« den bisherigen Staat auf, als Regiment und selbst als einen Kontrapunkt bloßer Privatinteressen. Was der Staat notwendig der Freiheitssphäre des Individuums überlassen mußte: Moralität, Kunst, Religion, Wissenschaft, das wird im »Vernunftreich« Angelegenheit eines universalen Bewußtseins. Den Weg dahin vermittelt nicht nur der Politiker, sondern der Lehrer, und zwar der Erzieher durch – Wissenschaftslehre; sofern diese, »jede Autorität als solche negierend, das durch Autorität Gegebene selbst erzeugt«. Das ist dasselbe wie die Theokratie völlig naturloser Inwendigkeit oder des letzten Christentums: »So wird der dermalige Zwangsstaat ohne alle Kraftäußerung gegen ihn an seiner eigenen, durch die Zeit herbeigeführten Nichtigkeit ruhig absterben«, zu dem Ende, daß »das ganze Menschengeschlecht auf der Erde umfaßt werde durch einen einzigen innig verbündeten christlichen Staat, der nun nach einem gemeinsamen Plane besiege die Natur und dann betrete die höhere Sphäre eines anderen Lebens« (Werke VI, S. 624f.). Diese Erklärung ist aber staatsfeindlich und weltfeindlich zugleich; mit ihr ist die *Abschaffung der Natur* im Naturrecht des deutschen Idealismus vollendet. Fichte hatte von Anfang an, auch in seiner theoretischen Wissenschaftslehre, strengste Naturfremdheit, ja Naturfeindschaft intendiert; das kulminiert in dem leeren, in dem bedeutenden Akosmismus der letzten Phase. Hierbei zeigte sich zugleich ein hochidealistischer Wandel in der Entsprechung, die, wie man sich erinnert, das

Naturrecht des achtzehnten Jahrhunderts in der sogenannten Naturreligion zu sich eröffnet hatte. Diese war seinstrunken schlechthin, immanent seinstrunken, und setzte die üppige Sichtbarkeit der äußeren Natur an die Stelle der unsichtbaren Gottheit. Bei Fichte wird die Natur »versinnlichtes Material der Pflicht«, Gott aber, als reines Tun, ist der allemal dinghaften Kategorie der Substantialität so weit überlegen, daß er aus dem Natursein, ja aus jedem Sein herausgezogen wird. Die substratlose Tätigkeit, welche die sinnliche Existenz der Objekte erst setzt, kann nicht selber mit Existenz bemengt werden. Ein Sein, das nicht sinnlich, nicht Natur, nicht Welt wäre, gibt es nicht: »Alles Sein«, sagt Fichte in der »Wissenschaftslehre« von 1797, »ist der Wissenschaftslehre notwendig ein sinnliches; denn sie leitet den ganzen Begriff erst aus der Form der Sinnlichkeit ab.« Das höchste Wesen ist folglich zu gut für dieses Natur-Sein, und Fichte nennt – mit kurioser Umkehr des Angriffs, der gegen ihn gerichtet wurde – alle, die Gott als Sein fassen, Atheisten, soll hier heißen: Verweltlicher, Entgötterer Gottes. Es erhellt also, daß dem »Vernunftrecht« keine »Naturreligion« mehr entsprechen konnte; es entspricht ihm keine natura naturans, sondern lediglich eine »ordo ordinans«. Der Optimismus des Seins, der das alte Naturrecht begleitet hatte, weicht derart einem bloßen Optimismus des (nicht-seinshaften) Zwecks: der Autonomie an und für sich selbst. Hat das Naturrecht hierbei die Natur verloren, die als bloßes Sein hier nichts zu melden haben soll, so verlor es am wenigsten aber das erstrebte Selbstbewußtsein dessen, was rechtens zu sein hat oder nicht. Fichtes äußerste Idealistik hat das Naturrecht gerade in dem packenden Tenor seiner Anti-Künstlichkeit verlassen. Die Abdankung des »Naturgemäßen« zugunsten eines doch hochartifiziellen Linienziehens im Subjekt ohne haltendes Objekt hat eine wichtige Position verdeckt, Allianz erschwert. Aber bei alldem wirkte Fichte als der Unbeugsame ebenso wie ein Cato des Naturrechts, ob er auch die »Natur« darin weder inwendig noch auswendig anerkannte. Das Freiheitsrecht büßt durch nichts als Vernunft den Gesundklang (Goethischen Sinns) des Citoyenhaften ein, freilich nicht – am wenigsten hier – sein schlechthin Aufrechtes, sich selber sein Gesetz gebend.

13 ÜBER RECHTSLEIDENSCHAFT INNERHALB DES POSITIVEN GESETZES (KOHLHAAS UND DER ERNST DES MINOS)

Ein gerade Vergessenes kann plötzlich ungemäß wichtig erscheinen. Alles überhaupt Versäumte drängt sich in der einen verschwundenen Erinnerung zusammen. So gibt es auch eine leere Leidenschaft fürs vorhandene Recht, sobald dieses, an einer nicht allzu wichtigen Stelle, zufällig nicht gewährt worden ist. Die Leidenschaft wäre dann einer besseren Sache würdig oder eben: sie steht für eine bessere Sache. Der Querulant gehört hierher; sein Rechtsanspruch hat sich ihm neurotisch verdinglicht, wird schließlich zur fixen Idee. Er kämpft für diese Idee, als wäre sie eine – naturrechtliche. Meist kämpft er für sie sogar wirtschaftlich uninteressiert, und desto heftiger, mit einem desto objektiver scheinenden Rechtsbewußtsein macht er sie geltend, je mehr das anfängliche privatrechtliche Interesse sinnlos geworden ist. Aber der Querulant ist ausgeprägt neurotisch und in seinen stärkeren Graden (verbunden mit Verfolgungswahn) ein Irrer. Er ist vor allem auch zu kümmerlich, um Betroffenheit zu erregen, die über den nicht nur anormalen, sondern bornierten Fall hinausgeht. Nur einmal wurde ein Querulant aus Größe dargestellt und so kanonisch, wie er es verdient: Michael Kohlhaas. Nur bei ihm glüht der Paragraph eines vorhandenen Gesetzes so, als wäre göttliches Recht darin. Nur Kohlhaas hat auf die Befolgung eines Paragraphen so rebellisch gedrungen, als wäre hier Naturrecht, ja ein Glanzstück von Naturrecht. So verschaffte er die stärkste und betroffenste Lehrnovelle über einen Paragraphenreiter aus Rechtsgefühl. Kleist stellt seinen Helden dar, wie er um eines Verlustes willen, den er verschmerzen könnte, wachsend furchtbar wird und werden muß. Dem Junker von Tronka gab er zwei wohlgenährte Rappen zum Pfand, fand nach kurzen Wochen statt ihrer zwei abgehärmte Mähren vor, auch war die Forderung des Junkers ungesetzlich. Unvergeßlich vor allem die Tronkenburg, das Raubnest, sodann auch die Paläste der feudalen Vetternwirtschaft, wenn sie Kohlhaas in jedem Instanzenzug sein Recht verweigern. Bis Kohlhaas zur Selbsthilfe greift, »sein Rechtsgefühl, das einer Goldwaage glich«, trägt und erträgt die Last des grundsätzlichen Rechtsbruchs nicht mehr, Kohlhaas wird zum Räuberhauptmann, auch Mordbrenner aus Justiz. Ihering, der in seinem »Kampf ums Recht« Kohlhaas als Rechtsmärtyrer feiert, hat sogar noch einen anderen Obstinaten ausgezeichnet, einen weit weniger glänzenden, den sein Dichter selbst verlacht hat: Shylock. Der liberale Jurist ehrt auch Shylock als Forderer des Gesetzes (nicht nur seines privaten Rechtsvorteils), und der »weise Daniel« Porzia rangiert mit seinem Urteil nicht so weit von der Vetternjustiz um Kohlhaas. Es ist, nach Ihering, »ein elender Winkelzug, ein kläglicher Rabulistenkniff, dem Manne, dem der Richter bereits das Recht zugesprochen hatte, vom lebenden Körper ein Pfund Fleisch auszuschneiden, das damit verbundene Vergießen des Bluts zu versagen. Ganz so gut könnte ein Richter dem Servitutberechtigten das Recht zu gehen zuerkennen, ihm aber verbieten, Fußstapfen auf dem Grundstück zurückzulassen, weil dies bei der Bestellung der Servitut nicht ausbedungen worden sei.« Shylock erscheint demnach besser als bei Shakespeare, nämlich als »die typische Figur des Juden im Mittelalter, jenes Parias der Gesellschaft, der vergebens nach Recht schrie«. Und in dieser Form gellte einmal sein Schrei im liberalen Hoftheater; der grotesken Unsittlichkeit, daher Nichtigkeit seines Vertrags ungeachtet. Doch ist weder das Blutvergießen den Fußstapfen vergleichbar, noch kann Shylock mit dem Rechtsmärtyrer Kohlhaas zusammengestellt werden. Shylock würde zum Verbrecher werden, sobald ihm sein vermeintliches Recht zuteil würde, das heißt, sobald er das Stück Fleisch nach Belieben, folglich auch am Herzen, herausschneiden könnte; Kohlhaas dagegen wird zum Verbrecher eben deshalb, weil ihm sein unzweideutiges Recht nicht zuteil wird. Das ist der Unterschied zwischen Shakespeares Komödie (wenn auch mit noch so ernstem Hintergrund) und Kleistens Rebellions-Novelle (wenn auch mit noch so geringfügigem Anlaß oder Vordergrund). Kohlhaas also wird einzig zum Verbrecher aus verletztem Rechtsbewußtsein und zum Landfriedensbrecher aus juristischer Leidenschaft. Der manifeste Inhalt dieser Leidenschaft freilich ist nichts anderes als ein bereits vorhandenes Gesetz. Ist nicht mehr als eine Bestimmung aus dem üblichen Pfandrecht, wie der Roßhändler sie kannte und vor Beginn seiner Manie kaum wichtig genommen hatte. Überzeugungstäterschaft größten Stils und der Inhalt der Überzeugung stehen so in absurdem Mißverhältnis. Dies Mißverhältnis macht Kohlhaas vom Standort wirklicher Rebellion her blasphemisch; doch die Transparenz des kleinen Inhalts ist gleichfalls nicht übersehbar. Das Mißverhältnis zwischen der Kohlhaasschen Zähigkeit und dem Rechtssatz, für dessen Geltung sie sich einsetzt, wird demnach bedeutend verringert. Die Haftung für die Werterhaltung des ihm übergebenen Guts (eine Haftung, die bei Pufendorf und Wolff sogar aus dem bei ihnen üblichen Naturrecht abgeleitet worden ist) steht dann stellvertretend für ein abstraktes Rechtsbewußtsein, das sich ihr zuordnet. Dem diente die ungeheuerliche, die komisch-blasphemische Übertreibung, die Aktion aus Querulantentum und blindwütigem Fanatismus zu guter Letzt. Weil hier der kleine Fall stellvertretend ist (für ein wie immer inhaltloses Rechtsbewußtsein), auch darum ist es unmöglich, Kohlhaas mit einem Shylock und seinem Schein auch nur zusammenzudenken. Eher gehört er in die Linie Don Quichottes, doch so, daß Kohlhaas nicht wie Don Quichotte abgelaufene Ideale verficht, sondern verblasene und unbewegte oder die dumm-erhabene Identität: Recht muß Recht bleiben. Quichotte kämpft, ohne Anhalt an einer noch bestehenden Einrichtung, romantisch; Kohlhaas kämpft, mit Anhalt an einem bestehenden Rechtssatz, abstrakt. Quichottes Rittertum hat unmittelbare Inhalte, die auch als zeitlich abgelaufene eindrucksvoll bleiben, als Inhalte ritterlicher Moral, ritterlicher Phantasie, einer ritterlichen Abart Christlichkeit. Der Rechtstraum des Michael Kohlhaas hat zum unmittelbaren Inhalt, was damals im ganzen Pfandleihergewerbe gegenwärtig war und heute noch die §§ 1219–1221 des Bürgerlichen Gesetzbuchs erfüllt; darüber hinaus bleibt als Substrat des abstrakten Rechtsbewußtseins höchstens der Grundsatz: Verträge müssen gehalten werden. So sind sowohl die unmittelbaren Inhalte als die Ideale Don Quichottes bedeutend stärker als die des Kohlhaas; und doch wirkt dieser härter. Er ist nicht der tapfere Narr, sondern der rebellische Rechthaber seiner Zeit. Ja, mit der reichlichen Übertreibung, die beiden Figuren von selber eignet, kann gesagt werden:

Ist Don Quichotte ein romantisch verspäteter Ritter, so Michael Kohlhaas ein paradox verfrühter Jakobiner. Was den abstrakten Rigorismus angeht, ins sechzehnte Jahrhundert zurückdatiert, so läßt sich fast auch sagen: Kohlhaas ist der Immanuel Kant der Rechtslehre – als Don Quichotte. Das abstrakte Rechtsbewußtsein und der bürgerlich-moralische Rigorismus und seine unvermittelte Anwendung auf jeden Fall machen ihn dazu; seine Manie ist freilich, daß er dies Rechtsbewußtsein an einem so gleichgültigen, auch keineswegs antifeudalen positiven Rechtssatz (durch Zufall sozusagen) verankert hat. Auch der historische Kohlhaas agierte fürs positive Recht, als wäre es Naturrecht; es liegt am Roßhändler, der er blieb, freilich auch an der revolutionär erschöpften Zeit (um 1540), daß das geschändete Pfandrecht kein revolutionäres Stichwort abgab. Öfter sind aus Verletzungen eines positiven Rechts Rebellionen angegangen, wenn das Maß voll und der Vorwand erwünscht war. Nicht die Satzung war dann transparent für Recht überhaupt, sondern die Verletzung stand transparent für alles Unrecht, für unerträgliche Unterdrückung überhaupt. In solchen Fällen war ein Michael Kohlhaas nicht blasphemisch, und sein Rechtsgefühl steckte keine Burgen nur dazu in Brand, um einem Junker wegen versäumter Haftpflicht heimzuleuchten.

Anders wurde von oben herab das gegebene Gesetz geschärft. Vor allem, selbstverständlich, dort, wo es besondere Handhabe zur Unterdrückung gab. Recht läßt sich derart brechen, ohne daß man es antastet; es braucht nur ein der herrschenden Klasse bequemes Gesetz passionierter angewandt zu werden als ein anderes, und die allemal vorhandene Klassenjustiz erreicht unangreifbar, was sie will. Doch davon soll hier nicht die Rede sein, sondern von einem auch oben vorhandenen l'art pour l'art in der Jurisprudenz. Nicht nur von Begriffsjurisprudenz, nicht nur von Pedanterie und Bürokratie, sondern von wirklicher, nämlich rigoroser Leidenschaft des positiven Rechts. Wieder im Kohlhaasschen Sinn: Recht muß Recht bleiben, doch eben vom Richter her gesagt, vom unbeugsamen, oder dem, der den beugsamen anklagt. Das kann, obwohl von Klasseninteresse getragen, dieses doch dermaßen überholen, daß es wenigstens dem unmittelbaren Vorteil der herrschenden Interessen schlecht anschlägt.

Von daher der sozusagen dialektische Stoßseufzer: Summum ius summa iniuria; von daher die an Kohlhaas, von der anderen Seite her, erinnernde Maxime: Fiat iustitia, pereat mundus. Gewiß, auch diese scheinbar so unpraktische Rechtsübertreibung von oben herab, innerhalb des bestehenden Gesetzes, hat für die herrschende Klasse den mittelbaren Vorteil, daß ihre Rechtsordnung selber pathetisiert wird. Wenn Nietzsche zustimmend, nicht kritisch sagt, alles positive Recht sei der Versuch zur Verewigung eines jeweiligen Machtbesitzes, und die Herrenmoral derart aus der Schule plaudert: so kann Fanatismus des juristischen l'art pour l'art dieser Verewigung nur günstig sein. Strenge hat stets einen objektiven Aspekt, Unerbittlichkeit einen Schein von Unparteiischkeit, mindestens bei nicht allzu deutlicher Klassenjustiz. Das mythische Modell für solchen Rechtsernst gibt seit alters der »Ewige Richter« ab, besonders dort, wo er durch Übertragung seiner Funktion an dii minores der Unerbittlichkeit freien Lauf lassen kann, einen durch Gnade oder Liebe ungestörten. Die Griechen sahen in den drei Totenrichtern Minos, Aiakos und Rhadamanthys diese Unerbittlichkeit verkörpert; der Ernst des Minos ist seitdem sprichwörtlich. Und zweifellos ist er verführerisch, hat sämtliche Racheaffekte des Vergeltungsrechts für sich, unter betonter Wahrung strenger Gerechtigkeit. Hinzu kommt eben, daß Strenge einen schöneren Schritt hat als Milde, männlicher erscheint, auch radikaler (im formalsten Sinn dieses Worts). Und Rechtsleidenschaft, im pursten Affektsinn dieses Worts, als die des Vergeltungsrechts, hat sich zweifellos in der Intransigenz mit stärkster Gebärde angesiedelt; die sogenannte Majestät des Gesetzes ist hier zu Hause. Ja sogar eine bürgerlich-naturrechtliche Forderung: die Gleichheit aller vor dem Gesetz, hat im strengen Richter ihren Helfer begrüßt. Gewiß also war gerade der absoluten Monarchie, die die Macht des Adels brach und das Bürgertum dagegen ausspielte, die Majestät des Gesetzes, das heißt hier: die Nullität aller Untertanen vorm königlichen Gerichtshof, besonders gelegen. Die Staatsräson fiel dadurch auf täuschende Weise mit Rechtsradikalismus zusammen, auch dort, wo genau das Gegenteil von Rechtsradikalismus per se, nämlich Despotie, sich seiner bediente. So etwa in jenem Kabinettserlaß Friedrich Wilhelms I., worin zwar nicht der »Hauptschuldige«, der junge Kronprinz Friedrich, wohl aber sein Freund Katte den Ernst des Minos schon hier unten erfuhr. Desto mächtiger wirkte dieser Ernst auf die Zeitgenossen (und noch auf Kant), als ihm »Bonhommie« in der Ausdrucksweise nicht fehlt: »S. K. Majestät sind in der Jugend auch durch die Schule geloffen und haben das lateinische Sprichwort gelernt: Fiat iustitia et pereat mundus. Also wollen Sie hiermit, daß der Katte mit dem Schwerte vom Leben zum Tode gebracht werden solle. Wenn das Kriegsrecht aber dem Katte die Sentenz publiziert, so soll ihm gesagt werden, daß es Sr. K. M. leid täte, daß es aber besser sei, daß er stürbe, als daß die Justiz aus der Welt käme.« Auch sah die Justiz-Idolatrie des brandenburgischen Minos in anderen Fällen so aus: Er befahl, daß ein Advokat oder eine ähnliche Person, die dem Hof eine schriftliche Eingabe überreiche, »daß eine solche Person ohne Erbarmen sofort an den Galgen gehängt und ein Hund daneben aufgehängt werde« (Edikt 1739). Solcher Minos also verträgt sich sehr gut mit solcher Iustitia als fundamentum regnorum, und solche regna vertragen sich sehr nützlich mit dem unverklausulierten konsequenten Fiat solcher Iustitia, einem Fetisch. Trotzdem enthält jenseits dieser ernsten und lehrreichen Fetischprobe die Maxime: Fiat iustitia, pereat mundus soviel allerstärkste Unbedingtheit des Grundsätzlichen, daß auch ein Philosoph, der keineswegs in der bloßen Staatsräson Grundsätzliches sah, diese Maxime zum Leitstern machte. Auch Kant ehrte im positiven Recht, wenn es nur ein kategorisches war und ohne Ansehen der Person gebot, ein Stück jener Höhe und evidenten »Unnachlaßlichkeit«, die sonst nur dem Vernunftrecht (und höchstens der Moral) zukam. Kants Rechtsphilosophie war an sich alles andere als eine Verdinglichung der Rechtsmittel oder gar eine Verewigung empirischer Rechtssätze; ihr Prinzip war nicht der Staat, sondern die Koexistenz freier Individuen. Das Recht war also nicht durch sich selber gebietend, war nicht schlechthin kategorisch, konnte es als Inbegriff bloßer *Bedingungen* zur freien Koexistenz nicht sein, aber das Unnachlaßliche dieser Bedingungen, sobald sie einmal gesetzt sind, gab ihnen für Kant jene Weihe, die sonst bei ihm nicht dem Sein, sondern nur dem Sollen zukommt. Die Weihe wurde erleichtert durch den

Begriff der Gerechtigkeit, als welcher sich an Stelle der Staatsräson setzte oder auch, soweit sie eine patriarchalische Staatsräson war, mit ihr zusammenfiel. Die Gerechtigkeit gehörte, wie zu sehen war, zu den unsicheren Größen des Naturrechts, sicher ist sie dem Naturrecht der Aufklärung entbehrlich, auch in Kants Rechtsphilosophie nicht zentral. Aber sie trägt einen der Kantischen Strenge so wohlverwandten Charakter, daß aus ihr dieses Orts gar ein zweites Naturrecht zu entsteigen schien, mitten eben im positiven Gesetz. Friedrich Wilhelm I. wird de iure philosophico gerechtfertigt, wenn Kant sogar das Begnadigungsrecht angreift, es unter allen das »schlüpfrigste« nennt. Das Fiat iustitia, pereat mundus wird buchstäblich, seinem genauen Wortlaut nach, gerechtfertigt: »denn wenn die Gerechtigkeit untergeht, so hat es keinen Wert mehr, daß Menschen auf Erden leben« (Werke, Hartenstein, VII, S. 150). An dieser Stelle seiner Rechtsphilosophie nennt Kant das Strafgesetz sogar einen »kategorischen Imperativ«; während es nach Kants Definition doch bestenfalls der strengste aller hypothetischen oder Bedingungs-Imperative sein könnte. Ja die Minos-Strenge setzt ihrem Quasi-Vernunftrecht folgendes abschließende Exempel: »Selbst wenn sich die bürgerliche Gesellschaft mit aller Glieder Einstimmung auflöste (z. B. das eine Insel bewohnende Volk beschlösse, auseinanderzugehen und sich in alle Welt zu zerstreuen), müßte der letzte im Gefängnis befindliche Mörder vorher hingerichtet werden, damit jedermann das widerfahre, was seine Taten wert sind, und die Blutschuld nicht auf dem Volke hafte, das auf diese Bestrafung nicht gedrungen hat; weil es als Teilnehmer an dieser öffentlichen Verletzung der Gerechtigkeit betrachtet werden kann« (l. c. S. 151). So wild kann Rechtsleidenschaft innerhalb des fragwürdigsten positiven Gesetzes wüten, innerhalb des Galgengesetzes (das von allen Naturrechtslehrern der Aufklärung verneint worden war), und hierbei, aus purem Radikalismus, noch als Leidenschaft e ratione erscheinen. Das bis an sein Ende getriebene positive Gesetz täuscht hier durch Intensität (Unnachlaßlichkeit) vor, was ihm an Qualität (Koexistenz freier Individuen) fehlt. Wobei das sehr Sonderbare hinzutritt, daß die Maxime: Fiat iustitia, pereat mundus ihrer ersten Herkunft nach dem Kantischen Exempel gar nicht so fernsteht – freilich nicht als rechtsfanatisch, eher umgekehrt, immerhin aber als fanatisch. Denn der Ursprung der Maxime ist wahrscheinlich frühchristlich (vgl. Del Vecchio, Die Gerechtigkeit, 1950, Seite 174), dergestalt, daß damals wirklich ein Untergang der Gesellschaft, der Welt insgesamt geglaubt wurde. So lautet also die Antithese hier: »Möge χάρις, Gnade (des besseren Aion) geschehen und diese Welt dahinschwinden.« Aus der eschatologisch gedachten Gnadenwirkung wurde allerdings die der Iustitia, doch ebenfalls frühchristlich noch im messianisch überlieferten Sinn als olam ha tikkum, als künftige Welt der Gerechtigkeit gedacht, und das Pereat mundus mattete später zu einer Art achselzuckendem Konjunktiv ab, weit vom ursprünglich beschwörenden Optativ mit Postulat. Statt des positiven Rechtsfanatismus steht der Maxime also ein völlig unpositiver, eschatologischer Fanatismus an der Wiege, einer, der das Pereat mundus nicht um der Rigorosität willen hinnimmt, sondern um des eschatologisch-Rechten willen fordert. Immerhin nahm auch jede leidenschaftliche Rechtswahrung e lege dadurch, daß sie gegen bestehend schlechte Welt vorgeht und im Maß wie sie dagegen vorgeht, an solch ganz anderem Ernst eines ganz anderen Minos von ferne teil. Ja dann erscheint gar der schönste Rechtsrigorismus im Rahmen bestehender Gesetzlichkeit, doch so, daß diese zu ganz umgekehrtem Zweck strapaziert wird. Nämlich nicht zu überscharfgerechter Verurteilung, sondern zur Kassation einer lax-, gar verbrecherisch-ungerechten. Der leidenschaftlichste Anwalt des positiven Rechts in diesem letzten rigorosen Sinn hieß *Zola*, und er war kein Advokat, sondern ein Dichter, und seine Verteidigung war Angriff, Anklage, J'accuse gegen Rechtsbruch. Die Intensität kam auch hier von oben herab, aber by Jove nicht von der Regierung und ihrer Staatsräson, sondern von den Prinzipien, die diese Staatsräson ehemals als eine der »raison humaine« geschaffen zu haben schienen. Ja, Zolas Fanatismus verwandte also das positive Recht, als wäre es Naturrecht, vielmehr: er verwandte die Elemente des klassischen Naturrechts, die nolens volens rezipiert worden waren, damit die Republik so wieder reformiert würde. Ein quichotteskes Bemühen, doch eines, das in der Tat, auf einige Jahrzehnte, die Oberfläche reinigte und den Hintergrund verhängte. Und noch eines fällt hierbei auf,

dieses Falls über jede Ironie eines »ewigen Rechts« hinaus. Zolas bürgerlich-rechtliche Überzeugungskraft ist nicht nur subjektiv ergreifend, sondern auch objektiv, in einer Weise, wie es abgelaufenen oder schief postierten Idealen sonst nicht zukommt. Ein Vergleich Zolas mit Don Quichotte ist daher letzthin grundlos; die Inhalte des Zolaschen Rechtsfanatismus zeigen nicht die gleiche historische Fixiertheit (also Abgelaufenheit) wie Don Quichottes Ritterideale. Das Argument freilich, daß bürgerlich-positives Recht immer noch besser dreinsieht als skrupelloses Unrecht, ist falsch; denn auch die Ritterwelt sah besser, sozusagen menschlich voller drein als die Krämerwelt, die Don Quichotte antraf. Entscheidend wird vielmehr ein anderes Argument (für den objektiven Gehalt des Zolaschen Rechtsfanatismus): das Gewicht des Tatbestands, das Pathos der »juristischen Wahrheitsfindung« in Zolas J'accuse. Hier sind in der Tat moralisch-methodische Elemente – nicht eines »ewigen Rechts«, wohl aber des wissenschaftlichen Feststellungswillens, der der Rechtsfindung dient. Daß kein Unschuldiger verurteilt werden darf, daß der Schuldige ohne alle Begünstigung eruiert und getroffen werden muß, daß kein belastendes Schriftstück gefälscht, kein entlastendes sekretiert oder auch nur bagatellisiert werden darf: diese »Selbstverständlichkeiten« sind nicht historisch vorübergehend und schwanken nicht, wie Börsenpapiere, je nach der jeweiligen Kriegslage, Staatslage. Ihre Geltung ist zwar in Gesellschaften mit ständischem oder mit faschistisch-korrumpiertem Privilegienrecht mehr oder minder durchkreuzt: doch auch dann wird innerhalb des Stands oder des hohen Gangster-Kreises schwarz nicht gänzlich weiß gemacht werden können und ein Justizmord wenigstens mit dem Bewußtsein verübt, daß er einer sei. Und der Weg zur klassenlosen Gesellschaft wird sich in der Sachlichkeit des Rechtsbewußtseins, im Rigorismus einer nicht mehr nur formellen demokratischen Gesetzlichkeit von solcher Art Richtbild nicht zu unterscheiden haben, niemals unterscheiden dürfen. Revolutionen stürzen altes positives Recht, aber wenn sie solche bleiben, schaffen sie kein neues Unrecht; so galt das J'accuse des echten Rechtsfanatismus zu jeder Zeit gegen Justizmord, bildet insofern eine merkwürdige Stellvertretung für Widerstand aus Naturrecht. Summum ius also ist in diesem letzteren Gebrauch nicht immer notwendig summa iniuria. Es war dies nachdenklicherweise nicht einmal bei Kohlhaas so, desto mehr gewiß bei Friedrich Wilhelm I., bei solch häufigstem, tyrannisch-mechanischem Fiat iustitia. Und der wirklich radikale Grundsatz lautet gerade naturrechtlich – nicht minder hier vernunftrechtlich – schulgerecht! Fiat ius naturale, vivat mundus cum hominis dignitate, die Welt ohne Willkür, mit menschlicher Würde.

14 ANSELM FEUERBACH, SAVIGNY; SCHICKSAL DES VERNUNFTRECHTS IN SCHELLINGS DUNKLERER NATUR

Wie verschieden mag doch ein nüchternes, ein tatsachenhaftes Denken verursacht werden. Es kann der Absicht nach das ehrlichste sein und keinen Schritt tun wollen, der nicht jederzeit belegbar ist. Es kann aber auch einer weniger gründlichen Gesinnung entspringen, nämlich der Anpassung ans Gegebene. Die Dinge zu nehmen, wie sie sind, ist für den Untersuchenden eine Pflicht, für den Handelnden und Wertenden mitnichten. Die Anpassung ans Gegebene ist übel-positivistisch, wenn sie den Mantel nach dem Wind hängt oder, wie man mit einem hier durchaus einschlägigen Bild sagt, wenn sie sich auf den Boden der Tatsachen stellt, gleich wie er dreinsieht. Was den Übergang vom abstrakten Naturrecht zum geschichtlich-positiven Recht angeht, so haben das Untersuchende wie das Anpasserische mitgewirkt. Das Bürgertum hat mit diesem Übergang (er geschah nach dem Thermidor) sein konstruierendes, aber auch sein forderndes Wesen aufgegeben. Auch dort, wo sich, wie in Deutschland, gar keine Revolution abgespielt hatte, sondern lediglich kontemplative »Teilnahme« daran. Eine Teilnahme, die sehr rasch von unverpflichtender Bewunderung zu Abscheu überging und eben deshalb zur Revision jenes Naturrechts führte, dessen Früchte man zu sehen geglaubt hatte. Das deutsche Bürgertum entdeckte in sich den Sinn fürs Gewordene, den historischen Sinn, und erweiterte diesen, mit steigendem Einfluß, zum Sinn für alles Gegebene. Das ist in der Rechtswissenschaft der Weg von der Romantik und mittels ihrer zum Positivismus. Der naturrechtliche Grund schwankte schon, als die bürgerliche Gesellschaft selber nicht mehr vom schlechthin Notwendigen, rational Ableitbaren ihrer überzeugt war. Bereits Hume ging durch seine allgemeine Verneinung angeborener Ideen auch gegen das Naturrecht an: kein allgemeiner Grundsatz ist notwendig und unausweichlich, jeder ist konventionell. Kant aber, mit seiner Kritik der synthetischen Vernunft a priori, erleichterte, obwohl selber dem rationalistisch-normativen Naturrecht noch nahestehend, die historisch-positivistische Auflösung in Deutschland. Ein soi-disant-Kantianer, der göttingische Staatsjurist Hugo, brachte in seinem Lehrbuch des Naturrechts (1799) die Konstruktion wie das Ideal zugleich zu Fall. Die Abwendung von der *Konstruktion a priori* ließ in der Folge das Recht als historisches Gebilde erforschen, wandlungsfähig, ein Ausdruck der ökonomisch-sozialen Bedürfnis- und Machtverhältnisse, durchaus nach Zeit und Ort verschieden. Doch die Abwendung vom *Ideal* bewirkte bereits an der Schwelle reaktionären Zynismus a posteriori. Hugo bewies unter anderem den Rechtscharakter der Sklaverei damit, daß sie Jahrtausende hindurch bei so vielen Millionen kultivierter Menschen rechtens war (Lehrbuch des Naturrechts § 141). So verschwand mit der abstrakten Konstruktion dessen, was rechtens sei, zugleich der letzte Rest des Rousseauschen Geistes (lediglich Feuerbach hat ihn in der Folge aufrechterhalten). Besser geriet der Kampf gegen die Konstruktion dort, wo er auf dem Feld der *Rechtsgeschichte*, also mit erlaubtem Tatsachensinn, aufgenommen wurde. Wo er die völlig ahistorischen Projektionen vertrieb, welche das achtzehnte Jahrhundert von sich selber her und mit sich als Maß in die Vergangenheit geworfen hatte. Hier war die Abkehr vom Naturrecht fruchtbar: Hugo hat die römische, Eichhorn die germanische Rechtsgeschichte begründet, Savigny vor allem gab eine historisch reich durchleuchtete Dogmatik des römischen Rechts. Dergleichen war als Weg zu den Quellen gedacht, freilich nicht nur als literarischen, sondern buchstäblich als unterirdisch entspringenden, raunend tiefen. So sank denn auch in den historischen Erforschungen echter Faktizität der bisherige Vernunft-Anteil tief; hier war ihm nicht der

Zynismus, sondern umgekehrt das romantische Brunnenwesen feind. Savigny sah das Recht als magisch an, es entsprang ihm »unbewußten Kräften«, dem »unwillkürlichen Wirken der Volksgeister«. Weit davon entfernt, eine ökonomische Wurzel auszugraben, legte er als Romantiker selbst das römische Recht, das er traktierte, ein so deutlich-praktisches Zweckgebilde, unbewußten Gattungstiefen zur Last. Nicht nur die älteren Rechtsbräuche wurden in religiösen Zusammenhängen gesehen, was in Ordnung und von Bachofen nachher bedeutend ausgeführt wurde, auch die trockenen Edikte, die der Praetor jährlich neu anschlug, selbst die späten Pandekten erlangten altmagische Weihe. Dadurch wurde die Rechtsbildung mystifiziert, in einer Weise, daß die Staatsvertragslehre noch wie ökonomisch-materialistische Einsicht dreinsieht. Es wurde vor allem auch das Vernunftrecht als gänzlich unwesentlich, ja unedel hingestellt, das gewordene Recht hingegen als ein verehrungswürdiges, weisheithaltiges Traditionsprodukt gleich der Sprache, gleich dem Mythos. Jedes der Vernunft entnommene oder entsprechende Recht wirkt dagegen, um einen modernen, jedoch nicht ganz anachronistischen Ausdruck zu gebrauchen, wie Asphaltliteratur. Die Abdankung der bewußten Ratio geriet bei Savigny so scharf, daß er die rechtschöpfende Kraft auf die Vorzeit begrenzte und seiner Epoche den Beruf zur Gesetzgebung absprach. Sowenig wie eine Sprache kann ein Recht künstlich geformt werden, sowenig wie ein Volkslied kommt ein Rechtsgrundsatz aus dem Verstand. Eben noch waren, unter den ideologischen und systematischen Nachwirkungen des Naturrechts, solch tüchtige Kodifizierungen wie das Allgemeine Preußische Landrecht (1794), vor allem der Code Napoléon (1804–1808) gelungen; doch die historische Rechtsromantik verherrlichte lediglich gewohnheitliche Rechtsfortbildung. Nach englisch-prinzipienlosem Muster, doch mit dem Unterschied, daß die englische Praxis, beim Entwicklungsgang in unzähligen, logisch undurchdrungenen precedents, immerhin auf dem Boden eines demokratischen common sense steht und überdies dem Richter erlaubt, mitten im Prozeß, bei neuartig gelagerten Fällen, neues Recht zu schaffen. Savigny dagegen, als er sich gegen den Plan eines einheitlichen Deutschen Privatrechts wandte, als er »durch innere stillwirkende Kräfte, nicht durch die Willkür eines Gesetzgebers« das Recht fortgebildet wissen wollte, stand nicht auf dem Boden der relativen Vernunft, als die der common sense erscheint oder gelten mag, sondern der sogenannten organischen Gewachsenheit (ohne Magna Charta in sich). Recht ist bei Savigny nicht einmal als Gewohnheitsrecht gewachsen, sondern unter den Ahnen, als Kultus, und kann nur so wiederbelebt werden; die Pandekten, dies bedenkliche Flickwerk, sind für Savigny »heilige Bücher« (Vom Beruf unserer Zeit, S. 123). Selbst Hegel, nach neuen Gesetzen gewiß nicht begierig, aber nach Kodifikation durch Vernunft, bemerkte gegen Savignys Historismus: »Einer gebildeten Nation oder dem juristischen Stande in derselben die Fähigkeit abzusprechen, ein Gesetzbuch zu machen, ... wäre einer der größten Schimpfe, der einer Nation oder jenem Stande angetan werden könnte« (Philosophie des Rechts, § 211). Dabei geschah der historischen Rechtsschule freilich das Sonderbare, daß Ratio sui generis in der Folge nicht unerlaubt blieb, sofern sie nur keine Rechtsschöpfung vornahm. Oder vielmehr: gerade die Abkehr von Rechtsschöpfung begünstigte eine sich selbst genügende Begriffsjurisprudenz. Hierbei wurde sogar ein Erbe aus der naturrechtlichen Konstruktion angetreten, freilich ein rein formales. Die historische Schule übernahm von den Deduktionen der Hobbes und Grotius das Programm eines lückenlosen Zusammenhangs der formalen Rechtsbegriffe. Auf diese Weise hat die Jurisprudenz des neunzehnten Jahrhunderts nicht nur die Begriffsschärfe des römischen Rechts erneuert und übertroffen, sondern sogar, bei aller Irratio des juristischen Entstehens, auf ein System des darin Gewordenen gedrängt. Savignys »System des heutigen römischen Rechts«, 1840–49, hat nicht in seinem Mythos, wohl aber in der (antiquarischen) Reinheit seiner Begriffe Schule gemacht; die historische Romanistenschule wurde die am meisten formalgläubige. Oben wurde bemerkt, daß die Staatsvertrags-Fiktion des alten Naturrechts einer Mythisierung gegenüber, die selbst in den Pandekten Gottes Finger sieht, noch wie ökonomisch-materialistische Einsicht dreinsieht. Die historische Rechtsschule hat unzählige Tatsachen kenntlich gemacht und ein gewaltiges Bildungsmaterial erschlossen, doch die wirkliche Rechtsgeschichte hat sie sowenig erschlossen wie das Naturrecht (das überdies nicht diesen Ehrgeiz hatte); denn die wirkliche Rechtsgeschichte ist primär auf Ökonomie bezogen. Savigny war ein großer Erschauer traditioneller Zusammenhänge, doch die Rechtsgrundsätze wurden ihm zu himmlischen Wesen, deren Ursprung keine profane Geschichte gerecht wird. So wurde das ungeschichtliche Naturrecht durch eine Art Geheimgeschichte des Rechts ersetzt, doch die organisch-magische Fiktion war dem ausgebildeten Recht gegenüber nicht weniger ungeschichtlich. Und auch was den Sturz der Konstruktion a priori angeht, mit dem Hugo begann, mit dem Savigny sich Platz machte für seinen treuen Gewachsenheitskult, so ist dieser Sturz nicht so radikal geraten, wie es scheint. Denn die bürgerliche Grundlage des klassischen Naturrechts ist geblieben und mit ihr das abstrakte, das Kalkulationssystem, wie es sogleich hinter Savigny, formalistischer als je, wieder vorbrach. Verschwunden ist lediglich der revolutionäre Impuls, der aus der »Vernunft a priori«, das heißt aus dem Postulatsbewußtsein des progressiven Bürgertums das gegebene Gesetz gemessen und gerichtet hatte. Anstelle des Postulatsbewußtseins trat nun völlig leere Konstruktion; sie richtete die positiven Rechtstatsachen nicht, denn sie traf sie bedeutend weniger an, als das alte, angeblich weltfremde Naturrecht die Rechtstatsachen des Absolutismus angetroffen hatte. Dabei stand die Begriffsjurisprudenz, gerade indem sie von allen Inhalten abstrahierte, völlig auf dem Boden dieser Inhalte und ihrer Faktizität. Sie schloß Frieden mit ihr, den Frieden doppelter Wahrheit: hier praktisches Leben, dort unpraktisches Recht; hier fetter Boden des Kapitals, dort Gartenerde esoterischer Begrifflichkeit. Also hat das Naturrecht in der historischen Schule keine Berichtigung erlangt; von Savigny und den Folgen her ist Grotius unwiderlegt und unwiderlegbar. Nach alldem überrascht nun nicht, daß auch der *Antipode* Savignys: *Paul Joh. Anselm Feuerbach*, das Vernunftrecht durch Romantik nicht widerlegt sah. Feuerbach stand gleichfalls auf dem Boden der Tatsachen, doch als eine Art mittlerer Vulkan. Feuerbach war ebenfalls historischer Rechtsforschung zugeneigt, doch er sprach deshalb seiner Zeit, als einer, die die Aufklärung in sich haben sollte, den Beruf zur vernunftrechtlichen Gesetzgebung nicht ab. Gerade die entsetzlichsten Rechtsaltertümer hatte er im Strafrecht vor sich, als seinem engeren Fach; er sah Tortur und Rad nicht dadurch geheiligt, daß sie angestammt oder auch mythisch waren. Feuerbachs wunderbar geschriebene »Darstellung merkwürdiger Verbrechen« zeigt psychologisches, fast soziales Verständnis für die Opfer des Gesetzes. Er hat als Schöpfer des berühmten »Strafgesetzbuches für das Königreich Bayern« von 1813 die Gesichtspunkte der Aufklärung ins peinliche Recht eingebracht. Seine »Revision der Grundsätze und Grundbegriffe des peinlichen Rechts«, 1800, enthält heute noch die beste Einführung in die strafrechtliche Prinzipienlehre des Liberalismus (Abschaffung der standesgemäßen Strafe, der Vergeltungsstrafe). Das Strafgesetzbuch wurde hier nicht nur zur Quelle, sondern auch zur Schranke der Strafe, es schützte den Staat nicht nur vor dem Verbrecher, sondern – durch das genaue Maß der Strafbestimmungen, durch den Grundsatz nulla poena sine lege – den Verbrecher vorm Staat. Der mythische Charakter der Strafe verschwand, sie verschwand als Brandmarkung, erschien als Schutzmaßnahme der bestehenden Gesellschaft. Strafe ist weder moralische Vergeltung noch religiöse Sühne, sie wird (was dem klassischen Naturrecht noch nicht gelungen war) säkularisiert. Feuerbach war aber auch im Staatsrecht von den Kategorien der historischen Schule nicht umnebelt, von Brauchtum, Sippe, angestammtem Herrscherhaus und anderen angeblichen »Beschaffenheiten der Volksnatur«. Sein »Anti-Hobbes«, 1798, definierte in einer für Deutschland seltenen Weise die Grenzen der Staatsmacht und das Recht des Widerstands. Wobei Feuerbach die aus solchem, wenn auch passivem Widerstand zu erwartende Anarchie immer noch für erträglicher erklärte als den Despotismus. Die »Kritik des natürlichen Rechts«, 1796, definierte sogar, in einer bis heute unerhörten und unbenutzten Kühnheit, das Recht als Summe von – Rechten, nicht von Verboten. Der Anspruch auf Leben, Sicherheit, Freiheit wird nicht als negative Erlaubnis definiert, als »Exemtion aus der Sphäre des Beherrschtseins«, sondern als »juristisches Vermögen«, als »positiv sanktionierte Berechtigung« – der Bürger wirkt noch gegen den Staatsbürger. Feuerbach trennt hierbei die Moral vom Recht, nimmt letzterem, sofern es als Zwangsgewalt (im Dienst der öffentlichen Sicherheit) auftritt, jedes Pharisäertum, sofern es als subjektive Berechtigung auftritt, jede Notwendigkeit, eine besondere sittliche Würdigkeit des Berechtigten auszuweisen. Der Staat ist kein Richter über Moral, auch kein Schutzherr der Religion; Moral wie Religion werden zur Privatsache. Ja, Feuerbach scheut, im Pathos dieser Berechtigung, sogar den Anschein nicht, als ordne er, gegebenenfalls, die Moral bei dieser Trennung dem Recht unter. Von daher eben der merkwürdige, der großartige Satz: »Moral ist die Wissenschaft der Pflichten, Naturrecht die Wissenschaft der – Rechte.« Feuerbach hat damit freilich mehr gesagt als er wollte; denn das juristische Vermögen muß an anderen Orten »aus der praktischen Vernunft folgen und zum Zwecke der praktischen Vernunft (der Moral) bestehen, damit es ethisch geheiligt und damit es beschränkt sei«. Dennoch hat Feuerbach, in seinem späten Naturrecht, die positive Berechtigung, als Sphäre des Individuums, in bedeutender Weise ausgezeichnet und sie von der Allgemeinheit des Kantischen Moralgebots nicht verschütten lassen. Bemerkenswert hierbei, daß dem späten Feuerbach die Individualsphäre, die zu wahren sei, keineswegs mit der Eigentumssphäre zusammenfiel. Gerade die umfassenden rechtsvergleichenden Studien, denen sein Nachlaßwerk galt: »Darstellungen und Ideen zu einer Weltgeschichte der Gesetzgebung«, schienen ihn zu versichern, daß Männerstolz nicht immer mit Privateigentum zusammenfiel. Seine ethnologische Jurisprudenz räumte hier eine Schale des bürgerlichen Naturrechts weg, von dessen Kern Feuerbach soviel Nutzen gezogen hatte. Der Mensch war nie allein, »was ihm das Dasein gibt, macht ihn sogleich zum Bürger einer Genossenschaft«. Der Begriff der Verbindlichkeit andererseits, der wie jedem Vertrag so auch dem supponierten Staatsvertrag zugrunde liegt, »ist einer von denjenigen, welche sich am spätesten und schwersten unter den Menschen entwickeln«. Vor allem aber in Sachen des Privateigentums und auch der Ehe brachte die Rechtsvergleichung angeblich allgemeingültige Rechtsbegriffe zu Fall; ein Consensus a posteriori bestand nicht. Feuerbach ging, in der methodologischen Einleitung zu einem Spätwerk, so weit, zu sagen: Das abstrakte Naturrecht »ist ein auf eine geistige Retorte gebrachtes römisches Recht«. Er meinte mit dieser Kritik eben die Verflechtung des Naturrechts mit der »Heiligkeit des Privateigentums«, auch mit den Formen des privatrechtlichen Vertrags. Trotzdem hat Feuerbach nie aufgehört, Praktiker des liberalen Naturrechts zu sein, und der »wahre juristische Sinn« (ein völlig naturrechtlicher Sinn) schien ihm durch die Relativitäten der Rechtsvergleichung nicht gestört, sondern unterstützt. Gerade aus der breitesten Empirie, besonders aus der außerrömischen, kommt er wieder hervor: »Zehn Vorlesungen über die Rechtsverfassung der Perser und Chinesen« sind »dem wahren juristischen Sinn« heilsamer als »hundert über die jämmerlichen Pfuschereien, denen die Intestaterbfolge von Augustus bis Justinianus unterlag.« Feuerbach wandte sich hiermit gegen »das Vorurteil, daß der europäische Verstand die Weltvernunft selber sei«; also enthielt ihm das mild aufgefaßte China nicht weniger, sondern mehr – Naturrecht (im beibehaltenen liberalen Sinn des achtzehnten Jahrhunderts) als Europa, das es teils organistisch, teils faktizistisch gerade aufgab.

Auch sonst ging der menschenfreundliche Zug, der einmal ein bürgerlicher war, nicht sogleich unter. 1789 klang im deutschen Hirn desto wilder, je weniger es in den deutschen Fäusten war, und der Boden der Tatsachen fand nicht überall Hugos zynische Pflege. Feuerbach hat in der Leidenschaft der subjektiven Rechte auch einen philosophischen Genossen und überraschenderweise im jungen *Schelling*, dem späteren Freund Savignys und der historischen Schule: Schellings Frühschrift »Neue Deduktion des Naturrechts«, 1795 (Werke I, S. 245ff.), ist mit demjenigen Feuerbachs in der Beziehung auf Fichtes Freiheitsbegriff vereint, ja zeigt Schelling noch gänzlich in juristischer Spontaneität a priori. Das Recht ist kein Sollen, es ist ein Dürfen, ist Freiheit, verkündet der junge Schelling in einer strengen Folge präziser Aphorismen. Die Freiheit des individuellen Willens wird nur um ihretwillen beschränkt: »Ich höre nur deswegen auf, meine Freiheit der Freiheit anderer moralischer Wesen entgegenzusetzen, damit umgekehrt diese aufhören, ihre Freiheit der meinigen entgegenzusetzen« (§ 46). Oder noch gebieterischer: »Ich lege mir selbst den allgemeinen Willen als Gesetz auf, damit mein Wille jedem anderen Willen Gesetz sei« (§ 50). Oder noch mehr auf der Spitze naturrechtlich definierten Individualvermögens: »Ich habe ein Recht zu allem, wodurch ich die Individualität meines Willens der Form nach behaupte« (§ 68); und die Form des

Willens, als individueller wie allgemeiner, ist eben Freiheit. Seine Materie ist Moralität, doch genau die der Selbstbestimmung (des Strebens, »ein Wesen an sich zu werden«), nicht eine der allgemeinen Tugendpflicht: »Also ist die Freiheit nicht abhängig von der Moralität, sondern die Moralität von der Freiheit« (§ 35). So sehr in einem System der Berechtigungen, in einem Apriorismus des Vernunftrechts zeigte sich der gleiche Philosoph noch beschäftigt, durch dessen späteren Geschichtssinn allerdings das Vernunftrecht auch innerhalb der Philosophie aufgelöst wurde. Ja, die historische Rechtsschule selber wäre schwerlich so, wie sie bei Savigny dreinsieht, entstanden, hätte nicht Schelling die Romantik in die Wissenschaft gebracht, hätte nicht er die organisch-historische Ausbildung an Stelle der rationalen Konstruktion gesetzt. Das Recht, sagt Schelling schon im »System des transzendentalen Idealismus«, 1800, ist »eine bloße Naturordnung, über welche die Freiheit so wenig vermögen darf als über die der sinnlichen Natur. Es ist daher kein Wunder, daß alle Versuche, sie in eine moralische« (sc. vernunftrechtliche) »umzuwandeln, sich durch ihre eigene Verkehrtheit und den Despotismus in der furchtbarsten Gestalt« (sc. Französische Revolution), »die unmittelbare Folge davon, in ihrer Verwerflichkeit darstellen« (Werke III, S. 583 f.). Völlig entschieden wendet sich Schelling in den »Vorlesungen über die Methode des akademischen Studiums«, 1803, vom Naturrecht ab; Recht und Staat erscheinen als notwendig geworden, aus ihnen lassen sich keine Einzelheiten herausnehmen, wie Sicherheit oder Freiheit, und an die Spitze stellen, um »die übrige Masse nach ihr zu verziehen«. Dergestalt wurde hier die historische Schule fundiert, die Rechtserzeugung organistisch gemacht, das gewachsene Recht der vernunftrechtlichen Kritik entzogen, die Gewachsenheit zum Zeichen der Richtigkeit gemacht. Der objektive Wille – als der Wille Gottes, nicht des Menschen – gedeiht nun in real-idealer Durchdringung zu gewachsenen Gestalten, unter anderem zu rechtlichen Verbindungen, die ebenso sittliche Organismen sind, notwendige göttliche Prozeßgebilde. Wie der Schöpfungsprozeß in der Natur seine verschiedenen Arten, Gattungen, Reiche mit Notwendigkeit erzeugte, so in der sittlichen Welt die Organismen Familie, Staat, Kirche. Kritik am gegenwärtigen Staat findet nicht mehr vom Naturrecht her statt, »vom Individuum und der Abstraktion«, sondern einzig aus den Maßen »der Identität des Allgemeinen und des Besonderen«. In der antiken Republik waren Einheit und Vielheit, Staat und Volk dasselbe; in den modernen Monarchien sind beide getrennt, Objektivität und Subjektivität, öffentliches Recht und Privatrecht haben voneinander sich losgerissen. Doch nicht, als ob nun wenigstens die angebliche antike Einheit wieder erstrebt werden sollte, im Sinn der Polis-Schwärmerei von 1789. Die fehlende Einheit wird vielmehr von der Kirche gebildet und dem Staat hinzugegeben: »Der Begriff der Monarchie ist darum mit dem der Kirche wesentlich verflochten.« Der Staat selbst aber, als notwendige Weltgestalt, hat im Verein mit der Kirche keinen Zweck außer sich, er ist Zweck in sich selbst, in »großen und erhabenen Einrichtungen«, in »der Schönheit des öffentlichen Lebens«, er ist also nicht fürs Individuum da. Nicht für ihm äußerliche Zwecke, wie Glück oder Befriedigung der sozialen Triebe oder Koexistenz freier Wesen unter den Bedingungen der möglichsten Freiheit – das alles ist für den späteren Schelling falsches Naturrecht, isolierende Konstruktion nach einem relativen Zweck. Die wahre Konstruktion, sagt Schelling in der »Methode des akademischen Studiums«, ist ihrer Natur nach absolut: »Sie ist zum Beispiel nicht Konstruktion des Staats als solchen, sondern des absoluten Organismus in der Form des Staats. Diesen konstruieren heißt also nicht, ihn als Bedingung der Möglichkeit von irgend etwas Äußerem fassen, und übrigens, wenn er nur vorerst als das unmittelbare und sichtbare Bild des absoluten Lebens dargestellt ist, wird er auch von selbst alle Zwecke erfüllen: wie die Natur nicht ist, damit ein Gleichgewicht der Materie sei, sondern dieses Gleichgewicht ist, weil die Natur ist« (Werke V, S. 316). Selbstgenugsame Worte in aller Allgemeinheit, Staats-Autarkie gleich der eines Kunstwerks oder auch eines schönen Tiers, Notwendigkeit »von Natur aus«, aber nicht mehr von der Natur, die mit Individuen und ihrer Freiheit im Bund steht, die gar Revolution und Zukunft patronisiert. Schellings organistischer *Naturbegriff* wurde immer energischer aus einem des Wachsens zu einem des Gewachsenseins, das heißt der Vergangenheit. Das organistische Verhältnis der Partikularitäten zum Organismus wurde dasselbe wie die Einordnung, mindestens die Orientierung von Gegenwart und Zukunft in »heiliger Urzeit«. Schelling als Mythologe hat auch der historischen Schule weit hinter das römische Recht hinaus heimgeleuchtet; Bachofens Ausgrabung des Mutterrechts war kaum ohne Schelling denkbar, und sicher nicht das Pathos und die Wertung, womit diese Ausgrabung geschah. Schellings Schrift »Über die Gottheiten von Samothrake« enthielt bereits den Keim zur Entdeckung einer vorgeschichtlichen Nacht-, Mutter-Erdwelt, kurz der chthonischen Mutterrechts-Welt Bachofens. Das Fragment »Die Weltalter« stürzte die Natur selber in die Zeiten des uralt bleibenden, dunkel und nur dunkel uns umfangenden Anfangs: »Die Natur ist ein Abgrund von Vergangenheit, aber das ist das Älteste in ihr, was auch jetzt das Tiefste, das bleibt, wenn auch alles Zufällige und Gewordene hinweggenommen wird« (Werke VIII, S. 243). Auf diese Art behielt der Begriff Natur zwar seinen alten Gegensatz gegen das bloß Zufällige, bloß Gewordene (hier im Sinn des Vergänglichen), auch hatte das eigentliche Naturrecht selten der Rückbeziehung auf eine glückliche Urzeit oder ein archaisches Paradies ermangelt. Doch war diese Urzeit allemal als eine der Freiheit gedacht worden, und die Freiheit (als Abwesenheit von Zwang, Krieg, Staat) bejaht, während Schelling der Urzeit bestenfalls Unschuld zubilligt, aber nur deshalb, weil die Freiheit selber noch schlief. Sie ist angeblich erst während der Geschichte losgebrochen, hat freilich ihre Wurzel im »dunkel-bösen Ungrund der Dinge« selbst, aus der »Natur in Gott«. Die »Untersuchungen über das Wesen der Freiheit«, 1809, deren ideologischer Zusammenhang mit der Reaktion unverkennbar ist, trotz aller philosophischen Tiefen, verteufeln die Freiheit und schließlich, sofern sie als Sondersein erscheint, auch die Natur. Freiheit ist nach dem Schelling von 1809 Abfall, Sichlosreißen der Selbstheit; aus diesem luziferischen Wesen stammen Zwietracht und Regellosigkeit, Sünde, Mißgeburt, Krankheit und Tod. Aus solcher Natur-Freiheit läßt sich folglich nur das Unrecht ableiten, indes das Recht und das Rechte lediglich aus der Rückkehr in die Unfreiheit besteht, in jene Unfreiheit, die aus Hingebung und Liebe besteht. Diese Rückkehr aber ist nicht nur eine ins Goldene Zeitalter oder des Schlafs der Freiheit (der »Zeit seliger Unentschiedenheit, wo weder Gutes noch Böses war«), sondern sie ist die Zurücknahme der Freiheits-Natur in »christlichen Universalwillen«. Vor diesem erscheint die Natur, gerade auch in ihrer uranfänglichen Tiefe, als »das erste oder Alte Testament, da die Dinge noch außer dem Centro und daher unter dem Gesetze sind. Der Mensch ist der Anfang des neuen Bundes, durch welchen als Mittler, da er selbst mit Gott verbunden wird, Gott (nach der letzten Scheidung) auch die Natur annimmt und zu sich macht« (Werke VII, S. 411). Folglich hat das Individuum als solches (die Krönung der Natur-Freiheit) »von der Gottnatur« aus nur das Recht des Untergangs, das heißt der Rückkehr. Ein vielseitig schillernder und verdunkelter Naturbegriff hat dem alten Naturrecht seinen optimistischen, auch panlogischen Boden entzogen. Schellings eigene Jugendschrift, mit dem napoleonischen Kommando zur rechtlichen Selbstbestimmung, ist damit gänzlich verlassen: Savigny hat über Feuerbach, die historische Romantik über die Französische Revolution gesiegt. Es blieb in dieser organistisch-traditionellen Spekulation nur die Frage, ob das »Zeitalter der seligen Unentschiedenheit«, von dem Schelling spricht und von dem er anders spricht als von der späteren patriarchalisch-christlichen Entzweiung, ob diese Epoche, wenn sie nicht durch Freiheit, so doch durch kindliche Gleichheit ausgezeichnet ist, nicht auch im romantischen Naturbegriff, fast wider seinen Willen, einen Klang Rousseau hergibt. So versichert Schelling in »Philosophie und Religion«, 1804: »Jenen Zustand bewußtloser Glückseligkeit sowohl als den der ersten Milde der Erde haben die Sagen aller Völker in dem Mythos des Goldenen Zeitalters erhalten: wie es natürlich war, daß das zweite Menschengeschlecht jene Schutzgeister seiner Kindheit, die Wohltäter, durch die es, vom Instinkt aufgerichtet, mit den ersten Künsten des Lebens begabt, gegen die künftige Härte der Natur zum voraus geschützt wurde und die ersten Keime der Wissenschaften, der Künste und der Gesetzgebung erlangt hatte, in dem Bild der Herren und der Götter verewigte, mit denen seine Geschichte allerwärts und nach den Überlieferungen der ältesten Völker beginnt« (Werke VI, S. 59). Es beginnt aber diese Geschichte, wie Schelling nachdem, in den »Gottheiten von Samothrake«, hypothesiert, nicht einmal mit Heroen und Göttern, sondern mit bergenden Nachtgestalten, mit »erdentquollenen Orakeln« und Göttinnen. »Denn die Nacht sei das Älteste in der ganzen Natur der Dinge, war die Lehre aller Völker, die die Zeit nach Nächten zählen... Daher, daß auch Hestia als das älteste der Wesen verehrt worden und die Begriffe der Ceres und Proserpina, der ältesten Gottheiten, mit dem der Hestia vermengt worden« (Werke VIII, S. 352). Schelling interpretiert diese durch Weiblichkeit bestimmte Urzeit zwar nur im Sinn der dunklen Sehnsucht, also, um einen anderen Ausdruck Bachofens zu gebrauchen, im Sinn des »hetärischen Sumpfzeitalters« vor dem des Ackerbaus, des Matriarchats, der Ceres; doch die bergende Nacht wird trotzdem als ein neu bestimmtes Element Naturrecht vor und außer die patriarchalische Welt gelegt: das Urelement des gebärenden Schoßes, der hütenden Mutter. Von hier aus eben hat der organistische Naturbegriff trotz allem einen Blick auf Naturrechts-Inhalte ermöglicht, der zwar an Ort und Stelle dem Naturrechtswillen genauso widersprach wie Reaktion der Revolution, der aber ein Stück Kanon des »Goldenen Zeitalters« juristisch zu fassen erlaubte: als den des Mutterrechts. Von Savigny und Schelling spaltet sich derart *Bachofens* Entdeckung ab, mit reaktionärem Tenor und einem ungewollten Teil revolutionsgeschichtlicher Schlüsselgewalt. »Lassen wir«, ruft Bachofen in der Basler Antrittsrede von 1841: »Das Naturrecht und das geschichtliche Recht in ihren Gegensätzen«, – »lassen wir die Vergötterung der eigenen Vernunft und den Götzendienst selbstgeschaffener Idole. Verfolgen wir, ohne wegzusehen, die Bahn, welche uns die Geschichte vorgezeichnet hat. Befolgen wir, um Ruhe zu gewinnen, das alte, dem Aeneas gegebene Orakel: Antiquam exquirite matrem.« Die Ruhe, welche die Kontemplation dadurch gewann, war aber einmal die Unruhe des wirklichen Naturrechts außerhalb der historisch allzu historischen Vernunft; es war die Unruhe nach der verlorenen Gleichheit. Antiquam exquirite matrem, der uralten Mutter forscht nach – dieses Orakel verneint das Naturrecht des Goldenen Zeitalters nicht, sondern erläutert, wenn auch zum Teil in heillos mythologischer Weise, ein Stück von dessen anders, nämlich archaisch erinnertem Inhalt.

Auch der Blick nach rückwärts, in einst geratenes Leben, kann kühl sein. Er braucht nicht Schätze zu graben, er ist bewußt zufrieden, wenn er Knochen findet. Schwärmerei für den Wilden als besseren Menschen war nötig für den Indianerroman, nicht für eine Wissenschaft, die ausgestorbene Tiere und Hockergräber mit gleichem Anteil an den Tag bringt. Mit dem Anteil positiver Feststellung dessen, was ist und war, ganz gleich, ob der Fund vorweltliche Meere oder einen mythischen Begräbniskult anzeigt. So lassen sich auch die primitiven, die sozusagen natürlichen Rechtsverhältnisse behandeln, als wäre niemals vom Naturrecht gehandelt, gar gesungen worden. Unabhängig von dem Mythologen Bachofen, als eine Art Westmann, nicht als Romantiker, lernte derart Lewis H. Morgan Reste mutterrechtlicher Verfassung bei Indianerstämmen kennen. »The League of the Iroquois«, 1851, breiter und konsequenter »Systems of Consanguinity and Affinity of Human Family«, 1869, dann das Hauptwerk »Ancient Society«, 1877, zeichnen die Weiberlinie als familienrechtlich früheste. Blutsverwandtschaft wurde überall nach der Mutterseite gerechnet, Vater und Sohn gelten nicht als Verwandte. Außer bei den Irokesen sind diese fremdartigen Verhältnisse besonders deutlich bei den Fidschi-Insulanern erhalten, teilweise bei Senegal- und Kongonegern und auf Guinea; hier überall gilt die Weiberlinie. Aber auch bei Stämmen von höherer Kulturstufe, wie den Tuareg-Berbern, erbt ein Kind seinen sozialen Rang ausschließlich von der Mutter. Es steht heute fest, daß vielerlei Völker ein mutterrechtliches Stadium mitgemacht haben (wenn auch bei den indogermanischen Völkern genauere Daten noch fehlen) und daß bei den meisten Urvölkern Reste davon sich erhalten haben. Nicht annähernd so gesichert ist freilich das meiste von dem, was der Rechtshistoriker und Mythologe *Bachofen* (auf den Engels im »Ursprung der Familie« zuerst wieder hinwies) seinerseits als Weiberrecht entdeckt oder zu entdecken geglaubt hat, und am wenigsten ausgemacht sind die Folgerungen, die er zog.

Bei ihm ist der Blick nach rückwärts oder in frühe Zustände keineswegs darauf aus, kühl zu sein. Er ist vielmehr von längst entschwundenem Recht durchaus betroffen, ja besessen und trunken von dem Glauben, worin es vor Zeiten gebettet war. Für den konservativen Bachofen ist der Mensch ohnehin ein Erzeugnis seines angestammten Bodens, ein Kind seiner heimatlichen Sitten; die Familie, als Gründung und Reich der Frau, ist unberührbar. Die kapitalistische Entwicklung, mit ihrer Freizügigkeit, ihrer Losreißung vom Boden, ihrer Sprengung überkommener Verhältnisse, wird teils nicht zur Kenntnis genommen, teils von einem Mutterpathos her, das der empirischen Völkerkunde völlig fremd ist, verneint. Die scharfe, angewiderte Kritik kommt hinzu, vom konservativen Herzensgrund, vom Fürsprecher einer alten, noch ganzen, weiblichen Welt her, findet dadurch freilich einen völlig eigenen Ton. Die Kritik aus alter, warmer, mütterlicher Welt wirkt aber nicht nur romantisch-antibetriebshaft, sondern, wenn sich gegen alles Häuptlingshafte so sagen läßt, romantisch-antifeudal. Bachofen hat Morgan ein Spätwerk gewidmet, die »Antiquarischen Briefe«, doch sein Hauptwerk: »Das Mutterrecht«, 1861, entstammt erstgeboren der deutschen Romantik. Bachofen hat dies Werk dem Andenken seiner Mutter gewidmet, als einer durch und durch persönlichen Imago, und die Titelseite trägt einen Spruch, der ohnehin der Vergangenheit verfallen ist und sie danach erst faktisch zusammenträgt: Ματέρος ἀγλαόν εἶδος, Der Mutter herrliches Bild. Bachofen ist derart mythenforschend und mythengläubig zugleich; diese an Vorgeschichte geschehende Mutterbindung bewirkt im Maß ihrer Liebe ein ebenso großes Maß fleißiger Hellhörigkeit, Wahllosigkeit und Übertreibung zugleich. Neben Herodot wurden unbedenklich hellenistische und spätantike Quellen benutzt, ohne Rücksicht auf ihre tausendjährige oder noch größere Entfernung von der Mutterrechtszeit. Ohne Rücksicht auf die selber schon fabulierende oder allegorisierende Deutung, welche Schriftsteller wie Pausanias, Strabo, Plutarch, Proklos und gar der Epiker Nonnos auf die Vorzeit angewandt haben. Bachofen wies hier freilich auf die Berührung einer greisenhaften Kultur mit ihrer Kindheit sowie besonders auf die erhaltenen, traditionierenden Mysterien hin; doch weder ist die Spätantike so greisenhaft (sie wirkt vielmehr außerordentlich üppig und phantasievoll), noch ist das Eleusis der

Neuplatoniker mit dem der Pelasger, als der griechischen Ureinwohner, vergleichbar. Dazu schießt die gesamte Weib- und Nacht-Natur, wozu das revolutionierende Arkadien Rousseaus sich in der restaurierenden Romantik verdunkelt und gewandelt hatte, in Bachofens Werk ein. Derart wird kein lebendiger Rest des Mutterrechts untersucht, wie bei dem Empiriker Morgan (der allerdings seine Irokesen noch gleichsam vor den Toren hatte), sondern die ferne matriarchalische Gens wurde ausschließlich in Mythen entdeckt, und statt der wirklichen Lebensverhältnisse erscheinen ausschließlich religiöse Reflexe als Ursachen der sexuellen Gruppenverfassung und ihrer Umwandlung. Jedoch hat Engels sogar diesen mystizistischen Zügen oder Übertreibungen gegenüber nicht nur das Bahnbrechende Bachofens betont (Der Ursprung der Familie, 1861), sondern ebenso die Treffsicherheit seiner meisten Intentionen bewundert. Sei es, was den Übergang vom regellosen Geschlechtsverkehr zur Einzelehe, sei es, was »die neue, aber entschieden richtige Deutung der ›Oresteia‹« angeht. Und nachdem der aktivierende Einfluß der Überbau-Vorstellungen auf den gesellschaftlichen Unterbau nirgends mehr unterschätzt wird, verfehlt auch der bemerkenswerte, oft großartige Enthusiasmus nicht ganz zu wirken, womit Bachofen seine Entdeckungen um drei Grundideen gruppiert hat. Es erscheint eine »hetärische Urstufe« (Horde), mit dem »Sumpf« als Ort regelloser Geschlechtsvermischung, Eigentumslosigkeit und Gleichheit; danach eine »demetrische Mittelstufe«, mit Acker und Ackerdorf als Ort, mit Eigentum, Ehe, Familie, Seßhaftigkeit, Friede, Erdgottheiten, gütig-weisem Matriarchat; danach eine »apollinische Endstufe«, mit der Polis als Ort, olympisch-uranischen Lichtgöttern, Patriarchat, rationaler Gerechtigkeit. Diese Ideen werden aus einem ungeheuren Stoff altklassischer Literatur herausgelesen, und der Vorrat wird nach ihnen oft blitzhell interpretiert. Creuzers »Symbolik und Mythologie der alten Völker«, Schellings (von Creuzer abhängige) archäologisch-mystische Schrift »Über die Gottheiten von Samothrake«, aber auch »Ahnendienst« von Görres (mit freilich viel Schwalm und Köhlerglaube in der Mythenforschung) gingen Bachofens Hermeneutik voran. Die Verfallenheit an die Mutter, an den Mutter-Archetyp selber zeigte sich besonders in der irrealen Überbetonung, welche Bachofen einer eigentlichen Mutter-*Herrschaft* zuteil werden ließ. So gewiß freilich vielerlei Völker mutterrechtliche Familienformen durchlaufen haben, so gewiß fällt diese Zählung nach der Mutter, Ehrung des Weibs samt allen erdahaften, isishaften Symbolen nicht mit einem politischen *Matriarchat* zusammen. Die Sippe, und wenn sie noch verehrungsvoll um die Spenderinnen des Bluts, die Erfinderinnen des Bodenbaus, die Bereiterinnen der Nahrung und der Gewebe gruppiert ist, wird auch in der Ackerbau- und nicht erst in der männerrechtlichen Viehzüchtergesellschaft von Männern gelenkt. Männerbünde bestehen neben dem Mutterrecht, keineswegs wird durch dieses »dem Mann der Stab entrissen«, keineswegs bestätigt die Völkerkunde oder Vorgeschichte *Gynaikokratie* in dem räumlichen, gar kulturellen Ausmaß, das Bachofen ihr zuschrieb. Bachofen selber machte eine wenigstens chronologische Trennung: »Das Mutterrecht, soweit es nur das einseitige Mutterrecht, soweit es nur die einseitige Mutterabstammung des Kindes festhält, ist iuris naturalis und so alt als das Menschengeschlecht; die mit jenem Mutterrecht verbundene Gynaikokratie, welche die Herrschaft in Familie und Staat der Mutter in die Hand gibt, ist dagegen erst späteren Ursprungs... Sie entsteht durch Reaktion des Weibes gegen den regellosen Geschlechtsumgang, von dem sie zuerst sich zu befreien bestrebt ist« (Das Mutterrecht, § 7). Es ist das freilich eine in ihrem puritanischen Motiv höchst seltsame, in den Mitteln ihrer Durchführung völlig rätselhafte Machtergreifung: das politische Matriarchat, wie Bachofen es ausmalt, hat es schon deshalb nicht gegeben, weil die noch mutterrechtliche Ackerbauzeit, in der es allein sich hätte ausbilden können, zwar Arbeitsteilung der Geschlechter zeigt, aber erst die Anfänge einer Klassengesellschaft, also eines Herrschaftsverhältnisses überhaupt. Die Geschichte wird mit solch romantischen Weibzentrierungen erotisiert, in die Geschlechtsdifferenz aufgeteilt, ja in eine politische Idolatrie der Geschlechtsdifferenz. Der Trojanische Krieg sieht sich von hier aus buchstäblich »auf die Verletzung des Ehebetts zurückgeführt«, er wird als »Kampf des aphroditisch-hetärischen mit dem heraisch-ehelichen Prinzip« dargestellt (Vorrede zum Mutterrecht). Selbst die Schlacht bei Aktium wird eine zwischen dem hetärischen Königsweib-Prinzip Kleopatra (der »letzten ganz aphroditisch-hetärischen Kandake des Orients«) und Augustus als dem wiedergekehrten, dem nüchtern-männerrechtlichen Orest. Wobei sich der patrizierhafte Christ Bachofen zudem und letzthin als ambivalent erweist; er kann Orest, dem Mörder einer solchen Mutter, doch nicht fluchen, die Erinnyen doch nicht nur rechtens finden. Soeben wurde von Bachofen das Matriarchat als »die Poesie in der Geschichte« gefeiert, sogleich danach ergeht der Preis Apollos, wird das römische Recht ausgezeichnet, »in der höheren Reinheit seines Vaterprinzips«, wird das Christentum, als Religion des Vaters, verabsolutiert. Einerseits sinkt also der Fürsprech geomantischen Rechts vor dem Erdmutter-, Erdmateria-Mysterium aufs Knie, andererseits bekennt er die Erhebung des apollinisch-christlichen Geistes über die mütterliche Gaia-Materia, über ihren Kreislauf zwischen Schoß und Grab. Bachofens Herz ist beim Matriarchat, sein Kopf beim Patriarchat, aber die Aufgeschlossenheit des Herzens war es nun freilich auch, die ihn schließlich das Matriarchat in einer Form entdecken ließ, die haltbarer ist als die politische; nämlich in der *Form eines religiösen Kults*, eines mit dem Ackerbau verbundenen *Erd-Kults.* Es gab keine politische Gynaikokratie (Bachofen übernahm den Begriff von dem hierbei fabulierenden Geographen Strabo), wohl aber gab es – parallel zum Mutterrecht – einen majestätischen Mythos der Unterirdischen, der Erdgottheiten und ihres Rechts. Bachofen erschloß deren uraltes »chthonisches« Recht aus dem Mythos der Eumeniden (die einzig den Muttermord rächen), aus den matriarchalischen Sitten antiker Bergvölker, besonders des lykischen (die Lyker, denen er eine eigene Schrift gewidmet hat, waren ihm hier, was Morgan die Irokesen). Bachofen erschloß sich den Erdmythos, der dem Mutterrecht zugrunde liegt oder ihn häufig begleitet, aus Höhlenkulten, Hekate-, Isis-, Demeter-Sagen, heiligen Acker-Riten, Gräber-Symbolen. Groß bleibt beim Bachofen dieser Richtung die Entdeckung des Zusammenhangs, ja der Identität zwischen Geburt und Tod innerhalb der chthonischen Religion: alle Geburten kehren zur Mutter wieder zurück, das Weib ist die Erde, die Erde ist der Acker, der Acker das Grab. Demeter in Griechenland, Ceres, gar Bona Dea im ältesten Rom, die Terra Mater insgesamt ist das Saatfeld, das den Samen aufnimmt und sich entwickeln läßt; Terra Mater, Magna Mater ist ebenso das Grabfeld, in das die Frucht wieder versinkt und das sie birgt. Bachofen hat diese Polarität, wenn nicht entdeckt, so gewaltig wieder in Erinnerung gerufen und den Rückkehr- und Ausgleichs-Polaritäten des Mutterrechts zur Seite gestellt. Das ist kein fingiertes Matriarchat, das ist erforschte Tiefenmythologie der Mutterkulte: *für Religion, nicht für Politik ist so Gynaikokratie historisch erweisbar und gültig.* Leiden überwiegt in der Erd- und Mond-Religion das Tun, Links das Rechts, Unten das Oben, Nacht den Tag, Höhle den Himmel, die Unterwelt den Olymp – kurz, es ist eine Welt, zu der gewiß erst die Romantik Zugang finden konnte, eine Welt linkerhand, ein Reich des »maior honos laevarum partium« (wie noch der größte römische Jurist, Papinian, einige Rechtsatavismen nennen konnte) in jedem Betracht. Wenn Bachofen sich auch hier sehr oft in Spekulationen verlor, so sind das überwiegend Spekulationen der idealtypischen Übertreibung oder auch Hypostasen und nicht, wie beim politischen Matriarchat, solche der Schiefheit. Derart wollte sogar Bachofen, mit einem merkwürdigen Ausdruck, »Naturforschung, sonst nichts« betreiben; diese Forschung ging allerdings auf den mutterrechtlichen Acker-Überbau der mehreren Demeter, Ceres, Bona Dea und auch der Mutter Isis, nicht auf die entzauberte reale Physis. Und Naturrecht, das als rationales abgelehnt wurde, griff bei Bachofen als hetärisch-demetrisches erstmalig tief in die Phantasie. In eine, die aus der Reaktion das Philistertum austrieb und sie dadurch desto gefährlicher machte. Die allerdings auch, von unerwarteter Seite, auf die urkommunistischen Gentes hinwies und neben viel über-heidnischen Spekulationen (die Bachofen selber wieder zu einem späten Objekt der Mythologie machen) auch einen Mythos vom weisen, sanft waltenden Demeterrecht hervorgrub.

Freilich soll es gerade auf der *ersten* Stufe, womit alles begonnen, recht rasend hergehen. Bachofens rückwärts gewandter Sinn glaubte zunächst nur sinnliche Lüste ohnegleichen zu erblicken, gesammelt im weiblichen Schoß. Die Menschen lebten danach, als Sammler und Jäger, »regellos vertauschbar« oder hetärisch, der geile Dschungel im Sumpf gibt davon das Bild.

Die Weiber in der urzeitlichen Horde stehen jedem zu Dienst; allerdings: wie die Weiber, so ist auch alles andere gemeinsam, »es gibt kein Eigentum«. Das Recht dieser Stufe ist das *erste Naturrecht*, ein reines ius naturale, den Tieren wie den Menschen gemeinsam. Daß bereits die meisten höheren Tiere monogam leben, wenigstens auf längere Zeit, und daß der Sumpf zwar ein Bild, doch kein Wohnort sein kann, ficht hier Bachofens hetärische Stufe nicht an. Es ist »das aphroditische Gesetz, das den Stoff durchdringt und dessen Befruchtung herbeiführt. Aphrodite ist es, welche die beiden Geschlechter mit Zeugungstrieb erfüllt, die Sorge für Pflege der Kinder einpflanzt, zwischen Mutter und Kind das engste Band schließt und allen Geburten Freiheit und Gleichheit sichert. Der selben Göttin ist jedes Sondereigentum verhaßt; daher wird das gleiche Recht aller an dem Meere, den Ufern, der Luft, überhaupt die communis omnium possessio auf das ius naturale zurückgeführt« (Mutterrecht § 66). Hinzukommt allerdings das ebenso urzeitliche Recht, Gleiches mit Gleichem zu vergelten, auf Gewalt mit Gewalt zurückzuschlagen. Das ius talionis, das »blutige Weiberrecht der Nemesis«, hat hier seine erste, wollüstig-grausame Erscheinung. Der Sumpf, der das Lebendige in ihm aus bodenlosen Tiefen hervortreibt und es in eben diese Tiefen wieder verschlingt, bei endlosem Wechsel von Gebären und Verschlingen, ist auch der Blutrache ihr Hintergrund. Aber indem die Menschen seßhaft werden, die Pflugschar in die Erde senken, Mauern ziehen, Familie gründen, vergeht die hetärische Zeit. Die *zweite* Stufe beginnt, eben *Demeter* besiegt Aphrodite und »umfaßt in *einem* Begriffe, in *einem* Mysterium, in *einem* Rechte Eigentum und Familie«. Wirtschaftliche Grundlagen werden zu diesem *zweiten Naturrecht* fast physiokratisch versucht: »Die Ehe wird von den Alten als ein agrarisches Verhältnis aufgefaßt, die ganze eherechtliche Terminologie von den Ackerbauverhältnissen entlehnt«; und darum: »Das Recht ruht in derselben Urmutter, welcher die Güter ihre Entstehung zu verdanken haben» (l. c. §§ 68, 67). Aber hauptsächlich wieder ist für Bachofen das Recht ein Teil der Mutter-Religion, ist abgeleitet vom Kult und Primat des gebärenden Leibs, der hegenden, nährenden Mutterliebe. In diesem Kult ist das Naturrecht der demetrischen Stufe verankert;

so sehr aber als ein auch philosophisch bekanntes Naturrecht, daß Bachofen – und das ist hochinteressant und wichtig – an dieser Stelle fast die Sprache der Stoa spricht. Wie im nächsten Abschnitt endlich zu sehen sein wird, war *»Mutter« Natur* im Naturrecht verschiedenster Stufen allemal ein mächtiges, bislang übersehenes Ingredienz, und historisch war dieses dem Naturrecht durchs Mutterrecht, oft ungewußt, mindestens unreflektiert, erinnert, übermittelt. Darum kann Bachofen sagen, es gebe »ein von jeder menschlichen Satzung unabhängiges Gesetz, das an der Göttlichkeit der Natur selbst teilnimmt und mit der mütterlichen aequitas zusammenfällt« (l. c. § 66). Das ist nicht mehr das Recht der Nemesis, sondern der Themis, der *Gaia-Themis* (der Isis in Ägypten, der Bona Dea im ältesten Rom); Gaia-Themis »nährt mit Milch ihre irdischen Kinder und verteilt unter allen mit höchster Billigkeit die irdischen Güter ... Die Mutter wird zum Ausdruck der höchsten Iustitia, die zwischen ihren Kindern mit liebevoller Unparteilichkeit alles teilt« (l. c. § 63). Die Vorrede zum »Mutterrecht« findet auf Grund der merkwürdigen materialistischen Kategorien, welche Bachofen aus der Gynaikokratie herausliest, gar folgende Formulierung: »Das gynaikokratische Dasein ist der *geordnete Naturalismus*, sein Denkgesetz das stoffliche, seine Entwicklung eine überwiegend physische.« Doch fehlt auch der mütterlichen aequitas das ius talionis nicht, das das hetärische Naturrecht begleitet hat; denn eben: auch als mütterliches, gerade als mütterliches ist das Naturleben Polarität, ist »Angriff und Gegenangriff, der nie zum Abschluß gelangt«. Von daher die unerbittlichen Eumeniden, die das Blut derer wieder vergießen, die ein nach der Mutterseite verwandtes, zuhöchst das der Mutter selber, vergossen haben. Hier ist ein erstaunlich hetärischer Rest im milden Matriarchat: »Ein doppelter modus bildet die Bewegung des Lebens sowohl als die des Rechts, und dieses Widerspiel zweier Kräfte gelangt nie zum Abschluß, sowenig als der Wechsel von Tod und Leben in der sichtbaren Schöpfung; jedes Unrechttun hat ein Unrechtleiden zur Folge, das ein neues gleiches Unrecht hervorruft. Die Handlung selbst, welche das Gleichgewicht, das ἴσον καὶ δίκαιον herstellen soll, begründet eine neue Störung in der partium aequa libratio« (l. c. § 64). So viel

Probleme hat auch für Bachofen die ausgleichende Gerechtigkeit, sogar im mütterlichen Naturrecht; gerade ihr Kreislauf entspricht dem unentrinnbaren Kreislauf einer bloß organischen Natur. Diese Organik ist der demetrischen Welt mit der hetärischen gemeinsam: »Auf beiden Kulturstufen ist das Naturleben Vorbild und Maß der menschlichen Zustände; die Natur hat das Recht auf ihren Schoß genommen« (l. c. § 68). Bachofen verwendet dieses Bild, um seinen romantischen Begriff vom Naturrecht als einen besonders – realen hinzustellen (gegenüber den Abstraktionen der Aufklärung). »Das alte ius naturale ist nicht wie das, was man heute mit diesem Namen benennt, bloße philosophische Spekulation. Es ist geschichtliches Ereignis, Bildungsstufe, älter als das rein staatlich-positive Recht, Ausdruck der frühesten Religionsidee; ein Denkmal erlebter menschlicher Zustände, so geschichtlich als das Mutterrecht, welches selbst einen Teil desselben bildet« (l. c. § 66). Mutter Erde lehrt als solche die Alimentationspflicht der Kinder und den Tod »als debitum naturae« zugleich. Aber nicht minder triumphiert zuletzt ein Gleichgewicht zwischen organischem Stoff und mildem, nicht-rationalistischem Geist; das Mutterrecht bezeichnet in dieser Innigkeit eben die »Poesie in der Geschichte«. Es bezeichnet, wenn auch nicht durch communis possessio, so durch physisch-mütterlichen Überfluß (Milch und Honig) und durch aequitas das Goldene Zeitalter. Hier ordnet Bachofen selbst noch so deutlich-feudale Erscheinungen wie Homers Phäakenland dem Mutterrecht zu; denn wo Glück ist, dort ist die Mutter. Die Königin Arete, die Prinzessin Nausikaa überbieten im Phäakenland für Bachofen den König Alkinoos; denn Scheria, die Phäaken-Insel, ist als eben diese die Insel Demeters. »Das verdient immer die höchste Aufmerksamkeit, daß auch auf Scheria die gynaikokratische Lebensform als die Grundlage höherer Gesittung und eines auf Frieden, Ackerbau, Übung der Künste, besonders des Gesangs und Tanzes gerichteten Daseins, wie es den Muttervölkern vielfältig beigelegt wird, erscheint« (l. c. § 134). Bachofen pointiert hierzu das Naturrechts-Symbol, das Hesiod dem Goldenen Zeitalter zuweist: Themis-Dike, die, eine volle Ähre in der Linken haltend, am nächtlichen Himmel thront. Natur freilich ist bei alldem nur ein anderes Wort für gebärendes und wieder verschlingendes Schicksal; sie ist Materie ohne Beherrschbarkeit und ohne Aufstieg. Ihre einzige Dialektik ist die zwischen Leben und Tod, Tod und Leben – diese Dialektik fundiert letzthin auch die Iustitia für jene, die kein Verbrechen begangen haben. Sie fundiert die Iustitia des Tods schlechthin: Natur ist Penelope, die immer wieder auflöst, was sie gewebt hat, die ewig dasselbe von neuem webt. Natur ist aber auch Heimat, Sterben heißt in der Sprache der Mutterrechts-Religion Heimkehren, und ihr Recht ist, wie Bachofen mit großem Anteil versichert, auch in der post-matriarchalischen Zeit nicht untergegangen. Es lebt fort und gibt seine warme Mahnung ab; gewiß nicht als das Recht der Eumeniden, wohl aber als dasjenige der *Antigone* gegen *Kreon*, das Recht der *ungeschriebenen Pietät* gegen das *ius strictum der Staatsraison.* Ein warmer Wohlklang hier, der mitten in romantisch herkommender Rechtsgeschichte an Rousseausches Retourner à la nature, an Naturrecht ohne gewordene Künstlichkeit unerwartet erinnert.

Mit alldem aber geht es in der staatshaft beginnenden, der vaterrechtlichen Zeit wachsend zu Ende. Die Verkehrsform des *Patriarchats,* die der Gewalt und Herrschaft, wird nirgends mehr als eine des »organischen Naturrechts« dargestellt. An Bachofens Wertung dieser neuen Stufe zeigt sich zugleich die ganze Ambivalenz, worin seine Romantik, als eine allgemein rückwärts gewandte, dem »Unordentlichen« verfallene, doch ebenso bürgerlich-humanistische, sich befindet. Letzterdings preist Bachofen eben Apollo: »Die Bestimmung des Menschengeschlechts besteht darin, das Gesetz des Stoffes mehr und mehr zu überwinden und sich über jene materielle Seite seiner Natur, nach welcher es mit der übrigen animalischen Welt zusammenhängt, zu höherer, rein menschlicher Existenz zu erheben« (l. c. § 66). So wird hier Vaterrecht schließlich wieder das richtige, gegen alle Abrede, in der die regellose Hetäre, vor allem aber das heilig-sorgende Demeterbild zurücklockten. Doch ebenso wurde oben schon darauf hingewiesen, wie der patrizierhafte Christ Bachofen, dazu noch der Liebhaber jener anderen, heller und menschlicher patriarchalischen Zucht, welche unter Apollo und Pallas Athene gedacht ist, ins Männerreich der griechischen Polis, der römischen, mindestens augusteischen Staatskunst hinübersieht, wenn auch dauernd vom anderen Ufer. Danach erscheint die vorherige »Poesie in der Geschichte« nicht mehr nur von ihrer bluthaften, sondern ebenso von ihrer blutigen Seite: »Das stoffliche Recht erster Zeit zeigt das Gesetz des Blutes, das himmlische Lichtrecht das der Sühne. Vergebens ruft Klytaimnestra den Zusammenhang des Blutes an, Elektra gilt das geistige Vaterrecht höher als das stoffliche Muttertum. In Klytaimnestra ist dieses dem Untergang geweiht, in Elektra tagt ein neuer Tag, den Apoll durch Orest zum endlichen völligen Siege führt« (l. c. § 31). Die Paternität Griechenlands, gar Roms läßt so vom ius naturale beinahe nur die Rubrik übrig; einige Trümmer (wie die aequitas) ragen »fremdartig, gleich einer Ruine, aus vergangenen Zeiten in eine Welt ganz ziviler Staatsordnung hinein«, und die überkommene Ruine wurde im männlich-antiken Recht rational umgebaut, eingebaut. Das ius naturale geht nun ein und unter im ius civile; über der instinktiven Nachtgemeinschaft erhebt sich das Gesetz des griechischen Tags, des römischen Staats. Nicht ohne Rückschläge freilich, nicht ohne Wiederkehr gynaikokratischer, ja hetärischer Zeiten mitten im Patriarchat: das Männerrecht scheint das Naturrecht zwar aufgelöst, doch nicht erfüllt zu haben. So blieb ein Hohlraum, eine Vermissung, und in diese strömte, nach Bachofens Interpretation, eine letzte Gewalt der alten Natur: *Dionysos*. Er wurde der neue Frauen-Gott, in seinem Zeichen sammelten sich die Mänaden, blühte eine neue hetärische Kultur. Die »geschmückten, zauberkundigen Buhlerinnen« des Orients haben hier gleichfalls ihren Ort, die königliche Odaliske, das polyandrische Königsweib, Helena, Kleopatra. Bachofen schreibt diesen aus dem ersten ius naturale so fremdartig Aufglühenden folgende Rechtfertigungslehre: »Nicht dazu ist Helena mit allen Reizen Pandoras geschmückt, daß sie nur *einem* zu ausschließlichem Besitz sich hingebe.« Die dionysische Gemeinschaft selber steht freilich nicht mehr im Rechtszeichen des Schoßes, sondern des Phallos; denn die Männerherrschaft wird auch durch Orgien nicht geschwächt. Dionysos ist der »phallische Herr des üppigen Naturlebens«, doch freilich wieder ohne männliche Brutalität und Dominante. Er ist vielmehr ein sinnlich-weicher Gott, ein Glieder lösender, Polis lösender, ein Gott des Rauschs und der Anti-Form. Als Rauschgott effeminiert er die Männer; insofern bringen dionysische Lebensformen doch eine Art Weibermacht. Es herrscht in dieser begrenzten, doch unübersehbaren, ja der Antike lebenswichtigen *Fest-Enklave* nicht mehr die familienhaft-mütterliche Frau, die »Spindelseite des Daseins«, wohl aber die schwärmerische, schwelgende, die Seite des Venusbergs und des ihm zugeordneten Phallos. Allerfeinste Gynaikokratie beginnt, eine, »die weniger in rechtlichen Formen als in der stillen Macht eines das ganze Dasein beherrschenden Aphroditismus sich geltend macht« (Vorrede zum Mutterrecht). Ja, Bachofen geht noch weit über das antike Männerrecht und seine Enklaven hinaus: Der Minnedienst, der Kult der Dame, nicht zuletzt die Marien-Verehrung, wie sie um 1100 in der Ritterschaft Frankreichs begonnen haben, erscheinen im möglichen Nachklang vorzeitlicher Kulte, hetärischer, vermischt mit denen des demetrischen Frauenlobs. Bachofen weist auf Marienkult im Zusammenhang mit der Macht französischer Königinnen hin und wagt die Vermutung: »Die hohe Würde, welche der dionysische Kult mit seinen Mysterien dem Weibe verlieh, hat hierin einen letzten Nachklang gefunden« (l. c. § 151). Doch der Rauschgott Dionysos wird von Bachofen nicht nur zum erotischen, sondern sozusagen auch zum politischen Aphroditismus in Bezug gesetzt, nämlich zum ius naturale der – Demokratie. War doch die hetärische Urzeit selber durch natürliche Freiheit und Gleichheit, ja durch Eigentumslosigkeit ausgezeichnet; Aphroditen »ist jedes Sondereigentum verhaßt«. Bachofen sieht diese Zustände wieder herannahen, »die Abwesenheit jedes Eigentums, überhaupt jedes Sonderrechts irgendwelcher Art«, sie erscheinen ihm als reaktionärem Kirch-Patrizier »so tief und so erniedrigend wie jede Richtung in die Urbarbarei«; dennoch vindiziert sie der widerspruchsvolle Gynaikokrat dem feinen Nachtgott Dionysos. Und Dionysos wird nun, in merkwürdiger Reihenfolge, erst der Gott des erotisch-ästhetischen, sodann des politischen Naturalismus: »Dieser Fortschritt der Versinnlichung fällt überall mit der Auflösung der politischen Organisation und dem Verfall des staatlichen Lebens zusammen. An der Stelle reicher Gliederung macht sich das Gesetz der Demokratie, der ununterschiedenen Masse und jene Freiheit und Gleichheit geltend, welche das natürliche Leben vor dem zivil-

geordneten auszeichnet und das der leiblich-stofflichen Seite der menschlichen Natur angehört« (Vorrede zum Mutterrecht). So verhaßt auch Bachofen jeder Kommunismus ist, er sagt ihn »wegen des Kreislaufs« voraus: »Das Ende der staatlichen Entwicklung gleicht dem Beginn des menschlichen Daseins, die ursprüngliche Gleichheit kehrt zuletzt wieder. Das mütterlich-stoffliche Prinzip eröffnet und schließt den Kreislauf der menschlichen Dinge« (Gräbersymbolik, 1859, S. 237 f.). Dionysos also führt hier lediglich in das zurück, was dem Patrizier und Lutheraner als Urbarbarei erscheint; vergebens wird er von Bachofen mit dem großartigen, dem echt utopischen Titel ausgezeichnet: »Rätselgott der werdenden Welt«. Dafür fehlt eine andere Prophezeiung nicht, eine, die auch betont rechtens ein *letztes Naturrecht verheißt*. Das Patriarchat soll in ihr nicht aufgehoben, wohl aber erfüllt werden; der positiv-rechtliche Zustand ist also auch diesem stärksten Antiquar, stärksten Mythologen der historischen Rechtsschule nicht der letzte. Das ist überraschend bei einer Romantik, die so entschieden die Straße der Gräber geht, die ihre Mythologie so extrem-historisch, nämlich als Ahnenkult betreibt; wonach doch Vergangenheit als Tiefe selber erscheint, die Zukunft aber als leer und Wind. Doch plötzlich fällt, fast illegal, ein Blitz des Werdens in die Gruft, des Ungekommenen; bereits der früheste Bachofen legt seinem bleibenden Antiquarium ein Fenster darauf hin. Die historische Betrachtungsweise involviert ihm nämlich »eine Darstellung des Vernunftgesetzes, das sie als letztes Ziel der Entwicklung an das Ende der Zeiten, nicht in den Anfang derselben stellt, mit dem sie das Werk der Geschichte krönt, nicht aber einen vorgeschichtlichen Zustand ausschmückt« (Das Naturrecht und das geschichtliche Recht, hrsg. 1927, S. 62). Äußerst allgemein, doch unverkennbar tritt in der Ausführung dieser Überzeugung sogar eine Erinnerung an Joachim von Fiore nahe, den mittelalterlichen Ketzer und Chiliasten. »Am Ende aller Rechtsentwicklung steht wiederum ein ius naturale, aber nicht das des Stoffes, sondern des Geistes, ein letztes Recht, wie das Urrecht allgemein war; willkürfrei, wie auch das stofflich-physische Urrecht keine Willkür an sich trug; in den Dingen gegeben, von den Menschen nicht erfunden, sondern erkannt, wie auch das physische Urrecht als immanente materielle Ordnung erschien.« Als Aphrodisisches ohne Willkür, Demetrisches ohne Eingebundenheit wird dieses letzte Recht »der Ausdruck des reinen Lichts, dem das gute Prinzip angehört... In der Befreiung von jedem stofflichen Zusatz wird das Recht Liebe, die Liebe ist das höchste Recht.« Es ist nicht die hetärische Liebe (die mit der christlichen immerhin den Namen teilt), auch nicht die mütterliche (die »Immobilität von deren physischer Grundlage« ist aufgehoben); es ist nach Bachofen die männliche Liebe der Bergpredigt, als welche auf Vergeltung verzichtet. »Diese Lehre verwirklicht die höchste Gerechtigkeit, sie hebt in der Vollendung selbst den Begriff des Rechts auf und erscheint so als die letzte und völlige Überwindung des Stoffs, als die Lösung jeder Dissonanz« (Das Mutterrecht § 66). Ob in diesem höchsten Recht, das heißt Nicht-Recht freilich Eigentum, gar Sonderrechte bestehen bleiben, diese hoch gepriesenen Güter, darüber schweigt die sonst so stoff-überwindende, spirituale Prophezeiung. Bestehen sie nicht, sind alle Unterschiede in Brüderlichkeit eingeebnet worden, dann wird auch der Unterschied zur verruchten Demokratie dunkel. Das utopische Licht im Antiquariat ist doch zu vage, um auch nur einen Idealismus der Zukunft zu beleuchten, geschweige denn einen Realismus. Geschweige denn einen Materialismus, der sich unter Materie nicht Sumpf oder Leibstoff oder zuletzt Magna Mater vorstellt, sondern auch die Produktivkräfte, die ökonomischen Bedingungen, den Treib-Inhalt des jeweiligen gesellschaftlichen Ensembles. Indes: so Erstaunliches wie drei Arten Naturrecht: das hetärische, das demetrische und sogar das letzte, – konnte von der historischen Rechtsschule, zu der am Ende doch auch Bachofen gehört und die doch auszog, es zu vernichten, nicht erwartet werden. Ja, das *philosophische Naturrecht, von den Sophisten bis Rousseau, dürfte mit dem entdeckten Mutterrecht (der Demeter-Bindung) in manchem Zusammenhang stehen.* Wenn nicht im Zusammenhang direkter Erinnerung (durch erhaltene Einrichtungen und Feste vermittelt), so in dem einer unterirdisch weiterwirkenden Mythologie, wie sie Bachofen erschlossen und übertrieben hat. Die Natur galt im Heidentum als Mutter, im Christentum als Schwester der Menschen; so hatte sie dem rechtsmythologischen Bewußtsein, das Bachofen so breit enthüllt hat, auch in seiner säkularisierten Gestalt etwas zu sagen. Es gibt eine rechtsmythologische Unterströmung im rationalen Naturrecht: »Natur« war in der Tat oft noch wie Demeter, »Satzung« wie Apollo, Zeus. So greift das Wesen, das in Bachofens Quellen »iustissima tellus« heißt, offenbar weit über demetrische Vorstellungsbilder auf der Ackerbaustufe hinaus. Wobei diese Erdhaus-Bilder den – sonst rätselhaften – Wertakzent einer »Mutter Natur«, neben ihrem rein physikalischen Begriff, entscheidend bestimmt haben dürften.

KONFRONTATION: GAIA-THEMIS UND IHR FORTLEBEN IN DEN NATURRECHTS-SCHULEN INSGESAMT 16

Windet zum Kranze die goldenen Ähren,
Flechtet auch blaue Cyanen hinein!
Freude soll jedes Auge verklären,
Denn die Königin ziehet ein,
Die uns die süße Heimat gegeben,
Die den Menschen zum Menschen gesellt.
Unser Gesang soll sie festlich erheben,
Die beglückende Mutter der Welt.

Schiller, Das Eleusische Fest

Du aber wandelst ruhig die sichre Bahn,
O Mutter Erd, im Lichte. Dein Frühling blüht,
Melodischwechselnd gehn dir hin die
Wachsenden Zeiten, du Lebensreiche.

Hölderlin, Der Frieden

Sehr schwer ist es, den Kern aus sagenhaften Hüllen herauszuschälen. Und doch muß er gefunden werden, die schönen Schauer allein sind der Sache unangemessen. Nur darf das nirgends platt geschehen, gerade der parteiliche Blick muß ein ebenso kenntnisreicher sein, sonst vernichtet er weder noch trägt er Beute davon. Die Aufklärung darf nicht dasjenige streifen, was Lessing Aufkläricht nannte und Engels sogar Abspülicht vom Aufkläricht. Auch der bloße gesunde Menschenverstand, undialektisch auf Feld und Wiese eingestellt und selbst da nur auf ein ihm längst Bekanntes, wandelt nicht ungestraft unter Palmen; er wird zum terrible simplificateur. Darum ist ein Zweifrontenkrieg vor allem in Ideologie- und historischen Sachen nötig: sowohl gegen die, welche vulgär unter, wie gegen die, welche romantisch oder utopistisch über die Wirklichkeit greifen. Die Auslassungen, welche beide von sich geben, werden dann allemal solche im doppelten Sinn dieses Worts; bedeutende, mindestens bedeutsame Partien der so reichen Wirklichkeit sind ausgelassen. Der hellenistische Spötter (und freilich auch Utopist) Euemeros hatte zuerst die Mythen lediglich auf eine angeblich wirkliche Geschichte zurückzuführen versucht: Zeus war einmal ein wirklicher König, ist in Kreta gestorben, Hephästus war ein ehemaliger Erfinder und so fort. Durch solche Erzählung wurde der Mythos zwar allemal wünschbar entzaubert, aber es wurde nicht klar, wieso es aus derart alltäglichem Stoff zu derartigen Verneblungen kam; sodann begann das Euemerische die Entzauberung wieder mit einem – Roman. Und zwar mit einem, dessen archaistische Gestalten allesamt Menschen aus der Zeit des Verfassers sind und so aufgeklärt wie dieser. Die Romantik andererseits vernebelte oft die Sage nochmals, packte deren Hülle gerade in immer dichtere Alt-Beschwörung. Essen und Trinken, Nüchternheit des geschäftigen Alltags, Überlegungen des Produktions- und Tauschverkehrs, alle wirklichen Lebensverhältnisse, wie sie dem noch so animistischen Vorfahren seinen Werktag ausgemacht haben, fallen dem Romantiker in der Urgeschichte aus. Er sieht statt dessen einen ewig magisierten Bewußtseinszustand und übermagisiert ihn bis in den letzten Alltagswinkel. Jeder Kochtopf wird der Sudkessel einer Medea, jede gebräuchliche Bewirtung neolithischer Werkzeughändler, nach getanem Geschäft, schauert hier von zeremoniellen Weistümern und Geheimnis, jeder Aberglaube erregt tiefsinnige Gefühle. Diese überdies mitgeteilt in einer Sprache, deren Bildung vom Raunen der Urzeit durch die Benutzung zahlreicher Bibliotheken entfernt ist. Trotzdem gibt sich der mythologische Romantiker, sonderlich der aufgewärmte in neuerer Zeit, der Epigone, was die Ausdehnung seiner mythischen Übertreibungen angeht, archaischer als ein Druide. Er hypostasiert die alten mythischen Hypostasen (vielmehr: was die Philologie von ihnen berichtet) noch einmal und verdinglicht sie überdies in moderner Weise, macht abgehobene mythologische Ware daraus. Er gräbt nicht den wirklichen Geschichtsboden aus, worauf alle Bewegungen primärer Bedürfnisse und ihrer Stillung geschehen, worüber alle Weihen und Wolken des Mythos geschehen und ihren ideologisch funktionellen Wandel haben. Oder es kam zur Beteuerung eines ganz massiven Aberglaubens, so bei dem äußersten Anti-Euemeros: Görres, eines Aberglaubens, der überhaupt nicht mehr forscht, sondern obskurantisch verehrt und gerade in seiner Massivität Schein ist. Im alten Ägypten brach man vor der Bildsäule der Isis zusammen, in der Romantik gründete man eine halb naturphantastische Zeitschrift mit ihrem Namen. Trotzdem hat der mythologische Romantiker, als echter zuhöchst in Bachofenscher Gestalt, wenn er an den Mythos geht, hier mehr angetroffen, implicite angetroffen als der Aufklärer, der ihn haßt und banalisiert. Bachofen, dem es unter allen Mythologen so am ernstesten war, hat, wie gesehen, mittels seiner Mutterbindung und des Demeter-Bilds das Mutterrecht entdeckt. Und hierbei geschieht sogar das Erstaunliche, daß im Anti-Euemeros, der gewiß auch bei Bachofen nicht fehlt, trotzdem, kraft der Verbindung des Mythologen mit dem Rechtshistoriker in einer Person, lehrreiche Züge einer guten Art von Euemerismus nicht fehlen. So bei folgender rechtshistorischer Bekundung: »In allen mit unserem Gegenstand zusammenhängenden Mythen ist die Erinnerung an wirkliche Ereignisse, die über das Menschengeschlecht ergangen sind, niedergelegt« (Mutterrecht, § 8). Freilich wieder sind diese wirklichen Ereignisse von unwirklich mythischen überbaut, ja Vorgeschichte ist dann als solche so der sichtbare Ausdruck von geglaubter Mythengeschichte, wie letztere die Substanz nicht nur der kultischen, auch der profanen Seite: »Dasselbe Mythengebilde umschließt kultische und historische Tatsachen, beide nicht getrennt, sondern identisch. Ödipus und Orest gehören zugleich der Religion und der Geschichte, das eine durch und vermöge des anderen« (l. c., § 81). So grotesk diese Identifizierung sein mag, sie erschöpfte sich immerhin nicht in Romantizismen, sie wollte gerade die Vorgeschichte mit ihrem notorisch wirksamen religiösen Bewußtsein erscheinen lassen, und sie führte aufs konkrete Mutterrecht. Es ist immer wieder bezeichnend, daß

Friedrich Engels, der auf »urzuständlichen Blödsinn« (Brief an Conrad Schmidt, 1890) nicht gut zu sprechen war, in seinem »Ursprung der Familie« 1884, zu einer Zeit also, wo Bachofen fast verschollen war, auf dessen Entdeckung des Mutterrechts hinwies und sie mit der ethnologischen Morgans in Beziehung setzte. Die ursprüngliche Familie ist und bleibt eine der bloßen Blutsverwandtschaft, also eine mutterrechtliche. Das eben in entdecktem Zusammenhang mit dem Acker-Demeter-Mythos, als demjenigen, worin die verschwindende klassenlose Urgesellschaft sich nochmals ideologisch-mythisch, ideologisch-normativ zusammenfaßt. Und von daher nun kommt das Hauptproblem wieder, das in der bisherigen Naturrechts-Forschung so wenig beachtete: Hat sich und wieweit hat sich die Erinnerung aus *Mutterrecht* in den verschiedenen Formen des philosophisch vorliegenden *Naturrechts erhalten?* Indem Bachofen einen ausgesprochenen Erdmutterkult, als mythisches Zentrum des scheidenden klassenlosen, also scheidenden Goldenen Zeitalters kenntlich zu machen suchte, hat er durchaus an das *Problem einer Nachreife des Mutterrechts im Naturrecht* hingeführt. (Sogar noch hin bis zu solch begrifflich schwierigen bon sens-, ja Bona Dea-Formen, wie sie bereits die aequitas, gar der Gnadenakt im ius strictum darstellen). Es handelt sich hierbei nicht um das gleichsam zoologische, also nur uneigentlich so genannte Naturrecht, welches Ulpian ganz inhaltlos in seinen Institutionen definiert hat, als hätte er eine echt-regellose Folie gegen Bachofens »Hetärismus« geben wollen: »Ius naturae non humani generis proprium, sed omnium animalium.« Es handelt sich vielmehr einzig um jenes Menschlich-Waltende, das Bachofen »Matriarchalismus« nannte und dessen Wärme (mit einziger partialer Ausnahme von Hobbes) im Tenor des gesamten philosophischen Naturrechts anklingt (am arkadischsten bei Rousseau). Dieser Tenor im philosophischen Naturrecht also ist eben um so vieles älter als seine philosophische Erscheinung, wie Erd- oder Sonnenverehrung älter sind als die Göttin Vernunft. Es ist freilich ein eigenes Naturrecht, ein in Gaia-Themis eingebundenes, doch eines, das sich späterhin innerhalb dieser Grenzen auch auf Empörung verstand. Eben die Empörung des in Antigone erhaltenen Erdrechts gegen das Männergesetz Kreons ist hierfür das vollkommenst bezeichnende Beispiel. Und es ist das Beispiel an einer der größten Dichtungen, an einem Konflikt, worin Sophokles das uralte Mutterrecht, das neue Staats- und Herrscherrecht tragisch zusammenstoßen läßt. Mit einer Opposition, einer Prävalenz der Antigone-Stimme, die das Naturrecht – bei all seiner sonst männlichen Würde – durchaus in seiner eigenen »Physis« vernehmen mochte.

Daß die Menschen alle als gleich, auch schutzbedürftig geboren werden, wurde nie vergessen. Und im neuen Recht erhielt sich streckenweise sehr lange das alte, blut- und erdverbundene, auch nach seiner schönsten Seite: Der Schoß, die Höhle schaffen Asyl. Deshalb ist das Asylrecht vorzugsweise an weibliche Gottheiten gebunden, auch wenn diese zum olympischen Kreis gehören. Der Flüchtling war gerettet, sobald er geweihten Bezirk betreten hatte, sei es der Hera, sei es des delphischen, mithin noch halb-chthonischen Apollo. Rom kannte kein regelmäßiges Asylrecht, dafür vollzog es in älteren Zeiten die Freilassung der Sklaven am Altar der Feronia, als einer Göttin, die der Erdmutter (Bona Dea) nahesteht, wenn nicht mit ihr identisch ist. Die Gottheiten des chthonischen Mythos fundieren also das wärmste ius naturale für die Objekte des ius strictum, sie fundieren Schutz und Freiheit. »Nicht mitzuhassen, mitzulieben bin ich da«, sagt die Sophokleische Antigone; ein Chorlied im gleichen Drama ehrt unverhohlen chthonisch denjenigen in der Gemeinschaft, der »die Gesetze der Erdtiefe ehrt und der (alten) Götter beschworenes Recht«. Kreon, der König, hatte befohlen, daß der Leichnam des Polyneikes, eines Rebellen, von Hunden und Vögeln verzehrt werden sollte; Antigone aber, die Schwester des Polyneikes, gehorchte dem Befehl nicht. Sie verachtete die Staatsräson dieses Befehls und gab dem Bruder heimlich, bei Nacht, vor den Toren, in Gemeinschaft mit dessen Weib, ein Begräbnis in der mütterlichen Erde. Das Gebot des Kreon hält sie für Gewalt und Unrecht, setzt ihm das alte ungeschriebene Recht des Blutzusammenhangs entgegen. So eben ist die Tragödie des Sophokles nicht etwa, als politisch-ethisches Problemstück, auf einem Konflikt der Pflichten aufgebaut, sondern auf einem Konflikt zweier Rechte. Hier des demetrischen Naturrechts, von dem Antigone sagt: »Nicht etwa jetzt und gestern, sondern immerdar lebt es«, dort des neuen, des männlichen oder Zeus-Rechts, dem Kreon als König anhängt. Kreon ist scharf misogyn: »Solang ich lebe, herrscht kein Weib«, von Antigone aber sagt er, den Zusammenhang von Bruderliebe, Pietas des Grabs und Chthonismus deutlich erinnernd: »Mag sie zum Hades flehen, dem sie dient.« Antigone vertritt das gleiche Naturrecht des Blutzusammenhangs, also der Nacht, also der Erdmutter, das in den »Eumeniden« des Aischylos die Erinnyen gegen Orestes aussendet, als gegen den Muttermörder. In der »Antigone« herrscht die Mutterwelt auf menschlich-warme, in den »Eumeniden« auf finster-blutige Weise (weshalb Apollo und Athene, die Lichtgötter, den Orestes retten); doch auch gegen Schluß der »Antigone« spricht Teiresias das Nacht-Recht deutlich aus: weil Kreon den Unteren einen Leichnam entzogen hat, verfällt er den Erinnyen. Entscheidend bleibt aber das in Antigone lebende Pietätsrecht, »von der unteren Flamme kostend«, und seine Bergung vor dem Gesetz des Tags. Dieser Gehalt tritt in der Tat höchst energisch mitten im matriarchalischen Mythos auf, indem sein Naturrecht weiblich-mild und insofern oppositionell erscheint. Opposition »von Natur aus« gegen »das künstliche Gesetz« war aber auch das Zeichen des wirklichen, historisch erschienenen Naturrechts; ebenso bestehen Verwandtschaften seiner »Humanität« zur »Pietät« des Antigone-Rechts. Überhaupt zu allen Unterbrechungen des ius factum, ius strictum im Umkreis der Bona Dea. Nicht grundlos standen die ausgebildeten römischen Juristen dem alten Asylrecht feindlich gegenüber; unterbrach es doch den herrschenden Gesetzes-Vollzug. Desto näher aber fühlte sich, wie nun spruchreif, *so viel Naturrecht, in unbeachteten Unterströmungen, der Natur als Weib*, bei den Kynikern sogar als Hündin, bei den Hedonikern als das von Satzung unbeschwerte Genußpaar Helena–Paris. Zwar zu Epikurs Naturrecht besteht scheinbar wenig oder kein Bezug; es setzt nicht einmal ein Goldenes Zeitalter voraus, geschweige eines der Weib-Natur. Wo die Sanktion der Gesetze darin besteht, möglichst viel Unlust zu verhindern, möglichst viel Lust freizulegen, könnte zwar das Lustprinzip selber mit einem bacchantischen Berührung haben. Aber Lust ist bei Epikur milde, überlegte, ganz undämonische und ohne dunkle Ränder, ist apollinische Freude. Das gilt trotz des orgiastischen Rufs der späteren Epikureersekte, trotz des horazischen »porcus de grege Epicuri«. Immerhin fanden in Messenien, in Rom förmliche Epikureervertreibungen statt, aus Kreta wurden sie mit dem von Aelian überlieferten Motiv vertrieben, »Vertreter einer weibischen und schmählichen Philosophie« zu sein. Immerhin hat Lukrez sein großes epikureisches Lehrgedicht mit einer Anrufung der Venus begonnen, als der »Spenderin des Lebens, der Üppigkeit, des Friedens«, und die Natur tritt bei ihm redend als weibliche Gottheit auf, ermahnt ihre Kinder zur Freude ohne Furcht und zum Naturrecht des leibhaftigen Glücks. Trotzdem wäre im Garten Epikurs keine Gestalt fremder gewesen als die dionysische Stimula; und auch Demeter ordnet die lockere Gemeinschaft dieses Gartens, selbst als eines Erdgartens, noch nicht. Dagegen bestehen nun desto merkwürdigere Allianzen zwischen dem *Naturrecht der Stoa* und jener Eingebundenheit oder Natur-Einwohnung, die der *Haltung des Mutterrechts* eigen waren. Aufklärung hemmte hier ohnehin nicht: die Stoa nahm alle Volksgötter auf, die Schutzgeister und Dämonen, die Götter der Weissagung, also vor allem auch die weiblich-unterirdischen. Gewiß: die *hetärischen* Züge fehlen, und Kleopatra kann mit dem ältlichen Tugendstolz eines Stoikers überhaupt nicht zusammengedacht werden, es sei denn humoristisch. Vor allem gibt es keinen größeren Gegensatz als die Exaltation der dionysischen Weihe, mit schlechthin kollektivem Rausch, und die Ataraxie des Weisen, mit Individualstolz und Beherrschung sämtlicher perturbationes animae. Gewiß auch, an der so besonders betonten Männlichkeit der Ataraxie, hat selbst der *demetrische* Einfluß aufs stoische Naturrecht, der sonst unleugbare, eine Ausnahme; vaterrechtliche Quellen fließen hier gleichfalls, eine Zeitlang, mit. Noch das Pathos der freien Person im bürgerlich-neustoischen Naturrecht, der Männerstolz vor Königsthronen, die Macht der Würde in den harten, unbeugsamen Mannsfiguren nach stoischem Muster: all diese Ataraxien stammten in der Stoa bereits aus einer Entgegensetzung, die als solche vaterrechtliche Überordnungen voraussetzt und sie verneint. Und dennoch: es wirkte auch hier der weit stärkere, der genuinere Archetyp der Großen Mutter herein; so hat personhafte Ataraxie selber sich mit ihm regulär verbunden. Denn die Macht der persönlichen Würde ist hier letzthin eingebaut in die eines *hegenden* Gattungsbegriffs, eines universal erweiterten Bona Dea-Begriffs mit Licht: er wurde humanitas genannt. In der ungebeugten Person galt es, die Würde der Menschheit zu wahren; humanitas aber ist von Eirene her auch mit dem milderen Stolz und Halt des Friedens umgeben. Und all das – nun wieder *völlig in Demetrisches einbiegend* –, all das assimiliert sich der entscheidenden stoischen Lebensregel: In Übereinstimmung mit der Natur zu leben. Unüberhörbar sprach genau aus dieser Geborgenheit eine Erinnerung der sorgenden, schützenden Bona Dea, der Seinsordnung, die auch als noch reflektierte eine eingeborene genannt wurde. Ja, Demetrisches hat sogar den Zeus der Stoa durchdrungen, ebenfalls aufgrund alter Erinnerungen (Zeus war im früheren Attika als Ackerbau- und Erntegott verehrt worden, sogar als Geburtsgott mit Dionysos aus seiner Hüfte, Athene aus seinem Haupt, und mindestens genauso als Vegetations- wie als Gewittergott). Dieser »Zeus Chthonios«, wie er in Korinth sogar einen Tempel hatte, ließ seinen uranischen Zügen durchaus auch mutterhaft waltende anfügen; er konnte mit dem des guten Geschicks, mit dem Weltwandel, worin Segen ist und eben Übereinstimmung gesucht wird, identisch werden. Der Stoa ist er so nicht nur der Stifter des guten Weltwandels, sondern dessen Gang selber; derart sagt Seneca: »Der Gründer und Lenker des Weltalls hat den Schicksalsspruch geschrieben, er befolgt ihn auch, immer gehorcht er, einmal nur hat er befohlen.« Zeus heißt zwar der Logos, sogar der Befruchtende, der Logos spermatikos, doch allein schon der Feuerdunst, als den ihn die stoische Theologie definiert, legt matriarchalische Nachbarschaft nahe. Er verbindet ebenso dem vulkanisch-chthonischen Feuer, dem auch Dionysos zugehört, als der flamma non ardens des uranischen Lichts. Vor allem auch bewegt sich die *Kreislauf*-Mythologie, wie die Stoa sie Heraklit und dessen orphischen Hintergründen entnommen hat, in Mutterrechts-Kategorien. Marc Aurel preist die Rückkehr des Individuums wie der Welt in Zeus als »Verschwinden in dem, was dich erzeugt hat« – eine Gleichung zwischen Schoß und Grab und erneuter Geburt, die das Urfeuer, wenn es die

Welt in sich zurücknimmt und wieder aus sich entläßt, durchaus zu einer Art himmlischer Kybele macht. Der Welt-Phoenix-Zeus – bereits in Ägypten ein Weibliches im Sonnenbild, eine Einheit aus Grabesasche und Wochenbett seiner selbst – konterkariert so den Logos spermatikos. Daran ändert auch das sehr männliche Hegemonikon im stoischen Weisen nichts, ebensowenig wie der sehr männliche Zeus-Hymnos, der von dem Stoiker Kleanthes geblieben ist und den man mit Recht ein hellenisches Vaterunser genannt hat. Der Göttervater besitzt trotzdem überall dort im Stoizismus, wo »Übereinstimmung mit der Natur« gepriesen wird, eine stillwaltende, stillumschließende, mithin deutlich mütterliche Majestät. So eben nimmt seine Fürsorge insgesamt Züge der Demeter-Bona Dea an: die Herrschaft des stoischen Zeus ist keine äußerliche, kein von außen der Welt auferlegter Zwang, im Sinn des Gewalthabers. Das Weltgesetz und so Naturrecht des stoischen Zeus soll vielmehr das innerste Lebensgesetz der Welt selber sein, das Band, das mit sympathetischer Verknüpfung und gütiger Schicksals-Notwendigkeit die Teile der Welt vereinigt: Zeus also ist in der späteren Stoa Vater als die Magna Mater. Die Welt selber hat ihre Zentren nicht im Himmel, sondern auf der Erde: sie ist, wie gerade auch Kleanthes sagt, der »gemeinsame Herd«, ja einige Stoiker nannten die Erde sogar »das Hegemonikon des Kosmos«, Zeus gänzlich zum Erd-Feuer oder auch Erd-Pneuma verwandelnd. Von hier aus wird nun auch völlig die Analogie deutlich, die zwischen dem rechtsphilosophisch-stoischen Rat der »Übereinstimmung mit der Natur« und dem chthonischen Kosmomorphismus des Mutterrechts besteht. Bachofen wollte einmal das weibliche Prinzipat erkennen »an jener Harmonie, welche die Alten vorzugsweise als gynaikeia bezeichneten, an jener Religion, in welcher das tiefste Bedürfnis der weiblichen Seele, die Liebe, zum Bewußtsein seiner Übereinstimmung mit dem Grundgesetz des Alls sich erhebt, ...endlich an jener Stetigkeit und jenem Konservativismus des ganzen Daseins, zu dem die Frau von der Natur selbst präfiguriert ist« (Vorrede zum Mutterrecht): – wichtige Bestimmtheiten dieser Art finden sich aber sowohl im Übereinstimmungs-Rat wie im Übereinstimmungs-Objekt der Stoa. Denn auch die stoische Welt, der Leib des Zeus, ist lautere

Übereinstimmung mit sich selber, ist Autarkie, die nach all den periodischen Bränden mit leider vollkommener Wiederkehr des Gleichen in sich ruht. Das sind die Beziehungen, welche das Gesetz des Zeus, innerhalb der Stoa, zur Magna Mater aufweist, als der Spenderin eines milden Naturrechts und einer weltweiten Umarmung »Philanthropia« unter, doch auch über dem donnernden Kronion. Und der Logos, der sie hütet, ist eher der einer allbelebenden Weltseele als des reinen, monarchisch abgetrennten Geistes. Dies erklärt auch den Anschluß, den der Gemeinschaftsgedanke der Stoa und ihre, wenngleich abstrakte, Philanthropie überall zum plebejischen Kult dieser Bona Dea finden konnte. So sehr die Gemeinschaftsidee des Stoizismus auf das Lebensrecht des Weisen bezogen war und hier ihre Grenze hat, so sehr ist der stoische Weise doch in seinem eigenen Lebensrecht an das Leben der Weltgemeinschaft gebunden: und hier tauchen Beziehungen zur Plebs auf, die dem männerrechtlichen Aristokratismus weitgehend widersprechen. Es wurde bemerkt, daß Tiberius Gracchus ein Stoiker war; dem Volkstribun aber stand der Glaube an Ceres als die große Beschützerin der Plebs zur Seite, der Ceres, in deren Namen die Armen mit Brot gespeist wurden und der Kampf gegen die Patrizier anging. Neben der Ceres erschien sogar eine Göttin Bona Mens, als Patronin einer Vernunft, die neben der des Jupiter nicht verschwand und die aequitas hütete, die alte Tugend des Matriarchats und folglich des stoischen Naturrechts, trotz Logos und Zeus. In Summa: sicherer als Aphrodite im Epikureismus war Demeter im Stoizismus von Anfang an angelegt und milderte die harte, messende Gerechtigkeit des Gesetzgebers. Dem widerspricht auch die historische Verbindung nicht, welche das stoische Naturrecht allerletzt im *Mittelalter* mit dem Dekalog eingehen konnte: als den Geboten eines strengen Patriarchalismus; das stoische Naturrecht blieb trotzdem als ein weltimmanentes erinnert, vorab in den Ketzereien der Toleranz. Demeter freilich hatte ausgespielt, Maria war die Königin des *Himmels* geworden und *Erdkugel wie Mondscheibe lagen zu ihren Füßen;* so hat sie trotz Frauen- und Mariendienst im mittelalterlichen Naturrecht nirgends eine Stelle. Nur in Legenden wirkt sie ein, doch ebenfalls nicht als Gesetzgeberin gleich Demeter oder Isis, dafür allerdings als höchstes christliches Erbarmen: Maria hält einen Gehängten die ganze Nacht schwebend in ihrem Arm, so daß er am Morgen noch lebend herabgenommen werden kann. Diese Legende intendiert jedoch keinen prinzipiellen, sondern nur einen sporadisch-abrupten Durchbruch durch die Gerechtigkeit und forderte so ebenfalls keinen Platz im Naturrecht. In jenem relativen Naturrecht des Mittelalters, das sich als poena et remedium peccati ohnehin mehr als irgendein anderes mit der positiven Gesetzgebung berührte. Fast nur in der Sektenbewegung bis zur Reformation verband sich eine »marianische Predigt« mit Revolten gegen das Herrenrecht: die »reine und schöne Mutter«, die »Pforte der Erbarmung«, die »Frau Himmelreichs und Erdreichs«, wie sie Tauler nennt, verließ leichter als der auferstandene Jesus den uranischen Glanz, wurde zur Patrona pauperum. Und ganz erst von der Demeter-Seite her ist eine matriarchalische Konkordanz eben im *Rousseauismus* wieder erkennbar, erläutert ihn auch von daher. Zwar hat sich die Natur, als gesellschaftliche Kategorie, so durchaus verändert, daß nur noch ein ganz allgemeiner Hauch vom Wesen der Bona Dea geblieben ist. Dennoch streifte die große Rückdatierung Rousseaus, in ihrem Gefühl, durchaus mütterliche Naturbilder, Bilder eines eleusinischen Fests. So wird nicht nur im »Emile«, auch im »Contrat social« Natur verklärt, als wäre sie die der »Nouvelle Héloise«, der Beschützung. Auch der sozusagen religiöse Naturalismus, der sich an Rousseau anschloß, hat das Vertrauen zur Natur als das zu einer Mutter und jene Art Geborgenheit, die nur als positiv gedachte Effeminierung des Pantheismus verständlich ist. Item, *Züge vom alten Mutterrecht sind in vielerlei Ausgestaltungen des philosophischen Naturrechts erkennbar geblieben*, sofern dessen Natur das Gesicht einer Magna Mater behalten hat oder neu aufweist. Und dieser offenbar gewordene Zusammenhang erschließt zugleich an der Strenge der Würde, die das klassische Naturrecht, zum Unterschied von den Sozialutopien als den Erzählungen des Glücks, bezeichnet, ein eigentümlich Waltendes – »in Übereinstimmung mit der Natur«.

17 DER SCHWUR AUF DEN STYX, DER ZWEIDEUTIGE KOSMOS IN HEGELS RECHTSPHILOSOPHIE

Das Denken selber sehnt sich nicht, obwohl es sucht. Es beruhigt sich, sobald es seinen Gegenstand antrifft und erfaßt, gleich wie dieser fürs Gemüt beschaffen ist. Das Seiende, das Wirkliche zu erfassen, ist die Leidenschaft des Denkens, bei Hegel fielen rechter Gedanke und Wirklichkeit sogar zusammen. Allerdings ist das überhaupt Seiende größer als das Seiende, das gerade jetzt ist; bei Hegel, als dem Denker des Werdens, fallen so beide Arten Wirklichkeit keinesfalls zusammen. Wäre nur das, was ist, hätte es nicht mindestens ein Gewordenes, ein nicht mehr Seiendes hinter sich, wäre es immer dasselbe gewesen, dann wäre der breite Hegel der engste Jasager aller Zeiten, dann hätte bei ihm keinerlei Trauminhalt Raum. Am wenigsten ein naturrechtlicher, als welcher damit steht und fällt, daß das Wirkliche nicht nur das Gegenwärtige ist. Der junge Hegel jedoch sah besonders deutlich auf vergangene Stufen des Wirklichen, auf Gestalten vor dem Tag, vor dem heute gewohnten Gesetz. Infolgedessen ging ihm durchaus Naturrechtliches auf; es lebte ihm freilich nur im Boden der vorhandenen Wirklichkeit, in ihrem riesig vergangenen Teil. Hegel unterschied sogar lange vor Bachofen das »Recht der Schatten« vom »Gesetz des Tags«, notierte zwar keinen mutterrechtlichen, wohl aber einen unverwechselbar chthonischen Grund. Dort war nicht Goldenes Zeitalter, wohl aber eines, von dem der durchaus patriarchalische Denker und spätere preußische Staatsphilosoph nicht ohne Wärme spricht und, vor allem, nicht ohne Wehmut Abschied nimmt. Dort entdeckt der Philosoph des Begriffs dessen frühere Gestalten: als Gefühl; als das elementarische Verhältnis des Bluts; als das Verhältnis Antigones zum Bruder; als die einfache und bewußtlose Gediegenheit eines unverrückbaren Naturbrauchs. So hat gerade Hegel die »Antigone« zum erstenmal pointiert. Der alten Welt war Styx selber der Eid, nicht nur sein Hüter, und Styx war eine Göttin, die Tochter des Ozeans. Bei ihr wohnt das Naturrecht der ältesten Weise, der mutterechtlichen; dieser Fluß fließt durch die Tropfsteinhöhle der finster gemeinsamen

Inwendigkeit. So bestimmt Hegel, in der »Phänomenologie des Geistes«, chthonisch genug, ja mit echtem Raunen aus Urzeit: »Der offenbare Geist hat die Wurzel seiner Kraft in der Unterwelt; die ihrer selbst sichere und sich versichernde Gewißheit des Volks hat die Wahrheit ihres Alle in Eins bindenden Eids nur in der bewußtlosen Substanz aller, in den Wässern der Vergessenheit« (Werke II, S. 356). Es ist das selbstverständlich nur ein Naturrecht der Mythologie, und die eifernde Betonung der Bewußtlosigkeit trennt es von jeder Wiederaufnahme in späterer Zeit. Auch haben weder die Formen noch die Inhalte dieses »Alle in Eins bindenden Eids« mit Rousseauismus etwas gemein; so viel auch Rousseau mit der Liebeswelt Antigones gemein haben mag. Trotzdem tönt hier wie dort das Recht des Herzens, das gleiche, auf das Hegel in der gegenwärtigen Wirklichkeit so schlecht zu sprechen war, und er bejaht es in der Vergangenheit, in der Wurzel. Antigone-Natur ist und bleibt ihm diese Wurzel – ein Ursprung des Rechts und ein bleibender Gegensatz zur Staatsräson. Noch der Jurist Hegel gibt der »Pietät« diese opponierende Stelle: »Die Pietät wird daher in einer der erhabensten Darstellungen derselben, der Sophokleischen Antigone, vorzugsweise als das Gesetz des Weibes ausgesprochen und als das Gesetz der empfindenden subjektiven Substanzialität, der Innerlichkeit, die noch nicht ihre vollkommene Verwirklichung erlangt, als das Gesetz der alten Götter, des Unterirdischen, als ewiges Gesetz, von dem niemand weiß, von wannen es erschien, und im Gegensatz gegen das offenbare, das Gesetz des Staats dargestellt« (Philosophie des Rechts, § 166). Der Unterschied zu Bachofen ist der, daß hier Familie ganz allgemein und nicht die spezifische Familie des Mutterrechts als Naturboden erscheint. Kein solcher Unterschied besteht aber in der Wertung des Weiberrechts als eines sittlich elementareren. Ja, Hegel sieht sogar von seinem rein apollinischen Standort aus Kreon im partiellen Unrecht gegen Antigone; sofern er nämlich die Pietät, als die unterirdische Kraft des Gemeinwesens, entehrt und zerbrochen hat. »Hierdurch verwandelt sich die Vollbringung des offenbaren Geistes« (sc. Kreons ius civile) »in das Gegenteil, und er erfährt, daß sein höchstes Recht das höchste Unrecht, sein Sieg vielmehr sein eigener Untergang ist« (Werke

II, S. 356). Das meint die »Phänomenologie«, aber noch die spätere »Ästhetik« verlangt, bei Gelegenheit der Antigone, Einheit des Liebesrechts mit dem Staatsrecht innerhalb einer Totalität, deren Teile sie sind. »So lebt zum Beispiel Antigone in der Staatsgewalt Kreons; sie selbst ist Königstochter und Braut des Haemon, so daß sie dem Gebot des Fürsten Gehorsam zollen sollte. Doch auch Kreon, der seinerseits Vater und Gatte ist, müßte die Heiligkeit des Bluts respektieren und nicht das befehlen, was dieser Pietät zuwiderläuft. So ist beiden an ihnen selbst das immanent, wogegen sie sich wechselweise erheben, und sie werden an dem selber ergriffen und gebrochen, was zum Kreise ihres eigenen Daseins gehört. Antigone erleidet den Tod, ehe sie sich des bräutlichen Reigens erfreut, aber auch Kreon wird an seinem Sohne und seiner Gattin gestraft, die sich den Tod geben, der eine um Antigones, die andere um Haemons Tod« (Werke X[3], S. 556). Das praehistorische Naturrecht kommt so wenigstens als Familienrecht höherer Ordnung vor, das heißt als Gesetz der Innerlichkeit im Gegensatz zum Gesetz des Tags. Daß diese Innerlichkeit sich bei Hegel mehr und mehr zum Tugendleben einer Musterfamilie verändert hat, hebt ihre ursprünglich gehörte Musik nicht auf. Diese Musik war für Hegel ein Liebeslied mit Recht – am Grund der gewordenen Wirklichkeit und ihres Gewaltrechts.

Freilich waren die Menschen auch damals nicht Einzelne, damals am wenigsten. Der Blutstrom verband eine Gruppe, nährte einen Brauch, und das Innere war durchaus nicht individuell. Hegel benutzt das, um gerade vom Brauch her eine Brücke zum allgemeinen Staat zu schlagen. Damit hörte Hegel zugleich auf, historisch zu sein, er begrenzte sich auf die ihn jetzt umgebende Welt. Obwohl seine Vernunft nur dem Sein als Werden konform sein will, verfiel sie in der Rechtsphilosophie, je länger je mehr, dem festen Wirklichsein von heutzutage. Dies war ihm der preußische Staat, als Erscheinung des objektiven Geistes. Darin hatte nun der Einzelne erst recht keinen Platz, ja er war als solcher bereits verdächtig. Das Recht, das er mit sich geboren glaubte, wird von Hegel lediglich »eitler Kitzel« genannt. Nichts als Beschränktheit soll damit am Werk sein, wenn auch gegebenenfalls mit Herzklopfen fürs Wohl der Menschheit. Das Volk ist kein Souverän, sondern lediglich ein »Aggregat von Privaten«, folglich »derjenige Teil des Staats, der nicht weiß, was er will«. Auch einer Vertretung des Volks billigt Hegels Rechtsphilosophie, trotz oder wegen der Gleichung von »Naturrecht und Staatswissenschaft«, die sie auf dem Titel trägt, keinerlei Dreinsprache in die Regierungsgeschäfte zu. Solche Vertretung hat einzig die Aufgabe, das Volk wissen zu lassen, daß es gut regiert wird; sie ist nicht das Instrument eines Besserwissenwollens, sondern lediglich die Vermittlungsstelle vom objektiven Geist zum subjektiven Bewußtsein. Die Ständevertretung hat ihr deduzierbares Recht einzig darin, daß »das Moment der subjektiven formellen Freiheit... darin zur Existenz komme« (Philosophie des Rechts, § 301), nämlich in bezug auf den Staat. Bei solcher Einschätzung des politischen Individuums und des Volkssouveräns überrascht nicht, daß Hegel einen Staatsvertrag, hervorgegangen aus allemal demokratischer Übereinkunft, nicht einmal als regulative Idee kennt und zuläßt. Weder »liegt die Natur des Staats im Vertragsverhältnisse, ob der Staat als ein Vertrag aller mit allen oder als ein Vertrag dieser aller mit dem Fürsten und der Regierung genommen werde«. Noch »ist der Schutz und die Sicherung des Lebens und Eigentums der Individuen als einzelner so unbedingt sein substanzielles Wesen, vielmehr ist er das Höhere, welches dieses Leben und Eigentum selbst auch in Anspruch nimmt und die Aufopferung desselben fordert« (l. c. §§ 75, 100). Der Staat kann nicht durch Individuen gebildet werden, die bereits Staatsglieder gewesen sein mußten, bevor sie überhaupt vertragsfähige juristische Personen sein konnten; und er ist, als »Wirklichkeit des substanziellen Willens«, unkündbar. »Diese substanzielle Einheit ist absoluter unbewegter Selbstzweck, in welchem die Freiheit zu ihrem höchsten Recht kommt, sowie dieser Endzweck das höchste Recht gegen die Einzelnen hat, deren höchste Pflicht es ist, Mitglieder des Staats zu sein... Es ist der Gang Gottes in der Welt, daß der Staat ist; sein Grund ist die Gewalt der sich als Wille verwirklichenden Vernunft« (l. c. § 258). Da bleibt denn freilich kein Raum für jenes Naturrecht, das aus der Privatsphäre sich genährt hat, das vor allem den Unterdrückungs-Status vom Menschen abwenden sollte. Heimatlos werden alle Postulate, gezogen aus unkonkretisierten Begriffen wie Freiheit, Gleichheit und anderen »kanonisch gemachten Teilbestimmtheiten der Existenz«. Besonders über dies Postulieren spricht Hegel jene präsente Wirklichkeit aus, die die »Identität der Idee und des Seins« angeblich bereits besitzt, im Staat besitzt, als der »Wirklichkeit des substanziellen Willens«, worin allein »die Freiheit zu ihrem höchsten Recht kommt« (l. c. § 258). Das Postulat, lehrt Hegel, gibt dem Wesen der Vernunft »eine schiefe Stellung; denn sie erscheint hier als ein nicht sich selbst Genügendes, sondern als ein Bedürftiges«; er verharrt auf dieser Lehre, während doch den Naturrechts-Theoretikern des Postulats einzig das Sein, nicht die Vernunft als solch Bedürftiges erschien. Gar der letzte Schlag gegen ein Naturrecht, das mit Staatswissenschaften nicht zusammenfallen wollte, wird – physikalisch geführt. Hegel parallelisiert die juristischen Gesetze ganz wie ein Naturrechtler, doch zu umgekehrtem Zweck, mit denen der mathematischen Physik. Das klassische Naturrecht hatte die mathematische Physik als Muster der Demonstrierbarkeit genommen und als Vorbild einer Vernünftigkeit, die sich eben im positiven Rechtsleben nicht oder kaum fand. Hegel, der überall sonst gegen das bloße Außersichsein der Natur kritisch ist und von der anorganischen Materie sagt, ihre Wahrheit sei, keine zu haben, bringt nicht nur historisches Sein wiederum auf den starrsten, nämlich physikalischen Stand des Gewordenseins, er vindiziert auch den Zufalls- und Machtgebilden des positiven Rechts, was ein Grotius eben nur seinem logischen Rechtsideal zugebilligt hatte. Derart meint die Vorrede zur »Philosophie des Rechts«: »Von der Natur gibt man zu, daß ... sie in sich vernünftig sei und das Wissen diese in ihr gegenwärtige, wirkliche Vernunft, nicht die auf der Oberfläche sich zeigenden Gestaltungen und Zufälligkeiten, sondern ihre ewige Harmonie, aber als ihr immanentes Gesetz und Wesen zu erforschen und begreifend zu fassen habe... Das geistige Universum dagegen soll vielmehr dem Zufall und der Willkür preisgegeben, es soll gottverlassen sein, so daß nach diesem Atheismus der sittlichen Welt das Wahre sich außer ihr befinde und zugleich, weil doch auch Vernunft darin sein soll, das Wahre nur ein Problema sei.« So kommt das juristische Gesetz mit dem physikalischen nicht nur etymologisch oder begriffsgeschichtlich, sondern auch dem vernünftig-wirklichen Inhalt nach in Beziehung und in eine, die gleichsam juristischen Kosmos machen soll. Bezeichnend fern von dem naturrechtlich postulierten Kosmos: als der unverfälschten, ja urständig oder mutterrechtlich verklärten Natur. Denn Hegel setzt eine Fundierung der jeweils geltenden Staatsgesetze durch den gleichfalls unverbrüchlichen Logos der Keplerschen Planetengesetze (wobei das Staatsgesetz, als höhere Vermittlung der Idee mit sich selbst, sogar einen weit konkreteren rocher de bronze darstellt). Sehr wenig, sehr mit Unlust ist derart Hegels *Anti-Vernunftrecht aus konkreter, allzu konkreter Vernunft* der positiven Gesetzgebung gegenüber kritisch; Korrekturen am preußischen Konservativismus geschehen äußerstenfalls in Seitenblicken auf die gleichfalls zeitgenössische Wirklichkeit des englischen Konservativismus. In der Konkordanz mit politischer Gegebenheit übertrifft Hegel das pervertierte Naturrecht der Wolffschen Schule weit, all das mit Panlogismus des Jetzt-Seins. Gewiß empfiehlt Hegel das Schwurgericht, Beziehungen zu Rousseau zeigen sich, wo am wenigstens erwartbar, so im Versuch, das Verbrechen letzthin als Vertragsverletzung zu verstehen. Aber die Angst vorm Demos, der Wille, sichtbar Unstabiles dennoch zu stabilisieren, läßt die Dialektik gerade im Recht stillstehen, macht sie zu einer Bewegung im abgeschlossenen Gehäuse. Konkreten Logos glaubt Hegel, bezeichnenderweise, gerade dort zu entdecken, wo dem klassischen Naturrecht nur eine Verlegenheit war: im *Strafprozeß*. Die Strafe wird, wie bei Kant, im strengsten Sinn als Vergeltung gefaßt. Nur von hier aus, nicht von der Abschreckung oder Besserung des Übeltäters, nicht von der Sicherung der Gesellschaft her, kann für Hegel überhaupt ein Recht zur Strafe begründet werden. Denn die Vergeltung ist die Offenbarung und Wiederherstellung des Rechts, als des allgemeinen Willens, gegenüber der Nichtigkeit des besonderen Willens, der sich gegen die Rechtsordnung erhebt. Nur die Vergeltungsstrafe, lehrt Hegel mit Nachdruck, »wird dem Verbrecher in seiner Menschenwürde gerecht«, nur sie erfüllt ihm sein unabdingliches Recht: bestraft zu werden. Ja, die Strafe darf nicht einmal als bloßer Zwang aufgefaßt werden, der nichts als dieser und nicht Sühne wäre; denn als Zwang fiele die Strafe ganz unter den Begriff »einer Ware, für die ein Anderes, nämlich das Verbrechen, zu erkaufen ist. Der Staat hält, als richterliche Gewalt, einen Markt mit Bestimmtheiten, die Verbrechen heißen und die ihm gegen andere Bestimmtheiten feil sind, und das Gesetzbuch ist der Preiskurant« (Werke I, S. 371). Die Strafe soll aber so wenig Zwang sein, daß sie dem Verbrecher, indem sie seine Menschenwürde ehrt, sogar seine – Freiheit wiedergibt; in der Wiederherstellung des Rechts durch Strafe wird das Unrecht (das als bloße Nichtigkeit am wenigstens Freiheit ist) erst wieder des substantiellen Willens, also der objektiven Freiheit teilhaftig. Es ist das ein Paradox oder ein Hohn, der sich bei Hegel auch noch vor dem großen Freiheitsglück nicht geniert, das Todesstrafe heißt: enthauptet wird der Verbrecher wieder Mensch. So konform also ist Hegels gutes Rechtsgewissen mit der vorhandenen Staatshoheit und Gesellschaftsordnung in Ansehung der Strafe: Hegel kennt Gerechtigkeit überhaupt nur als Strafgerechtigkeit und diese in der harten Hand der herrschenden Ordnung.

Nicht allerdings, als wäre ein Denken, das bewegt begreift, rechtens so versiegelt. Als wäre eine solche, der Anselm Feuerbachschen kraß entgegengesetzte Gerechtigkeit nicht letzthin wieder ohne Erinnerung des Anders-Gewesenseins, besonders auch des Anders-Werdens. Hegels Begriff ist, wie bemerkt, seinem Prinzip nach keiner des Seins, das ist, sondern des Seins, das wird, des Seins, das über alles Fixum hinaus sich widersprechend bewegt. Da ist das Anhalten beim juristisch-positiven Fixum, trotz der preußischen Staats-Apotheose, methodisch nicht haltbar: Dem Nonplusultra steht entgegen der *dialektisch fortlaufende Weltprozeß*. Die dialektische Vernunft schreckt am wenigsten vor der Geschichte zurück; ja als flüssige sah sie in der historischen Bewegung ihr eigenstes Material und traf dadurch den Kosmos selber wieder als gärend. Auch die intendierte Starr-Architektur im Recht, der gewordene Kosmos im Recht wurde dadurch wieder zweideutig: die gefrorene Musik der Dialektik war als gefrorene auch in Hegels Rechtsphilosophie letzthin irregulär. Hatte der entwicklungsgeschichtliche Begriff in der Vergangenheit ein Antigone-Recht gesehen, das durchaus nicht mit dem Staatsgesetz zusammenfiel, so kam dem selben Begriff zu guter Letzt doch auch etwas aus dem alten Naturrecht des *Postulats* entgegen. Die allzu konkrete Vernunft hatte vorher, in ihrer Versöhnung mit der präsenten Staatswirklichkeit, keinerlei Überschuß ihrer selbst über das Gewordensein zugelassen, sie kam ohne Notierung eines Vollkommeneren, als eines »Angemesseneren«, nicht aus. Bestimmt doch Hegel die Dialektik selber, nach ihrer wesentlichsten Unruhe wie Beschaffenheit, als »wirkende Anwesenheit wie Nicht-Anwesenheit des Vollkommeneren im Unvollkommenen«. Dergestalt daß das Endliche, Unvollkommene »nicht das Wahre, sondern schlechthin nur ein Übergehen und Übersichhinausgehen ist« (Enzyklopädie § 386). Das machte Hegels Rechtsphilosophie, jenseits aller Apologien des gerade Bestehenden, für heilere Ideen nicht unanfällig. Doch auch einfachere naturrechtliche Berührungen fehlen darin nicht, sogar solche mit dem Schematismus der alten Konstruktionen, besonders aus der Wolffschen Schule. Allein schon die Darstellung des Privatrechts als des »abstrakten Rechts«, das der Darstellung des Staatsrechts vorausgeschickt und unabhängig von ihm behandelt wird, zeigt naturrechtliche Reste. Weiter setzt sich Hegel deutlich vom begrifflosen Historismus der historischen Schule ab, setzt der bloß »geschichtlichen Erklärung und Rechtfertigung« die »Bedeutung einer an und für sich gültigen Rechtfertigung aus dem Begriff der Sache« entgegen (Philosophie des Rechts, § 3). Wenn er hierbei erklärt, das Naturrecht als philosophisches Recht stehe zum positiven »im Verhältnis von Institutionen zu Pandekten«, so bedeutet das nur zunächst ein Verhältnis bloßer Grundlegung. Wonach das Naturrecht das positive im selben Maß zu fundieren hätte, wie das altrömische Recht (worüber zu Hegels Zeit die Vorlesung über Institutionen handelte) das heutige römische Recht (das im Pandekten-Kolleg dargestellt wurde). Dies Verhältnis klingt bescheiden, gibt aber dem Wolffisch rationalen Charakter seines Naturrechts auch noch einen Platz über das abstrakte oder Privatrecht hinaus. Noch bemühender als das ist eine veritable Kritik des positiven Rechtszustands, die Hegel seiner Festigkeit und Scheinwahrheit angedeihen läßt, fast im Sinn des alten, oppositionellen Naturrechts. Diese Kritik kommt freilich aus der unwahrscheinlichsten Gegend; sie kommt nicht, gewiß nicht, mit der Unbescheidenheit eines politischen Umsturzes von unten, wohl aber mit dem Alexandrischen, Napoleonhaften eines Staatsumsturzes von außen her – durch Krieg. Dem klassischen Naturrecht war der Krieg keines seiner Instrumente; bei Grotius war er hierfür zu abnorm, bei Kant war er mit Vernunftstaaten und ihrem Bund schlechthin unverträglich. Für Hegel aber ist der Krieg ein Sauerteig des öffentlich-rechtlichen Zustands selber, sofern dieser Zustand »endliche Bestimmtheiten wie Leben, Eigentum und dergleichen« sich verhärten läßt. »Um sie nicht«, fordert Hegel in der Phänomenologie (zur Zeit von Jena und Auerstädt, dem Zusammenbruch des feudalen Preußen), »um sie nicht in dieses Isolieren einwurzeln und festwerden, hierdurch das Ganze auseinanderfallen und den Geist verfliegen zu lassen, hat die Regierung sie in ihrem Innern von Zeit zu Zeit durch die Kriege zu erschüttern, ihre sich zurechtgemachte Ordnung und Recht der Selbständigkeit dadurch zu verletzen und verwirren, den Individuen aber, die sich darin vertiefend vom Ganzen losreißen und dem unverletzbaren Fürsichsein und der Sicherheit der Person zustreben, in jener auferlegten Arbeit ihren Herrn, den Tod, zu fühlen zu geben« (Werke II, S. 339). Wieder zwar ist härtester Zwang, ja Unmenschlichkeit im Recht als Kriegsrecht, desto sicherer, als Hegel ganz unverhohlen von selbstgemachten Kriegen spricht, von überlegter Erschütterung der faulen Friedenszeit, zunächst im eigenen Land. Der Staat wird zum Moloch, seinen eigenen Subjekten gegenüber noch mehr als den feindlichen; und Hegel vergißt nicht zu bemerken, »daß glückliche Kriege innere Unruhen verhindert und die innere Staatsmacht befestigt haben« (Philosophie des Rechts, § 324). Trotz dieses robusten und, beim Bart des Propheten, nicht oppositionellen Zynismus gelangt bei Hegel durch den Krieg Unsicherheit ins Eigentum, und kommt »diese Unsicherheit in Form von Husaren mit blanken Säbeln wirklich zur Sprache«, so soll sie sich doch letzthin – Preußen von 1806, Persien und Alexander, Karthago und Rom, Spanien und England im Sinn – auf die Zeitlichkeit der jeweiligen Staatsform samt ihrem Staatsgesetz beziehen. Der Krieg, der die Selbständigkeit der Staaten aufs Spiel setzt, enthält nach dieser Seite für Hegel eine Kritik der Staaten – die Weltgeschichte ist das Weltgericht. Sie ist aber auch, nach Hegels formal-optimistischem Satz, »der Fortschritt im Bewußtsein der

Freiheit«, wobei Freiheit ebenso als das Bei-sich-selbst-Sein des Geistes definiert wird. Und hierin, als Motiv des Fürsichwerdens oder der Manifestierung des geschichtsbildenden Subjekts, hat sie sogar ein zugestanden Subversives an sich, wenigstens post festum des jeweiligen Fortschritts betrachtet. Hegels »Philosophie der Geschichte« akzentuiert so das Subversive, folglich das weit stärker, vor allem weit notwendiger als der Krieg Erschütternde unmißverständlich von der Dialektik des unberuhigten vorigen Zustands her: »Bisweilen erscheint dieser Geist nicht offenbar, sondern treibt sich, wie die Franzosen sagen, sous terre herum. Hamlet sagt vom Geiste, der ihn bald hier-, bald dorthin ruft: ›du bist mir ein wackerer Maulwurf‹, denn der Geist gräbt oft wie ein Maulwurf unter der Erde fort und vollendet sein Werk. Wo aber das Prinzip der Freiheit sich erhebt, da tritt eine Unruhe, ein Treiben nach außen, ein Erschaffen des Gegenstandes ein, an dem sich der Geist zu zerarbeiten hat« (Werke IX, S. 74). So berichtigt der sogenannte Geist, das heißt die Wirklichkeit als dialektische Vernunft, die Vernunft als dialektische Wirklichkeit, die Unzulänglichkeit jedes Fixum, besonders des politisch-rechtlichen. Hegel mißt vom Prinzip des Fürsichwerdens her sämtliche Weltreiche, er kritisiert die orientalische Despotie, die griechische Sklavenwirtschaft, die habsüchtige Kälte und generelle Abstraktheit des römischen Reichs, die Barbarei und die bloße Transzendenz der Innerlichkeit in der mittelalterlichen Welt (vgl. Philosophie des Rechts, §§ 355–358). Und die setzende Erschütterung in der Dialektik des Fürsichwerdens ist so groß, daß sie Hegels Apologie des Jetzt an jedem Punkt zu einer Inkonsequenz verwandelt, ja zu einem Nonsens – aus Hegels Prinzip selber her. Dann biegen sich die Balken in Hegels sonst so gut gezimmerter Philosophie, so bei der Behauptung, in Deutschland sei »in Ansehung der Weltlichkeit schon alles durch die Reformation gebessert worden«, oder die Monarchie, in Verbindung mit dem Protestantismus, sei die »absolute Freiheit«. So leicht läßt sich der dialektische Maulwurf jedenfalls nicht um sein Amt, um seine Bewegung bringen. So einfach wird das Novum eines dialektischen Vernunftrechts nicht zum Stillstand gebracht oder auf eine bloße Anatomie des vorhandenen Rechtskörpers zurückgebracht. Die Konkordanz der dialektischen Vernunft mit jener Wirklichkeit, die erst heraufkommt, wirkt nirgends stärker als dort, wo sie unterdrückt wird, denn die Unterdrückung selber, der angebliche Weisheitsschluß im präsenten Recht, erscheint als Komik und Paradoxie. Er erscheint schließlich als Zweideutigkeit, diese überhaupt charakterisiert die scheinbar so verläßliche Hegelsche Rechtsphilosophie; Zweideutigkeit ist das Dasein des Vernunftrechts im Staatskleid seiner vorgegebenen Konkretion. Gerade der Satz, womit Hegel seine Rechtsphilosophie wie mit einem Portal eröffnet, der Grundsatz: »Was vernünftig ist, das ist wirklich; und was wirklich ist, das ist vernünftig« – trägt sein Janusgesicht. Bereits Hegels Zeitgenossen hatten bemerkt, daß der *erste* Teil dieser Sentenz, vor dem Strichpunkt, ebenso *revolutionär* ist wie der *zweite* Teil *reaktionär*. Vor allem aber das Wirkliche, in der Hegelschen Definition, deckt sich keineswegs mit allem schlecht und recht unmittelbar Bestehenden. Es gibt vielmehr Gradstufen des Seins, und was Hegel »Wirklichkeit« nennt, ist gerade eine der höchsten, das heißt bei ihm: spätesten Bestimmtheiten der Welt, gemäß den werthaften Gradstufen: »Sein, Erscheinung, Existenz, Wirklichkeit«. Daher sagt Hegel in seiner Geschichte der Philosophie: »Man muß aber unterscheiden, was in der Tat wirklich ist; im gemeinen Leben ist alles wirklich, aber es ist ein Unterschied zwischen Erscheinungswelt und Wirklichkeit. Das Wirkliche hat auch äußerliches Dasein; das bietet Willkür, Zufälligkeit dar, wie in der Natur Baum, Haus, Pflanze zusammenkommen. Die Oberfläche im Sittlichen, das Handeln der Menschen hat viel Schlimmes; da könnte vieles besser sein... Das Zeitliche, Vergängliche existiert wohl, kann einem wohl Not genug machen; aber dessenungeachtet ist es keine wahrhafte Wirklichkeit« (Werke XIV, S. 274 f.). Gerammt in einem einzigen Satz formuliert hierzu Hegels Logik: »Die Wirklichkeit ist die Einheit des Wesens und der Existenz; in ihr hat das gestaltlose Wesen und die haltlose Erscheinung; – oder das bestimmungslose Bestehen und die bestandlose Mannigfaltigkeit ihre Wahrheit« (Werke IV, S. 184). Das bedeutet: Wirklichkeit ist das Innere, welches Äußeres geworden ist oder Wesen, das mit seiner Erscheinung eines geworden ist, – mithin ein völlig Anderes als empirische Gegebenheit. Folglich bedeutet sogar der zweite

Teil der angeführten Sentenz, nach dem Strichpunkt, also die Behauptung: alles *Wirkliche* sei vernünftig, nicht ohne weiteres Anerkennung der Gegebenheit. Die junghegelsche Schule verstand diese Sentenz sogar in ihren beiden Gliedern schlechthin postulativ: Das Vernünftige, das das Wirkliche wie das Wirkliche, das das Vernünftige ist, muß durchgesetzt werden. Dadurch wurde Revolution erst richtig gelegt, nämlich in die Wirklichkeit, die der Vernunft ihr Ort und ihr letzter Beweis ist. Die Dialektik der Geschichte, worin jede Lösung eine neue Aufgabe setzt, jede positive Bestimmtheit ihre Negation enthält und dadurch den Motor zu einer neuen, positiveren Bestimmtheit, – dieser wahre Krieg in Hegels »Frieden der Vernunft mit der Wirklichkeit« hat das Vernunftrecht aus der Abstraktion herausgenommen und schließlich in möglichen Einklang mit der *Tendenz*wirklichkeit bringen lassen. Gemäß einem wieder entscheidenden Auftrag, die Welt zu verändern, gemäß einer neuen Schwangerschaft der gesellschaftlichen Welt zum Rechten, jetzt, bei Marx, realer Humanismus genannt. Die historische Rechtsschule hatte das Naturrecht ans Kreuz der Geschichte, ja der beendeten Geschichte geschlagen. Doch indem dialektische Idee an diesem Kreuz hing, war es unvermeidlich, daß sie daran nicht gestorben ist und sich zuletzt aus dem Grab der Heiligen Allianz mehr als je losgerissen hat.

TOD UND SCHEINLEBEN EINES SPÄTBÜRGERLICHEN NATURRECHTS 18

Freirechtliche Bewegung

Doch bürgerlich riß sich nur noch wenig los. Die Zeiten nahmen ab, wo man vor die Tür trat, um nach dem Rechten zu sehen. Auch wenn nicht mit der Macht verschwägert, beschränkte man sich auf Flickwerk in ihrem vorhandenen Recht. Das zeigte sich so gern nebenbei, etwa auf richterliches Verfahren zielend und nicht mehr gegen seine Stützen. Dahin gehört zuerst die sogenannte freirechtliche, statt der allzu strikten Haltung; sie trat vor allem deutsch an, sozial wohlmeinend. Der Richter sollte danach nicht mehr an den »strengen« Wortlaut des Gesetzes gebunden sein, in jedem Fall. Er sollte kein Automat mehr sein, in den man oben die Akten mit dem Tatbestand hineinwirft, damit er unten das Urteil nebst den mehr oder minder stichhaltigen Gründen ausspeie. Das äußerst lockere, wenig begriffliche englische Recht hatte dem freien Ermessen des Richters seit je Spielraum gelassen. Er ist nicht an Gesetze, sondern lediglich an precedents, an frühere Entscheidungen des Falls gebunden. Liegt kein precedent vor, so schafft der Richter mitten im Prozeß ein nutzbares frisches Recht, ja selbst vorhandene, in den law reports gesammelte precedents erlauben viel freiere Anwendung als ein Gesetz; wobei dem Richter sogar gestattet ist, sie ausnahmsweise unbeachtet zu lassen (to overrule). Der »juristische Takt« hierbei ist freilich konventionell, also der einer auskömmlichen Mittelklasse; wehe dem armen Teufel, wehe dem ungewöhnlichen Menschen, der mit den freien Vorurteilen zusammenstößt. Die freirechtliche Schule Deutschlands drang nun ebenfalls auf rechtschöpfende Tätigkeit, und zum Unterschied von England auf vorzugsweise sozial gerichtete. Es handelte sich nicht nur darum, den »Willen des Gesetzgebers« zu ermitteln, den sagenhaften Willen einer fiktiven Person. Es handelte sich nicht mehr um bloße Auslegung eines vorhandenen Gesetzes bei vorhandener Lücke; sei es daß diese Auslegung eine erweiternde oder eine durch Analogie war. Es handelte sich auch nicht um die altrömische aequitas, sofern diese niemals dem Schuldner, stets nur dem Gläubiger zugute kam. Die Freirechtsschule, geführt von Kantorowicz, volkstümlich gemacht durch Ernst Fuchs, stellte vielmehr bescheidene Volkstribunen, propagierte ein bescheidenes Naturrecht, soziologisch aufgemacht. Benutzt wurde zu diesem Zweck der § 242 des Bürgerlichen Gesetzbuchs; Fuchs sah in diesem Paragraphen den Punkt sozusagen, von dem aus die ganze alte Rechtswelt aus den Angeln gehoben werden könne. Der Paragraph bestimmt aber nur, daß beim Urteil über die zu geschehende Leistung (das sich gemäß dem betreffenden Forderungsrecht ergibt) auch Treu und Glauben (bona fides) sowie die Verkehrssitte zu berücksichtigen seien. Und vor allem setzt das »freie Ermessen«, um sozial wohltätig zu sein, einen anderen Richtertyp voraus als den in Deutschland meist vorhandenen. Das deutsche Freirecht war fortschrittlich gemeint, doch die Verhältnisse waren nicht so. Und der richtende Nazi, abhängig durch und durch, doch frei von juristischen Zwirnsfäden, hat gerade dadurch gezeigt, was er kann. Der weise Richter alter Zeiten, auf den sich's freirechtlich manchmal anspielte, kam gewiß nicht wieder. Statt dessen trat der wägende Blick in mehreren Arten auf, und die weniger gute gibt es auch.

Iherings »Zweck im Recht«

Durch den Bürger kam ohnehin gern das Schlaue oder auch das Kalte hoch. Er war selbst das Gesetz geworden, folglich nicht mehr hitzig nach neuen Tafeln. Stellte sich auf den Boden der Tatsachen, wie bemerkt, fand sich mit dem Gegebenen schließlich doch schmiegsam ab. Daß jedes bisher gegebene Recht durch Macht gesetzt war und ihrer vorhandenen Verteilung entsprach, diese Haupttatsache wurde so unfruchtbar wie ungerührt zur Kenntnis genommen. Ja, daß überhaupt einmal kritisierendes Naturrecht gedacht worden war, kam den staatsfrommen Nachfolgern Hugos höchst lächerlich vor. Einer dieser, der besonders positive Jurist Bergbohm, nannte sogar, in kühner Verwechslung seiner eigenen Sache mit der reinen, die er nicht verstand, das Naturrecht korrupt. Die klarste und gleichsam sympathischste Darstellung eines Positivismus, der dem Faktischen den Speichel leckt, findet sich bei A. Merkel (Einleitung in Holtzendorffs Enzyklopädie, 1890). Das Bürgertum war mit der Staatsgewalt zufrieden, die es erobert oder vor der es, in Deutschland, gewinnbringend kapituliert hatte. Das Rechtsdenken selber, von jeder Bewegung und jedem Bezug über den gegebenen Stoff hinaus abgeschnitten, wurde demgemäß immer formaler. Die spätere romanistische Schule überbot sich in der Freude an Unterscheidungen des Buchstabens; die Schärfe an sich war groß. Der Scharfsinn schnitt nur niemals, auf kritische Weise, in den vorhandenen Staat, berührte sich auch nicht mit vorhandenen praktischen Angelegenheiten. Der Rechtsstoff wurde durchgeordnet wie nie zuvor, er wurde begrifflich rein gemacht, bis jedes richterliche Urteil als sicherer Subsumtionsakt erging, doch um den

Preis, daß man von jedem Rechtsinhalt pro forma abstrahierte. Der Erfolg war, daß sich das romanistische Begriffsrecht, dieser volksfremde, nämlich rein kapitalistische Formalismus, auch vom sogenannten praktischen Leben immer mehr entfernte, das heißt, auch kapitalistisch nicht recht brauchbar wurde. Die Schule Savignys und Puchtas hatte dem römischen Recht eine Genauigkeit gegeben, die es weder bei den Römern noch in seinem modernen Gebrauch, seit dem sechzehnten Jahrhundert, besaß; doch es wurde, was ihm gewiß nicht an der römischen Wiege gesungen worden war, zwecklos. Die völlig fraglose und schließlich gelangweilte Anerkennung des Gegebenen verhinderte die Romanistenschule nicht nur daran, einen positiven Rechtsinhalt zu richten, sondern ihn überhaupt nur anzutreffen. Gegen dies allzu leere Wesen richtete sich nun eine Bewegung, sozusagen ein Kampf ums Recht, der sich nicht mit Silbenstechen begnügen wollte. Ihering startete diesen Kampf (»Der Zweck im Recht«, 1877–83), ordnete die Begriffe wenigstens einem Sinn zu. Streitende Willen hat es zu schlichten und nicht etwa Haare zu spalten, Formeln auszuklauben, in purer deduzierender Begriffsjurisprudenz sich erschöpfend. Indem Ihering gegen das angeblich von selbst gewachsene und nachher in sich selber tüftelnde Recht der Savigny-Schule vorging, streifte er sogar das alte Naturrecht an: Er spielte gegen den dumpfen Irrtum des Gewachsenseins den helleren aus, daß das Recht eine absichtsvolle, planmäßig gemachte Erfindung sei; Ihering spielte wieder mit dieser Fiktion. Doch wichtiger ist die versuchte Ableitung und Wertung des gesetzten Rechts von einem normierten Willenszweck her. Die Rechtssätze sind für Ihering zwar bereits durch ihre tatsächliche Wirksamkeit überzeugend, doch eben diese Wirksamkeit, diese Tüchtigkeit zu einem Zweck muß vorliegen. »Der Zweck ist der Schöpfer des ganzen Rechts«; ein rationaler Satz, der aus dem reaktionären Dunst wie aus der begrifflichen Inzucht der Savigny-Schule gleichmäßig herausführen konnte. Er führte freilich nur zum Zweck des Verdienstes, der privaten Unternehmung und des liberalen Staats heraus. Mithin zu Zielen, aus denen naturrechtliche Unruhe längst heraus ist, in deren liberalen guten Absichten, sonntäglichen guten Stuben der ungewordene Citoyen nur noch nacherinnert; er gewiß war im nationalliberalen Reich nicht Zweck im Recht. So steht Ihering gleichfalls auf faktischem Boden, war stolz darauf, paßte das Recht dem gerade gegebenen Zweck an und fragte keineswegs nach einem weiteren. Auch die Rechtsregeln, welche bei Ihering auftreten, liegen allesamt nicht weit vom Grundsatz der festen Preise. Das war die Fülle, die hier die Leere befruchtete und sie sozusagen wieder menschlich machte.

Formaler Rechtsstaat und Stammlers »richtiges Recht«; nochmals Rechtsstaat

Nicht einmal auf lange, sicher nicht überall, wo der Bürger arbeitete. Dazu ist das Geschäft selber zu selbständig geworden, zu betriebshaft, zu unabhängig von denen, die es betreiben. Nicht nur die Angestellten sind Räder und Rädchen geworden, arbeitsteilig und maschinell. Auch die Besitzer an den Werkzeugen, Vorräten und Geldmitteln werden vom Warenverkehr, den sie schieben, mitgeschoben; sie sind selber Räder, wenn auch dem subjektiven Schein nach Schwungräder. Der Unternehmer macht Profit, aber die Profitwirtschaft ist ihm bereits, als sie noch klassisch blühte, über den Kopf gewachsen. Sie wirkt als abgehobenes und künstliches Wesen, das wie von selber läuft und von selber stockt. Diese Wirtschaft – es ist die des abstrakt mechanisierten Betriebs – wirkt sich wissenschaftlich-gesetzmäßig ebenfalls auf abstrakte Weise aus, nicht konkret und im Ganzen. Das ökonomische Gesetz des Warenumlaufs ist deshalb, wie Engels mit Hegel sagt, ein bloßes Gesetz über Zufällen. Dies weithin Beliebige aber ist die Kehrseite äußerlichen, nicht auf den Bewegungsinhalt bezogenen Gesetzes; Zufall und abstrakte Notwendigkeit sind Namen eines Begriffs. Auch das Recht also, das dieser anarchisch-formellen Wirtschaftsweise dient, konnte in noch so zweckbezogener oder Ihering-Gestalt nicht umhin, immer wieder formal-abstrakt zu sein. Haltlos und gehorsam steht es dem Wechsel des kapitalistischen Auftrags gegenüber, zivil- wie staatsrechtlich hat es zu formulieren, äußerstenfalls zu interpretieren, doch nirgends, wie im Naturrecht, zu normieren. Es legt den jeweiligen »Willen des Gesetzgebers« aus, das heißt des letzthin kapitalistischen, schlecht und recht entstehenden

Juste milieu konkurrierender großer Profitinteressen, dessen stets nur äußerer Notwendigkeit der Formalismus klassenhaft und methodisch verschworen ist. Derart hatte schon lange H. v. Kirchmann bekundet: »Ein Federstrich des Gesetzgebers, und Bibliotheken werden Makulatur« (Die Wertlosigkeit der Jurisprudenz als Wissenschaft, 1848). Allemal ist es die Pflege des Zufällig-Positiven, welche derart das bürgerliche Recht durchlöchert und gleichzeitig zur wahllosesten Form des Formalismus treibt: zu positivistischen Zynismen. Darüber ist der Klageruf eines anderen liberalhumanen, ja halbmaterialistischen Juristen bezeichnend, desto mehr, als hier deutlich der Sündenfall gegenüber dem Naturrecht bezeichnet wird. Ludwig Knapp statuierte 1857 in seiner an Ludwig Feuerbach orientierten Rechtsphilosophie: »Die gegen jede Gemütswallung und Vernunftlockung satanisch oder göttlich bewährte Gleichgültigkeit gegen Wesen und Inhalt des Rechts ist die juristische Genialität«; oder noch konziser: »Die Schale des Rechts ist der Kern der Jurisprudenz. Und ähnlich wie eine Festung wesenhaft nicht in den eingeschlossenen Häusermassen, sondern in den einschließenden Wällen und Gräben besteht, ist der Kern des Rechts für die Jurisprudenz indifferent, die stets, in subalterner Abhängigkeit, die Institute durch fremde, überjuristische Macht empfängt und verliert« (L. Knapp, System der Rechtsphilosophie, 1857, S. 239). Diese melancholische Satire ist unterdes immer wahrer geworden; nur ihre Melancholie kam gerade den exaktesten Positivisten abhanden. Der Rechtsinhalt selber wird als metajuristisch bezeichnet, aus dem Recht hinausgeworfen, bestenfalls der sogenannten Soziologie übergeben, so bei Jellinek: »Nicht was das Eigentum ist, sondern wie ist es zu denken, ist die juristische Fragestellung« (System der subjektiven öffentlichen Rechte, 1892, S. 16); sie selber sei inhaltlos. Immerhin hat Jellinek, in seiner Trennung von sozialer Staatslehre und Staatsrechtslehre, noch den Gegenstand als denselben anerkannt, nur nach verschiedener Methode behandelt. Vom gleichen Gegenstand kann aber nicht mehr die Rede sein, sobald der juristische Formalismus zu einer solchen Verdinglichung vorschreitet, daß ihm das »rein Juristische« sogar mit dem Unrecht verträglich wird. Das drückt F. Somló, ein sozusagen neukantianisch, doch immer noch mehr positivistisch orientierter Jurist, ein Vertreter der Beliebigkeit also, falls sie nur formuliert ist, folgendermaßen ohne Erstaunen aus: »Es ist eine für das Wesen des Rechts (!) bezeichnende Tatsache, daß auch eine widerrechtlich entstandene Norm eine Rechtsnorm sein kann, daß sich mit anderen Worten die Bedingung seines rechtmäßigen Zustandekommens in den Begriff des Rechts nicht aufnehmen läßt« (Juristische Grundlehre, 1917, S. 117). Es übersteigt die Phantasie, sich vorzustellen, wie in den Zeiten der naturrechtlichen »Korruption der Jurisprudenz« einem Grotius oder noch einem Anselm Feuerbach dieses »Wesen des Rechts« erschienen wäre; hier bereits zeigt sich, wenngleich noch in rein abstraktem Formalismus und ohne bestialische Inhalte, Rechtsabdankung ab officio. Meint doch solche Abdankung nicht etwa eine Legalisierung von revolutionärer Widerrechtlichkeit als einer, die nun gegen das bisher geltende positive Recht eines ist. Solche Legalisierung würde vielmehr gerade eine des höheren Rechts, des Garanten humaner Garantie sein, wie es sich mit abgeschafften Hindernissen durchgesetzt hat; das würde also direkt oder indirekt der alten Naturrechtslehre entsprechen. Statt dessen bezieht sich der gefügige Formalismus lediglich auf den kruden, den beliebigen Befehl des Gesetzgebers, unabhängig davon, wie dessen Metajuristik beschaffen ist. Nun blühte allerdings das ganze neunzehnte Jahrhundert hindurch und etwas darüber hinaus genau an dieser Stelle ein Begriff, der, obgleich ebenfalls formal durchaus, scheinbar inhaltlich, sogar normierend-inhaltlich dreinsah; der Begriff des *Rechtsstaates für arm und reich.* Der Liberalismus ist vom Preis dieser Wortverbindung erfüllt; teils wurde sie dem Polizeistaat, teils der alten Privilegien- und Ständeordnung entgegengesetzt. Formale und nur formale Gleichheit aller vor dem Staatsgesetz ist hier das Schibboleth; denn der Kapitalismus war zu seiner Durchsetzung an einer sich auf alles gleich ausbreitenden Allgemeinheit der rechtlichen Regelung interessiert. Der Kapitalismus war selbstverständlich genauso an der verläßlichen Formulierung und Sicherung seiner Rechtsbestimmungen interessiert (bezeichnenderweise ist das Wechselrecht das strengste); die Kalkulierbarkeit verlangt vor allem, daß kein Privilegienrecht feudaler oder sonstiger Art sie unterbricht. Generalität des Gesetzes war so in der Tat eine ursprünglich revolutionäre, bürgerlich progressive Forderung, ein humaner Vorstoß durchaus, zuletzt noch bei Rousseau und vorher eine wesentliche Bestimmtheit des klassischen Naturrechts. Doch in der Folge freilich, indem sich die juristische Gleichheit über ungebrochener Ungleichheit des Eigentums erhob, diente sie im bourgeoisen Rechtsstaat lediglich dazu, die Privilegien seiner herrschenden Klasse hinter einer abstrakten Halbheit zu verstecken. Dem entspricht, daß der bourgeoise Rechtsstaat, der nach innen seinen Unterdrückungsapparat und Klassencharakter oft züchtig-allgemein zu verdecken bestrebt war, in seiner anderen Gestalt, nämlich außenpolitisch, ungehemmt gewalthaft auftrat. Die gleiche freie Konkurrenz, auf deren Bedürfnisse die formelle Rechtsgleichheit, der Schutz der Verträge und dergleichen innerhalb des Staats bezogen waren, forderte, bis hin zur ganz anderen Generalität: den totalen Krieg, im Verhältnis zwischen den Staaten Erhaltung der kriegerischen Rechtsanarchie, mit purer Macht in der Waagschale. Vor allem aber in der kapitalistischen Innenpolitik diente und dient der Formalismus der generellen Rechtsgleichheit dazu, lange vor der Erfindung der sozialen Marktwirtschaft und immer noch neben ihr, den Staat als Geschäftsführung der herrschenden Minorität zu verschleiern. So sehr der formale Rechtsstaat noch in großem Valeurunterschied vor dem ausgebrochenen, dem diktatorisch-faschistischen Unrechtsstaat vorleuchtet, immerhin mit kodifiziertem Zustand, so deutlich ist er als formaler nur in mehr oder minder krisenfreier Zeit spätbürgerlich durchhaltbar. Bei jedem Schatten im kapitalistischen Flor, wenn innere Spannung auftritt, gar an den Rändern dieses Flors, wo er sich durch Kriegsproduktion zu stärken hat und durch ständige Kriegsdrohung auszeichnet, gibt sich der formale Rechtsstaat in seiner anderen Natur, in seiner zum Faschismus allemal möglichen. Trotz der relativen Rechtssicherheit in prosperity ist ein Rechtsstaat für arm und reich zugleich doch ein Verkleidungsstück und muß es sein, mit Faschismus zur steten Disposition, mit Amalgam aus Wandmachen und gerechter Tugend. Denn wie kein anderer ist der Begriff Rechtsstaat dazu tauglich, dem interessierten Formalismus auch noch den Anschein einer besonderen Objektivität zu verleihen, den der Unparteiischkeit und ihrer Gerechtigkeit. Die Verdinglichung, der jedes kapitalistische Gebilde unterliegt, brauchte im formal-generellen Staatsbegriff nur bis zur Hypostase gesteigert zu werden, um gerade einen Idealstaat per situm vorzutäuschen, nämlich »über den Parteien«. Derart hat Lorenz Stein der Wahrheit des Klassenstaats als erster die Fiktion eines abgehobenen Staats gegenübergestellt; hier immerhin noch als Forderung. Aber die rein juristische Staatstheorie setzte genau den gegenwärtigen Klassenstaat als diese Objektivität; der Formalismus, der den Interessen der Bourgeoisie dient, indem er sie abstrakt formuliert und inhaltlich verschweigt, gibt sich damit nun ein vollkommenes Asyl. Jellinek wieder wurde der Systematiker solcher Rechtsstaats-Objektivität, als »einer von den Menschen losgelösten, menschlicher Willkür entrückten Macht« (Allg. Staatslehre, 1900, S. 176); Proletarier und Kapitalisten, die wirklichen Beweger und Interessen-Inhalte der Staatsmacht sind fürs »rein Juristische« nicht vorhanden. Und wie erst, wenn sich die scheinbare Objektivität des bürgerlichen Rechtsstaats nun auch noch expressis verbis mit dem vergangenen Glanz formeller Rechtsgleichheit aus den Zeiten des – Naturrechts schmückt, auf einen »Sinn« des Rechts drängend und doch formal bleibend, auf ein »Ideal« des Rechts drängend und doch positiv bleibend? Das geschah bei mehreren Idealisten in und um den Neukantianismus, Auftrag und sozialen Inhalt des vorhandenen Rechtsstaats a priori außer acht lassend. Dagegen haben sie den Rechtsformalismus sozusagen zu adeln versucht, durch Bezug auf Kulturwerte oder ein allgemeines Kulturbewußtsein. *Stammler* (Die Lehre vom richtigen Recht, 1902) hat derart tatsächlich, von einem dünn-humanen Zweckbegriff her, genannt »Gemeinschaft frei wollender Menschen«, naturrechtliche Tendenzen mitten in den spätkapitalistischen zu erneuern versucht. Trotz seiner sozialen Ziele kommt freilich auch für Stammler »nur eine Behandlung geltenden Rechts« in Frage; das Naturrecht soll lediglich eine andere Methode als das positive Recht haben, doch keinen von ihm verschiedenen Stoff. Die dem Naturrecht eigene Methode arbeite primär mit »den bleibenden Bestimmungen des Rechts« oder neukantianisch gewendet mit »den allgemeinen Denkformen der Grundbegriffe des Rechts«. Die reine Rechtslehre oder die Wissenschaft von »der Rechtsidee im Reich der Zwecke« hat also »das zu geben, was sich in rechtlichen Erörterungen mit unbedingter Allgemeingültigkeit aufstellen läßt . . . Es gilt, der begründeten Forderung nachzukommen, daß man alle Besonderheiten rechtlicher Fragen in der Art ihrer Bestimmtheit durch den Gedanken des Rechts einsieht« (R. Stammler, Theorie der Rechtswissenschaft, 1911, S. 3). Wird jedoch nach irgendwelchem Wesensgehalt dieses Rechtsgedankens geforscht (»mit dem die Gesetzgebung in jeder besonderen Lage übereinstimmen soll«), so erscheint eben nichts als »eine Gemeinschaft frei wollender Wesen«, das heißt der gegebene bürgerliche Rechtsstaat mit sozialen Kulissen. Der Hintergrund der Stammlerschen Reprise ist noch groß, ist sogar mit verbalem Rousseau und, wie bemerkt, mit lombardiertem Kantianismus erfüllt, mit dem völlig andersartigen Formalismus des kategorischen Imperativs, besonders in jener zweiten Fassung, deren »Teleologie« lautet: »Handle so, daß die Menschheit in dir und anderen niemals bloßes Mittel, sondern jederzeit höchster Zweck sei.« Doch während das Naturrecht des achtzehnten Jahrhunderts revolutionäre Verneinung der feudalen Gesellschaftsordnung war, ist seine Reprise doch nur Scheinleben ums unverneinte Recht der kapitalistischen Gesellschaftsordnung. Demgemäß entdeckte Stammler, in Übereinstimmung mit der Freirechtsschule, richtiges Recht bereits in Begriffen des Bürgerlichen Gesetzbuches (wie »angemessene Frist«, »wichtiger Grund«, »Treu und Glauben«). Sogar der Gnadenakt des Souveräns wird dieser Art Naturrecht zugeschlagen; als ein Stück »Berichtigung von gesetztem Recht« wird er in den gleichen Naturrechts-Raum gestellt, wo das gesetzte Recht doch keineswegs durch Monarchen und ihre Gnade, sondern höchst umgekehrt durch Monarchomachen und Revolutionstribunale berichtigt worden war. So zeigt das Naturrecht gerade in seiner spätbürgerlichen Wiederaufnahme, zu welcher Bescheidenheit und Attrappe es sich entwickelt hat; sogar »schaffendes Kapital« gehört dann zum Naturrecht, wie später bei den Faschisten und immer schon bei den Neuthomisten. Auch die allgemeinen Kultur-Normen, die Stammlers Programm einer »Orthosophie« wie dem gesamten Neukantianismus vorschweben, sind lediglich Verallgemeinerungen einer Rechtsstaats-Dekoration mit rein formalpositivem, nirgends mehr inhaltlich richtendem Maßstab. Und ein Zuschuß zum Alpha und Omega des Rechtes kommt gar noch zustande, sobald der *Staat allein* nicht ausreicht, vielleicht gar als bloßer geschäftsführender Ausschuß der herrschenden Klasse in der Klassenjustiz zu deutlich hervortritt. Dann dient fürs wirklich richtige Recht, nämlich fürs fraglos gemachte, den Fragen entzogene, die *Kirche,* die seit alters über dem Staat und über seinen Parteien romhaft zu stehen behauptet. Hier zuletzt wieder wird mit Naturrecht dekoriert, selbstredend mit neuthomistischem statt neukantianischem, und ist dies rechtsphilosophische Gebilde auch gleichfalls epigonal, so praktisch-ideologisch dem Kapital doch ein Krummstab, unter dem sich's gut leben, weiterleben läßt. Zwar sind methodisch Unterschiede: *Neu-Thomas* statt Neu-Kant wirkt nicht dermaßen formalistisch und ist sodann in dem auch hier, gerade hier bemühten Naturrecht nicht der autonomen Vernunft, sondern den heteronomen Zehn Geboten verpflichtet. Doch das Nichtformale sieht nur methodisch so aus, sachlich dagegen ist es genauso an die abstrakte kapitalistische Verkehrsform angeschlossen wie der übrige Zweck im Recht. Ist sogar geschärfte Flucht vor dem Inhalt, als dem, womit die bürgerliche Gesellschaft schwanger geht, und doppelt dekorativ, eben durch das nachgezogene Gespinst eines vor-kapitalistischen, vor allen kapitalistischen Widersprüchen liegenden Naturrechts. Eines Naturrechts, das, wie oben gesehen (Kap. 7), sich nicht aus der bürgerlichen Vernunft frei wollender Wesen, sondern aus der Repressalie gegen die Sünde herleiten will. Dadurch allerdings, durch dies »relative Naturrecht«, keineswegs auf ein Nachlassen der Obrigkeit abgezielt, empfiehlt sich der eigene, nämlich hirtenhaft aufgezogene Rechtsstaat des Klerikalismus als ein ebenso vor den Gefahren der Freiheit geschützter. Das um so verführender, als er das echteste kapitalistische Anliegen: die frei wirtschaftende Person, in den Grenzen eines sogenannten Ständestaats von heutzutage und seines Rechts, eher einbaut, ja vom Risiko befreien will, als beschädigt. Der Staat als »Repressalie des Sündenfalls« wertet folglich das Privateigentum an Produktionsmitteln so wenig als Sünde, daß es als Brotgeber geehrt, ja seit langem schon als Rechtsmodell für einen – Kapitalismus aller vorgetäuscht, vorgepriesen wird. Es müssen nur die »Auswüchse« der Ausbeutung vermieden werden; wonach die päpstliche Enzyklika Quadragesimo Anno 1931 de iure naturale als gottgesetztem fordert, daß die Löhne der Werktätigen weder zu sehr gedrückt noch allerdings auch – um der Sorge für genügend Willfährige und Dependente willen – zu sehr gesteigert werden (»ut salaria opificum nimis deprimantur aut extollantur«). Hauptpunkt bleibt hier die Heiligung des Eigentums (und gewiß nicht nur des Eigentums an Gebrauchsgütern) als Naturrecht, gebaut auf das Pathos der Person, unmittelbar hingeordnet auf Gott, das heißt auf die weidende Kirche. Diese schützt so den Rechtsstaat als einen immer wieder patriarchalischen, vor allem als einen, der noch besser als die liberalen Formalismen das bleibende totale Unrecht transzendieren soll, das Herr und Knecht heißt.

Es sei denn, das Schlimmste daran ist durch rechtlich festgelegten Gang auch etwas verhindert worden. Das zeigte sich allerdings, als der Herr, faschistisch geworden, über sogenannte juristische Zwirnsfäden nicht mehr zu stolpern wünschte. Also gerade von jener Art des bürgerlichen Rechtsstaates nicht weiter behelligt sein wollte, die liberale Züge trug, wenigstens noch vorgeben mußte, sie zu tragen. Auch wo das nur geschah, um sich die nackte Gewalt, als immerhin erbitternde und so unpraktische, zu ersparen, verlangte doch die schöne, gar naturrechtlich dekorierte Maske, sich auch so maskiert zu bewegen; Heuchelei ist dann ein Tribut des Lasters an die Tugend. Doch auch: verglichen mit der faschistischen Staatsjustiz, als derjenigen völliger Rechtsunsicherheit, ungehemmter Rechtsbeugung, ist die des bürgerlichen Rechtsstaats ein Licht, das noch gegen Schwarz bestand, wegen der Valeurbeziehung. Der bürgerliche Rechtsstaat war insofern eine immerhin gescheckte Erscheinung, als er auf relativ generelle Gesetzlichkeit zu achten hatte, noch auf Grund seines ursprünglichen, wenngleich zum Dekor gewordenen Auftritts gegen Willkür und Despotie. Man nehme als Folie die Beschreibung, die der dänische Dichter Staffeldt den Rechtszuständen eines auch damaligen, halb zarisierten Deutschland Jahrzehnte vor den Karlsbader Beschlüssen angedeihen ließ (vgl. Brandes, Schriften II, 1902, S. 460): »Überall sitzt der unselige Dämon des fürstlichen Mißtrauens auf dem Thron, überall bildet man sich ein, die leisen Atemzüge des Gespenstes Jakobinismus zu hören und stellt Zensoren und Denunzianten auf die Lauer. Einen Strahl des natürlichen Rechts auf das morsche Gebäude der überlieferten Politik geworfen, nennt man Mordbrennerei; ein bescheidenes Urteil über das Betragen der Herrschenden nennt man Aufruhr, obwohl die Regierung sich doch nicht wie die Priestergewalt als unfehlbar bezeichnet.« Wie finster wiederholte und steigerte sich dieser entschiedene Nichtrechtsstaat erst im Faschismus, als das unterdes erlangte Dekor des Rechtsstaats nun völlig abgestreift wurde und die imperialistische Macht nicht nur nach außen wie sonst in den Kolonien, auch nach innen gänzlich als Verbrechen auftrat. Anstelle des immerhin noch rationalen Rechtsformalismus trat der Schandpragmatismus, daß Recht sei, was dem »deutschen Volk«, hier also: dem Monopolkapital oder auch Staatsmonopol nütze. Jurisprudenz wurde so eng mit der Praxis des faschistischen Staatswesens verbunden, daß nicht nur die wie immer formelle Demokratie eines Parlaments mit Opposition bei Strafe des Untergangs verschwand, sondern auch noch der letzte Nachklang eines Naturrechts menschlicher Würde insgesamt. Alles Recht wurde Staatsrecht, das zivile, das Verwaltungs-, das Strafrecht sollten gänzlich darin eingeebnet werden, und das Staatsrecht selber hatte, so totalitär gemacht, einzig dem zu dienen, was nationalsozialistische Weltanschauung genannt wurde, vertreten und genormt durch Führer-Despotie und ihre Horizonte. 1792, posthum 1852 hatte Wilhelm von Humboldt, nach dem deshalb die Berliner Universität jetzt benannt ist, in seinen »Ideen zu einem Versuch, die Grenzen der Wirksamkeit des Staats zu bestimmen« den Staat einzig auf Rechtswahrung reduziert, eben also aufs Gegenteil zum total-administrativen: wie leuchtet das immerhin gegen die faschistisch gewesene Folie aus Unrecht und Unwert. Das also muß stets im Bewußtsein bleiben, damit die Kritik des bürgerlichen Rechtsstaats, seiner Heuchelei und seiner Halbheit, als Folie dazu bekomme, was nicht einmal Heuchelei und Halbheit, was unverklausulierte Despotie ist, mit Mord statt Justizmord. Ja, es gibt gar keine zuverlässige Staatsweise, solange es überhaupt eine gibt, die nicht den Tribut des Lasters an die Tugend, den der bürgerliche Rechtsstaat darstellte, demokratisch hochzuhalten hätte; wie selbstverständlich also eine echte Tugend, die überhaupt nur den Staat als Mittel zum Zweck seines Absterbens gebraucht. Wird der so verschleiernde wie leere Rechtsformalismus wegfallen, dann mit dem Inhalt, der keine Verschleierung mehr braucht, nicht die demokratische Rechtsform, die nun keine Leere und Halbheit mehr hat. Der bürgerliche Rechtsstaat, der mit den bürgerlichen Menschenrechten krebste, wird mit dem bürgerlichen Staat verschwinden, aber die bürgerlichen Menschenrechte können es, indem und sofern sozialistisch gebaut wird, so wenig, daß sie als unbürgerliche erst zustellbar werden. Mit dem bürgerlichen Rechtsstaat über arm und reich als einem ideologischen, zuletzt betrügerischen Formalinstrument kommt man in den Sozialismus nicht hinein. Aber ist man darin, so ist eines seiner Zeichen, daß die gereinigte Fahne Menschenrechte aufgehoben worden ist, die im bürgerlichen Rechtsstaat mißbraucht, im faschistischen Unrechtsstaat jedoch gänzlich, qua Despotie, vernichtet wurde.

Reinach und phänomenologische Rechtsschau; Auswahl unter Leerformen

Bei alldem hat sich der späte Bürger daran gewöhnt, in Leere zu leben. Wird das Formale immer weiter, sozusagen immer überzeugter verdinglicht, so sieht es fast wie ein Halt aus. Solches geschah nicht zuletzt durch die Anwendung des phänomenologischen Verfahrens auf rechtliche Sachverhalte. Eine behauptete Wesensschau fixiert nun Rechtssätze an sich, ganz gleich, ob sie praktisch vorkommen oder nicht. Bereits Stammler hatte, in einer Beschreibung des »Rechtwollens«, phänomenologische Anflüge gezeigt. Erst Husserls Verdinglichung der Logik gab aber den Formalismen neuen Stolz und sogar das Phantastikum einer besonders festen, besonders erhabenen Anschaulichkeit. Die formale Logik hat die Gesetze der Wahrheiten als solcher und ihrer kategorialen Struktur überhaupt zu erforschen. Eine »materiale Eidetik« soll nun die Wesensgesetzlichkeit der spezifischen Gegenstände untersuchen, mit deren Relation es die empirischen Wissenschaften zu tun haben. Das Dasein selber, auch die empirischen Relationen werden hierbei nicht berücksichtigt, sie bleiben außerhalb der Wesensschau, werden eingeklammert. Auf diese Art wird für Aussagen der Wesensschau ein neues Apriori beansprucht: es bezeichnet den Charakter aller jener Sätze, die ihren Bedeutungsgehalt rein durch kategoriale Anschauung, unabhängig von induktiver Erfahrung, zur Selbstgegebenheit bringen. Danach werden solche Wesenheiten apodiktisch erfaßt, sind dem Erfassen vorgeordnet, werden also auch als historische Urphänomene von der Geschichte und ihren Menschen nicht erzeugt, sondern entdeckt. Das scheint sich den Phänomenologen nicht nur am Naturgegebenen, sondern gerade auch am Kulturmaterial zu erweisen. Die reine Rechtslehre beispielsweise, als Teil der von Husserl intendierten reinen Logik, befaßt sich nur mit rechtserfassenden, nicht mit rechtserzeugenden Akten. Letztere gelten als lediglich auswählend, nach praktisch-empirischen Bedürfnissen, die die reine Rechtslehre nichts angehen. So scheint auf den ersten Blick eine, nicht nur blasse, Vernunftreprise von Naturrecht anzugehen. Durchaus vom Formalen her, jedoch von einem, das der Beziehung auf vernunfthaftes »Bewußtsein überhaupt« nicht ermangelt. *Reinach*, der zum ersten Male juristische Phänomenologie getrieben hat (Die apriorischen Grundlagen des bürgerlichen Rechts, 1913) nimmt daher, fast wie ein Voltaire, die Rechtsbegriffe wieder aus Vernunft – minus der Lust, echtere zu finden und zu verwirklichen. Er leugnet, daß die juristischen Grundbegriffe von rechtszeugenden Faktoren herstammen, sie »haben ein außerpositivrechtliches Sein, genauso wie die Zahlen ein Sein unabhängig von der mathematischen Wissenschaft besitzen« (l. c. S. 6). Anspruch, Versprechen, Vertretung, Verbindlichkeit sind solche »in sich selbst einsichtige Grundbegriffe«; aus ihnen sollen sich analytisch, mit ebenso großer Evidenz, die Rechtssätze zeit- und raumüberlegener Art ergeben. Ein solcher Rechtssatz a priori ist nach Reinach beispielsweise folgender: Der Anspruch auf eine bestimmte Leistung erlischt in dem Augenblick, da die Leistung geschehen ist; denn hier expliziert sich »ein Gesetz, welches notwendig und allgemein im Wesen des Anspruchs als solchem gründet« (l. c.S. 10). Aufs geltende Recht, diese bloße psychologistisch-historische Trübung oder Benutzung ahistorischer vorgeordneter Sachverhalte, braucht hierbei nirgends rekurriert zu werden; so erhaben-kritikfremd, also einverständig, sieht die Lack-Natur dieser Rechtsvision drein. Dabei ist für Reinach der Satz etwa: Duorum in solidum dominium esse non posse »angeblich keineswegs eine Folgerung aus der Definition des geltenden Eigentumsrechts«, sondern viel solider, viel unverrückbarer »eine im Wesen des Gehörens gründende apriorische Wahrheit« (l. c. S. 67). Gar kein Eigentum an einer Sache kann sich diese Art Wesensschau überhaupt nicht imaginieren: »Es ist eine letzte, nicht weiter zurückführbare und in keine Elemente weiter auflösbare Beziehung zwischen Person und Sache, welche man als Gehörensbeziehung oder Eigentum bezeichnet« (l. c. S. 64). Man sieht, die Erhabenheit übers historisch-positive Recht ist nicht so groß, daß sie sich nicht ihre »Wesensgehalte« von ihm vorschreiben ließe. Und die phänomenologische Blindheit gegen ökonomisch-historische Erzeugung und Genesis der »Wesensgehalte« bewirkt nur, daß die kapitalistische Denkgewohnheit desto ungehemmter, desto unkontrollierter in die »in sich selbst einsichtige Natur der Sache« einströmt. Diese Denkgewohnheit, dieses völlig kritiklose Preisgegebensein an die historisch gewordene Ideologie des Kapitalismus bewirkt gerade die »Evidenz«, mit der die Gehörensbeziehung als eine wesenhaft-seiende zwischen Person und Sache erscheint. Einem Subjekt der urkommunistischen Gentilverfassung oder einer künftigen klassenlosen Gesellschaft käme die Eigentumsbeziehung schwerlich zu solch »unmittelbar evidenter Selbstgegebenheit« wie einem Subjekt der Phänomenologie von 1913; und das nicht, weil diesen anderen Subjekten der phänomenologisch-irrelevante Aktbezug zu der Eigentums-Wesenheit fehlt, sondern weil diese Wesenheit selbst, trotz ihrer angeblich ahistorischen Qualität, eine bloße verdinglichte Abstraktion oder auch »Ideation« aus der Klassengesellschaft ist oder ihrer Ideologie. So ist nichts weniger urgegeben als die rasche Evidenz, welche die phänomenologische Rechtslehre in ihren angeblichen Ewigkeiten findet. Daran ändert auch die Beziehung nichts, welche das sogenannte Rechtsapriori der Phänomenologie zu Inventarien des klassischen Naturrechts unterhält (etwa zur apodiktischen Behandlung des Satzes »Pacta sunt servanda«). Das klassische Naturrecht war in seiner Haltung und seinem sozialen Auftrag das vollkommene Gegenteil zu der extremen Kontemplation der Rechtsphänomenologie. Die Grundsätze eines Grotius leuchteten nicht als Ideologien einer vorhandenen, sondern als Postulate einer besseren Rechtsordnung ein; und sie beruhigten sich nicht damit, in Stubengelehrsamkeit zur »Selbstpräsenz« zu gelangen. Das Naturrecht war kein Formalismus, und sein Rechtsapriori wohnte nicht in breiten Urgegebenheiten, sondern in einem sehr engen, scharfen Freiheits-»Apriori« ante rem des Staats, der daran gemessen wird. Reinach verneint zwar streckenweise »für den apriorischen Charakter positiv rechtlicher Sätze einzutreten«, wehrt aber, da diese Verneinung nicht mehr den mindesten Kampfcharakter zeigt, so heftig ab wie nur irgendein Positivist, als naturrechtlich gebrandmarkt zu werden. »Das positive Recht kann nach Belieben abweichen von den Wesensgesetzlichkeiten, welche von den rechtlichen Gebilden gelten« (l. c. S. 6); – die Phänomenologie wird über solche Abweichungen, »ungebunden durch die Sphäre apriorischer Gesetze« kein Werturteil fällen. Im übrigen ist die Erhobenheit und Erhabenheit des apriorischen Rechts wieder so groß, daß sie gleichmäßig vornehm übers positive wie übers Naturrecht hinwegblickt. »Ihr eigentümlicher Charakter liegt gerade darin, unabhängig von allem Rechte zu sein, von dem ›geltenden‹ nicht minder als von einem ›gültigen‹ oder als gültig gedachten (l. c. S. 158). Unabhängigkeit vom revolutionären Rechtsgewissen besteht hier ohne Zweifel, doch die Unabhängigkeit vom positiven Gesetz ist immerhin elastisch genug, um mit ihrem Apriori »die Lücken des positiven Gesetzes auszufüllen«. Äußerstenfalls geht die Rechtsphänomenologie bis zu einer Konzeption von »möglichem Recht« vor, parallel zur Husserlschen »Idee einer Wissenschaft von den überhaupt möglichen Arten (Formen) von Theorien«. Der Umfang des aus formalapriorischen Bedingungen möglichen Rechts erscheint dann bedeutend größer als der des positiven Rechts; denn alle Sätze, die positives Recht werden können, gehören ihm an. Aber wieder erscheint das historisch-positive Recht nur als eine Auswahl: der jeweilige Gesetzgeber greift einige Sätze aus der riesigen Sphäre des wesensgesetzlich möglichen Rechts heraus und bekleidet sie mit staatlicher Geltung. Nur daß eben auch das mögliche Recht keinerlei Postulate enthält, oder gar utopische Inhalte, die sich in revolutionären Tendenzen kenntlich machen. Das Mögliche hier ist überhaupt kein echtes, ist ein a priori fertig vorgegebenes; kontemplativer und uneigentlicher als hier kann von der offenen, der auch inhaltlich bestenfalls partial entschiedenen Kategorie Möglichkeit gar nicht gesprochen werden. Das phänomenologisch, also auch rechtsphilosophisch Mögliche bleibt darum passiv im Leeren schwebend; einzig der Gesetzgeber »wählt das Material aus, mit dem er die Leerformen erfüllt« (vgl. Schreier, schon Kelsen nahestehend, Grundbegriffe und Grundformen des Rechts, 1924, S. 90). Die Rechtsphänomenologie verhält sich zum klassischen Naturrecht wie ein Panoptikum zu einem Manifest; wie ein Spiel de omnibus rebus et de quibusdam aliis zum Ernst eines Unum necessarium.

Kelsens Rechtsnorm mit bloßem Zurechnungspunkt

Doch auch mit der geschauten Leere ist nicht zu spaßen, sie trägt nicht. Der formelle Halt blieb keiner, so verdinglicht und scheininhaltlich er sich auch gab. Die »Reinheit« selber wurde, durch weitere Übersteigerung, zum Trüben und völlig Sinnlosen gebracht. Das bezeugte der scharfsinnigste aller Formalisten: Kelsen; und er bewirkte es, indem er sowohl die neukantianisch-kritische wie die phänomenologische Methode durch Folgerichtigkeit ad absurdum trieb. Zunächst die neukantianische: vollkommene »Reinheit« hat letzthin auch für Zwecke keinen Platz. Dergleichen stammt aus der gleichen »empirischen Einmischung« wie psychologische oder soziologische Begründungen des Rechtsakts. Übrig bleibt eine bloße »Logik des Sollens«, und sie ist so völlig formal geworden, daß sie überhaupt keine empirischen Bestimmungen mehr trägt oder tragen kann. Der abstrakte Gegensatz Sein–Sollen, mit dem die Neukantianer seit je am Sein sich desinteressiert und Defaitismus gemacht haben, wird bei Kelsen zum Hiatus Soziologie-Jus. Die dualistischen »Fremdsachen«: subjektives, objektives Recht, auch privates, öffentliches Recht verschwinden in der einheitlich-reinen Rechtsordnung, nachdem sie jeweils gesetzt ist. Ja, Kelsens Rationalismus ist so extrem, daß er aus lauter »Reinheit« mit den empirischen auch das – rationale Moment eliminiert; so kann das Sollen, als ein juristisches, nicht in immanenter Vernunft, sondern schlechthin nur von außerhalb gesetzt und gültig gemacht werden. Es ist darum grundsätzlich ein heteronomes: und das Draußen, das es setzt, das ein bloßes Ordnungssystem in Gang bringt, ist der jeweilige – Gesetzgeber. Dieser ist die metajuristische Autorität, die Ereignisse mit Rechtsfolgen ausstattet oder nicht, die einen vordem rechtsleeren Raum erst zu einem rechtserfüllten macht. An und für sich selbst, aus rationalem oder rational verfolgbarem Zwang gibt es keine evident gültigen Rechtssätze. Trennt sich Kelsen derart vom neukantianischen Rechtsapriori, so nicht minder vom sozusagen materialen Apriori der phänomenologischen Schule, von jeder Art juristisch-wesensgesetzlicher Vorgefundenheit. Der idealen Rechtssatz-Ordnung Kelsens ist auf keine Weise materiale Vorgefundenheit beigegeben, nicht einmal die phänomenologisch so einsichtig scheinende eines juristischen Subjekts, nicht einmal die eines Rechtsverhältnisses. All das geht unter im Formalverhältnis der Rechtsordnung zu sich selbst: »Das Rechtsverhältnis ist ein Verhältnis zur Rechtsordnung, richtiger: innerhalb der Rechtsordnung, nicht ein Verhältnis zwischen – der Rechtsordnung gegenüberstehenden – Rechtssubjekten« (Das Problem der Souveränität und die Theorie des Völkerrechts, 1920, S. 125). Ökonomische Analyse fehlt in dieser, die »Soziologie« so stark verachtenden Rechtslehre ersichtlich noch mehr als in der Phänomenologie; das »rein Juristische« interessiert sich nicht dafür, daß das Rechtsverhältnis in realitate ein Verhältnis zwischen Warenbesitzern ausdrückt und von deren Interessen seine Norm verlangt. Ebenso ist das Rechtssubjekt innerhalb der bürgerlichen Gesellschaft ein ins Allgemein-Abstrakte hypostasierter Warenbesitzer; doch bei Kelsen verschießt auch dieses Materielle zu einem Normenzusammenhang in sich selbst. Das juristische Subjekt, als Trägerschaft von Rechten und Verbindlichkeiten, ist eine bloße »Personifikation von Normen«; ja die vier rechtlichen Grundbegriffe insgesamt: Tatbestand, Person, Leistung, Sanktion, worin die Rechtsphänomenologie soviel einsichtige »Formalmaterie« finden mochte, treten in den Formalzusammenhang der Rechtsnormen zurück. Dieser Formalzusammenhang, als einer zwischen juristisch-heteronomem

Sollen, geht hierarchisch von einer Norm zur anderen über, auf deren oberster Stufe eben die Gültigkeit setzende höchste Autorität steht: der Gesetzgebungsakt. Und der Staat ist ebenfalls kein ökonomisch-interessantes, erst recht kein innerrechtlich kritisierbares Gebilde; er ist dem Juristen keine soziale Realität. Er ist »die Personifikation der Gesamtrechtsordnung«, mithin aller Rechtssätze, die aus einer gemeinsamen Quelle, der Gesetzgebung, entspringen. Die Gesetzgebung selber ist das am meisten Metajuristische; weshalb Kelsen, was diese Rechtsquelle an sich angeht, eher zur Religion sich wendet als zur Kritik: »Es ist das große Mysterium von Recht und Staat, das sich in dem Gesetzgebungsakte vollzieht, und darum mag es gerechtfertigt sein, daß nur in unzulänglichen Bildern das Wesen desselben veranschaulicht wird« (Hauptprobleme der Staatsrechtslehre, 1911, S. 411). Alles in allem bleiben der Ursprung wie der Inhalt des Rechts bei Kelsen außerhalb des Rechts, und dessen »Reinheit« beschränkt sich darauf, bloße Zurechnung auf und Ableitung aus einer metajuristischen Grundsetzung und Grundnorm zu sein. Daß Kelsens Deduktionssystem hierbei eines der Demokratie wurde, hängt einzig mit der Setzungsmacht zur Zeit der Abfassung seiner Bücher zusammen, mit der deutschösterreichischen Republik, die Demokratie als Grundnorm statuierte, dann (General Theory of Law and State, 1945) mit der unvergleichlich formidableren Statuierung in Nordamerika. Keine vernunftrechtliche Grundnorm verhindert, daß statt der Volksvertretung ein Monarch oder auch ein Diktator den Ursprung abgibt, aus dem ein Rechtssystem erfließt. Folglich ist der Ursprung nicht nur irrational, sondern entsprechend der Beliebigkeit der Ursprünge sind beliebig viele Rechtssysteme denkbar, ertragbar, ausführbar. Kelsen erkennt dies Multiversum ex institutione (bei jeweils innerer Einheit in den einzelnen Rechtsordnungen selbst) ausdrücklich an: »Fragt man, worauf die Verschiedenheit zweier Ordnungen schließlich beruht, so erkennt man, daß es die Verschiedenheit der ›Quellen‹ ist, aus denen sich in deduktiver Entfaltung verschiedene Normensysteme ergeben... Quelle ist der ›Grundsatz‹, aus dem als aus seinem Ursprunge ein System von Normen erzeugt wird. In der Einheit und Besonderheit dieses Ursprungs, dieser Grundnorm, liegt das principium individuationis, liegt die *Besonderheit* einer Ordnung als eines Systems von Normen« (Problem der Souveränität, S. 93). Es ist das eine merkwürdige Mischung zweier historisch wie sachlich weit voneinander entfernter Methoden (angewandt aufs Recht): der nichteuklidischen Geometrie und des mittelalterlichen Scotismus. Auch die nichteuklidische Geometrie wurde in der Vielheit ihrer möglichen und jeweils streng geschlossenen Systeme durch Variation des deduktiven Ursprungs (hier: der Axiome) gewonnen. Auch der mittelalterliche Scotismus, die Lehre von einem durchgängigen Primat des Willens über den Verstand, hatte als Ausgangspunkt aller intellektuellen Bestimmungen und Wertungen eine Setzung ex institutione, kraft des göttlichen Gesetzgebers; und diese Setzung (Entscheidung) war nicht selber an die Logik des Intellekts gebunden. In der Tat wird mit Kelsens Lehre vom puren Setzungscharakter der Grundnorm (und folglich der Variierbarkeit der Setzung) Irrationalismus frei; der aus lauter »Reinheit« sich überschlagende Formalismus war von vornherein zu ihm reif. Es liegt sogar ein Weg vor zur puren Souveränitätstheorie und zu jenem »Dezisionismus«, der das juristische Schachspiel von oben herab umwirft. Kelsen wendet sich zwar gänzlich gegen Souveränität, weiterhin gegen die stärkste Leistung der Souveränität: gegen Standrecht und Ausnahmezustand; der »Subjektivismus« des Befehls schien ihm mit der objektiv geltenden Norm unvertragbar. Der Staat ist hier identisch mit seiner Verfassung, als dem letzten Zurechnungspunkt und der letzten Grundnorm; daher sagt der Demokrat Kelsen: »Der Souveränitätsbegriff muß radikal verdrängt werden.« Aber der Formalist Kelsen ist schon deshalb gegen die Souveränitäts-, auch Diktatur-Theorie wehrlos, weil die oberste Rechtsnorm wie (in Ansehung des jeweiligen positiv-geltenden Gesetzes) die oberste Rechtskraftnorm eine positionelle ist. Derart sagte der Kronjurist der Nazis, Carl Schmitt, Kelsen wisse zwar mit dem Ausnahmezustand systematisch nichts anzufangen, doch sei es ihm eine leicht vollziehbare Vorstellung, daß »eine Grundnorm oder ein Zurechnungspunkt sich selber setzt«. Mit dem Desinteressement des Rechts am Ursprung seiner Gültigkeit, mit der Einräumung verschiedener gültiger Rechtssysteme, sofern nur gleich große, innere

Einheit vorliegt, ist jedenfalls die weiteste Entfernung vom klassischen Naturrecht erreicht. Diese Entfernung ist desto sicherer, als die deduktive Logik, die vom Naturrecht übernommen ist, in Kelsens System vortrefflich erhalten ist; aber die Deduktion ist nur innerhalb der Auslegung, und das Prinzip, das die Auslegung diktiert, ist die bare Faktizität des jeweiligen Gesetzgebers.

Carl Schmitts »Dezisionismus« oder das faschistische Anti-Naturrecht schlechthin

So eng können sich formelhafte Leere und ein rechtsfremder Wille, der sie benutzt, verzahnen. Vor dem faschistischen Faktum, das seitdem gekommen, hört freilich auch die logisch geschlossene Ableitung auf. Damit bricht der »Dezisionismus« hemmungslos durch Recht und Gesetz, der Ausnahmezustand wird Gewohnheit, die Maske des Rechtsstaats auch in bezug auf die juristischen Mittel und Logismen abgelegt. Der verschärfte Klassenkampf brachte die Bourgeoisie zum Abbau der *Rechtsbegriffe*, die aus der langen liberalen Periode der freien Konkurrenz übriggeblieben waren. Die Monopolisierung andererseits verwandelte oder zerstörte *Rechtsinstitute* aus der langen liberalen Periode der freien Konkurrenz, samt dem mehr oder minder verwitterten Erbe von 1789. Insgesamt bereitete sich die faschistische »Direktheit« vor; es gab nun der juristischen Zwirnsfäden immer weniger, über die der »Dezisionismus« stolpern konnte. Die individuellen Grundrechte verschwanden im gleichen Zug wie die Generalität (formal gleiche Anwendung) des Gesetzes; zahlreiche Sondergesetze werden erlassen, die Privilegien-(oder Diffamierungs-)Charakter tragen. Es verringert sich die zentrale Stellung, welche der Vertrag im Zeitalter der freien Konkurrenz innegehabt hatte. Damals war er ein rechtlich konstituierendes Element der bürgerlichen Gesellschaft, ja die naturrechtliche Fiktion, daß jeder Gesellschaft ein Vertrag zugrunde liege, wäre als Fiktion nicht möglich gewesen ohne die überragende Bedeutung, welche dem Vertrag wenigstens in der bürgerlichen Gesellschaft zukam. In dem Maß aber, in dem die herrschende Schicht nicht mehr aus zahllosen konkurrenzfähigen Subjekten besteht, sondern aus wenigen Monopolgruppen, tritt nacktes Macht-Ohnmacht-Verhältnis anstelle des Vertrags und des in ihm garantierten Versprechens; im Arbeitsvertrag zwischen Kapitalist und Proletarier hat ohnehin kein anderes Verhältnis bestanden. Nicht minder werden durch die Perforierung des Versprechens in jedem Sinn auch jene Restbestände aus der Generalität des Gesetzes aufgehoben, die durch die Bindung des Richters an das geschriebene Gesetz bezeichnet sind. Denn selbst wo dieses bereits ein Sondergesetz geworden sein sollte, stellt es doch seitens der Staatsmacht ein garantiertes Versprechen dar, daß ihm gemäß entschieden wird; anstelle dieser Garantie tritt nun in sämtlichen prekären Fällen das Interesse der »nationalsozialistischen Weltanschauung«. Die Generalklauseln lassen die herrschende ökonomisch-politische Direktion auch dort zur Geltung kommen, wo das positive Gesetz ihr noch widerspricht; so wird verhindert, wie *Carl Schmitt* in betäubendem Zynismus sagt, daß »mittels des positiven Gesetzes Rechtsmißbrauch getrieben werde«. Der »Dezisionismus«, das heißt die nackte Befehlsgewalt des Monopolkapitals (in Verbindung oder im Übergang zum Staatskapitalismus), nimmt hier also eine Berichtigung von gesetztem Recht vor, die geradezu an Naturrecht gemahnt; nur daß es sich bei dieser Berichtigung um den Abbruch durch Monopolkapitalismus handelt. Aus Anti-Naturrecht wird das positive Recht gebrochen; denn es hat, für die Zwecke des Faschismus, nicht zu wenig, sondern noch zu viel Elemente aus den Abgesängen des Contrat social übernommen. Wird durch den Faschismus allerdings die Maske des »Rechtsstaats« zerstört, auch noch in der Gestalt des relativistischen Formalismus, die Kelsen der bürgerlichen Demokratie gegeben hatte: so bedeutet das nicht, daß der vollendete Zynismus wie überall so auch hier sich nicht auf noch vollendeteren Betrug und bessere Maske verstehe. Carl Schmitt hatte ante festum noch ganz offen vom »Ausnahmezustand« und der »suspendierenden Staatssouveränität« bekannt: »Ist dieser Zustand eingetreten, so ist klar, daß der Staat bestehen bleibt, während das Recht zurücktritt. Weil der Ausnahmezustand immer noch etwas anderes ist als eine Anarchie und ein Chaos, besteht im juristischen Sinne immer noch eine Ordnung, wenn auch keine Rechtsordnung. Die Existenz des Staates bewährt hier seine zweifellose Überlegenheit über die Geltung der Rechtsnorm« (Politische Theologie, 1922, S. 13). Danach bleiben also sowohl Souveränität wie Staatsperson völlig erhalten, ja die Diktatur tritt erst offen aus der verhüllten eines bürgerlichen Rechtsstaats hervor. Auf diese Weise gelang sogar das letzte, was dem Naturrecht angetan werden konnte: Der Faschismus, das Anti-Naturrecht per definitionem, kam auf eine seiner Setzungen scheinbar zurück. Vorab schien Hobbes, isoliert und durchgefälscht, dem »Dezisionismus« nahezuliegen; so wieder bei Carl Schmitt. Es hatte zwar Hobbes den Souverän (den er überdies als übriggebliebenen Wolf demaskierte) selbst wieder unter liberalistische Zwecke gebeugt, nämlich unter die der persönlichen Sicherheit der Untertanen und unter die Erhaltung des Friedens. Auch war der Ausgangspunkt hier durchaus individualistisch, der Staat war durch Individuen und zu ihrem Wohl gegründet, auch war der Staatsbegriff des Hobbes im höchsten Grad pathosfrei und hieß kalt »Leviathan«. Das hinderte aber Schmitt nicht, die rationale Rechtskonstruktion an dieser Stelle für den »Dezisionismus« in Anspruch zu nehmen, ja das Naturrecht des Hobbes für rechtsfreie Diktatur schlechthin zu okkupieren. Schmitt macht die töricht-simplistische Unterscheidung zwischen »wissenschaftlichem und Gerechtigkeits-Naturrecht« und entdeckt in der Wissenschaft plötzlich einen Nährboden des Befehls: »Der Unterschied zwischen den beiden Richtungen im Naturrecht wird am besten dahin formuliert, daß das eine System von dem Interesse an gewissen Gerechtigkeitsvorstellungen und infolgedessen von einem *Inhalt* der Entscheidung ausgeht, während bei dem anderen ein Interesse nur daran besteht, daß überhaupt eine *Entscheidung* getroffen wird« (Schmitt, Die Diktatur, 1921, S. 22, auch S. 118f.). Aber mit fortlaufender Notwendigkeit des Betrugs mußte eben der »Leviathan« versteckt werden, das »kälteste aller Ungeheuer«, wie noch Nietzsche den Staat zu nennen erlaubt war, die Souveränität und die Staatsperson des Monopolkapitals mußte versteckt werden und der Staat doch auch bei Schmitt mit der Folklore umkleidet. »Leviathan« oder der absolute Staat, wie er bei Hobbes den »Behemoth« oder das »lange Parlament«, also die Rebellion bekämpft, erscheint nun als »Fehlschlag eines politischen Symbols«. Wachsend trat statt dessen die Kreuzung zwischen *Schandpragmatismus* und *romantischem Quasi-Naturrecht* hervor. Der Schandpragmatismus erklärte, Recht sei, was dem deutschen Volke nützt, was Nutzen ist, erfährt das deutsche Volk durch seine großen Konzerne. Das Quasi-Naturrecht aus Romantik nimmt sich einiges aus der »organischen Staatsauffassung« der Restauration, nun durchaus auf interessierte Dumpfmachung gebracht, schließt sich an Blut und Boden an, das heißt an Naturqualitäten des Zuchtviehs und der Schollengebundenheit, als dem »ewigen Lebensgesetz und Lebensrecht des deutschen Volkes«. Nicht in der Romantik, sondern sinngemäß erst während des beginnenden Imperialismus entstand der Mythos des »von Natur aus« stärksten oder edelsten Volks, auch des ewigen Kriegs. Gerade bei Hobbes war zur Aufhebung dieses Zustands der Gesellschaftsvertrag geschlossen worden; bei den Faschisten wird er mit beständiger Entscheidung gekündigt. So endete Naturrecht in dieser Art Bürgertum als Unrecht einer Natur, die es nicht gibt und nie gegeben hat; die Fälschung endete als Mord. Als Diktatur des vollendeten Verbrechens; doch wo Gefahr ist, wächst das Rettende auch – und keinesfalls daneben.

APORIEN UND ERBE AN DER TRIKOLORE: FREIHEIT, GLEICHHEIT, BRÜDERLICHKEIT 19

> Es war die hohe Zeit des Naturrechts, als dergleichen blühte, sie war illusionär, denn aus dem Citoyen kam der Bourgeois, sie war antizipierend, denn der Bourgeois wird durch den Citoyen gerichtet.
>
> *Kap. 11: Rousseaus Contrat social. S. 81*

Der ungefundene Fund

Sein Sosein hat jeder mitbekommen, daraus kann er nicht heraus. Der Mensch steckt in seiner Haut, ob er sich darin wohlfühlt oder nicht. Immerhin, es ist seine eigene; innerhalb dieser vier Wände, wenn sich so sagen läßt, ist er privat. Doch sehr früh wurden die Menschen mit Livree bekleidet, gezähmt, und sehr spät wurde das Recht entdeckt, die Livree abzuwerfen. Der freie Mensch trat hervor, an sich also noch nicht viel, der Nackte, wie er unter allen Kleidern steckt und sie nun los ist. Trotzdem wurde dies Lossein als nicht nur negativ empfunden, es ist vielmehr mit einem sich zunächst selbst genügenden Rausch positiver Art verknüpft. Eben mit dem Rausch, daß nun das Leben, mit seinen Schüsseln, auf dem eigenen Leib aufgetragen wird oder daß man endlich ein aus sich selber rollendes Rad sein könne. So empfinden Knaben und Mädchen den Tag, wo der Schulzwang aufhört: es ist ein ausreichender Vorgeschmack von mehr. Von jenem Mehr, das im späteren Leben dann freilich ausbleibt, bisher ausgeblieben ist. Die drei Worte Freiheit, Gleichheit, Brüderlichkeit weisen in seine Richtung, in die Richtung eines Losseins, das die Menschen endlich an sich selber bindet, an ihr entwickelbares Sosein. Mit diesen Worten, glaubte man, daß alles uns Betreffende gesund, zwanglos, zusammenstimmend gemacht werden könne. Aber es zeigt sich auch: in ihnen selber und zwischen ihnen stimmt durchaus nicht alles; sie sind voller Vieldeutigkeit. Der Gebrauch, den das Bürgertum von diesen Worten gemacht hat und dem sie gedient haben, ging nicht spurlos an ihnen vorüber. Ihr Glanz hat sich geteilt: er zwinkert wie das Auge eines Hehlers; er leuchtet wie das Licht von 1789. Aber die drei Worte hätten gar nicht so mißbraucht werden können, wenn schon vorher alles in ihnen klar gewesen wäre. Sie sind, was zuerst zu sehen wichtig ist, auch unter sich geschichtet, und der beste Teil ist noch nicht heraus. Sind doch die Menschen selber noch sehr unterwegs, von denen der große dreifarbene Ruf handelt.

Vom Kern der Freiheit

Freisein bedeutet zunächst, daß einem Menschen nichts mehr von außen her aufgetragen wird. Er ist vielmehr in den Stand gesetzt, zu tun, was er zu tun gewillt ist, was ihm sein eigener Wille zu sein *scheint*. Die psychologische Freiheit des Willens ist hierbei nur in der Art vorausgesetzt, als dem Menschen die Kraft zugestanden wird, zwischen widerstreitenden Antrieben wählen zu können. Sie ist als diese *Wahlfreiheit* vorausgesetzt, nicht etwa als Erzeugungsfreiheit, dergestalt, daß der freie Wille aus kausalen Zusammenhängen austreten oder gar sie zerreißen könnte. Die Nötigung durch kausale Umstände besteht, der menschliche Entscheid ist, auf die verschiedenste Weise, organisch wie sozial determiniert; jedoch: auch die vorhandene Person ist eine kausale Nötigung. In dieser letzteren eben liegt das zureichende Moment zur Wahlfreiheit, dann nämlich, wenn die Nötigung des subjektiven Faktors die Nötigung durch andere Umstände überwiegt. Ein völlig willensfreier Mensch, das heißt einer, der weder durch seinen bisherigen Charakter noch durch verstehbare Überlegungen gebunden wäre, der äußere Umstände nicht einmal als Nebenursachen wirksam zeigte, dieser Nicht-Determinierte wäre kein Freier, sondern, wenn er überhaupt möglich wäre, ein gemeingefährlicher Narr. Er wäre die völlig unverantwortliche, völlig unberechenbare Faselei, er wäre kein Schöpfer, sondern – genau umgekehrt – ein vollkommenes Abbild des Chaos. Psychologische Freiheit wird von der politisch-sozialen Freiheit mithin nicht als Willkür vorausgesetzt, nicht als antikausale Kraft zur beständigen Richtungsänderung, sondern lediglich als jene Willensnötigung, in der die Nötigung durch die eigene Person (gegebenenfalls durch das Klassenbewußtsein der Person) die anderen Nötigungen überwiegt. Dann freilich, nach der *Wahlfreiheit*, eröffnet sich die Frage der eigentlichen *Handlungsfreiheit;* und sie ist eine, die erst durch politisch-sozialen Kampf richtig gestellt und tätig gelöst wird. Freiheit, hat man gesagt, sei ein bloßer Beziehungsbegriff, ja eine bloße Privation, nämlich nur »Freiheit von etwas«. Höher stehe die »Freiheit zu etwas«, Nietzsches Zarathustra unter anderen preist sie als das wahrhaft Helle: »Deinen herrschenden Gedanken will ich hören, und nicht, daß Du einem Joche entronnen bist« (Vom Wege des Schaffenden). Aber man sollte auch die »Freiheit wovon«, die »Freiheit von etwas« nicht so formalistisch mißverstehen, wie das den interessierten Entwertern dieses Begriffs bequem war: Das Objekt, von dem das Subjekt sich befreien wollte, war vielmehr jederzeit eindeutig. Befreiung ist allemal eine vom *Zwang* oder *Druck*, sie wurde, sofern man sich nicht in Wortspielereien verliert, niemals anders verstanden, sie wurde folglich inhaltsvoll genug verstanden.

»Freiheit wovon« ist allemal Freiheit von Druck, also von etwas, das den aufrechten Gang verhinderte und verneinte; indem der Druck wegfiel, kam von selber ein großes *Wozu der Fälligkeit*. Es war das gleiche Fällige, das beim Abschütteln des Jochs tätig war, eine Eröffnung von weiten, sich nun entwickelnden Karrieren. Politisch vor allem war mit dem scheinbar so negativen Geschäft der Freilegung in jeder Epoche jenes positive verbunden, um dessentwillen der Druck abgestreift wurde: nämlich die Freilegung der Produktivkräfte, denen die überkommene Lebens- und Gesellschaftsform zur Fessel geworden war. Die Freiheit von der feudalen Ordnung war nicht eine bloße des Schreckens oder, wie Hegel sagt, eine »Furie des Verschwindens«, als welche den Repräsentanten der Bastille die Köpfe wegnahm; sie war gleich eilig die Freiheit zu dem Positivum einer neuen, zunächst bürgerlich geratenden Lebensordnung. Der Individualwille verringerte in dieser Ordnung die Nötigungen, die seiner Wahlfreiheit entgegenstanden; er gewann einen Rahmen, worin der Profitwille, aber auch – in der Konstruktion – die Selbstbestimmung des mündigen Menschen sich zu bestätigen versuchte. Eben Rousseau formulierte dieses letztere oder Citoyen-Moment im Freiheitsruf der bürgerlichen Revolution dahin, daß »der Bürger nicht in seiner Freiheit beschränkt sei, außer soweit dieses für die gleiche Freiheit der anderen notwendig sei«. Eine großartige Verbindung schien damals angebahnt zwischen dem einzelnen Individuum als moralischer Person und dem Interesse der Gesellschaft, das wiederum nichts anderes sein sollte als das Interesse an der Freiheit, an der Unverletzlichkeit, an der Würde der Person. Ersichtlich freilich hat die bürgerliche Gesellschaft, als eine, der die kollektive Planung ebenso fern lag wie die Achtung vor der Würde des von ihr erzeugten Proletariats, dieses ihr kategorisches Freiheitsgemälde nicht ausführen können. Das Individuum konnte in einer Gesellschaft aus lauter undurchschauten Abhängigkeiten keineswegs der Täter seiner Taten sein, keineswegs auch war Aufklärung, auf bürgerlichem Boden, auf die Dauer, als was sie Kant so unvergeßlich eben vorsah: »Ausgang des Menschen aus selbstverschuldeter Unmündigkeit.« Handlungsfreiheit war bei bleibender ökonomischer Abhängigkeit den meisten Menschen nach wie vor verriegelt, und auch die Herren der Kommandobrücke waren lediglich Funktionäre eines unbeherrschten Warenumlaufs. Auch dem Unternehmer also wurde keine phrygische Mütze zu eigen, keine Polis-Demokratie griechischer Freiheit und Menschenwürde; wieviel weniger dem Arbeitnehmer. Marx bemerkt in der »Heiligen Familie« zu diesem Schicksal des Freiheitstraums: »Die besitzende Klasse und die Klasse des Proletariats stellen dieselbe menschliche Selbstentfremdung dar. Aber die erste Klasse fühlt sich in dieser Selbstentfremdung wohl und bestätigt, weiß die Entfremdung als ihre eigene Macht und besitzt in ihr den Schein einer menschlichen Existenz; die zweite fühlt sich in der Entfremdung vernichtet, erblickt in ihr ihre Ohnmacht und die Wirklichkeit einer unmenschlichen Existenz. Sie ist, um einen Ausdruck von Hegel zu gebrauchen, in der Verworfenheit die Empörung über diese Verworfenheit, eine Empörung, zu der sie notwendig durch den Widerspruch ihrer menschlichen Natur mit ihrer Lebenssituation, welche die offenherzige, entschiedene, umfassende Verneinung dieser Natur ist, getrieben wird.« Auch das Bürgertum mithin hat es mit seiner Freiheit nicht zum Citoyen gebracht, sondern eben nur zum »Schein einer menschlichen Existenz«; ganz dagegen lebte im revolutionär werdenden Proletariat das Ideal der Handlungsfreiheit fort, das Ideal nicht nur der Selbstbestimmung, sondern auch – um Täter seiner Taten sein zu können – der Geschichtsbestimmung. Dergestalt erweitert sich hier das Freiheitsideal dahin, daß das Reich der undurchschauten Abhängigkeiten überhaupt verlassen wird; daß die Selbstentfremdungen der Warengesellschaft ursächlich verschwinden. Denn die Freilegung der Produktivkräfte am Ende der kapitalistischen Gesellschaft bedeutet nicht mehr, bei Marx und Engels, daß nunmehr eine andere Klasse zur Aneignung dieser Produktivkräfte schreitet und folglich eine neue Entfremdungs-, neue Herrschaftsweise entsteht. Sondern die Reife der Produktivkräfte selber tendiert zur genossenschaftlichen Verwaltungsform, der ohnehin schon längst kollektiv geschehenden Arbeit, folglich zur Abschaffung der durchschauten Abhängigkeiten, zur Einsetzung der geschichtserzeugenden menschlichen Arbeit in den vollen Genuß ihres Produkts und in ihre unverdinglichten Rechte. Das heißt am Ende der »Sprung aus der Notwendigkeit in die Freiheit«, in jene nämlich, welche aus der beherrschten, wo nicht gesprengten Notwendigkeit der Verhältnisse entsteht. Aus der gesprengten, das meint: aus einer so überbietend starken Einsetzung des subjektiven Bewegungs- und Arbeitsfaktors, daß in Geschichte und Gesellschaft kein objektives Verhältnis mehr den Menschen über den Kopf wächst und die Macht des sogenannten Schicksals aufhört. Was dann auch, nach dieser *Handlungsfreiheit*, die letzte immanente Schicht von Unabhängigsein betrifft: die sogenannte *ethische Freiheit*. Diese wiederum erscheint, öfter sich zum bloßen Inwendigen zurückwendend, als Übergewicht des »starken und reifen Menschen« über alle Antriebe, die ihm nicht gemäß sind. Sei es, daß sie als Leidenschaften der eigenen Art stören, sei es, daß sie als Zumutungen von draußenher kommen, zwingen, treiben, ablenken. Der ethische Freie gibt sich als Herr darüber und glaubt das dadurch bestätigt, daß er keine der Zumutungen annehmen will. Bei Sokrates wie Spinoza eignet dieser Kommandohöhe des ethischen Willens überdies ein eigentümlicher Intellektualismus: Einsicht in die Tugend, sagt Sokrates, macht frei zu ihr; »Wille und Verstand sind ein und dasselbe«, lehrt Spinoza gerade in diesem Betracht (Ethik II, 49. Lehrsatz, Folgesatz). Adäquate Ideen allein sollen von der Sklaverei der inadäquaten Triebe, aber auch der inadäquaten Umstände befreien, als Garanten des homo liber ethischen Sinns. Insofern liegt nun – in geringeren Gegenden – allerdings quietistisch-kontemplatives Verhalten sichtbar nahe; Selbststärke tauscht dann mit Selbstpflege. Zuverlässig bestehen die affekthaften, die äußerlich-realen Störungen, Unfreimachungen nicht nur aus Unwissenheit im Sinn jener Einbildung, worüber dann die harte Seele Meister wird. Es zeigt sich also: Die ethische Freiheit gehört, als wirklich freilegende, zur Handlungsfreiheit; – vielleicht als ihr charakterhaftes Oberhaupt, doch dann immer nur als ebenso tätiges. Zweifellos wohnt an diesem Punkt die gänzlich korruptionsfremde Haltung; doch eben nur in Gegenden jenseits bloßer Innerlichkeit; in den von der schönen Seele so weit entfernten Spinozas fällt der quietistisch bedrohende Rekurs völlig aus. Der homo liber Spinozas, der durchaus theologisch-politisch traktierende, hat das Gegenteil von Privatheit durch öffentliche Unbeugsamkeit bewährt, also letzthin durch Verstand als Willen und nicht nur umgekehrt. Ethische Freiheit bildet sich, wo sie statthat, nicht in der Stille, sondern genau eben als Charakter im Strom der Welt. Und der Charakter bildet sich in ihr nach dem Maße, wie er an ihr selber bildet, damit sie den homo liber ohne Zwang, mit Notwendigkeit enthalten könne.

Man sagt, daß es die Menschen nie lange im Druck ausgehalten hätten. Das mag der Fall sein, sicher ist nur, daß der keineswegs unfromme Wunsch, kein Hund zu sein, schwer abgewöhnbar ist. Also steht neben dem Problem der ethischen Freiheit immer wieder das der *religiösen*. Diese konnte teils noch innerlicher verlegt werden als die ethische, oft aber auch erschien sie mit brennend versuchtem Gegenzug genau gegen das Obere, wo der Mensch nicht vorkommt. Und das Urchristentum stammte aus national-revolutionärem Untergrund, hatte keinen Knechtssinn. Es fehlten die Millionen Prediger der Demut, die hernach daraus eine Sklavenmoral einzurichten beauftragt waren. Freilich schien es auch im Urchristentum bald, als wäre nicht nur die römische Fremdherrschaft und das Römerreich selber, sondern auch die bloß nationalrevolutionäre Freiheit abzutun, als zu eng und selber noch zu sehr von der alten Welt. Gesellschaft, Arbeit, Besitz wurden vor der erwarteten oder im Glauben bereits hereinragenden überweltlichen Ordnung gleichgültig. Entscheidend wurde das Seelenheil, das heißt die Freiheit von den Antrieben und Werken der Sünde, die Freiheit zum Reich Gottes. Damit trat also zu der ethisch-immanenten eine ebenso inwendigere wie transparentere Gesinnung: es erschien das Ultimatum *christlich*-religiöse Freiheit. Wenn das Christentum die Kreatur verteufelt hat (deren Triebe bei den Stoikern lediglich als Störungen der Unabhängigkeit erschienen waren), so hat es dafür nicht die vorhandene Welt vergöttlicht. Es lehrte – um den Preis der Transzendenz – keine Fügung in den harmonischen Gang der Natur, es drängte danach, das Heil einer besseren Welt zu gewinnen. Kein Zweifel, auch die derart intendierte Erlösung wurde als Freiheit verstanden, als Emanzipation vom Getriebensein durch die Begierde, als Einzug vor allem in Freude ohne Schicksal. Die Gebundenen sollten durch Jesus gelöst werden, die Geschlagenen aufstehen – »wo der Geist des Herrn ist, da ist Freiheit« (2. Kor. 3, 17). Daß diese nicht in einer objektiv-realen Weise angewandt werde, dazu ermahnt allerdings der Petrusbrief deutlich: »nicht als hättet ihr die Freiheit zum Deckel der Bosheit, sondern als die Knechte Gottes« (1. Petr. 2, 16); von Paulus ab wandelt die Gemeinde grundsätzlich sozialkonservative Wege. Wird so jeder empörerische Trotz abgetan und zu den Begierden geworfen, ja ihren schlimmsten zugerechnet: Luzifer und der Paradiesschlange, so fehlt doch die Einigkeit mit dem Geschick schlechthin, so ist hier die Ergebung in Gottes Willen keine in den Weltlauf und seine Regenten. Die vorhandene Welt ist gerade wegen der Schicksalsplaneten, die sie regieren, des Teufels; die Sterne, die den Stoikern Garanten der Ordnung waren, heißen in der christlichen Gnosis »Tyrannen«. Denn sie waren dem Glauben der Zeit zu Anführern schlimmen Schicksals geworden, sie waren die »Archonten« der »Anankē«, die nicht mehr geliebt wurde, der »Heimarmenē«, die nur noch als Kerker erschien. Der gleiche Paulus, der mit Caesar Friede machte, entzog ihm doch den kosmischen Hintergrund, nämlich die Deckung mit Sonne, Planeten, himmlischer Ordnung; diese Ordnung wurde von Paulus verteufelt. Ganz im Einklang mit der späteren christlichen Gnosis sagt der Apostel jenem Reflex der Tyrannei Krieg an, der ihm als ihr Urbild erschien: »Denn wir haben nicht mit Fleisch und Blut zu kämpfen, sondern mit Fürsten und Gewaltigen, nämlich mit den Herren der Welt, die in der Finsternis dieser Welt herrschen, mit den bösen Geistern unter dem Himmel« (Eph. 6, 12). Es sind aber diese Herren der Welt (»Kosmokratores«) nichts anderes als die Schicksalsgötter, die Himmelsmächte des altorientalischen Despotismus und Astralglaubens, von denen der Sohn Gottes erlöst hat. Als Grundland dieses Schicksalswesens erschien Ägypten; deshalb bezog sich die christliche Gnosis mit besonderer Allegorik auf den Auszug aus Ägypten und auf die Weissagung, die nachdem noch Jesajas gab: »Wo sind nun, Ägypten, deine Sterndeuter? laß dir verkünden die Dinge, welche der Herr Zebaoth tun wird« (Jes. 19, 12). Diese Dinge aber sind von der neuen Wunschordnung, in der den Kosmokratoren der Kopf umgedreht wird, so daß sie nicht mehr auf die Erde blicken und den Menschen schaden können. Solch wilder Akzent kam in die Weltflucht, obzwar seine

Wildheit, als eine völlig phantastische und mythologische, den Archonten der wirklichen Welt nicht das mindeste antat; sie nahm jedoch ihrem Regiment die astralische Ideologie. Auch im noch so milden Text des Neuen Testaments wird ja die Weltburg in Trümmer gelegt: die Apokalypse ist Revolution als allergrellstes Geschenk von oben herab. Sie phantasmagorierte die religiöse Freiheit zu einer physisch-metaphysischen; sie entinnerlichte, bei gesteigerter Jenseitigkeit, den Satz Pauli: »Das Jerusalem, das droben ist, das ist die Freiheit, die ist unser aller Mutter« (Gal. 4,26). Sie sprengte den Astralmythos völlig, setzte statt seiner eine Landschaft, in der die »Anankē« des alten Himmels und der alten Erde verging. »Denn auch die Kreatur wird frei werden vom Dienst des vergänglichen Wesens zu der herrlichen Freiheit der Kinder Gottes« (Röm. 8,21) – es ist das ein Religionsinhalt, der der Sklavenmoral ersichtlich sehr wenig zugehört und trotz der Kirche, trotz der Innerlichkeit, trotz der Jenseitigkeit in allen christlich-revolutionären Ketzerbewegungen das bewiesen hat. Die Kirche freilich, die das Christentum zum Instrument der Unterdrückung zu präparieren hatte, machte eben aus der Freiheit der Kinder Gottes eine Gaukelei; die protestantische Kirche, die im Gefolge einer Gegenrevolution sich konsolidierte, noch weitgehender als die katholische. Beider Theologie hat sich mit dem Unterschied der Freiheit wovon und der wozu beschäftigt, um erstere aber als bloß negative besonders überzubetonen. Bewußt wurde, daß Freiheit wovon, wenn dermaßen *isoliert*, wirklich negativ schlechthin sein kann: als pures Losgelassensein, als haltlose Leere, die so in der Tat mehr Hölle als Licht sein könnte. Doch eben nur bei solcher Isolierung, zum interessierten Zweck, um jedweden Halt, auch den der alten und neu arrangierten Abhängigkeit, dem Radikalen als angeblich letzthin Rattenkahlen vorziehen zu lassen. Dazu kam, daß Freiheit, um keine weltverändernde zu werden, ohnehin kirchlich redressiert wurde: am besten zur nur innerlichen. Luthers »Freiheit eines Christenmenschen« setzte mit bloßem genitivus subiectivus des Christenmenschen, wie Luther ihn auffaßte, sogleich die energischste Freiheitsbeschränkung. Denn Luthers Christenmensch hat nicht nur keinerlei Willens- und Wahlfreiheit, lebt nicht nur als Knecht der Sünde von Anfang an: auch die religiöse Freiheit, die im Glauben an Christus sich in ihn einsenkt, war keine, sondern nur eine gewechselte Knechtschaft. »Gottes Knecht«, das ist auch ein häufiger biblischer Ausdruck (obzwar die Evangelien ihn nicht enthalten), und der echteste christliche Freiheitskämpfer, Thomas Münzer, gebraucht ihn für sich desgleichen; doch die Gottesknechtschaft, welche Luther als religiöse Freiheit, ja Selbstbestimmung setzt, ist lediglich die irdische in höherer Sphäre. Diese Freiheit sieht so aus, daß nach Luther der starke Christ aus Liebe zu Gott sogar bereit sein müßte, sich freudig in die Hölle zu begeben, falls dies Gottes Wille wäre. Luther fundiert diesen Männerstolz vor Königsthronen nicht etwa als Paradox, sondern mit direktem Bezug auf die »Majestät« Gottes. Zwar finden sich ähnliche Gefühle auch bei mittelalterlichen Mystikern, besonders bei Tauler, als »Ergebung in die Verdammnis«, und nachher noch, als »amour desinteressé«, im Kreis der französischen Quietisten um Madame de Guyon. Doch handelt es sich hier eben um Ausbrüche des christlichen Paradoxes, um Versuchungsproben aufs Exempel und nicht um bitterhöchste Unterordnung des Untertans. Befreiung bedeutet bei Luther äußerstenfalls Begnadigung, sie bedeutet, »sich einen gnädigen Herrn in Gott zu verschaffen«, sie bedeutet, »Bergung vor Gottes Grimm unter den Flügeln der Henne Christus«. Auf der Erde jedenfalls, in den Ordnungen der Obrigkeit hat Befreiung nichts zu schaffen, sie geschieht rein im Glauben, ist auch in ihm noch ein Erleiden und gehört zur unsichtbaren Kirche der Gesinnung, nicht zu den Werken, wo sie Sünde. Es ist das ein Nebeneinander von Welt und Innerlichkeit, das – auch abgesehen vom korrumpierten Freiheitsgehalt dieser Innerlichkeit – nur dem Luthertum eignet und dem Calvinismus immerhin fremd ist. Dies Nebeneinander ideologisierte in der Folge die preußische Machtpolitik und die völlige Einkapselung des Freiheitsevangeliums in die Privatsphäre, ja bloße Velleïtät. Selbst Kant, dessen Ethik sich völlig als Autonomie eines *menschlichen Willens*, einer *menschlichen Spontaneität* entwikkelt, setzt die Freiheit außerhalb der empirischen Erscheinung und ihrer streng determinierten Natur-Notwendigkeit. Freiheit kommt nur dem »intelligiblen Charakter« zu, das heißt dem Menschen als »Bürger intelligibler Welten«, und sie ist – als

Bedingung moralischer Handlungsweise, als Vermögen, dem Sittengesetz unter allen Umständen nachzukommen – kein Gegenstand des empirischen Wissens, sondern ein Postulat des transzendenten Glaubens. Dorthin hat Kant die Freiheit verlegt, ins Reich der unerkennbaren Dinge an sich; sie erscheint lediglich als Idee, nicht als Erfahrung. Freiheit ist Herrschaft des Gewissens; insofern wohnt sie in unserem übernatürlichen Teil, und insofern ist Kants intelligibler Freiheitsbegriff ebenfalls ein religiöser. Freilich verhinderte diese intelligible Verlegung Kant nicht, die Freiheitsidee trotzdem in einer besonderen Art von Erfahrung erscheinen zu lassen, nicht nur subjektiv-ethisch als Gewissen, auch objektiv-ethisch als jene Ausbreitungen sittlicher Freiheit, die gegebenenfalls einen Fortschritt in der Geschichte konstatieren lassen. Vor allem aber bedeutet Kants eigentümliche Wendung, daß in der Freiheit das Ding an sich sich anzeige, nicht nur eine Flucht aus der Erfahrung (Wirklichkeit) ins Intelligible, sondern eine Bewegung an jenen Quellpunkt, der bei Kant sowohl die theoretische Erfahrung wie die moralische Postulatswelt zusammenhält: an den Quellpunkt der Spontaneität. Kants transzendentaler Idealismus ließ in der Kraft der intelligiblen Freiheit nicht nur jene übernatürliche Ordnung erscheinen, die in der natürlichen keinen Ort habe und niemals eine natürliche werden könne, sondern neben jener an Luther gemahnenden Gesinnungs-Transzendenz findet sich auch allerintensivste Freiheits-Immanenz, dergestalt eben, daß in der sittlichen Spontaneität und ihren Handlungen jener Quellpunkt ans Licht treten sollte, der sich in der gewordenen Erfahrungs-Wirklichkeit entäußert hat und als Ding an sich sozusagen realer ist als diese gesamte Gewordenheit. Freilich ist für Kant der so verstandene »Primat der praktischen Vernunft« nur ein postulierter, kein real wirksamer; denn es fehlte Kant ein Begriff der Geschichte, der den Dualismus zwischen Erfahrung und Postulat, »Reich der Notwendigkeit« und »Reich der Freiheit« tätig überwunden hätte. Hegel hat diesen Begriff der Geschichte in der »Phänomenologie des Geistes« geschaffen: als fortschreitende, dialektisch fortschreitende »Offenbarung der Tiefe«, jener Tiefe, die die Spontaneität selber ist und sich nicht in ihrer bloßen Entäußerung oder dualistischer Erfahrungs-Wirklichkeit beruhigt. Vielmehr erscheint auch diese Entäußerung als Teil der Geschichte, der Vermittlungsgeschichte des Selbst mit Inhalt; die »Freiheit der Kinder Gottes« aber: das Fürsichsein des Selbst erscheint als das werdende Ziel. Es ist hier wieder die religiöse Freiheit, als Aufhebung des Fremdobjekts der Intention, in einer freilich nur kontemplativ bleibenden. Und sie fällt mit dem Zuhause der Wahrheit zusammen: »Denn die Wahrheit ist, sich im Gegenständlichen nicht zu verhalten als zu einem Fremden. Die Freiheit drückt dasselbe, was die Wahrheit ist, mit einer Bestimmung der Negation aus« (Werke XII, S. 167). Das Fürsichsein mündet so in die Hauptvorstellung gerade der christlich-religiösen Freiheit: Gott ist Mensch geworden. Die Substanz ist kein Objekt hoch droben und keine Fremde, von der Furcht und Schicksal ausgehen, sondern die Substanz ist das Subjekt. So freilich, daß diese Entäußerung von aller Entäußerung hier nur eine gedachte ist und weder in wirklicher Arbeit geschieht, gar weiter zu geschehen hat noch als Subjekt den Selbst-Befreiungsakt, Selbst-Befreiungsinhalt der lebenden, wirklichen, konkreten Menschen bedeutet – contra fatum, pro regno hominis. Ist doch – was überhaupt noch bei keinem der bisherigen Freiheitsbegriffe expliziert wurde – Freiheit in jeder Schicht als Wahl-, als Handlungsfreiheit, als ethische und religiöse, überhaupt nur contra fatum fundierbar, also in Sicht einer noch *offenen*, noch nicht *zu Ende determinierten Welt*. Von daher auch der ständig revolutionäre Akzent in der Freiheit, von daher ihre wesenhafte Unvereinbarkeit mit *geschlossener* Determiniertheit (als in welcher es ja auch keine subjekthaft-eingreifenden Determinanten geben könnte, keine Wahl-, gar Handlungsfreiheit). Nur *partiale* Determiniertheit der Welt, noch ungeschlossene Möglichkeit also, macht Freiheit in der Welt selber möglich. Soviel hier über die erste, stärkste Farbe in der Trikolore des Naturrechts und ihren wahren Ort; Freiheit ist der Modus des menschlichen Verhaltens gegenüber objektiv-realer Möglichkeit. Nur derart hat ihr Wozu Spielraum, auf dem Weg in den *Inhalt* der Freiheit: das unentfremdete Humanum.

Wenige werden satt, die meisten hungern sich durchs Leben nur durch. Und die bürgerliche Lebensweise ist mehr als je so beschaffen, daß der Große den Kleinen anfällt, abwürgt, frißt. Diese verschiedenen Lose werden von derselben Gesellschaft verteilt, die in ihrem revolutionären Anfang nicht nur *Freiheit*, auch *Gleichheit* und *Brüderlichkeit* als Losung hatte. Zum Unterschied von dem vieldeutigen Begriff Freiheit sind Gleichheit und Brüderlichkeit, in ihrem unmittelbaren Gebrauch, verhältnismäßig leichtverständliche Bestimmungen. Man kann die Gleichheit nicht in sich selbst beschränken und verwirren, wie das bei der »Freiheit« des Profittriebs der Fall ist; man kann sie höchstens in ihrer Geltung und ihrem Umfang einschränken. Dann erscheint sie als bloße »Gleichheit vor dem Gesetz« oder als »Gleichheit aller Menschen vor Gott«: der riesige Rest sonstiger Ungleichheit wird dadurch nicht zugedeckt. Die Unterschiede von arm und reich können durch formal-juristische oder transzendente Gleichheit nicht verfälscht werden; bei der Brüderlichkeit weiß man ohnehin, daß die Wölfe nicht zu ihr gehören. Das ist der Vorteil quantitativ und qualitativ deutlicher Ideale, oder von homogener Beschaffenheit. An der Freiheit sind wegen der verschiedenen Sphären, in denen sie ihre Bedeutung hat, Sophismen möglich; Gleichheit dagegen ist nicht vergebens auch ein mathematischer Begriff, und was man an ihr hat, hat man klar. Die Freiheit konnte nicht bloß formal, sondern teilweise auch inhaltlich als eine des individuellen Wirtschaftssubjekts umdefiniert werden oder an dessen Schwelle stehen, doch Gleichheit und Brüderlichkeit sind, wenn sie nicht formal bleiben, sondern überhaupt nur inhaltlich werden, sozialistisch, oder sie sind überhaupt nicht. Dagegen kommt auch die Gefahr des amerikanisch-mechanischen »melting pot«, gar der faschistischen »Volksgemeinschaft« nicht auf, die unleugbar im Formalismus der Gleichheit steckt; denn diese bloße Vermassung hat den kapitalistischen Betrieb nicht gestört, im Gegenteil. Deshalb war es auch nicht das Ideal der Freiheit, sondern das der Gleichheit (die égalité Babeufs), vor dem das beginnende Bourgeois-Interesse in der Französischen Revolution gezittert hat. Deren Freiheit eben vertrug sich mit dem Privateigentum (das für die Französische Revolution noch ein Menschenrecht war) und widersprach ihm nur, wenn auch an die Freiheit derer gedacht wurde, die kein Privateigentum besaßen und sich daher verkaufen mußten; Gleichheit dagegen bedeutete von vornherein, wenn nicht ausdrücklich eine Einschränkung geschah, Gleichheit der Vermögen. Sie bleibt so nicht – als Gleichheit aller Warenbesitzer vor dem Gesetz – ein formaler Ausdruck kapitalistischer Interessen, das heißt des kapitalistischen Bedürfnisses nach möglichst homogener Kalkulation, sondern sie denunzierte durch sich selbst bereits die reale Ungleichheit unter den Klassen. So war es nur eine Frage der praktizierenden Konsequenz, ob sich der bürgerlichen Gleichheits-Forderung, nämlich nach Abschaffung der Klassenvorrechte, die proletarische anschloß, nämlich nach Abschaffung der Klassen selber. Während die Freiheit, als nur individuelle, den Unternehmer sanktionierte, sprach ihm die Gleichheit, bereits als Reflex des Wertgesetzes, die ökonomische Notwendigkeit ab. Folglich lag der radikale, bereits sozialistische Akzent der Französischen Revolution weniger auf der Freiheit als auf der Gleichheit, und Babeuf, der Sozialist von 1794, der die beginnenden proletarischen Tendenzen mitten im bourgeoisen Ausgang der Revolution aufnahm, etablierte sich ebendeshalb als Tribun der égalité. Er erkannte genau die Freiheit als abhängig von der ökonomischen Gleichheit, das heißt von der Abschaffung der Unterschiede zwischen arm und reich. »Das Privateigentum«, sagte derart Gracchus Babeuf in seiner Verteidigungsrede, Freiheit durch Gleichheit sichern wollend, – »das Privateigentum ist die Quelle alles Unheils auf Erden. Indem ich diese Lehre predigte, wollte ich das Volk von Paris an die *Republik* fesseln, das Volk, das fast schon *zur Monarchie* bekehrt war durch die Intrigen der Feinde der Freiheit.« Sofern und solange also Freiheit nicht aufs engste mit Gleichheit verknüpft ist, bleibt sie Chimäre; Freiheit ist Befreiung von Druck, und der Druck wird bewirkt durch ökonomische Ungleichheit und ihre Effekte. Gewiß, die Freiheit in ihrem einzig konkreten Sinn: als eine vom Druck, als eine des Auszugs zum Selbst, zum Wir ohne Entfremdung, ist das *Alpha der Revolution*, und sie gibt dem revolutionären Impetus eine

Allegorie ohnegleichen. Das Revolutionsbild von Delacroix, das die Erinnerung an 1830 festhält, die junge Frau auf ihm, mit der phrygischen Mütze, Degen, Trikolore, im Pulverrauch zum Sieg fortschreitend, dies romantische und mehr als romantische Ensemble kann keinen anderen Titel tragen als: »La Liberté guidant le peuple«. Die Freiheit ist ebenso ein *Omega der Revolution,* das heißt, sie ist das eröffnete Tor zu jener Identität des Menschen mit sich selbst, in der nichts Fremdes mehr ist, keine Entäußerung, keine Verdinglichung, keine unvermittelte Natur, kein Schicksal. Die *Gleichheit* bildet dem gegenüber weder eine taugliche Allegorie des revolutionären Impetus noch ein hinreichendes Symbol des revolutionären Zielinhalts. Dafür aber gibt *Gleichheit* das *solide Corpus der Revolution,* sie markiert den Ernst jener Revolution, die sich von allen früheren durch ihren letzthin klassenlosen Inhalt unterscheidet. Gleichheit in materieller Totalität ist selbst nichts anderes als die Konstruktionsidee, wenn nicht des sozialistischen, so des nächstfolgend kommunistischen Aufbaus. In partialer Gestalt ist sie sowohl von den Stoikern wie, im Bund mit der Brüderlichkeit, vom Christentum in die Welt gebracht worden. Die Stoa lehrte zuerst jenen Zusammenhang, ohne den »die Gleichheit dessen, was Menschengesicht trägt«, nichts Wünschbares, erst recht nichts Verpflichtendes an sich hat: sie lehrte die Einheit des Menschengeschlechts. Der Wertunterschied zwischen Griechen und Barbaren verschwand darin ebenso wie später, in der christlichen »Internationale«, der zwischen Juden und Heiden. Im stoischen »Vernunftreich« blieb das alles Literatur, in der sich bildenden Kirche wurde ein besonders intelligibles Stück der partialen Gleichheit: die Seelen-Gleichheit vor Gott, zur Ideologie. Zur Ideologie der Ekklesia, aus Christi Gleichnis von den Reben am Weinstock zum klerikalen Institut verwandelt, zur einen Herde unter einem Hirten. Wie partial aber diese Gleichheit war, wie sehr sie als lediglich gebildeter oder lediglich geistlicher Consensus florierte, erhellt daraus, daß sie der Sklaverei nicht im Weg stand, ja daß hohe Funktionäre der Ekklesia, selbst Kirchenväter, dieser härtesten Nicht-Gleichheit das Wort redeten. Es überrascht so nicht, wenn das Ideal der *Brüderlichkeit,* das aus der Lehre einer gemeinsamen Gotteskindschaft stammt, wenig vollkommener gedieh. Es bringt der Gleichheit eine besonders anspruchsvolle Familienliebe hinzu, überdies eine, die sich nicht im kostenlos breiten Gefühl gegen eine Weltfamilie erschöpfte, sondern die »am Nächsten« sich konkret erweisen mußte. Dies aber gelang bei währenden Klassenunterschieden besonders schwer oder korrumpierte zu jener Form von Bruderliebe, die als Wohltätigkeit besonders kraß den nichtbrüderlichen Weltzustand kenntlich macht. So konnten Gleichheit und Brüderlichkeit mit partialer oder unvollkommener Gestalt in der Klassengesellschaft zwar erscheinen, ja zur Zeit der Französischen Revolution als wirkliche Sterne strahlen: das Eigentum jedoch verhinderte Gleichheit ohne Einschränkung, also wirkliche, und Brüderlichkeit ohne Komik, also substantiierte. Die Statue of Liberty an der Hafeneinfahrt New Yorks widerspricht von hier aus dem amerikanischen Kapitalismus nicht total; sie würde seinem Capital-and-Labor-Synchronisieren jedoch sogleich widersprechen, wenn sie *Statue of Equality* hieße. Nicht daß die Menschen an keinen Vater mehr glauben, hat dem Bruderideal in der bürgerlichen Gesellschaft den Boden entzogen, sondern daß bei Strafe des Untergangs jeder Konkurrent dem anderen sein Feind sein muß, homo homini lupus auf neuer Stufe, vorab nach unten. Interessierte Kreise haben deshalb die *Zusammengehörigkeit* der drei Farben in der Trikolore: Freiheit, Gleichheit, Brüderlichkeit in Zweifel gezogen. Indem sie Freiheit gänzlich in deren erschienenem Bourgeoissinn nahmen und bejahten, nämlich als Freiheit der individuellen Wirtschaftsweise, als Manchesterprinzip dieser Art Persönlichkeit und ihres Auslebens, wünschten sie gerade die sozialistische Gleichheit als widerlegtes Mißverständnis hinzustellen. Nicht das Privateigentum also, sondern die Freiheit schlechthin, nicht das Reichtumsinteresse der Kapitalisten, sondern der Interessenreichtum ausgebildeter Persönlichkeiten sollte danach den Sozialismus der Gleichheit von sich ausschließen lassen. Besonders Simmel hat derart die Trikolore zerschnitten; so soll denn die Gleichheit gänzlich ad acta des achtzehnten Jahrhunderts und seiner noch mangelnden Individuation gelegt werden. Angeblich ist das damalige allgemeine Abstraktum Mensch daran schuld: »Und nun versteht man, daß Freiheit und Gleichheit so unbefangen als einheitliches Ideal empfunden wurden: wenn der Mensch nur in Freiheit gesetzt würde, so würde sein bloßes menschliches Wesen, das die historischen Verbindungen und Verbildungen überdeckt und entstellt hätten, wieder als sein eigentliches Ich hervortreten, und dieses müßte also, weil es eben den allgemeinen Menschen in uns selbst darstellte, bei allen das gleiche sein« (Kant, 1904, S. 171 f.). In Wahrheit aber, da das Abstraktum Mensch ja auch vom Marxismus abgelehnt wird, ohne daß in dem statt dessen betonten »Ensemble gesellschaftlicher Verhältnisse« das Leitbild Humanum verlorenginge – in Wahrheit also arbeitet hier die Ablehnung des Sozialismus selber, als des Ernsts, der mit dem gar nicht so abstrakten Gleichheitsideal gemacht wird. Und wie bei dieser Ablehnung Freiheit schlechthin mit der kapitalistisch gewordenen, gar mit dem »Individualismus der Einzigkeit, des Andersseins, der Rangdistanz« zusammenfallen soll, so die Gleichheit mit bloßer Nivellierung, gerade mit dem also, was Marx selber, sogar an Babeuf, »rohe und asketische Gleichmacherei« genannt hat. Nur bei dieser mithin, als rein mechanischer, ja karikierter Gleichheit, besteht ein Kontrast zur Freiheit, als einer ebenfalls, diesfalls personalistisch karikierten; es besteht aber keiner au fond zwischen den blühenden Gliedern dieses Paars. Nur letzthinniges Stirnertum travestiert die Freiheit zu radikaler Meinhaftigkeit, zu isoliert sogar, um sich als Elite zu stellen; aber auch die Gleichheit zu radikaler Gemeinhaftigkeit, wie sie den Übermensch-Ideologen ins eigene Schema paßt. Echte Gleichheit dagegen mißt weder nach vorhandenem Durchschnitt, noch wird sie, als klassenlos gewordene, von kanonischen Persönlichkeiten gestört, ganz im Gegenteil, sie erhöht sich an ihnen, umfaßt sie als Vorbilder. Desto mehr, als der Gehalt dessen, worauf sich die Gleichheit zum Unterschied von Durchschnitt und Nivellierung bezieht, ja selber keineswegs statisch ist. Zuletzt sogar beschränkt sich der Gleichheitsgehalt auch nicht auf die Gleichheit in klassenlos gelungener Gesellschaft, sondern hat ganz zentrale Aufgabe und Bedeutung in sich, der Freiheit am wenigsten unverwandte, ja mit deren Anliegen im Ziel zusammenfallende. Es ist das Anliegen der ungekommenen *menschlichen Identität*, als des stets bedrohten, stets aufdämmernden

Einklangs der Menschen mit dem Humanum-Bild ihrer selbst, worin sie postulativ eins sind. Bereits die stoisch gesetzte Einheit des Menschengeschlechts, welche das Gleichheitsideal zuerst fundiert hat, enthüllt sich von hier aus als eine der Tiefenfiguren der Gleichheit; das Gleichnis Christi vom Weinstock und den Reben ist deren Tiefe selber. Und der cantus firmus, worin bereits die Einheit des Menschengeschlechts klingt, setzt in seiner Ausschüttung am wenigsten Gleichmacherei; er setzt vielmehr als Ausdruck des Reichtums menschlicher Natur: blühendste Unterschiedenheit oder, mit einem anderen Paradox, das hier statthat, unbeschränkte Polyphonie eines Unisono. Mit Arbeit an der ausstehenden Identität von uns selber, als der Interessen-Gemeinschaft katexochen. Und die Wir-Begegnung auf dem historisch-gesellschaftlichen Weg dahin hätte ebenso kein Gesicht, wenn sie nicht die Fülle der Gesichter hätte, wie wenn sie nicht konzentrisch gerichtet wäre.

Vom Frieden der Brüderlichkeit

Dem ist der beste Glanz zugeordnet, der hier statthat oder statthaben könnte. Dann nämlich, wenn gesellschaftlich so scharf nach dem Rechten gesehen wird und gesehen worden ist, daß weichere Gesinnung nichts mehr verschmiert. Die Fülle der Gleichheit ist Kameradschaft und – rebus bene commotis – *Brüderlichkeit*, die dritte Farbe der Trikolore. Noch mehr als Gleichheit braucht Brüderlichkeit einen Hintergrund, um nicht als Pendant zur Gleichmacherei, nämlich als uferlose Verbrüderung mißverstanden zu werden. Brüderlichkeit ist der Affekt der Verbundenheit zum gleichen Ziel, der erkannten Abstammung alles dessen, was man wert ist und am anderen werthält, vom gemeinsamen Ziel. Diese Abstammung schien früher durch den Glauben an einen gemeinsamen, nämlich himmlischen Vater gesichert; ohnedies setzen Brüder, dem unmittelbaren Wortsinn nach, einen Vater voraus. Dem mittelbaren oder Bedeutungssinn nach setzen sie immerhin die Influenz der Gemeinsamkeit voraus und eben des Werthintergrunds, aus dem diese geflossen ist und sich begründet. Brüderlichkeit war als ein Wertgefühl deshalb niemals wahllos, bedingungslos umarmend, konträr, sie schloß aus dem Bund, den sie schließen ließ, alle Nicht-Verbündeten, erst recht alle Feinde des Ziels aus. Das gilt auch für die christlichen Bünde (Sekten), in denen Brüderlichkeit nicht nur als eine Form des Ziels erschien, sondern als wichtiger, wenn nicht wichtigster Inhalt des Ziels. Auch hier aber galt keine bedingungslose Umarmung, kein »Friede mit Belial und seinem Reich«; die Gemeinde ist eine derer, die guten Willens sind, wenn hier auch den sündhaft bleibenden Weltkindern keinerlei Haß blüht. Dividierte Brüderlichkeit beherrscht selbst das sanfteste Sektenwesen, wie erst das militante, revolutionäre, das die Wechsler aus dem Tempel treibt. Die sanfte Sekte zog sich von den Bösen zurück, die revolutionäre ging um des Bruderreichs willen gegen sie an; in gewalttätigem Mitleid, nämlich mit den Armen, in hilfreicher Erbitterung, nämlich gegen die Wölfe, für die Opfer und Nullifizierten. Diese so exakte wie konkrete Brüderlichkeit wurde nachdem die des revolutionären Klassenbewußtseins, mit dem wahrhaft praktischen Christentum: »Krieg den Palästen, Friede den Hütten«. Aller Haß zwischen den Rassen, den Nationen, den Religionen ist darin aufgehoben, eine Internationale der Unterdrückten geht auf, die darin übereinkommen, nicht mehr Objekte bleiben zu wollen. Letztere Übereinkunft kommt gewiß nicht ohne Kampf aus, er widerspricht jedoch der Brüderlichkeit so wenig, daß er rebus sic stantibus aus ihr folgt; er widerspricht lediglich der bedingungslosen Verbrüderung, und er widerspricht dem harmonistischen Betrug, das ist: der Volksgemeinschaft mit den Mördern des Volks. Brüderlichkeit geht nicht auf die Umarmung von Bestien, sondern von – Brüdern; bis dahin ist fraternitas militans das noch umgebende Vorspiel zu einer fraternitas triumphans. Nicht freilich im Sinn der grotesken Alternative, die nach einem Spruch, der nicht umsonst auf Glaubenskriege zurückgeht, nichts Drittes kennt als Umarmung mit Bruder-Sein oder Schädeleinschlagen aus enttäuschtem Bruder-Sein. Denn ist auch der durch Faschismus zuletzt bezeichneten Bestie gewiß kein Pardon zu geben, so verstand und versteht sich die fraternitas, die selbst, ja gerade bei der Kampfsekte Thomas Münzers den Regenbogen in der Fahne führte, besonders auf ihre ungestörte Frucht, auf ihr mindestens normales Minimum, das Friede heißt. Friede mit den Hütten überall, eben wegen und kraft des Contra zu den Herrenpalästen, die sie in den Krieg treiben. Nicht grundlos war so der Friede als außenpolitische Norm, als postulierter Normalzustand im ganzen klassischen Naturrecht gesetzt; Kants »Entwurf zum ewigen Frieden« ist davon nur die großartigste Erscheinung. Und es gibt keinen Sozialismus, der in diesem Punkt dieses Erbe bisher verlassen hätte, verlassen konnte; denn Klassenkampf, in einer seiner wichtigsten Funktionen: alle künftigen Kriege ursächlich zu verhindern, ist genau das Gegenteil von Krieg, und Führung eines aufgezwungenen Kriegs ist hier dessen ungesuchte Redressierung. »Brüderlich zusammenlebende Familie freier Völker«: auf dem Weg zu diesem Rousseau-Effekt verliert allerdings die Brüderlichkeit jede Sentimentalität; sie haftet ihr nur als unechter, wohl gar hypokritischer an. Ja selbst das echte Minimum fraternitas ist doch nur erst ein solches, gibt den Baugrund zu einer stets viel positiver visierten Freundlichkeit. Das Wirkliche ist ohnehin aus den drei Worten der Trikolore noch nicht heraus; desto lebhafter verdienen und brauchen diese ihre sozialistisch geprüfte Rettung. Der Freiheitskampf erzeugt Gleichheit; die Gleichheit als Ende der Ausbeutung und Abhängigkeit erhält die Freiheit, die Brüderlichkeit lohnt eine Gleichheit, worin es keiner mehr nötig hat, ja überhaupt in der Lage ist, dem anderen ein Wolf zu sein.

Also vertragen sich die drei Worte gut, hängen richtig zusammen. Unter ihrer Fahne marschierte vordem die französische Unabhängigkeit, die amerikanische. Sie ist keine wirkliche Unabhängigkeit geworden, folglich gelten die drei Worte weiter. Sie sind revolutionär gerechtfertigt, sie sind knappe Ideale des politisch-sozialen Seins. Aber waren auch die bürgerlichen Revolutionen, worin diese Ideale wirkten, Vorläufer einer proletarischen? Das wurde neuerdings bezweifelt; wäre dieser Zweifel berechtigt, dann wäre die Marseillaise kein Freiheitslied und Revolution überhaupt ein bedenklich Ding. Mindestens gäbe es dann von ihr grundverschiedene Arten, und vielleicht wäre die proletarische einem Kritiker, der mit Robespierre so unzufrieden ist, auch nicht die rechte. Max Horkheimer hat die Frage gestellt, ob die bürgerlichen Revolutionen in ihrem Habitus tatsächlich den Stammbaum einer sozialistischen darstellen (»Egoismus und Freiheitsbewegung«, Zeitschrift für Sozialforschung, 1936). Er ging mit dieser Frage scheinbar weit über den Spott hinaus, den Marx im »Achtzehnten Brumaire« dem falschen Bewußtsein, das heißt den historischen Kostümen eines Cromwell und Robespierre angedeihen ließ. Weit auch über die Distanz, die Marx zwischen dem »poetischen Charakter« aller früheren Revolutionen und dem nüchternen der proletarischen gesetzt hatte. Horkheimer verneint sogar, daß Freiheit, vor allem Gleichheit, wie sie vom revolutionären Bürgertum in seinen radikalsten Vertretern verlangt wurden, proletarische Sterne seien. Sie sollen es nicht sein, weil Freiheitskampf mit dem hedonischen Materialismus, Gleichheitspathos mit dem freundlichen Egoismus schlecht zusammengehen, der nach Horkheimers Konzeption am Sozialismus so wichtig ist. Bürgerliche Revolution sei Ressentiment gegen Wohlstand und Luxus, ihre Idealbildung allemal verlogener Altruismus. An drei weit voneinander abliegenden bürgerlichen Revolutionären, an Cola di Rienzo, Savonarola, Robespierre sucht Horkheimer derart zu zeigen, daß dem Bürgertum von Anfang an, auch in seinen progressiven Erhebungen, jene Züge eignen, die dann »wie ein schlechter Abklatsch« im – Faschismus sich wiederholen. Die Züge interessierter Lustfeindschaft, des Terreur, der Wut über Unmoral, über Epikureismus und Materialismus, über aristokratische Existenz, kurz eines »tiefen erotischen Ressentiments«. Neben den angeblich bisher überschätzten rationalistischen und humanitären Tendenzen glaubt Horkheimer – gerade unter der Maske Freiheit, Gleichheit, Brüderlichkeit – irrationalistische im schlechtesten Sinn entdeckt zu haben, auch bei Robespierre. Ja letzterer zeige ein besonders düsteres und glücksfeindliches Ethos, er haßte Theater, Tanz, Spiel, öffentliche und private Freudenfeste gleich dem strengsten Puritaner; und tatsächlich war Robespierre kein Bonvivant. Horkheimer zitiert, um auch noch die – Vernunftfeindschaft der bürgerlichen Revolution beweisen zu können, folgenden Ausspruch Robespierres: »Tugend und Begabung sind beides notwendige Eigenschaften, aber Tugend ist die notwendigste. Tugend ohne Talente kann immer noch nützlich sein, Talente ohne Tugend sind nur ein Unglück.« Aus verwandten Erscheinungen bei Cola di Rienzo (mitten im Frühhumanismus), erst recht bei Savonarola (mitten in der Frührenaissance) schließt Horkheimer: »Schon die frühbürgerlichen Bewegungen zeigen ein schwankendes Verhältnis und oft eine starke Abneigung gegen Geist und Vernunft; erst in der späteren Geschichte gewinnt freilich dieses antihumanistische, den erreichten intellektuellen Stand herabdrückende, barbarisierende Moment eindeutig das Übergewicht.« Ebenso sucht Horkheimer in den Ideologien der bürgerlichen Revolutionen und nachher des bestallten Bürgertums (als wären beide Momente dasselbe) bereits jene Lüge des Gemeinwohls, die im deutschen Faschismus als Volksgemeinschaft grassierte. Das altruistische Pathos hat den Zweck, den Egoismus der Armen zu diskreditieren und die vorhandene, höchst egoistische Wirksamkeit der herrschenden Klasse zu verschleiern; in beiden Fällen ist Tugend ein Herrschaftsinstrument. Diese Definition ist zwar richtig, sofern sie sich auf die Ideologie des arrivierten und statischen Bürgertums, nach der Englischen, nach der Französischen Revolution bezieht; sie wird jedoch heillos in Anwendung auf das Brüderlichkeits-Ideal der Revolutionen selbst und wird seltsam, wenn sie sogar den Citoyen in sich einbezieht, etwa derart: »Das überspannte Musterbild des Menschen, der zugleich sentimentalische und harte Begriff der Tugend und Selbsthingabe, der Kultus eines abstrakten Heroismus haben die gleiche Wurzel wie der individualistische Egoismus und Nihilismus, mit dem sie zugleich in Widerspruch und Wechselwirkung stehen.« So wird hier – im Namen eines nichtindividualistischen, sozusagen nicht-egoistischen Egoismus – die bürgerliche Revolution als Revolution gestrichen. Einzelne Züge in ihr, ja nur in einigen ihrer Repräsentanten, ja nur in einigen Augenblicken ihrer Repräsentanten, der Scharfmacherphrase vom Neid der besitzlosen Klasse oft zupaß, werden benutzt, um schließlich eine Art Generalnenner vermuten zu lassen zwischen dem Sturm auf die Bastille und Hitlers Reichstagsbrand. Zwischen der Intention auf die Menschenrechte und der ältesten Art von Tyrannei; zwischen dem progressiven Morgenrot einer Klasse und ihrer alles widerrufenden Nacht. Der Citoyen geht nach dieser scheinradikalen, nicht vom ärgsten Dogmatismus vertretbaren Auffassung im Bourgeois nicht unter, sondern ist sein Keim; Marseillaise und Carmagnole rangieren hier schließlich, in Konsequenz, als ältere Geschwister des Horst Wessel-Lieds. Solche reductio ad absurdum zeigt, wohin eine Theorie gelangt, die die bürgerliche Revolution als Stammbaum der proletarischen leugnet, sie dafür aber gleichsam in den Faschismus hineinokuliert. Dies Geschäft macht die proletarische Revolution notwendig geschichtslos, entfernt sie aus der historisch-materialistischen Dialektik oder aber läßt leugnen, daß proletarische Revolution, wenn sie erschienen ist und genau der Opulenz Figaros Tänzchen aufspielt, eine sei. Engels, der gegen die »negative Gleichheit« des Terreur durchaus empfindlich war und noch mehr gegen den abstrakten Dekretismus des Jakobinertums, hat dennoch niemals vergessen, was die rote Fahne mit der Trikolore verbindet. Es ist überflüssig zu betonen, daß auch die bürgerlichen Revolutionen ihrem realen Inhalt nach hinreichend – Revolutionen sind. Denn sie gehen von einer unterdrückten Klasse aus, sie drängen gegen eine erstarrte Gesellschaft, deren Ordnung immer mehr zum Hemmnis vorwärtsdrängender sozialer Gruppen und ihrer materiellen Produktionsmöglichkeiten geworden ist. Es ist aber nicht überflüssig zu betonen, daß auch die Ideologien, solange sie Revolutionen waren, Wahlverwandte im menschlichen Identifizierungskampf sind und nicht eben nur museale. Sie haben zwar enorme Mengen falschen Bewußtseins in sich, dazu spiegeln sie Veränderungen in der Gesellschaft wider, die keineswegs radikal sind, das heißt die Klassengeschichte aufheben. Dennoch sind sie voller Antizipationen, sind vom Wunschtraum einer klassenlosen Gesellschaft bewegt, und der Schuß des revolutionären Enthusiasmus ging allemal über das bloße Klassenziel hinaus. Daher kommt die sozialistische Revolution, indem sie die Klassengesellschaft überhaupt aufhebt, durchaus an Punkte, wo sie das Intendierte bürgerlicher Revolutionen berührt, ja gerade bei Strafe eigener Unkenntlichkeit berühren muß, mit Tradition des Ungewordenen. Zuhöchst eben in den Parolen Freiheit, Gleichheit, Brüderlichkeit und dem von ihnen bezeichneten Vor-Bewußtsein eines Zustands, worin Klassengesellschaft nicht mehr gilt. Bedeutend angemessener als Horkheimer hatte gleichzeitig ein Theoretiker der wirklichen Revolution: Georg Lukács, den bürgerlichen Willensglanz in Frage gestellt, das heißt in Untersuchung gezogen (»Schillers Theorie der modernen Literatur«, Internationale Literatur, 1937, enthalten in »Goethe und seine Zeit«, Berlin 1950). Die idealistische Moral der bürgerlichen Revolution sieht hier aber ganz anders drein, nämlich progressiv. Sie erscheint als statthalterhaft, als ernste Illusion über produktionstechnisch noch nicht erreichbare oder wieder verlorengegangene Citoyen-Inhalte. Bezeichnend hierfür ist die Rolle, welche – in immer neuen Verschiebungen und Akzenten – das antike Mensch- und Polis-Ideal in der bürgerlichen Emanzipation spielte. Nicht nur beim »Aristides« Robespierre, auch in den Vor- und Nachreflexen der Revolution, von Winckelmann bis Hölderlin. Bedeutsamerweise rückte in der bürgerlichen Klasse, während ihres Selbständigwerdens, während der fortschreitenden Lösung ihres Bündnisses mit dem absoluten Königtum, das klassische Ideal immer mehr aus Rom nach Griechenland: an die Stelle Senecas trat Sophokles, an die Vergils Homer. Der keimende Bourgeois verleugnete sich und hellenisierte in seinen Illusionen, Citoyen zu werden, Bürger einer von lauter Demokratie und Allgemeininteresse erfüllten Polis; erst recht wirkte nach dem Sieg des realen, arbeitsteiligen Bourgeois und seines puren Sonderinteresses das Citoyen- und Polis-Ideal fort. In sehnsüchtig-sentimentaler Form, bis herab zu dem falschen Ton eines immer unwirklicheren, immer abstrakteren Idealismus; bis zum Schwindel-Klassizismus der Schiller-Epigonen im neunzehnten Jahrhundert und jenem Kult des Wahren, Guten, Schönen, dem keine kämpfend-progressive Illusion mehr entsprach, kein republikanischer Altruismus, keine »Citoyenseite des bürgerlichen Menschen«, sondern lediglich Heuchelei. Während doch umgekehrt im Aufstieg des Bürgertums wie in den postrevolutionären Protesten gegen den Bourgeois jenes »abstrakte Musterbild des Menschen« pathetisierte, das Horkheimer so wenig behaglich erscheint, jener »Kultus eines abstrakten Heroismus«, der dem Bourgeois-Typ so fernsteht. Es gibt gewiß eine Zerrissenheit des bürgerlichen Bewußtseins, eine Spaltung zwischen seiner erschienenen Realität und seiner ursprünglichen Revolution; Hölderlins »Hyperion«, dies *beschwörende Requiem auf den entschwundenen Citoyen*, gibt davon höchstes Zeugnis. Aber was gerade den pathetisch altruistischen Idealismus angeht, der angeblich mit rein individualistischen Brandfackeln sich so wohl vertragen, gar in Wechselwirkung stehen soll, so gehörte er an Ort und Stelle durchaus glänzend zu seiner Revolution und war stellvertretend für eine weniger pathetische, für eine nicht gekommene Humanität. Die Empörung gegen den adligen Wüstling, die strenge Feier menschlicher Reinheit wird folglich nicht aus »Ressentiment« gebildet, sondern vom Stolz und der Nach-Erinnerung des Citoyen; ihm gilt auch die gesamte idealistisch-pathetisch stilisierende Literatur. Lukács versteht diese Komponente als bürgerliche, indes entscheidend revolutionäre: »Von Miltons Epen und Dramen, von Addisons ›Cato‹ angefangen bis zu Alfieris republikanischem Klassizismus und bis zu dem revolutionär-idealistischen Pathos Shelleys bleibt ein solcher – freilich sich immer wandelnder – idealistischer Stil neben dem großen Strom der realistischen gesellschaftlichen Literatur notwendig bestehen« (l. c. S. 130). Es ist das »die idealistische Stilisierung des positiven Helden als Repräsentanten der Citoyenseite des Bürgers«, mithin der utopischen Seite der bürgerlichen Revolution. Auch Freiheit, Gleichheit, Brüderlichkeit stehen auf der unabgegoltenen Seite, sind hierbei, zum Unterschied vom Schillerpathos, noch unerledigt. Daher sagt Engels exakt in bezug auf die Französische Revolution, auf Menschenrechte und bürgerliches Naturrecht: »Die Proletarier nehmen die Bourgeoisie beim Wort.« Soziale Revolution erfüllt in ihrer Aufgabe ohne Illusion, was die bürgerliche Revolution durch allen Betrug und alle Illusionen hindurch an Citoyen versprochen hat. Die bürgerliche Revolution war zweifellos an den meisten Punkten mehr bürgerlich als Revolution, aber sie hat nicht nur – als Abschaffung der Klassenprivilegien – ein gewaltiges Stück Aufräumung geschafft, sie hat eben auch jenes Versprechen und jenen utopisch-konkreten Gehalt eines Versprechens in sich, an das die wirkliche Revolution sich halten kann. Es ist der Gehalt der Menschenrechte, und schmeckt er nach mehr, so gibt es weniges in der bisherigen Geschichte, das auf Grund seiner Basis so begrenzt und verhindert, auf Grund seiner Postulate so human-antizipierend war. Freiheit, Gleichheit, Brüderlichkeit, die versucht gewesene Orthopädie des aufrechten Gangs, des Männerstolzes, der Menschenwürde weisen über den bürgerlichen Horizont weit hinaus.

L'homme und Citoyen bei Marx

Vor Tische las man's anders, wie oft ist das wahr. Als sich die bürgerliche Klasse noch nicht zur Macht gesetzt hatte, war oder schien sie menschlich wie keine zuvor. Vertrat den freien Mann, die Kinder des Vaterlands, das allgemein Menschliche zugleich. An dem freien Mann war ein Haken, der nationale Sinn konnte nationalistisch werden, das Menschliche immer allgemeiner. Was aber so rein zu beginnen schien und erst nachher, in der Ausführung, nachläßt, gar sich verkehrt, das pflegt besonders nachzuleuchten. Öfter wird in anderen Fällen versucht, genau dort, am Anfang, neu zu beginnen, gleich als wäre alles dort noch recht gewesen. Und als läge insgesamt nur Abfall vom alten Kurs vor. Wird alles nur dem später Gekommenen zur Last gelegt, so wird auch nur dieses geprüft.

Aber man las ja vor Tische gar nicht alles anders, auch nicht vorliegenden Falls. Das muß genau um des angestrebten Erbes willen immer wieder festgehalten werden, auch am Bild des Citoyen. Was sich seines illusionshaften und doch noch mehr antizipierenden Bilds bediente, war die gleiche ökonomisch-soziale Tendenz, die nachher den befreiten Bourgeois hervorbrachte. Dessen ebenfalls, doch unvergleichbar anders und düster progressives Wesen, diese bloße Freiheit des Erwerbs bildete notwendig auch am Citoyenbild mit, mindestens an seinem wichtigen Rahmen. Ja bereits 1791, als die Menschenrechte noch gläubig deklariert wurden, war in den Maienträumen, die nicht reiften, bereits ein Stück jenes Bourgeois, das dann so gewaltig gereift ist. Das klarerweise, weil damals der Bourgeois, als egoistische Triebkraft der industriellen Produktion, und noch nicht der Citoyen, mit wirklicher Freiheit, Gleichheit, Brüderlichkeit, auf der ökonomischen Tagesordnung stand. Privateigentum ist daher einer der wesentlichen Inhalte der vier bürgerlichen Menschenrechte von 1791 gewesen: »propriété« regiert die »sûreté«, die »résistance«. Das Privateigentum bestimmte vor allem den Inhalt der Freiheit, gemäß der Verfassung von 1793, Art. 16: »Das Eigentumsrecht ist dasjenige jedes Bürgers, willkürlich (à son gré) sein Vermögen, sein Einkommen, die Früchte seiner Arbeit und seines Fleißes zu genießen und über sie zu verfügen.« All dieser Untergrund am Citoyen entsprach bereits vor dem Thermidor dem kapitalistischen Interesse, sofern das Volk noch nicht den Boden abgab, worin die Blumen der wirklichen Freiheit wurzelten, sofern das Volk also, wie Marx sagt, in der Idee des Interesses der Französischen Revolution nicht die Idee seines wirklichen Interesses besaß. Marx trennt derart den egoistischen Inhalt der damaligen droits de l'homme scharf von dem damaligen politischen, noch abstrakt-idealistischen Idealbild des Citoyen. Der besondere Anlaß zur besonderen Schärfe dieser Trennung war durch den hochmütigen Unsinn Bruno und Edgar Bauers geliefert worden, die erklärt hatten, daß die »reine Idee« der Französischen Revolution durch die »unkritische Masse« verdorben worden sei. Marx und Engels wiesen statt dessen auf den vollen Erfolg dieser Revolution hin, als der Emanzipation des Bourgeois und der damals ökonomisch notwendigen Profitwirtschaft – ein Hinweis, der eben nicht ohne scharfe Kritik an der Ideologie der Menschenrechte selber möglich war. Und in der Tat muß, über den so gegebenen besonderen Anlaß hinaus, jedes sozialistisch anzutretende Erbe ein kritisches sein, keines mit belorbeerter Gipsfigur. Indem die bürgerlichen Freiheiten zunächst immer noch mehr bürgerliche als Freiheiten sind, ist die Prüfung der Menschenrechte auf ihren ideologischen Inhalt ganz selbstverständlich; und zunächst ergaben sich daraus sogar Vorsicht, partiale Negation, Einschränkung. Derart erklärt Marx in der Schrift »Zur Judenfrage«, 1844, »daß die sogenannten Menschenrechte, die droits de l'homme im Unterschied von den droits du citoyen, nichts anderes sind als die Rechte des Mitglieds der bürgerlichen Gesellschaft, d. h. des egoistischen Menschen, des vom Menschen und vom Gemeinwesen getrennten Menschen … Der Mensch wurde daher nicht von der Religion befreit, er erhielt Religionsfreiheit. Er wurde nicht vom Eigentum befreit, er erhielt die Freiheit des Eigentums. Er wurde nicht von dem Egoismus des Gewerbes befreit, er erhielt die Gewerbefreiheit« (MEGA I 1,

S. 593). Und weiter, in der »Heiligen Familie«, 1845: »Eben das Sklaventum der bürgerlichen Gesellschaft ist dem Schein nach die größte Freiheit, weil die scheinbar vollendete Unabhängigkeit des Individuums, welches die zügellose, nicht mehr von allgemeinen Banden und nicht mehr vom Menschen gebundene Bewegung seiner entfremdeten Lebenselemente, wie z. B. des Eigentums, der Industrie, der Religion etc. für seine eigne Freiheit nimmt, während sie vielmehr seine vollendete Knechtschaft und Unmenschlichkeit ist... Welche kolossale Täuschung, die moderne bürgerliche Gesellschaft, die Gesellschaft der Industrie, der allgemeinen Konkurrenz, der frei ihre Zwecke verfolgenden Privatinteressen, der Anarchie, der sich selbst entfremdeten natürlichen und geistigen Individualität – in den Menschenrechten anerkennen und sanktionieren zu müssen und zugleich die Lebensäußerungen dieser Gesellschaft hinterher an einzelnen Individuen annullieren und zugleich den politischen Kopf dieser Gesellschaft in antiker Weise bilden zu wollen« (MEGA I 3, S. 291 ff.). Es sind das die gleichen Selbsttäuschungen, welche Marx später, sogleich zu Beginn des »Achtzehnten Brumaire«, 1852, »weltgeschichtliche Totenbeschwörungen« nannte. Allerdings – und nun kommt aus der Prüfung das bedeutende Positivum, nicht die Menschenrechte schlechthin, wohl aber die »Rechte des Citoyen« betreffend –, allerdings nannte Marx im Beginn der gleichen Schrift die Selbsttäuschungen der Robespierres und vorher auch der Cromwells solche, »deren sie bedurften, um den bürgerlich beschränkten Inhalt ihrer Kämpfe sich selbst zu verbergen und ihre Leidenschaft auf der Höhe der großen geschichtlichen Tragödie zu halten«. Es galt also, »die neuen Kämpfe zu verherrlichen,... die gegebene Aufgabe in der Phantasie zu übertreiben, ... den Geist der Revolution wiederzufinden«. Den Geist der Revolution also: diesen hielten die »Rechte des Citoyen« fest, und er wird, wie Marx nun gerade nach aller Kritik in der Schrift »Zur Judenfrage« abschließend sagt, er wird verwirklicht, »erst wenn der wirkliche individuelle Mensch den abstrakten Staatsbürger in sich zurücknimmt..., erst wenn der Mensch seine ›forces propres‹ als gesellschaftliche Kräfte erkannt und organisiert hat und daher die gesellschaftliche Kraft nicht mehr in der Gestalt der politischen Kraft von sich trennt« (MEGA I 1, S. 599). Der abstrakte Staatsbürger, der vom »profanen Menschen« losgerissene, obwohl in ihm enthaltene, der abgehobene »wahre Mensch«, das ist der Citoyen, doch eben: er ist es auch als die »politische Kraft«, als der Träger der vergesellschafteten Freiheit. Wonach der Nebenmensch nicht mehr, wie im Egoismus der droits de l'homme, als Schranke der Freiheit, sondern als deren Verwirklichung lebt. Trotzdem hat das Citoyenbild, bereits im bürgerlichen Mutterleib sozusagen, einen Schaden empfangen, der in der Folge nachwirkte, indem man ihn nicht original erkannte. Aber trotzdem wiederum wirkte sich das heile Citoyenbild, ungeachtet andersartiger Quellen, gar verderblicher Verwalter, selbst noch als Phrase kritisch gegen sein gekommenes Gegenteil aus, ja hatte, wie Hölderlin zeigt, stets wieder Selbstreinigung in sich.

Von hier ab läßt Marx auch auf die Menschenrechte viel wärmeres Licht fallen. Er hat den bürgerlichen Klasseninhalt in ihnen aufgezeigt, mit unübertrefflicher Schärfe, doch ebenso einen künftigen, der damals noch keinen Boden hatte. Er entdeckte das Privateigentum als regierend unter den anderen Menschenrechten, doch diese anderen treten dadurch desto abgebrochener hervor. Lehnt Marx, wenn er das Privateigentum als bürgerliche Schranke in den Menschenrechten anzeigt, Freiheit, Widerstand des Volkes gegen Unterdrückung, Sicherheit als die anderen Anmeldungen des Rechten ab? Durchaus nicht, wie sich von selbst versteht, er trieb vielmehr auf ihre weiterlaufende, durch kein Privateigentum verhinderte und wachsend vernichtete Konsequenz. Die Freiheit ist bei ihm so wenig kritisiert, daß so umgekehrt dasjenige Menschenrecht ist, durch dessen Glanz und Menschlichkeit Marx das Privateigentum selbst kritisiert. Von daher gerade die Marxschen Konsequenzsätze: nicht Freiheit des Eigentums, sondern vom Eigentum, nicht Freiheit des Gewerbes, sondern vom Egoismus des Gewerbes; nicht Emanzipation des egoistischen Individuums von der bloßen Feudalgesellschaft, sondern Emanzipation aller von jeder Klassengesellschaft. Mit solcher Gründlichkeit wird also liberté statt propriété unter den Menschenrechten endlich regierend, macht sich gegen Faschismus, auch gegen Diktatur als

Selbstzweck aktuell und wirklich. Folglich gelten mehr denn je die Kampfrechte auf Versammlungsfreiheit, Koalitionsfreiheit, Pressefreiheit, Sicherheit, gelten die Widerstandsrechte der Werktätigen gegen Ausbeutung und Unterdrückung. Im *Programm* des Sozialismus aber, wo Ausbeutung und Unterdrückung der Werktätigen verschwunden sind, erfließen die Kampfrechte nicht weniger rezent, doch positiv: als Rechte rücksichtslos sachlicher, praktisch eingreifender Kritik zum Zweck des sozialistischen Aufbaus, im Zielrahmen der Solidarität. Wonach Solidarität des Sozialismus bedeutet, daß der Mensch in den Menschenrechten nun nicht mehr das egoistische Individuum darstelle, sondern das sozialistische, welches nach der Marxschen Prophezeiung seine »forces propres« in gesellschaftlich-politische verwandelt habe. Dergestalt, daß der Citoyen aus dem abstrakt-moralischen Jenseits, welches er in der Ideologie der Französischen Revolution bewohnte, ins Diesseits der vergesellschafteten Menschheit zurückgeholt ist. Überall aber soll es das gleiche Banner der Menschenrechte sein, welches die Werktätigen als Widerstandsrecht in kapitalistischen Ländern erheben, welches sie in sozialistischen durch Aufbau des Sozialismus, Kritikrecht, ja Kritikpflicht in diesem Aufbau vorantragen. Sonst würde ja – contradictio in adjecto – autoritärer Sozialismus gelten, indes doch die Internationale das Menschenrecht erkämpft: organisierte Mündigkeit.

Noch ein anderes leuchtet damit an der alten Fahne, bürgerlich eher verspottet. Ist nichts Geringeres als die Leidenschaft, fortzuschreiten, und der kluge Glaube, dem zu dienen. »Die Freiheit führt das Volk«, dieser Titel des Bildes von Delacroix bezeichnet schlechthin einen Weg nach vorwärts. Es bezeichnet die Freiheit, welche im gleichen progressiven Akt vom Überalterten losreißt, zu neuen Ufern hinreißt, vor sich den Tag, hinter sich die Nacht. Das Überalterte sind primär die zu Fesseln gewordenen Produktionsverhältnise, also lagen die neuen Ufer 1791 zunächst im Gebiet des emanzipierten egoistischen Individuums, der freien Konkurrenz, des offenen Markts, kurz der kapitalistisch aufsteigenden Produktions- und Austauschweise. Die Bourgeoisie, eine an sich so wenig heroische Klasse, bedurfte dazu in verstärkter Weise der heroischen Illusionen in antikischer Manier. Aber was die Illusionen im Glauben der Jakobiner angeht, alle Unterdrückten befreien zu können, so wirkte darin durchaus anderes als antikisierende Anleihe. Es wirkte die Vorwegnahme, als Progreß-Aura um eine ungemein bessere Art von »Polis«, und das gab der Sache erst den moralischen Glanz, den die Emanzipation des dritten Stands (und sonst nichts) nirgends gehabt hätte. Dies Menschenrecht ist es, was Beethoven eine Brutusbüste in sein Zimmer stellen ließ, was die Musik des »Fidelio«, die neunte Symphonie dermaßen zur Rettung, zur Ankunft der Freude macht; – im Novum des damaligen Freiheitskampfes lebte das Ultimatum der totalen Befreiung. All das ist bei Marx bedeutet, wenn er vom »Geist der Revolution« sprach, den es gegen »den bürgerlich beschränkten Inhalt« durch Übertreibung und Phantasie wiederzufinden galt. Und so verschieden die bisherigen Revolutionen an sozialem Auftrag waren, so sehr gerade die proletarisch-sozialistische, als Aufhebung der Klassengesellschaft überhaupt, von jeder früheren sich abhebt, so geht doch durch alle Revolutionen jene einheitliche, typische, zusammenhaltende Tendenz, welche selbst noch ihre Rückerinnerungen auf die Tendenz des Sprungs zum Reich der Freiheit bezieht. Genau das Jakobinertum war mindestens mit Antizipationen dieses Sprungs so verbunden, daß die Französische Revolution an Ort und Stelle schon, weit über die fällige Unternehmerbefreiung hinaus, sozialistisch-humanistischen Fortschrittsinhalt mit Konsequenzzwang nahe brachte. Der gleiche Marx, der den kapitalistischen Auftrag in den Menschenrechten so durchschauend geprüft hat, bekundet in der »Heiligen Familie«, was sonst noch bei Jakobinern und ihren Folgen impliziert war: »Von dieser Prüfung unangefochten, hat die Französische Revolution Ideen hervorgetrieben, welche über die Ideen des ganzen alten Weltzustandes hinausführen. Die revolutionäre Bewegung, welche 1789 im Cercle social begann, in der Mitte ihrer Bahn Leclerc und Roux zu ihren Hauptrepräsentanten hatte und endlich mit Babeufs Verschwörung für einen Augenblick unterlag, hatte die kommunistische Idee hervorgetrieben, welche Babeufs Freund Buonarotti nach der Revolution von 1830 wieder in Frankreich einführte. Diese Idee, konsequent ausgearbeitet, ist die Idee des neuen Weltzustandes... Wie der cartesische Materialismus in die eigentliche Naturwissenschaft verläuft, so mündet die andere Richtung des französischen Materialismus direkt in den Sozialismus und Kommunismus« (MEGA I 3, S. 294 ff., 307). In der alten Trikolore leuchtete also bereits ein erhebliches Stück Rot, vom vierten Stand angemeldet, das Rot eines nicht reduzierbaren Fortschritts. Gegen die Entmannung der Zeit gerichtet, gegen das Bündnis mit den »uralten Mächten des Lebens«, gesehen durch Adel und Kirche, gegen einen Ziel-Nihilismus, worin das Ça ira der Französischen Revolution gänzlich verhallt. Dagegen Marx hat noch am Ça ira der damaligen naturrechtlichen Parolen ihren teils stationären, teils abstrakt-unbewegten Grundzug nur kritisiert, um ihn gerade durch weiteren Prozeß, als sozialistischen, aufzuheben. Stationär war l'homme als »egoistischer Mensch, als der vom Menschen und Gemeinwesen getrennte«; abstrakt unbewegt war le citoyen als bloßes abgehobenes Idealgebilde in neuantiker Polis, als »allegorische, moralische Person« statt als Träger der gesellschaftlichen Freiheit. Und der weiterlebende Fortschritt ist, daß genau das politisch-Citoyenhafte: Freiheit, Gleichheit, Brüderlichkeit in die »forces propres« der lebenden Menschen eintrete; dann erst, sagt Marx, »ist die menschliche Emanzipation vollbracht«. Wonach eben der Nebenmensch nicht mehr, wie im Egoismus der droits de l'homme, als Schranke der Freiheit, sondern als deren Kommunität lebt.

20 MARXISTISCHE DISTANZ ZUM RECHT UND AUCH ZUM NATURRECHT; PROBLEM EINER KLASSENLOSEN QUINTESSENZ DES »AUFRECHTEN« IM NATURRECHT

Gesundes Mißtrauen

Der Arme weiß bis jetzt, daß er nicht nur geldlich schief liegt. Ein schlecht Gekleideter tut allemal gut daran, dem Schutzmann auszuweichen. Das Auge des Gesetzes sitzt im Gesicht der herrschenden Klasse. Kein Schwächerer, wenn er sein Recht sucht, hat Aussicht, gegen die begüterte Partei zu gewinnen; sie beschäftigt den besseren Anwalt. Geld macht sinnlich, Geld macht scharfsinnig, und das Recht ist letzteres durchaus. Auch die sonstigen Reibungen mit dem Gesetz erfährt fast nur der kleine Mann. Dem Armen dienen die Gerichtsvollzieher, die Gefängnisse, dem besseren Herrn bleibt eine juristisch unangenehme Lage meist erspart. Die kleinen Diebe hängt man, die großen läßt man laufen: auf diesem Gemeinplatz steht seit alters jedes Gerichtsgebäude. Noch aussichtsloser ist es einem Führer der unterdrückten Klasse, sich, wenn er politisch beklagt wird, juristisch durchzusetzen. Er wird zur Strecke gebracht und am sichersten auf dem sogenannten Rechtsboden; denn dieser ist von der herrschenden Klasse angelegt und voll vorgesehener Fallen. Das Mißtrauen des Volks gegen die Gerichte ist deshalb so alt wie diese selbst. Ein bäurisches Sprichwort sagt zwar, das Recht finde seinen Knecht. Aber ein anderes Sprichwort bestimmt die Zeit, wann dies der Fall sein werde; dann nämlich, wenn die Kuh einen Batzen gilt. Und das trifft ziemlich genau den Anlaß, weshalb der Arme vom Richter wenig zu hoffen und viel zu fürchten hat, vom Richter, der den Geldschrank beschützt. Je bedrohter dieser, desto beliebiger wird das Recht gebeugt, und es läßt sich beugen. Es hat fast allemal den Wünschen der Herren gehorcht, sie in lautlosem Krieg still und abertausendmal durchgesetzt.

Museum der Rechtsaltertümer

Das muß erinnert werden, denn so wurde der Feind und seine Lüge zuerst durchschaut. Juristen – böse Christen, lautet ein anderer alter Spruch, er wurde auch durch den bürgerlichen Rechtsstaat, den immer wieder formalen, nicht aufgehoben. Obwohl dieser hie und da durch sich selbst, durch seinen vorgegebenen, immerhin formalen Zaun um die Willkür in Verlegenheit zu bringen war, für ein J'accuse nutzbar zu machen war. Gelang das, so half es auf die Dauer doch nicht, auch glaubte der Mann, der gezwungen war, Brot zu stehlen, nicht an die sogenannte Gerechtigkeit. Wäre das Mißtrauen gegen die herrschende Klasse in anderen Gebieten ebenso gesund, dann wären die Massen längst schon weiter. Alles Recht beruht auf streitendem Willen, indes der besser situierte, besser armierte Wille pflegt, solange es Klassen gibt und diejenigen gibt, die sie vertreten oder ausnutzen, immer wieder zu siegen. Der Fall ist so klar, daß ihn bereits die Sophisten durchschauten, als Skeptiker, und daß Nietzsche wiederum, als sein Ideologe, dafür den Ausdruck fand, Recht sei der Wille, ein jeweiliges Machtverhältnis zu verewigen. Nietzsche hat damit nur rühmend verkündet, was drei Menschenalter vorher bereits der Rechtszyniker, Rechtshistoriker Hugo kenntlich gemacht hatte: das positive Recht (weder Hugo noch Nietzsche wollen ein anderes) ist Herrschafts-Technik, ist eine besonders dünn aufliegende Herrschafts-Ideologie. Die Technikform dieses Rechts war ohnehin durch Machiavelli gelehrt. Und noch bejahender als bei Nietzsche wurde das jeweils positiv geltende Recht faschistisch aus Macht abgeleitet und nichts anderem. Carl Schmitt enthüllte, wie zu sehen war, den leeren Machtcharakter der meisten positiven Rechte vollends als subjektiv-zynischen Zustand seiner heutigen Pragmatisten selber; aber auch bei Kelsen, diesmal formal, wird Recht ein gesetztes Spiel. Was der Neukantianismus (ohne Unterschied zwischen hundert möglichen und hundert wirklichen Talern auch hier) außerhalb der Rechtsphilosophie ließ: nämlich durch welche Macht das positive Recht gesetzt oder aufgehoben wird, das wird für Schmitts »Dezisionismus« (mit faschisiertem Hobbes) zum Ursprungs- und Angelpunkt. Wobei konsequenterweise der Ausnahmezustand, die Diktatur in diesem seinem »rechtsleeren Raum« als nackteste, methodisch günstigste Genesisstelle pointiert wird: »Die Ausnahme ist interessanter als der Normalfall, ... in der Ausnahme durchbricht die Kraft des wirklichen Lebens die Kruste einer in Wiederholung erstarrten Mechanik« (Politische Theologie, 1934, S. 22). Es ist überflüssig zu sagen, daß diese »Entzauberung« auftraggemäß in der gräßlichsten Irratio, mit der Bestie als »oberstem Gerichtsherrn des deutschen Volks«, gipfelte. Schmitts blutige Schlauheit zerstörte den liberalen Rechtsfetisch und vor allem auch die ehemalige romantisch-reaktionäre Staatstheologie einzig um der ungehinderten faschistischen Fratze willen, sadistisch lockend, medusisch lähmend. Es war die gerissenste Karikatur einer Analyse aufs Interesse hin, und man sieht, wohin sie ohne jegliche Art von – Naturrecht gelangen kann. Doch eben: auch das drohende Abtun jeder Maske lebte mindestens demagogisch von dem populären, seit der Rezeption des römischen Rechts immer wiederkehrenden Mißtrauen gegen das positive Recht, von der geprüften Einsicht, daß es die Großen laufen ließ, die Kleinen hängte. Der Faschismus lenkte genau wie die »antikapitalistische Sehnsucht« so auch die ihrerseits viel durchschauende Rechtsskepsis des Volks in ihr Gegenteil um. Auch dadurch, daß er die Recht setztenden Machthaber (hier: das Monopolkapital) gleichzeitig zur offenen Diktatur schreiten ließ und mit den Lichtalben vom Führer abwärts so garnierte wie wieder verdeckte.

Immerhin, die Gabe, Richter nackt zu sehen, war lang vorher da, kam auch bald wieder. Leichter als vor edlen Gebärden, schönen Liedern ward es hier, marxistisch einleuchtend zu entzaubern; gar weit über die naturrechtlich durchschaute »Satzung«. Das gilt noch für etwas so mythisch Umwittertes wie den Vertrag; Marx analysiert all dergleichen im ersten Buch des »Kapital«, und zwar mühelos: »Um die Dinge als Waren aufeinander zu beziehen, müssen die Warenhüter sich zueinander als Personen verhalten, deren Willen in jenen Dingen haust, so daß der eine nur mit dem Willen des anderen, also jeder nur vermittels eines beiden gemeinsamen Willensakts sich die fremde Ware aneignet, indem er die eigene veräußert. Sie müssen sich daher wechselseitig als Privateigentümer anerkennen. Dies Rechtsverhältnis, dessen Form der Vertrag ist, ob gesetzlich entwickelt oder nicht, ist ein Willensverhältnis, worin sich das ökonomische Verhältnis widerspiegelt. Der Inhalt dieses Rechts- oder Willensverhältnisses ist durch das ökonomische Verhältnis selbst gegeben.« Zwar löst sich auch das Recht, indem es als ziemlich unmittelbare Widerspiegelung ökonomischer Verhältnisse durchschaut wird, nicht gänzlich in Luft auf. Marx, noch mehr Engels, weisen auf die verdinglichende Tätigkeit des Berufsjuristen hin, auf die relative Selbständigkeit, die die Rechtssphäre dadurch gewinnt, besonders in Staaten mit rezipiertem römischem Recht. Im Kalkulationsbetrieb eines modernen Staats muß das Recht nicht nur das Interesse der herrschenden Klasse ausdrücken, sondern es muß dieses Interesse eben auch in einem tunlichst zusammenhängenden, tunlichst widerspruchslosen System ausdrücken; dadurch auch läßt die Treue der ideologischen Abspiegelung nach. Sie muß immer wieder neu hergestellt werden; was desto schwieriger, je entwickelter die ökonomischen Widersprüche, je unvereinbarer sie einem »harmonischen« Rechtssystem sind. Trotzdem, es gibt diesen Anschein von Harmonie, es gibt überdies eine gewaltige Verdinglichung von Scharfsinn, die in die Jurisprudenz investiert worden ist. Dieser vor allem macht das Jus zu einer so männlichen Disziplin, zu einer definitorisch, formulatorisch so großartig ausgebildeten, zu einer Disziplin, die – von ihrem Verstand aus betrachtet – für ihre vielen Brotstudenten zu schade ist und hervorragender Logiker würdig. Doch eben, all das hindert nicht, daß das positive Gesetz Handlangerdienst ist; Schutz des Privateigentums ist sein Auftrag, genauer: Schutz des Eigentums an den Produktionsmitteln. Und indem das Privateigentum die herrschende Kategorie der Jurisprudenz ist, so wird diese mit der Abschaffung des Privateigentums (an den Produktionsmitteln) zuverlässig funktionslos werden, also absterben. Sie ist die einzige unter den verschiedenen Verselbständigungen und Fraktionen der Ideologie, die dermaßen abstirbt (statt lediglich vom ideologischen Übelcharakter frei zu werden). Moral, Kunst, Wissenschaft, Philosophie, sicher auch Humanismus der Religion werden aus dem ideologischen Überbau, den sie in der Klassengesellschaft bewohnen, vortrefflich in die, vom Schein befreite, Wirklichkeit umziehen; Jurisprudenz jedoch geht zum größten Teil hierbei ein. Übrig bleiben – nach Wegfall des Profitschutzes und staatlichen Unterdrückungsapparats – Sexualdelikte, Affektdelikte (obwohl selbst hier der Wegfall der Eigentumskategorie Affekte wie Neid, Ehrgeiz und vor allem Eifersucht durchgehend verändert). Mehr als altmodisch, so gut wie prähistorisch werden, aus ursächlichen Veränderungen, Betrug, Diebstahl, Unterschlagung, Einbruch, Raubmord; vollends museal wird das Distinktionsgebäude des juristischen Scharfsinns. Das strenge Wechselrecht, das Obligationsrecht mit den Feinheiten der Leistung und Erfüllung, das reichhaltige Staatsrecht wird sich im gleichen Museum überwundener Sagazitäten befinden wie die Strategie; das Corpus iuris steht neben dem Maschinengewehr. Vorbei die eleganten Unterscheidungen zwischen Vereinbarung und Vertrag, die prinzipiellen zwischen Besitz und Eigentum, vorbei das Problem der Rechtsquellen, Rechtsgarantien und der gesamte Nimbus sogenannter Gerechtigkeit. Also besitzt der Marxismus am positiven Recht lediglich ein historisches Interesse und, rebus sic fluentibus, ein Übergangs-Interesse. Das ausgebildete positive Gesetz ist den Interventionen, wie sehr erst den Institutionen der klassenlosen Gesellschaft ein Fremdkörper; es ist ihr fremd auf gänzlich ungezwungene, ungeheuchelte Weise. Rudolf Sohm begann sein mehrbändiges »Kirchenrecht« mit dem hypokritisch-gewaltigen Satz: »Das Kirchenrecht steht mit dem Wesen der Kirche im Widerspruch.« In Konsequenz dieses Satzes stellte er drei Bände Institutionen der Heilsbotschaft dar; denn »praktisch erzeugt sich mit eiserner Notwendigkeit ein Kirchenrecht«. Sohm meinte, die Kirche habe eine ideale Anstalt zu sein, die sich durch das Schriftwort frei bildet und ohne Zwang regiert, – trotzdem bestehe die Notwendigkeit, die Verwirklichung des Heilszwecks mit der Durchführung einer positiven Rechtsordnung in Einklang zu bringen. Diese Notwendigkeit besteht eben, sobald sie gelingt, für eine klassenlos gewordene Gesellschaft nicht: ihr wäre die Welt (des Caesar) wirklich abhanden gekommen. Das positive Recht steht hier nicht im Widerspruch zu irgendeinem idealen Wesen, es ist vielmehr abgestanden und bedarf nicht der heuchlerischen Weherufe eines idealen, eines mit Caesar immer noch tief verschworenen Wesens.

Ganz anderes Museum der Rechtspostulate

Soviel über das Gesetz, das nur ein Joch ist und nicht einmal ein selber drückendes. Sondern die Ausbeutung hat es aufgelegt, mit ihrer Wirtschaft, nur damit zusammen wird es entfernt werden. Bezieht sich nun diese – sage man: Unbeteiligtheit des Marxismus am bloßen juristischen Überbau, am positiven Recht auch auf dessen scharf-abstrakten Feind, das *Naturrecht*? Akzeptiert der Marxismus – als historische Denkweise – die Behauptung der historischen Rechtsschule, daß von Grotius bis Fichte lediglich »Träume des Verstands« betrieben worden sind? Auch positivistisch galt das Naturrecht bestenfalls als das positive Recht seiner Zeit, nur »verbrämt mit Zusätzen, welche nach der Meinung der Autoren ideale Gesellschaftszustände zu schaffen geeignet waren« (Th. Sternberg, Allgemeine Rechtslehre I, 1904, S. 26). Danach wäre das Naturrecht, sofern es sich nicht nach der Art Christian Wolffs auf eine vorwiegend sanfte Klärung des gegebenen Rechts beschränkt, lediglich Besserwissenwollen des Subjekts, fundiert auf einige überzogene, übertriebene Partialbegriffe. So sprechen die bürgerlichen Positivisten des neunzehnten Jahrhunderts, sogar die reformatorischen, vom Naturrecht; wobei freilich einer ihrer verbohrtesten, K. Bergbohm, immerhin vom klassischen Naturrecht gestehen muß: »Es rüttelte an der Leibeigenschaft und Hörigkeit und drang auf die Entlastung von Grund und Boden; es entfesselte die durch den Zwang eines verknöcherten Zunftwesens und unsinnige Handelsbeschränkungen gebundenen Erwerbskräfte,... erzielte die Freiheit des religiösen Bekenntnisses wie die Freiheit der wissenschaftlichen Lehre. Es half die Folter beseitigen und den Strafprozeß in die geordneten Bahnen eines gesetzmäßigen Verfahrens lenken« (Jurisprudenz und Rechtsphilosophie, I, 1891, S. 215). Muß sogar ein solch blinder Verächter des Naturrechts dessen Verdienste um die bürgerliche Rechtsordnung auf solche Weise preisen, dann kann das Naturrecht nicht das positive Recht seiner Zeit gewesen sein, bloß verbrämt mit subjektiv-postulativen Zusätzen. Und wie soll nun wieder diese Einebnung aufs jeweilige positive Recht mit der anderen Abwertung zusammenstimmen, wonach das Naturrecht, ganz umgekehrt, als – unwandelbar denunziert wird? Gewiß, so mag es im falschen Bewußtsein der feierlichsten seiner Lehrer erschienen sein, aber es erhellte wohl genügend, wie viele Arten von Naturrecht, je nach den sozial sich wandelnden Postulaten einer Zeit, bereits erschienen sind. Unwandelbar war einzig die *Intention* auf aufrechten Gang, auf menschliche Würde; besser gesagt, dergleichen galt als – unabdingbar, klang freilich nicht nur der statisch interessierten historischen Schule als abstrakt. Tatsächlich ist auch die Haltung manch allweg konkreter Marxisten zum Naturrecht erstarrt, selbst vor seinem fortwirkenden revolutionären Gehalt. Nicht viele, außer A. Baumgarten, gaben dem Naturrecht, das doch Freiheit, Gleichheit, Brüderlichkeit setzte, die rechte Ehre; das Schlagwort »subjektiv-abstraktes Besserwissenwollen« deckte sie zu. Nun, so rein subjektiv-abstraktes Besserwissenwollen mag das klassische Naturrecht schwerlich gewesen sein; denn es bildete die Ideologie der Französischen Revolution. Und es war in seinen Illusionen wie Idealen wie Vorwegnahmen (»edle stolze Männlichkeit« bei Schiller) von der durchaus objektiven Tendenz auf ein andere Zeit getragen, dieses Falls auf eine individualistisch-demokratische. Und nur auf diese? – *das eben ist die Frage, die jeder marxistisch-juristischen Prinzipienlehre zugrunde liegt.* Marx ist mit dem totalen Rechtsrelativismus Hugos und der historischen Schule, gar mit dem Zynismus, womit Hugo das Wort Naturrecht verwendet, so wenig einverstanden, wie er je mit angestammter oder neu reproduzierter Peitsche einverstanden war. Für Hugo, schreibt Marx (Das philosophische Manifest der historischen Rechtsschule, MEGA 1/I [1], S. 251 ff.) ist »an einem Ort das positiv, am anderen jenes; eins ist so vernünftig wie das andere; unterwirf dich dem, was deinen vier Pfählen positiv ist«. Und weiter, Hugos Abdankung des klassischen Naturrechts schlechthin betreffend, gar noch unter der Maske eines sogenannten reellen Naturrechts aus der »Natur der Sache« als gegebener und so scheinbar konkreter: »Hugos Naturrecht ist die deutsche Theorie des französischen Ancien régime..., hervorgegangen aus der Verfaulung der damaligen Welt, die sich selbst genießt. Dagegen ist Kants Philosophie mit Recht als die deutsche Theorie der Französischen Revolution zu betrachten..., hervorgegangen aus dem Selbstgefühl eines neuen Lebens, welches das Zertrümmerte zertrümmert, das Verworfene verwirft.« An der Wiege des Marxismus stand also nicht nur die ökonomische Parteilichkeit für die *Mühseligen* und *Beladenen*, sondern doch auch die naturrechtliche für die *Erniedrigten* und *Beleidigten* – als Parteilichkeit, die sich auf den Kampf menschlicher Würde, auf solch konstitutives Erbe aus dem klassischen Naturrecht, versteht und keiner Obrigkeit, sofern überhaupt noch eine nötig ist, den angestammten oder neu reproduzierten Kamm schwellen ließ. Das klassische Naturrecht hatte seine individualistisch-demokratischen Züge gewiß eng mit dem (damals progressiven) Privateigentum an Produktionsmitteln verbunden, folglich auch mit Prävalenz des Privatrechts überall; und zweifelsohne ist diese Verbindung ebenso vergänglich wie andererseits der Gebrauch eines nur abstrakten Genus Mensch oder Vernunft. Aber wenn eben Marx sich contra historische Rechtsschule à la Hugo auf Kant bezog, so bezog sich das auf das humanistische Anliegen von Althus bis Rousseau desgleichen, mit einem »realen Humanismus« im Sinn, um deswillen doch die ganze spätere ökonomisch fundierende Arbeit geschah. Und es dürfte schwer sein, den Menschen im Mittelpunkt–ein Zentrum also des klassischen Naturrechts selber – an folgendem berühmtem Marxsatz, aus der Einleitung zur Kritik der Hegelschen Rechtsphilosophie, zu übersehen: »Die Kritik der Religion endet mit der Lehre, daß der Mensch das höchste Wesen für den Menschen sei, also mit dem kategorischen Imperativ, alle Verhältnisse umzuwerfen, in denen der Mensch ein erniedrigtes, ein geknechtetes, ein verlassenes, ein verächtliches Wesen sei.« Folglich wäre denkbar, vor solch Humanem, daß auch das Individuelle, allzu Individuelle, wie es manchesterlich-kapitalistisch bedingt war, nur die Eierschale am klassischen Naturrecht ausmacht, gar am weitergeltenden. Der Übergang von der freien Konkurrenz zum Monopol- und wie sehr erst zum Staatskapitalismus, dem öfter getarnten, hat die manchesterliche, gar anarchische Ausgabe von Freiheit und Würde jedermanns ohnehin zur recht geringen Gefahr gemacht; die größere liegt heute ganz woanders. Und vorher schon macht der Haß, den die positive Jurisprudenz des neunzehnten Jahrhunderts den fordernden Vernunftkonstruktionen des siebzehnten und achtzehnten Jahrhunderts entgegenbrachte, für deren marxistische Würdigung durchaus empfänglich. Die Eierschalen und Illusionen, auch die Nichts-als-Ideologien am klassisch-bürgerlichen Naturrecht fallen gewiß nicht in diese Würdigung, doch wie der Faschismus bedeutsam zu zeigen imstande war, ist ja auch nicht alles Sozialismus, was sich, qua Anti-Person, Anti-Liberalität, so nennt. Es möchte jetzt schon erhellen, daß Marxismus gerade in Ansehung der Erniedrigten und Beleidigten manchen Reichtum dieser Art im Naturrecht beerbt, ja daß er streckenweise ein sehr Unabgegoltenes darin findet. Zweifellos: Illusionen und pure Ideologien von damals dürfen sich mit dieser Erbbarkeit nirgends mengen, es käme sonst sogenannte Verbesserung von Marx durch einen neukantianischen Kant heraus: ganz ohne Sinn für Fronten und desto verwandterem fürs »idealisierte Reich der Bourgeoisie«. Mit eigener Hand vielmehr mag der Sozialismus die sonstwo fallengelassene, die haltbare Fahne der alten Grundrechte aufheben; mit durchschauter Illusion, berichtigter Klassenideologie, vollzogenem Ernst der Sache. »Es wird sich zeigen, daß es sich nicht um einen großen Gedankenstrich zwischen Vergangenheit und Zukunft handelt, sondern um die *Vollziehung* der Gedanken der Vergangenheit« (Marx an Ruge, 1843); dieser allem Schöpferischen so nahe Satz dürfte hier schwerlich eine Ausnahme haben. Minus der Illusionen, die in kritisch geachteter Vergangenheit ohnehin unzäher stehen als in anderer.

Illusionen im bürgerlichen Naturrecht

Nicht haltbar ist, daß der Mensch von Geburt an frei und gleich sei. Es gibt keine *angeborenen* Rechte, sie sind alle erworben oder müssen im Kampf noch erworben werden. Der aufrechte Gang veranlagte erst zu etwas, das gewonnen werden muß; auch der Vogel Strauß geht aufrecht und steckt dennoch den Kopf in den Sand. Nicht haltbar ist selbstverständlich, daß das *Eigentum* zu den unveräußerlichen Rechten gehöre. Es entstand erst im Gefolge der Arbeitsteilung, als Verfügung über fremde Arbeitskraft und ihre Produkte. Es wurde in seiner ganzen Schärfe auch in der Klassengesellschaft erst allmählich ausgebildet; das Privateigentum an Produktionsmitteln blieb lange irregulär. Die Geschichte zeigt vielmehr Gemeineigentum als die ursprüngliche Form; sie hat sich im Gemeindeeigentum (Allmende, russische Mir-Verfassung) lange erhalten. Und auch im Privateigentum selbst sind zwei Färbungen noch deutlich erkennbar; die ältere, als Möglichkeit des ungehinderten Besitzes und Gebrauchs; die neuere, als Möglichkeit der freien Veräußerung. Letztere Eigenschaft erst bildet schließlich das kapitalistische Privateigentum heran (mit der Folge des arbeitslosen Einkommens). Dem klassischen Naturrecht nun geht es nach, daß es seinen Männerstolz vor Königsthronen ans Privateigentum band, auch ans kapitalistische, nicht nur an My house – my castle, und freilich binden mußte. Die subjektiven öffentlichen Rechte konnten nur von dem aufsteigenden Unternehmer mit Nachdruck angemeldet werden, und sie waren seine ideologische Waffe. Dadurch aber banden sie sich ans Privateigentum, dieses gehörte unter die Menschenrechte und spielte seine düster-progressive, seine sehr bald menschenfeindliche Rolle. Wenn auch Rousseau das Eigentum keineswegs als übergroßes, ausbeuterisches dachte, vielmehr als gleichmäßig verteiltes und gerade als ein Schild gegen Unfreiheit: so hob die damalige Richtung der Produktivkräfte diesen kleinbürgerlichen Traum sogleich auf. Die kapitalistische Wirtschaft, die ihr Werk erst noch zu tun hatte, war dem klassischen Naturrecht in diesem Punkt aber eine unübersteigbare Schranke. Ja, was das Eigentum betrifft, so hätte das Naturrecht gar nicht aus dem Ei zu kriechen brauchen: das römische Recht besorgte dergleichen bereits genauso gut und besser. Seit seiner römischen Grundlegung ist das bürgerliche Recht eines der Gläubiger, ist grundsätzlich antagonistisch zum Schuldner, ist Privatrecht des Eigentümers. Sofern das Naturrecht seinen Freiheitsschild aus dem Lager des Privatrechts bezog, war es dem Privateigentum verfallen und blieb individualistisch. Sofern es die Marke dieses Ladens am Schild läßt, dem gewiß zu besseren Zeichen bestimmten, versieht es den Männerstolz mit dem vollen Geldbeutel und verhindert, mindestens beschränkt so, was es verkündet. Erinnerungen an ein Goldenes Zeitalter, ohne mein und dein, blieben dem gegenüber funktionslos. Der klassenlose Gedanke lehnt diese privatrechtlichen Bestände als überalterte, ja als feindlich gewordene ab.

Nicht haltbar sind weiter die Formen, worin den Menschen das ihnen Rechte gegeben wird. An der Spitze steht hier der *Staatsvertrag*, ein Anfang oder Tor, von dem kein Stein stehen bleibt. Lauter Einzelne, lauter Private sollen hier zusammengekommen sein, um mittels des Vertrags, eines ziemlich späten Rechtsmittels der Gemeinschaft, eben diese Gemeinschaft zu gründen. Hierbei ging es zu wie auf dem Rütli oder später in einem nordamerikanischen General-Store, wenn der Major oder Sheriff der neuen Siedlung durch Mehrheit gewählt wurde. Tatsächlich wurde der Staatsvertrag, wie bemerkt, von den meisten Naturrechtslehrern nicht als urgeschichtlicher Fakt, sondern als Fiktion gelehrt. Aber immerhin lag ihr die Bedeutung zugrunde, welche der Vertrag insgesamt in der beginnenden Gesellschaft der freien Konkurrenz erlangt hatte. Und diese Bedeutung ist temporär; außerhalb der kapitalistischen Gesellschaft wäre ein Zweckverband, abgeschlossen von hinterwäldlerischen Individuen, nicht einmal als Fiktion verständlich. Es ist wahr, der Vertrag hat auch im römischen Recht eine wichtige Stelle, im primitiven Recht fast aller Völker kommt ihm sogar eine magische Unverbrüchlichkeit zu. Selbst Dämonen, sonst in allem übermächtig, sind hier an den Vertrag gebunden, ja anscheinend außerstande, sich von ihm zu befreien; ein Nachklang dieser Kontrakt-Magie ist in zahlreichen Märchen, etwa in dem vom Rumpelstilzchen, aber auch in der seltsamen Bannkraft des Teufelspakts enthalten. Doch sind die magisch geheiligten Verträge, gegen alles Unsichere und Unheimliche außerhalb des Stamms gestiftet, selbstverständlich noch keine im Sinn überlegter Verbindlichkeit, es sind gänzlich unkaufmännische Bannformeln. Sogar im römischen Recht, das dem bürgerlichen so nahe steht, bedeutet das pactum noch nicht den modernen Vertrag, sondern die Beilegung, die Befriedung eines Streits; auch etymologisch hängt das pactum mit pax zusammen. Erst der Kapitalismus eben, mit der vertraglichen Gestaltung aller Verhältnisse, anstatt der familiären und patriarchalischen Beziehung, brachte die Herrschaft der rationalen Verbindlichkeit, als einer zwischen Warenbesitzern, als Bedingung zur ununterbrochenen Wertzirkulation (Ware – Geld – Ware). So ist auch der Contrat social, wie er in die Urzeit rückdatiert wurde, durchaus rational, nämlich als Rechtsverhältnis zwischen freien Konkurrenten konstruiert. Indem der Staatsvertrag, wie jeder Geschäftspakt, bei einseitiger Nichterfüllung die Kündigung einschloß, legt er die Revolution juristisch frei. Doch indem er das Recht zu einem überlegten, völlig logisch gegründeten Produkt machte, paßte er überdies in den abstrakten Rationalismus der Aufklärung und bildet, in der Rechtssphäre, dessen erzählerische Einleitung. Nicht haltbar ist daher auch die Fortsetzung dieser Einleitung, nämlich, die *Konstruktion a priori* aus reinem Verstand. Als Fiktion einer lückenlosen Ableitung der Rechtsnormen aus einem juristischen Zweckprinzip (Geselligkeit, Sicherheit oder möglichst große individuelle Freiheit) ante rem. Der Ehrgeiz der Konstruktion a priori stammt aus der neueren Mathematik; sein Ideal war, wie bemerkt, ein abstrakt-rationales Beziehungssystem, das aus wenigen Grundbegriffen alles Erscheinende – unabhängig von seiner sachlich-materiellen Differenzierung – ableitete und auskalkulierte. Den Auftrag hierzu gab das kapitalistische Bedürfnis nach einer abstrakt berechenbaren, homogenen und tunlichst quantifizierten Welt. Kants Vernunftkritik brachte diesen Konstruktionen die erste Erschütterung, Hegels Dialektik (als Historismus, Qualifizierung des Begriffs) die zweite. Marx hat mit den falschen Deduktionsverhältnissen, aber auch mit den Scheinbewegungen einer auf den Kopf, das heißt auf den Begriff gestellten Welt vollends aufgeräumt. Es hilft nichts, Teilverhältnisse und selbst Teiltendenzen des wirklichen Lebens von diesem abzuheben und im Kopf ein Rechenexempel zu veranstalten, mit »methodisch rein gemachtem Material«. Es hilft nichts, alle Hemmnisse und Unvollkommenheiten im Kopf aufzulösen, um mit einer Logik aufzuwarten, die formal zwar eisern, inhaltlich dagegen leichter, irrealer bleibt. Gewiß, die Deduktionen des klassischen Naturrechts wollten überwiegend kein seiend Wirkliches (die positiven Rechtssätze), sondern ein geltend Wirkliches (das naturhaft richtige Recht) aus Oberbegriffen herausklauben. Trotzdem ist die Deduktion aus juristischen Zweckprinzipien ante rem gegenstandslos geworden; am wenigsten besagt formale Notwendigkeit, nämlich Widerspruchslosigkeit, in der Ableitung und Form eines Satzes etwas über seine Wahrheit, über seine Wahrheit in einer dialektischen Welt.

Nicht haltbar ist ferner, daß die Menschen in rechten Ansichten sich einig seien. Und *unverwandelt* einig waren, solange ihr Licht nicht künstlich, durch Fürsten und Pfaffen getrübt worden ist. Zweifellos waren sie sich in der Intention auf Freiheit vom Druck, auf menschliche Würde einig, mindestens seit den Griechen. Doch nur dieser Wille ist unwandelbar, wie bemerkt, nicht aber »der Mensch« und sein sogenanntes »ewiges Recht« selber. Die Annahme eines natürlichen Consensus gentium, jederzeit und überall, besonders in Rechtssachen, entspricht freilich einem Glauben, der auch dem Konstruierenden am Naturrecht letzthin zugrunde liegt. Die Konstruktion braucht nämlich ein homogenes Substrat, dazu ein wechselloses, ungeschichtliches oder, wie sie selber meint, übergeschichtliches. Als solches bot sich ihr die *ewige Menschennatur* an; bei Hobbes als ursprünglich böse, bei Rousseau die ursprünglich gute. Dergleichen nun kommt marxistisch überhaupt nicht vor, sich gleichbleibende, gar ewige Bestimmtheiten sind hier ausschließlich verdinglichte, sind Bestimmungen verdinglichter Abstraktionen. Es gibt kein fixes Gattungswesen Mensch, mit statischen Eigenschaften, auf die ein Naturrecht zu gründen wäre; die gesamte Geschichte zeigt vielmehr eine fortgesetzte Umwandlung der menschlichen Natur. Ja sogar, ob diese Natur »wesenhaft« böse oder gut genannt werden kann, ist dem Marxismus eine zu festgemachte, selber verdinglichende Frage: »der Mensch« ist seiner Anlage oder Grundlage nach ein X, seiner historisch-moralischen Bestimmtheit nach ein jeweiliges Produkt der gesellschaftlichen Verhältnisse. Die Lehre von der ursprünglichen Güte der Menschennatur ist auf die Anarchisten übergegangen; ihnen ist alles Böse eine Folge der Kirche und ihrer Derivate: Autorität und Staat. Doch sind alle solche Festsetzungen genauso dogmatisch wie die Kirchenlehre von der Erbsünde und wie das relative Naturrecht (Staat als remedium peccati), das im Mittelalter aus dem Sündenfall gezogen wurde; Anarchismus ist das umgekehrte Dogma der Erbsünde. Dem Marxismus gilt das Humanum als historisches Ziel, nicht als apriorisches Deduktionsprinzip; es ist das utopische Unvorhandene und Geahnte, nicht das ahistorisch Zugrundeliegende und Erzgewisse. Hatte es doch selbst Rousseau als die Aufgabe (als die Möglichkeit) des Gesetzgebers bezeichnet, »de changer la nature de l'homme«. Nicht haltbar ist daher auch die Vergötzung des äußeren Korrelats zum ewigen Menschen: die Vergötzung einer angeblich *unwandelbaren und normativen Gesamtnatur*. Die Natur wurde von den Kynikern, der Stoa, dem Rousseauismus in verschiedener Weise als Kontrastkategorie zu den gesellschaftlichen Verhältnissen ausgebildet, mit gewaltigem Nachleben echter, tiefer Mutterrechts-Anhalte, wie erkannt, aber doch auch, was kritisch hier wichtig ist, als Fetisch gegen soziale Vermissungen. Demgemäß bildete sich ein juristischer Natur-Optimismus aus, dessen Kraft in einer besonders feierlichen und großzügigen Sanktionierung reformistischer Forderungen lag, dessen Bedenklichkeit die

Flucht aus Gesellschaft und Geschichte war. Zahlreiche Äquivokationen haben sich zudem in diesem Flucht- und Sanktionierungs-Prinzip versammelt; es ist immerhin ein Verdienst der phänomenologischen Bedeutungsanalyse, solche Äquivokationen benannt und aufgelöst zu haben (vgl. hierzu Spiegelberg, Gesetz und Sittengesetz, 1935, S. 259ff.). Danach finden sich unter den *erkenntnismäßigen Naturrechtsbegriffen*, das heißt unter denen, die die Natur als *Lehrmeisterin* des Iustum auszeichnen, dreierlei Arten; sie wechseln oft beim selben Autor (zum Beispiel Cicero) miteinander ab. Es gibt erstens *naturangeborenes* Recht, das als anzuforderndes jeder Mensch in sich vorfindet. Zweitens gibt es *natureinsichtiges* Recht, das, ohne angeboren zu sein, mit natürlicher Vernunft von jedem Menschen erkannt werden kann. Drittens gibt es *naturoffenbartes* Recht, das, ohne angeboren zu sein, auch ohne erst erschlossen werden zu müssen, dem Menschen von der Natur mitgeteilt wird, über das sie ihn wie eine Stimme belehrt. Was danach die *ontologischen Naturrechtsbegriffe* angeht, diejenigen unter ihnen, welche Wesens-Definitionen zu geben bemüht sind, so finden sich gar sechs verschiedene Arten; sie durchkreuzen oder ergänzen sich von der Sophistik bis Rousseau. Es gibt erstens *naturbeständiges* Recht, im Gegensatz zum geschaffenen, künstlichen, wechselnden. Zweitens findet sich *naturzuständliches* Recht (ausnahmslos bei allen Naturrechtslehrern), das in einem wirklichen oder fingierten Urzustand wirklich oder fiktiv gegolten hat. Drittens findet sich *naturgegebenes* Recht, im Gegensatz zu allem von Gott oder den Menschen geschaffenen. Der Genetiv in lex naturae ist hier ein genitivus subiectivus, die Natur ist das gesetzgebende Subjekt, Natürlichkeit ist eine Herkunftsbezeichnung (wobei die Natur unter Umständen, bei Pantheisten, mit Gott wieder zusammenfallen konnte). Viertens gibt es *naturgültiges* Recht, im Sinn eines für die gesamte Natur maßgeblichen, ihr eingeschriebenen oder konstitutiven. Der Genetiv in lex naturae ist hier ein genitivus obiectivus, die Natur ist das universale Anwendungsgebiet der Gesetze oder die universelle Bestimmtheit durch Gesetze (wobei zwischen dem Fallgesetz und dem Grundsatz: Pacta sunt servanda nur ein Gebietsunterschied, freilich auch ein Unterschied der Erfüllungslust besteht). Fünftens findet sich *naturbegründetes* Recht, das von der Natur nicht gegeben, auch nicht für sie gültig ist, aber aus ihr folgt, in ihr den sachlichen Grund hat (mithin erkenntnismäßig aus dem ihr adäquaten Naturbegriff abgeleitet werden kann). Der Naturbegriff reicht hier von dem »Wesen« oder der »Natur« einer Sache bis zu den Umfänglichkeiten einer panlogistischen Emanation. Ableitungen aus der »Natur« der Miete, des Kaufs, des Despotismus, des casus, modus, der culpa finden sich bereits im römischen Recht. Ableitungen aus der Weltlogik und ihrem obersten Prinzip finden sich in der gesamten Aufklärung, am stärksten bei den Eck-Giganten des Rationalismus, bei Spinoza und Hegel. Sechstens gibt es *naturgemäßes* Recht, als welches weder naturgegeben noch naturgültig ist, aber auch nicht aus der Natur gefolgert werden kann. Sondern das ihr angemessen ist, ihr Rechnung trägt, sich in Übereinstimmung mit dem Weltgesetz, auch der Weltgestalt befindet. Diese Übereinstimmung (sie ist der des Arztes vergleichbar, der den Weisungen der Natur folgt) findet sich intentional vor allem im stoischen Naturrecht, aber auch in dem der Toleranz. Natur erscheint hier als Vorbild, nämlich der Billigkeit, des allüberdenkenden Ausgleichs, der vermiedenen Extreme; sie erscheint als Welt-Salomo. Das sind die verschiedenen Äquivokationen unter dem Hut einer scheinbar einheitlichen Kontrast-Kategorie, Natur genannt, und ihrer Rechts-Normierung. Wirklich einheitlich ist dabei nur die Fixierung der jeweiligen Kontrastkategorie zu einer ewigen und vor allem zu einer bereits entschiedenen, zu einem erzgewissen Deduktionsprinzip, gleich der Menschennatur. Wobei die Ähnlichkeit zu dieser auch darin hervorsticht, daß das Naturwesen fast überall als ein gutes dargestellt wurde (sein Recht wäre ja sonst weder einsichtig noch gar zur Übereinstimmung einladend). Dem Marxismus jedoch sind solche Hypostasen und Vergoldungen schon deshalb fremd, weil er keine Kontrast-Ideologie zur Geschichte braucht. Er glaubt an die Geschichte, wenn sie richtig geleitet wird, und die Gesellschaft, deren Erscheinung er freilegt, birgt sich also am Ende auch nicht in einem *bereits vorhandenen Maß- oder Heimats-Matriarchat* Natur, statisch gedacht. Selbst der relativ glückliche Zustand der naturwüchsigen, der urkommunistischen Gentes trübt nicht den

Blick auf die fragwürdige Herrlichkeit eines naturzuständlichen Rechts; denn dieses war, als animalisches, außerhalb der engen Horde, des Stammes, schlechthin das Recht des Stärkeren, Faustrecht. Menschen können in dieser Art Naturrecht vertilgt werden wie Insekten; so hielt man es im alten Rom, so hält man es im neu aufgetauchten Bestialitätsrecht des Faschismus. In dieser Feststellung, als einer realistischen, steht der Marxismus Hobbes näher als Rousseau, er steht vor allem Hegel näher als den Geschichtsfeinden und Pantheisten des Naturbodens. Hegel sagt hierzu rein idealistisch, bei Gelegenheit Platons: »Das Natürliche ist vielmehr das vom Geist Aufzuhebende, und der Naturzustand kann nur so auftreten, sein Recht ist nur dieses, daß er das absolute Unrecht des Geistes ist« (Werke XIV, S. 271). Oder noch bestimmter, gegen die »Zweideutigkeit« des Naturrechts das Vernunftrecht ausspielend: »Das Recht der Natur ist darum das Dasein der Stärke und Geltendmachen der Gewalt – und ein Naturzustand ein Zustand der Gewalttätigkeit und des Unrechts, von welchem nichts Wahreres gesagt werden kann, als daß aus ihm herauszugehen ist« (Enzyklopädie § 502). Hier erscheint statt der Flucht in die Natur ein Einverständnis mit der sich erst entwickelnden Geschichte; es ist das gleiche, welches – ohne allen Idealismus des Geistes – dem Marxismus eignet, in konkretester Weise eignet. Spricht dieser von einer »Naturalisierung des Menschen«, so nicht minder, im gleichen Atem, von einer »Humanisierung der Natur«, was also die Sentiments der Naturvollkommenheit aufhebt. Ebenso die vielfach ineinandergeschobenen Mehrdeutigkeiten, welche dem juristischen Naturbegriff noch jenseits der erkenntnismäßig-ontischen Äquivokationen dem Inhalt nach zukommen. Unter den Natur-Optimisten wird freilich nicht so sehr die animalische oder auch die mathematisch-vollkommene Gesetzesnatur pointiert als die matriarchalische; solcher Nachklang des Mutterrechts im Naturrecht, der Kybele in der Physis wurde oben notiert. Doch auch davon hebt sich der Marxismus ab; er entzieht den Klassen-Ideologien nicht den Grund, um eine Geschlechts-Mythologie zu verschonen. Oder gar, damit die Naturalisierung des Menschen in einem Mutterhaus geschehe und die Aufhebung der Unterschiede zwischen Stadt und Land als Aufhebung der Stadt, als Rückkehr zur Mutter Erde. Erst bei sehr weiter, sehr in die projizierbaren Tiefen der Natur blickender Optik ginge dann ein im Demeter-Sinn des alten Naturrechts Gemeintes hervor; mit anderer, nichtstatischer Naturvertrauung, mit prozeßhafter, darin also utopischer Art.

Nicht haltbar jedoch ist das ungeschichtliche Denken, das in falscher Höhe stehenbleibt. Die naturrechtlichen Bestimmungen wurden am Ort, nicht aus der Geschichte entwickelt, als darin angelegte, sich entwickelnde. Sie wurden vielmehr von oben herab, von einer fetischistisch vorgeordneten Natur her, ans Bestehende herangebracht, als *Ideale*. Nun hat die Idealbildung zweifellos auch einen sehr bedeutenden, nicht ohne weiteres variierbaren psychologischen Ursprung. Sie stammt daher, daß bei jeder menschlichen Tätigkeit die Zielsetzung im Kopf früher da ist als ihre materielle Verwirklichung. Die Zielsetzung besitzt notwendig, im Reich der leicht beieinander wohnenden Gedanken, eine besondere Vollständigkeit und, moralisch genommen, eine besondere Vollkommenheit. Diese kann unter den hart sich stoßenden Sachen schwerlich erreicht werden, bleibt mithin geistig übrig, gibt ein Richtmaß des Seinsollenden ab. Das ist die psychologische Bildung des Ideals, mit allen möglichen Eierschalen oder auch Fixierungen in ihm, wie Eltern, drohendem Über-Ich und dergleichen; es ist ein Höhenbild, das das hinter ihm Zurückbleibende nicht nur ergänzt, sondern kritisiert und angreift. Insofern unterscheidet sich das Ideal wesentlich von bloßen Wunschbildern, auch dort, wo es sich mit ihnen (Idealzustände, Ideallandschaften) verbindet. Die psychologische Wurzel aber, die mutatis mutandis auch der klassenlosen Gesellschaft bleiben mag, treibt in der kapitalistischen ganz übertriebene Blüten, treibt einen Schein von überhistorischen Prinzipien, in starrem Dualismus zur Wirklichkeit. Das Ideal erscheint hier in besonders scharfem Kontrast zur gesellschaftlichen Wirklichkeit, zugleich in besonders kraftloser Entfernung von ihr. Der Ursprung dieses Konstrasts liegt in den revolutionären Anfängen der bürgerlichen Gesellschaft selbst; seine Spannung ist wesentlich die zwischen gekommenem Bourgeois und gemeint gewesenem oder heuchlerisch weiter gepriesenem Citoyen. Mit anderen Worten: der Widerspruch zwischen bürgerlichem Ideal und bürgerlicher Wirklichkeit, wie er bereits im achtzehnten Jahrhundert sichtbar wird und im neunzehnten kulminiert, ist der Widerspruch zwischen der heroischen Selbsttäuschung, die zur Hervorbringung der kapitalistischen Gesellschaft notwendig war, und dem Gewordensein dieser Gesellschaft selbst. Ist der Widerspruch zwischen den humanistischen Idealen des revolutionären Bürgertums und der Arbeitsteilung, Öde, Mechanisierung des kapitalistisch perfekten Daseins. Lebhaft und durchdringend wahr erscheint dieser Kontrast bei Hölderlin; sentimental, nämlich als Weltschmerz und romantischer Pessimismus erscheint er bei Byron, Leopardi und bereits bei Schiller; als bürgerlicher Don Quichottismus aber kann er schließlich durch Ibsen denunziert werden, in der »Wildente«, wo Gregers Werle »ideale Forderungen« präsentiert und der zynisch realistische Relling mit dem Wort Lügen sie übersetzt. Die Ideale des Liberalismus aber standen am besten im Silberschrank, so bei Hermann Cohen, in der Reprise seines Vernunftrechts und in der Jurisprudenz seiner Ethik: Ideal ist »das Sein des reinen Willens«, »Wollen ist das Sein des Ideals«, aber eines unerreichbaren Seins. Eines solchen, das nie zeitlich wird, daher ewig bleibt, eines Seins nicht für Realisten, sondern für Idealisten, »den Blick gespannt auf den Abstand der Wirklichkeit vom ewigen Ideal« (Ethik des reinen Willens, 1907, S. 569). Es ist bezeichnend, daß hierbei vor allem frühere Inhalte des Naturrechts als Ideale funktionieren, weit mehr etwa als ästhetische Inhalte: »Gerechtigkeit«, sagt Cohen, »ist die Tugend, das Gottesreich das Ideal der Weltgeschichte.« Die Epigonen freilich erfinden nichts, sie plaudern nur aus, nämlich die Schwächen der Meister; und so outriert, isoliert Cohens Abgesang (er ist das Original, sozusagen, des Stammlerschen, zuletzt des sozialdemokratischen Naturrechts) auch die unhistorische Abstraktheit, die undialektische Antithetik des Ideals im klassischen Naturrecht. Gewiß war damals diese abstrakte Antithetik erst in den Anfängen (so bei Shaftesbury); der revolutionäre Idealismus, von der Citoyenseite des Bürgers ausgehend, stand noch in sinnfälliger Spannung zum Feudalismus und Feudalabsolutismus seiner Zeit. Aber auch damals schon drückte das Ideal wesentlich mehr Kontrast-Abstraktionen aus als Tendenzen-Latenzen der Wirklichkeit; von daher die Illusionen, in denen es befangen war, und die Überraschung vor der gekommenen Wirklichkeit. Die ursprüngliche Güte der Menschennatur ist solch eine Illusion, auch die Harmonie privatwirtschaftlicher Interessen, wie sie dem Ideal Brüderlichkeit Schönes, Wahres, Gutes beizusteuern schien. Der Marxismus lehnt demgegenüber das Ideal zunächst in dürren Worten ab, freilich nur zunächst und im Hinblick auf eine abstrakte Hypostase des Ideals. Marx sagt in der »Deutschen Ideologie« gegen dies Sollen: »Der Kommunismus ist für uns nicht ein Zustand, der hergestellt werden soll, ein Ideal, wonach die Wirklichkeit sich zu richten habe. Wir nennen Kommunismus die *wirkliche* Bewegung, welche den jetzigen Zustand aufhebt.« Und noch entschiedener im »Bürgerkrieg in Frankreich« (fast zu entschieden): »Die Arbeiterklasse hat keine Ideale zu verwirklichen; sie hat nur die Elemente der neuen Gesellschaft in Freiheit zu setzen, die sich bereits im Schoß der zusammenbrechenden Bourgeoisgesellschaft entwickelt haben.« *Ganz anders* jedoch erscheint das Ideal, wenn es nicht unmittelbar, von oben herab an die Geschichte herangebracht wird, sondern aus ihren dialektischen Vermittlungen konkret-utopisch herausgehört werden kann. Hierzu verhalf, wider Willen, Hegel: das Ungeheure seiner Leistung bestand darin, Theorie und Geschichte dialektisch relativ zueinander zu machen, sie in dialektisch wechselseitiger Durchdringung zu fassen; und was die Theorie des eigentlichen Ideals angeht, so zeigte Hegel wenigstens in seiner Ästhetik Anfänge solch immanenter Transzendenz. Der Marxismus stellte dergleichen auf die Füße; ja was gerade sein Ideal angeht (nämlich die Umwerfung aller Verhältnisse, »in denen der Mensch ein erniedrigtes, ein geknechtetes, ein verlassenes, ein verächtliches Wesen ist«), so entdeckte er im sozialen Sein des Proletariats selber jenen Prozeß, dessen reale Dialektik nur bewußt gemacht werden muß, um zur Theorie der revolutionären Praxis, also zur Praxis des revolutionären Ideals zu gelangen. Das Ideal wird hier durch die Tendenz, nicht durch die Abstraktion einer Theorie gesetzt und durch die Praxis der Tendenz immer tiefer, in immer tiefer erreichten Wirklichkeitsschichten berichtigt; so aber, daß es keineswegs, wie bei Hegel, vor der Fülle der Konkretionen oder auch vor einem engen Auskreisen der realen Möglichkeit (rebus sic stantibus) abdankt. Das hieße den schlechten, nämlich lediglich faktischen Realitätsbegriff der Bourgeoisie verewigen; der Tendenzrand der Wirklichkeit (rebus non iam stantibus) wäre geleugnet. Das Problem des Ideals ist marxistisch das Problem: Erscheinung und (latentes) Wesen, es ist folglich, wie Lukács mit Recht betont (vgl. »Schillers Theorie der modernen Literatur«, in »Goethe und seine Zeit«, 1950, S. 151), keinesfalls ein bloß »bürgerlich-klassenmäßiges beschränktes Scheinproblem«. Das Verhältnis von Erscheinung und Wesen gerät bürgerlich sehr abstrakt, trotzdem fährt Lukács fort: »Die objektive Wirklichkeit dieses dialektischen Verhältnisses in Natur und Gesellschaft hört mit dem Aufhören seiner besonderen Erscheinungsformen in der kapitalistischen Gesellschaft nicht zu existieren auf.« Doch es verschwindet eben das »für das bürgerliche Bewußtsein letzthin unaufhebbare Dilemma von aufgeblähtem Idealismus und kriecherischem Empirismus«. Es verschwindet das *überhistorisch* gemachte Prinzip des Ideals, seine unvermittelte Entgegensetzung, seine auch mit der Tendenz, nicht nur (wie rechtens) mit den Fakten unvermittelte. Sowenig wie die Revolution darin besteht und sich darin erschöpft, die Kader einer abstrakten Sozialutopie mit ein wenig Verwirklichung zu füllen, sowenig realisiert sie Abstrakt-Ideale eines Naturrechts. Je abstrakt höher, das heißt überhistorischer diese Ideale, desto sicherer kommt vielmehr, bei der sogenannten Verwirklichung, ein anderes heraus, und das Ideal verkommt zur Heuchelei oder, bestenfalls, zum Sammelort fragwürdiger und abgestandener Vermissung. Die Gerechtigkeit ist nicht die Tugend und das Gottesreich nicht das Ideal der Weltgeschichte; nicht einmal Freiheit, Gleichheit, Brüderlichkeit rangieren so fix, wie sie dekretiert worden sind, als geschichtsfreies Ziel. Nicht nur das einigermaßen realisierbare, auch bereits das gültige Ideal, gerade als solches und notwendiges, muß historisch vermittelt sein, muß nachweisbar im gesellschaftlichen Gang seine Tendenz und seine Möglichkeit haben. Anderenfalls eben kommt von ihm lediglich Vermissung des Rechten her, selber abstrakte statt durchbohrender, konkreter Kritik einer gegebenenfalls schlechten, ja entarteten und diskreditierenden Realisierung, einer solchen, die dann besser Vereitlung hieße und als solche sich kenntlich macht. Dergleichen war vom Sturz des Citoyen in den Bourgeois der damals nicht einmal verhinderbare Fall; andere, verhinderbare Entartungen jedoch sind gerade erst immanent kritisierbar, als sachfremd selber, und nicht transzendent, mit der Vermissung eines sofortigen sogenannten Paradieses.

Angemeldete Volksrechte, Original eines so lange zweideutigen Ideals: Gerechtigkeit, aber von unten

Scheint es danach, als bliebe von dem festen Wesen sonst kein Rest übrig? Indem es fest war, zweifellos, doch von der Sache selber hat sich so viel unter der Kruste *flüssig* erhalten. Dieses arbeitet fort, alte Bewegung wird mit Bewußtsein fortgesetzt, es gibt zwischen Gestern und Morgen keinen schlechthin trennenden Riß. Marxistischer Einblick hat das Vergangene weit besser zu verstehen, als es sich selber verstanden hat, erst recht versteht er, warum so viele vortreffliche Absichten daran verquert waren oder verkehrt geworden sind. Abgetan sind die angeborenen Rechte und alle, die den Männerstolz aus dem Privateigentum beziehen. Abgetan bleiben der Staatsvertrag und die Konstruktionen a priori, die Ewigkeiten der menschlichen und der Gesamtnatur. Doch die *Ideale* blieben nicht ganz auf dieser historischen Strecke, an ihnen ist keinesfalls nur Schein und Scheinproblem. Was diejenigen des Naturrechts angeht, so enthielten sie, in der klassischen Zeit, revolutionäres Salz, kritische Mahnung, Ingredienz zu wahrem erscheinendem Wesen genug. War es doch nicht zuletzt ein Vermächtnis von Freiheit, Gleichheit, Brüderlichkeit, das Rosa Luxemburg ganz actualiter sagen ließ: »Keine Demokratie ohne Sozialismus, kein Sozialismus ohne Demokratie.« Gerade eine der haltbarsten und wichtigsten Bestimmungen des Naturrechts, alte juristische Grundbegriffe im Impetus der Menschenrechte hochreißend: die Anmeldung der *subjektiven Rechte in Totalität*, sie hatte noch das Privateigentum als Unterbau und doch auch als Hilfskonstruktion malgré lui. Der nächste Abschnitt wird der Untersuchung dieser Anmeldung gewidmet sein, der eigentlichen Gebietskategorie der

Menschenrechte. Erst das Naturrecht hat diese Gebietskategorie (jenseits des bloß privatrechtlichen Anspruchs) eröffnet; denn im positiven Recht gilt immer noch die »objektive Gesetzordnung« als primär. Gilt das rechtliche Wollendürfen, gar das rechtliche Können als bloßes Erlaubtsein; gelten die politischen Grundrechte als bloße »Exemtionen aus der Sphäre des Beherrschtseins«. Umgekehrt eben hat das klassische Naturrecht die Grundrechte als primär, die objektive Rechtsordnung dagegen als sekundär dargestellt und letzterer die Beweislast für sich selbst aufgebürdet. Der privatwirtschaftliche Unterbau verhinderte bei alldem nicht, daß Fichte sogar zu einem »Urrecht auf Arbeit und Lebensunterhalt« anfeuern konnte und jedem Individuum diesen Anspruch an die Gesellschaft voridealisierte. Der Sozialismus steht diesem einwandfrei naturrechtlichen Ideal nicht so fremd gegenüber, wenn er statt des Individuums die arbeitende Klasse anspricht. Wenn er statt des idealistischen Urrechts ein wie immer vorläufiges, Lassalleanisches, jedoch immerhin materielles präsentierte: das Recht auf den Arbeitsertrag (genauer: aufs Äquivalent fürs geleistete Quantum Arbeit). Ja, revolutionärer Gebrauch gibt selbst ziemlich eindeutigen Herren-Ideologien des *älteren* Naturrechts ein merkwürdig verändertes Gesicht. Nichts zum Beispiel steht an Ort und Stelle dem *Patriarchalismus* näher als die sogenannte *Gerechtigkeit;* so wurde sie auch oben bei Behandlung und Gelegenheit des mittelalterlichen Naturrechts denunziert. Sie entspricht als vergeltende wie als austeilende der Formel Suum cuique, soll heißen, sie setzt den Hausvater, den Landesvater voraus, der jedem seine Portion Strafe oder Anteil an sozialen Gütern (Einkommen, Stellung) von oben herab auf den Teller legt. Das nach den Maßstäben der herrschenden Klasse, überdies auf der Grundlage des Tauschverhältnisses, außerhalb dieses Verhältnisses fast sinnlos. Dazu paßt auch die Waagschale, die sogar ins Tierkreiszeichen der Waage nach ganz oben versetzte und von da herunterwirkende, in der Allegorie dieser thronenden Ideal-Justitia. Merkwürdig entgiftet freilich, merkwürdig sinnvoll oder mindestens mit einem nachdenklichen Schein von Sinn blickt das gleiche veraltete Schibboleth drein, sobald es von unten her, mit revolutionärem Gebrauch, verwendet wird. Dann wird vom Tauschverhältnis nur noch die revolutionäre Abrechnung übernommen; Ausbeutung wie Anmaßung fallen vom Stuhl. Diese *wirkliche Gerechtigkeit* als *eine von unten* richtet sich gegen die vergeltende und austeilende selber, gegen die wesenhafte Ungerechtigkeit, die überhaupt den Anspruch erhebt, Gerechtigkeit zu üben.

Solcher Stoß zum Rechten beginnt sogar dort, wo nicht schon das geschundene Volk ihn vollzieht. Sondern wo er *ersatzweise* wachgehalten, als dermaßen vorsichgehendes Gericht von noch Schwachen erhofft wird. Überall dort also, wo ein äußerer Retter imaginiert wird, und sei er selber ein Herr, nämlich ein Rübezahl höherer Ordnung. Das etwa ist der Fall bei der Heimkehr des Odysseus, bei der Ankunft des Ministers in Beethovens Fidelio, bei den nicht unverwandten Heimzahlungs-Bildern des Jüngsten Gerichts. Letztere zeigen einen besonders stellvertretenden Charakter, ein kolossalisch transponiertes Ersatz-Äquivalent, vor allem auf Grund menschlicher Verzweiflung und politischer Ohnmacht; doch *Gerechtigkeit von unten* will darin *nicht suspendiert* werden. Millionenmal wurde der Richterstuhl Gottes, am Ende der Zeit, als Substitut für ein Revolutionstribunal gesetzt, das in realitate nicht zustande kam. Dergleichen wirkte gewiß auch als Verschiebung, aber es wirkte nicht minder als Stachel gegen völlige Kapitulation: Die Posaunen des Jüngsten Gerichts hielten unter anderem wach für die Gerechtigkeit der Marseillaise. Und die Zitate des Jüngsten Gerichts, wie sie in den »Räubern«, auch in »Kabale und Liebe« enthalten sind, stehen in erkennbarem Zusammenhang mit der revolutionären Situation jener Zeit. Der geneigte Leser dachte dabei an vieles, in tyrannos eingedenk, Franz Moor hat seinen Gerichtstraum in öder Mitternacht: »Siehe, plötzlich erschien ein alter Mann, schwer gebeugt von Gram, angebissen den Arm von wütendem Hunger; aller Augen wandten sich scheu vor dem Mann; ich erkannte den Mann; er schnitt eine Locke von seinem silbernen Haupthaar, warf sie hin – hin – und – da hört' ich eine Stimme schallen aus dem Rauche der Felsen: Gnade! Gnade jedem Sünder der Erde und des Abgrunds! Du allein bist verworfen« (V, 1). Der Kammerdiener in »Kabale und Liebe«, vor der Lady Milford, als er ihr die Brillanten vom Herzog bringt, durch siebentausend Landeskinder bezahlt, die nach Amerika verkauft wurden gleich Schlachtvieh, – dieser alte Vater (»Edelsteine wie diese da – ich hab' auch ein paar Söhne drunter«) beruft die Apokalypse nur verhaltener, mit der furchtbaren Heiterkeit der Ohnmacht, in der die künftige Allmacht schläft: »Es traten wohl so etliche vorlaute Bursch' vor die Fronte heraus und fragten den Obersten, wie teuer der Fürst das Joch Menschen verkaufe? – Aber unser gnädigster Landesherr ließ alle Regimenter auf dem Paradeplatz aufmarschieren und die Maulaffen niederschießen. Wir hörten die Büchsen knallen, sahen ihr Gehirn auf das Pflaster spritzen, und die ganze Armee schrie: Juchhe! nach Amerika!... Noch am Stadttor drehten sie sich um und schrien: Gott mit euch, Weib und Kinder! – Es leb' unser Landesvater – am *Jüngsten Gericht* sind wir wieder da!« (II, 2). Die Religion hat sich in solch gewaltigem Ausruf bis zum Richtbeil, zur Hoffnung des Richtbeils zusammengezogen; so verschiebt sie zwar das wirkliche Tribunal, wäre ihm aber, wenn es in Deutschland gekommen wäre, nicht fremd. Eigentlich doppelt lebt »himmlische Gerechtigkeit« sogar in ihrem größten patriarchalischen Gedicht, der Divina Commedia. Der Rebellion, soweit sie den kaiserlichen Adler betraf, war Dante zwar so völlig feind, daß er Brutus und Cassius, die Caesarmörder, im Tiefsten der Hölle stecken ließ, neben Judas im Rachen Luzifers. Aber der streng parteiische Ghibelline war ebendeshalb ein Feind der Kurie, also hierin vom Evangelium her, folglich gleichfalls sozusagen von unten richtend; und so wurde das Gedicht denn auch von den Ketzerchristen und ihrer aufsässigen Gerechtigkeit verstanden. »Die Wölfin der Habsucht« fand er am stärksten in der Machtkirche wüten, sie ist korrupt, sie buhlt mit dem Giganten der Macht, Dantes Gott aber ist oberster Kassationshof für die falsche Gerechtigkeit dieser Welt, kann es sein: Päpste stecken in der Hölle, die Hure Rahab, weil sie den Fall des heidnischen Jericho beförderte, genießt das Paradies. Fast überall bewährt sich so die *aufräumende* Gerechtigkeit der Divina Commedia an den Verbrechern unter den Großen und an Verbrechen, die nur die Großen begehen konnten. Diese Bewährung eben hat Dante nicht vom obrigkeitsfrommen Thomismus gelernt, sondern vom Exil, von einem prophetischen

Gerechtigkeitspathos statt des forensisch-administrativen. Hier überall also wirkt Gerechtigkeit von Zeit zu Zeit stellvertretend, als ginge sie auch gegen die Ahabs und Isabels; als liehe sie dem Volk den Arm, als lösche sie durchs Substitut eines jenseitigen Tribuns das Unrecht am Volk. Ist das Schein, so erzeugt er immerhin eine wohltuende, eine nicht unfundierte Kadenz; ganz anders als beim Klassenurteil der Obrigkeit von Gottes Herrengnaden. Nemesis erinnert dann an die Macht eines Revolutionstribunals, der Bogen des Odysseus an die überfällige Antwort. Wie konsonant gab sich erst solch wirkliche Gerechtigkeit, sobald sie nicht mehr stellvertretend gehandhabt wird, von mythisch-hohen Gebilden, sobald vielmehr *Revolution* sie ergreift und mit ihr die Bastille nun auch wirklich, ex fundamento, zu schleifen im Sinn hat. Ohne den Stoß der Gerechtigkeit von unten wurden keine Menschenrechte installiert, ohne Revolutionstribunal, ja bereits ohne Gerichtshof über die Nazis, der die Konzentrationslager und Verbrennungsöfen in die Waagschale wirft, die hier keinesfalls mehr patriarchalische, gibt es keine freigelegten Humanitäten. Also wird in so beschaffener Gerechtigkeit sogar ein Kapitel Naturrecht entgiftet, das nicht einmal nur ein klassisches ist. Das an Ort und Stelle, besonders in seiner mittelalterlich-theologischen Gestalt, ohne revolutionäre Umfunktionierung fast nur patriarchalische Ideologie ist. Überschätzt werden kann freilich, im sozialistischen Gebrauch, auch die Gerechtigkeit von unten nicht; ist doch immer noch Schein an ihr, wenn auch nachdenklicher. Die sozialistische Revolution hat Gerechtigkeit von unten durchaus zwar als Anfangs-Moment in sich, doch eben wegen ihres geschulten Blicks über Personen, Symptome, Unmittelbarkeiten hinaus verwandelt sie diese Gerechtigkeit zum Ernst ursächlich-sozialer Abstellung, Unschädlichmachung. Über die Anfangsimpulse und Anfangsicherungen hinaus nimmt die Revolution, wenn sie eine bleibt, keine Zeit und keine Affekte vom Hauptzweck revolutionärer Gerechtigkeit fort: dem sozialistischen Aufbau. An seinem Guten gemessen ist auch die Gerechtigkeit von unten, mindestens als Revolutionstribunal, nur ein notwendiges Übel, so kurzdauernd wie immer nur möglich; die Güte des Aufbaus wirbt, nie das Tribunal, und sie liquidiert sogar besser, positiver. Gar klassenlose

Gesellschaft, rebus bene peractis, kennt überhaupt keine umfunktionierte Gerechtigkeit mehr; denn der Anti-Patriarch von unten hat in ihr ebenfalls aufgehört. Der Grundsatz: Jeder produzierend nach seinen Fähigkeiten, jeder konsumierend nach seinen Bedürfnissen, er enthält nicht den leisesten Anklang ans Suum cuique. Er macht auch das Recht auf den Arbeitsertrag überflüssig, freilich nur dadurch, daß er es gegenstandslos macht, das heißt, alle Äquivalent-Verhältnisse in einem allgemein möglich gewordenen Leben jenseits der Arbeit abgeschafft hat. Das Inventar des bisherigen Naturrechts wird also bei sich annähernder klassenloser Gesellschaft nicht im selben Sinn museal wie das des positiven Rechts. Es enthält noch auf lange Menetekel und nützliche Instrumente, wenn auch als tüchtig ummontierte. Die Sphäre selber ist so wenig aufgegeben, daß sie auf lange und streckenweise mehr als je gegen alle oberen Übergriffe empfindlich und belehrt macht, gegen alle Verdinglichung von Machtmitteln, Kontrollosigkeit der Macht. Als letzte Quintessenz des klassischen Naturrechts, ohne das andere Beiwerk, bleibt allemal das Postulat menschlicher Würde; auch der Mensch, nicht nur seine Klasse hat, wie Brecht sagt, nicht gern den Stiefel im Gesicht, und das Bleibende am Naturrecht gab dieser Abneigung, einer schon seit Spartacus revolutionären, begriffliches, ob auch noch abstraktes Format. Wenn die gesellschaftliche Tendenz, als wahrhaft befördert, hier konkreter zu werden erlaubt, dann nicht desto schlimmer, sondern desto besser für dies Format. Es war nicht das des Anti-Mammon, wohl aber das des Anti-Nero, en gros und en detail. Beide hängen zwar eng zusammen, auch mit dringlichem Vorrang des Anti-Mammon, doch sie sind nicht ohnehin das gleiche. Daher als eigenes Erbe am revolutionär gewesenen Naturrecht: Aufhebung aller Verhältnisse, in denen der Mensch mit den Dingen zur Ware entfremdet ist und nicht nur zur Ware, sondern zur Nullität an Eigenwert. Keine Demokratie ohne Sozialismus, kein Sozialismus ohne Demokratie, das ist die Formel einer Wechselwirkung, die über die Zukunft entscheidet.

Als letzthin freies wurde stets ein Leben jenseits der Arbeit gemeint. Was aber damit erstrebt war, erschien nur als *Traum* an den geschichtlichen Rändern. Rückwärts im Zeitalter, das deshalb ein Goldenes genannt wird, vorwärts im Reich der Freiheit. Das Recht auf ein solches Leben klingt daher zweifellos utopisch, so wurde auch Naturrechtliches insgesamt, als sozusagen Freischwebendes, zuweilen eine Rechtsutopie genannt. Andererseits wurde den Grotius und Hobbes doch von Positivisten vorgeworfen, ihre Lehre sei nichts anderes als das positive Gesetz ihrer Zeit, mit einigen subjektiv-idealen Zusätzen verbrämt. Was ist es also mit dem utopischen Charakter des Naturrechts, unter seinen großen Vertretern; haben diese mit den eigentlichen *Sozialutopien* ihrer Zeit einen Zusammenhang? Falls sie ihn nicht haben, fiele das Naturrecht (als bloße Verbrämung des positiven Rechts) zum überwiegenden Teil unter die Rubrik historischer Wirtschaftstechnik und -ideologie. Falls ein Zusammenhang besteht, wäre dem Naturrecht gegenüber die kritische Beachtung und Achtung selbstverständlich, die den Sozialutopien – als den mehr oder minder unbeholfenen Vorläufern des wissenschaftlichen Sozialismus – entgegengebracht wird. Trotzdem bestehen auch wesentliche *Unterschiede* und nicht nur Verwandtschaften zwischen Naturrecht, besonders dem klassisch-rationalen, und Sozialutopien. Ein Unterschied ist zunächst schon *zeitlich:* Die naturrechtliche *Blüte* fällt ins siebzehnte und achtzehnte Jahrhundert, die sozialutopische ins frühe neunzehnte, in die Welt der industriellen Revolution. Sofern die Naturrechtler von Grotius bis Pufendorf ungefähr parallel zu den Klassikern der bürgerlichen politischen Ökonomie auftreten, stehen sie auf dem Boden des fortgeschrittensten bürgerlichen Bewußtseins, formulieren die Forderungen der revolutionären Bourgeoisie offen und konsequent. Es gibt, wenn auch äußerlich, Berührung zwischen klassischem Naturrecht und der physiokratischen Schule in der Ökonomie; das tritt bei Quesnay, dem Begründer dieser Schule, deutlich hervor. Auch mit der Methode Adam Smiths wirkte ein Zusammenhang: Abstraktionen wie der homo oeconomicus, die Harmonie der

Interessen, die deduzierende Methode der »richtigen Volkswirtschaft« (zum Unterschied von der feudalen Mißwirtschaft) stammten aus dem Naturrecht. Dessen rationales Wesen ist auch den großen Ökonomen dieser Zeit gemein, es entspricht dem gesamten Abstraktionsglauben der frühbürgerlichen Wissenschaft, dem Glauben an die Baukraft, mindestens Kalkulationskraft des reinen Verstands. Umgekehrt aber tauchen die größten sozialistischen Utopien (Fourier, Saint-Simon, Owen) erst in einer Zeit auf, wo das Bürgertum den Verstands-Optimismus bereits abgelegt hatte. Es hatte ihn abgelegt, teils im Gefolge der beginnenden Krisen (ökonomisch: Sismondis Krisentheorie, ideologisch: Kants Vernunftskritik), teils im Einklang mit den späteren konstruktionsfeindlichen Reaktionen, mit dem Rückgang auf Gewachsenheit, Angestammtheit, Gewordenheit (Traditionalisten in Frankreich, historische Schule in Deutschland). Doch lebten eben die Sozialutopien ihre angestammte Phantasie noch glanzvoll-antizipierend aus, gerade auch in der Schwimmrichtung der industriellen Entwicklung des neunzehnten Jahrhunderts, während das Naturrecht zur gleichen Zeit von der historisch reaktionären Schule ad acta der Konstruktionen gelegt wurde. Und letzteres, das Konstruktive, bestimmt nun auch *methodisch* einen zweiten wichtigen Unterschied: Die Sozialutopien gehen mit Erzählung voran, mit Ausmalung, mit romanhaft nicht nur eingekleidetem Entwurf einer besseren Zukunftsgesellschaft. Die Naturrechtslehren dagegen arbeiteten, selbst bei Rousseau, mit Ableitungen aus einem Prinzip, eiferten um die Strenge einer demonstrativen Wissenschaft. Was nun wieder mit dem dritten, wichtigsten Unterschied zusammenhängt, dem der *gegenständlichen* Intention: Die Sozialutopien gehen überwiegend auf *Glück*, mindestens auf Abschaffung der Not und der Zustände, die diese erhalten oder produzieren. Die Naturrechtstheorien gehen, wie so deutlich erhellte, überwiegend auf *Würde*, auf Menschenrechte, auf juristische Garantien der menschlichen Sicherheit oder Freiheit, als Kategorien des humanen Stolzes. Demgemäß richtet sich die Sozialutopie vor allem auf Abschaffung des menschlichen *Elends*, das Naturrecht vor allem auf Abschaffung der menschlichen *Erniedrigung*. Die Sozialutopie will wegräumen, was der *Eudämonie aller*, das

Naturrecht, was der *Autonomie* und ihrer *Eunomie* im Wege steht. So ist das humanistische Timbre in Sozialutopien und Naturrechtslehren weitgehend different; das Sinnfälligste der hier einschlägigen Unterschiede betreffend, kann gesagt werden: beim einen geben die Phäaken, beim andern Brutus ein Modell.

Und doch reißt das die beiden Traumarten von einem besseren gesellschaftlichen Leben nie ganz auseinander. Sie verschränken sich, Glückslehren meinen keinen Garten für unmündige Tiere, Würdelehren keine Kostverächter, auch noch mit der rauhen Haut einer Säule. Darum: unübersehbar erscheinen nun, wirken die Ähnlichkeiten wie methodischen Verwandtschaften, welche in der Tat doch auch – von *Rechtsutopien* zu sprechen erlauben. Sie bestehen in der *Überholung* der Gegebenheit, in dem Glauben, daß Vorhandenes weggeschoben werden müsse, um einen besseren Status freizulegen. Hierbei können die Sozialutopien nicht nur auf ihre Blüte, das heißt ihre unmittelbar vormarxistische Blüte im neunzehnten Jahrhundert beschränkt werden. Sie haben eine lange und bedeutende Geschichte vorher, Platon, die Stoa und Augustin entwarfen Idealstaaten, Thomas Morus, Campanella und Bacon schrieben ihre Utopia, Civitas solis, Nova Atlantis mit allerhand naturrechtlichen Seitenblicken. Die Stoa hat zudem ihr Naturrecht im engen Kontakt mit ihrer Weltstaatsutopie entwickelt; die Grotius und Saint-Simon waren im Stoizismus nicht nacheinander, sondern sozusagen gleichzeitig, ja dieselbe Person. Aber auch das eigentlich klassische Naturrecht, das des siebzehnten und achtzehnten Jahrhunderts, ist mit den Sozialutopien durch einen Generalnenner verbunden: durch die gleiche Art *gutmachenwollende Projektion*. Das auch in negierendem Sinn: Hier wie dort wird störende Durchkreuzung aus Empirie, das heißt aus den gegebenen »schlechten Zuständen«, fortgelassen, hier wie dort in reinlich-reibungsloser Weise von der »Natur des Menschen« her und ihr zu Diensten ein Zweckbezug mit besseren Mitteln als bisher ausgeformt. Das aber auch in positivem Sinn: Hier wie dort wird das corpus politicum aus einem Zweckbegriff neu geformt. Der Sozialutopie des Thomas Morus liegt der naturrechtliche Gedanke von der natürlichen Freiheit des Individuums zugrunde, dem Naturrecht des Grotius wiederum utopischer Liberalismus (Befriedigung individueller Interessen). Ebenso bestehen Zusammenhänge zwischen der radikalen Ordnungs-Utopie des Campanella und dem Naturrechts-System eines radikalen Absolutismus bei Hobbes. In Kants Entwurf zum ewigen Frieden wird ein naturrechtlicher Gegenstand, nämlich die Idee des Weltbürgerrechts und der aus ihr folgende Völkerstaat, sogar in die Zukunft verlegt und expressis verbis dem Traum der Utopie benachbart. So gehen die bunten Staatsbilder und die harten Rechtskonstruktionen in einem Entwurf des Besserwissenwollens durchaus auch zusammen. Deutlich schließen die Owen, Fourier, Saint-Simon ihre Konstruktionen zur Abschaffung des Elends an naturrechtliche Kategorien an, vorzüglich des Citoyen-Ideals in der Genossenschaft, und stellen der »Unnatur der gegenwärtigen Verhältnisse« die »sozialistische Vernunft« entgegen. Der Marxismus sprengte die Abstraktheit und angebliche Ewigkeit der so gedachten Vernunftmaße, als verändernder Akt hat er erst recht nichts mit der angeblich ewig gleichen Menschennatur zu schaffen. Er nimmt die Maße und vor allem die Wege des Sozialismus aus der dialektisch-konkreten Geschichte statt aus der Privatheit des Besserwissenwollens und der von außen herangebrachten unhistorischen Idee. Auf diese Art traten Sozialutopie und Naturrecht zusammen in den Hintergrund; übrig blieben, wie Engels von den Sozialutopien sagt, die »genialen Gedankenkeime und Gedanken, die unter der phantastischen Hülle überall hervorbrechen und für die die Philister blind sind«, übrig blieb vom Naturrecht nur eine vage Erinnerung. Und doch wäre auch von Marx-Engels das Drängen der historisch-dialektischen Wirklichkeit zur »Freiheit, Gleichheit, Brüderlichkeit der urkommunistischen Gentes« (auf letzter Stufe) kaum so unzweideutig entdeckt worden, hätte das Naturrecht – in aller Abstraktheit und trotz ihrer – diese »vernünftigen Prinzipien« nicht so heftig ausgezeichnet. Nicht nur der verschiedene soziale Auftrag, auch die Achtung vor dem fordernden naturrechtlichen Entwurf trennte den Marxschen Geschichtsernst von der miserablen Faktizität der historischen Schule; ja mit Verneigung selbst noch vorm Apriori naturrechtlicher Konstruktionen sagt Marx einmal, daß der historischen Rechtsschule die Geschichte »nur ihr a posteriori zeigt«. Nicht zuletzt ist der proletarische Humanismus naturrechtlicher Überlieferung, mutatis mutandis, nahe und gerade ihrem Pathos menschlicher Würde. Marx weist eben von dieser vernichteten Würde her (noch mehr als vom Elend) auf die »Klasse mit radikalen Ketten«, auf eine Sphäre, welche »kein *besonderes Recht* in Anspruch nimmt, weil kein *besonderes Unrecht*, sondern das *Unrecht schlechthin* an ihr verübt wird« (Einleitung zur Kritik der Hegelschen Rechtsphilosophie). Ein Unrecht schlechthin kann als solches aber weder bezeichnet noch gemessen noch gutgemacht werden, wenn kein Recht schlechthin, keine Rechtsutopie gesehen wird. Die sonach intendierte »Emanzipation zum Menschen« nimmt weit weniger sogar den philanthropischen Affekt der Sozialutopien auf als den stolzen des Naturrechts. Was aber Glück und Würde angeht, die betonten Anliegen der Sozialutopien hier, der Naturrechtslehren dort, so lange getrennt marschierend und leider immer noch nicht vereint schlagend, mit einem Prius menschlicher Versorgung, einem Primat menschlicher Würde: so ist mehr als je neben dem konkreten Erbe am Sozialutopischen ein ebenso Konkretes am Programm Citoyen fällig. Item: mehr als je ist es an der Zeit, auch die Unterschiede in den sozialutopischen und den naturrechtlichen Intentionsfeldern funktionell endlich verbunden zu sehen und praktisch aufgehoben. Kraft der Gewißheit: es gibt keine menschliche Würde ohne Ende der Not, aber auch kein menschgemäßes Glück ohne Ende alter oder neuer Untertänigkeit. Die *gesprenkelte* Achtung, womit der Marxismus Sozialutopien als seine Vorläufer betrachtet, wird mithin, als *betroffene*, auch das Naturrecht einbeziehen. Beide gehören zur edlen Macht der Antizipation eines Besseren, als es das bisher Gewordene ist, – hier aus bunterem, dort aus härterem Versuchsstoff ihres Humanum, aus dem Reich der Hoffnung aber beide. Das naturrechtliche Anliegen war und ist das *Aufrechte als Recht*, so daß es an den *Personen* geehrt, in ihrem *Kollektiv* gesichert werde. Und wenn die Person nur eine wäre, um die Würde der Menschheit in ihr zu ehren, so ist auch diese tragend umfassende Würde Quintessenz am Naturrecht genug. Das genau im Sozialismus, indem er sich auf Person und Kollektiv gleich gut verstehen möchte und das eine im anderen – fern vom genormten Massenmenschen, nahe zur unentäußerten Solidarität – enthalten zu machen hat.

21 SUBJEKTIVES, OBJEKTIVES RECHT (FACULTAS AGENDI, NORMA AGENDI) IN IHREM BÜRGERLICHEN GEGENSATZ, IHRER KLASSENLOSEN LÖSUNG

Was schwankt, wirft sich von einer Seite auf die andere. Läßt es sich nieder, so versäumt es nicht, zwischen zwei Stühlen zu sitzen. Leben, das nicht stimmt, hat ebenfalls seine Spaltung, meist eine unreinliche und fruchtlose. Der Kleinbürger, der zwischen zwei Klassen hin und her getrieben, aufgerieben wird, drückt in Bewußtsein und Haltung dies Durcheinander am besten aus. Aber auch die bürgerliche Gesellschaft insgesamt, als eine ungeordnete, erträgt Unvermitteltes nebeneinander. Sie hat einen wahren Leerlauf aus Einerseits und Andererseits und erträgt ihn. Die doppelte Buchführung des privaten Lebens und des öffentlichen Auftretens ist nicht das geringste dieser Nebeneinander. Da gibt es Doppeliche ganz und gar üblicher Art, weit davon entfernt, krankhaft gestört zu sein. Sowohl der echte Schuft und Schrecken im häuslichen Kreis kommt als der geheuchelte Ehrenmann im öffentlichen vor wie, obwohl seltener, der familiäre Liebling als Halunke, gar, wenn er die Macht dazu erlangt, als Bluthund im Dienst und Amt. Das Unvereinbare zwischen Innen und Außen ist ohne Zahl, auch ohne daß die Heuchelei immer nötig hat, es zuzudecken. Ein Kaufmann, der jedem einzelnen seiner Mitbürger, wenn er könnte, das Fell abziehen möchte, glüht für die Summe seiner Mitbürger in vaterländischem Hochgefühl, selbst bei wachsenden Unkosten. Das bürgerliche Recht hat selber, freilich mit gespaltener Buchführung oft ganz anderer als heuchlerischer Herkunft, zwei Seiten, die sich privat und öffentlich nicht ohnehin decken. Ein in der bürgerlichen Gesellschaft besonders stark Ausgeprägtes ist die Spaltung von Recht in Berechtigung und in Recht als staatlich allgemeinen Befehl, in subjektives und objektives Recht. Diese Sache wird desto schwieriger, als sie nicht einmal innerhalb der bürgerlichen Gesellschaft bleibt, sondern auch im Kampf gegen sie enthalten ist. Denn nicht nur der Gläubiger meldet einen Anspruch, eine Forderung an, zu der er berechtigt ist; es gibt auch, nicht nur im Lohnkampf, einen Anspruch der Arbeiterklasse. Und er wird gleichfalls angemeldet, sogar im Namen der Allgemeinheit angemeldet, obzwar nicht im Namen der gegenwärtigen, sondern der künftigen. Was ist dies Durcheinander, wie stellt es sich im bürgerlichen Begriff selber dar, wie im ökonomisch berichtigten? Die Sache ist zunächst gemischt, doch ein wichtiger Befund trägt sich in ihr aus.

Erlaubt ist, was gefällt, sagt der allzu Freie. Juristisch erscheint dergleichen nicht begrenzter, aber gefaßter als Gebiet des Wollenkönnens. Das *subjektive* Recht, das einer in dieser Fassung hat, ist das Recht, das einer auf etwas hat, der Anspruch, die Forderung, die Berechtigung. Es ist facultas agendi oder rechtliches Vermögen, wobei nicht ohne Grund jenes Vermögen, das in Geldwert ausdrückbar ist, anklingt. In der Tat ist das Privatrecht, das zunächst das des Gläubigers, dann des Warenbesitzers ist, der ausgebildete Ort der Ansprüche. Demgemäß bemerkt Ihering, daß das Wollenkönnen allein als Bestimmung des subjektiven Rechts nicht ausreiche. Er begründet diesen Einwand zunächst damit, daß auch willensunfähige Personen, wie kleine Kinder oder Wahnsinnige, Rechte haben. Übt das rechtlich maßgebliche Wollen bei ihnen auch der gesetzliche Vertreter aus, so steht diesem doch selbstverständlich kein Anteil am Recht (etwa am Eigentumsrecht) der von ihm Vertretenen zu. Indes ist mit diesem Einwand gegen das bloße Wollenkönnen noch mehr gemeint: Ihering wendet sich nicht nur gegen den Willen, weil er sich bei Unmündigen oder Entmündigten nicht findet, sondern weil er an sich inhaltlos ist. Wichtig ist allein der Inhalt des Willens, und diesen bestimmt Ihering genügend vermögensrechtlich als den des Interesses. So entsteht die Definition: Subjektive Rechte sind »rechtlich geschützte Interessen«. Da aber jedes dieser Rechte doch geltend gemacht werden muß, aktiv vorgebracht und angemeldet, sei es auch gegebenenfalls durch einen Vertreter, wurde durch Jellinek die

Definition dahin erweitert: Subjektives Recht ist »das durch Anerkennung menschlicher Willensmacht geschützte Interesse«. Das Interesse kann selbstverständlich auch das eines wirtschaftlich Schwachen sein. Doch ist dieser als Gläubiger (und dem Gläubiger ist seit der römischen Zeit das Privatrecht und das subjektive in ihm hauptsächlich gewidmet) eine sozusagen irreguläre Erscheinung. Wollenkönnen als geschützte Kraft zur Verfügung wird dem am leichtesten, der auch sonst gewohnt ist, zu verfügen, frei zu verfügen, nämlich über Geld. *Ganz anders* nun, als harter Gegenschlag erscheint der Satz: Erlaubt ist, was sich ziemt. Juristisch setzt er dem *Wollenkönnen* das *Könnendürfen* entgegen oder dem subjektiven Recht das *objektive*, der facultas agendi die norma agendi. Derart die römische Definition: »Publicum ius est, quod ad statum rei romanae spectat; privatum quod ad singulorum utilitatem«. Staatlich objektives Recht also ist der Inbegriff der Rechtssätze, der vom Gesetzgeber ausgeführten und differenzierten *Rechtsordnung*. Als diese erlaubt es erst und begrenzt es die subjektive Verfügungssphäre; Persönlichkeit ist hier nicht »rechtliche Macht«, sondern nur »beachtetes Wollen«, »gewährleistetes Interesse«. Auch die Verfügungsfreiheit, und gerade diese, muß zuvor erlaubt sein, erst recht sind ihre sämtlichen möglichen Inhalte vom Staat, als dem Hüter der Rechtsordnung, normiert. Solche Aufsicht und Norm war bereits in Iherings Bestimmung des subjektiven Rechts als eines geschützten Interesses implicite enthalten; denn der Schutz setzt eine Norm des zu Schützenden voraus. Demgemäß definiert Windscheid in seinem Pandektenrecht das Recht überhaupt als wesentlich objektives, auch in dem Sinn, daß es ein unparteiisches, allgemeines zu sein habe. Er definiert es als »einen gewissen Willensinhalt, von dem die Rechtsordnung in einem konkreten Fall ausspricht, daß er allen anderen Willen gegenüber zur Geltung gebracht werden dürfe«. Wird einem Recht zugesprochen, so bedeutet das, sein Wille wird zum Gesamtwillen erhoben und so von der »Gesamtheit«, das heißt dem Staat zur Geltung gebracht. Mit anderen Worten: Recht ist der Wille, wie er als Wille objektiv auch für andere Dasein hat. Hierbei freilich ist die Rechtsnorm im Privatrecht weniger zwingend als im öffentlichen: Individuen untereinander haben einen weiten Spielraum im Abschluß und in der Fassung bindender Verpflichtungen, während Grundsätze des öffentlichen Rechts angewandt werden, ob die Parteien wollen oder nicht. Der Staat als Hüter der Rechtsordnung (vor allem auch gegen die Mühseligen und Beladenen, welche kein »Interesse«, kein wohlverstandenes, in ihr und an ihr haben) setzt Rechtsbefehl und verleiht ihm Nachdruck. Wirtschaftlichen im Zahlungszwang, wenn auch nach Maßgabe der von den Parteien relativ frei getroffenen Vereinbarungen, leibhaft fühlbaren im Strafvollzug. Daß hierbei die Kraft der Rechtsnormen zeitlich wie räumlich begrenzt ist (ein neues Gesetz hebt ohne weiteres die früheren über den gleichen Tatbestand auf, die Gesetze sind fast in allen Ländern verschieden), alteriert die Zwangsgewalt fürs Hier und Jetzt, für den allemal konkreten Fall nicht. Ebensowenig wird sie dadurch alteriert, daß nicht alles objektive Recht (zum Beispiel das Völkerrecht) Zwang hinter sich hat. Es bestimmt trotzdem das Könnendürfen gebietend, setzt Rechtspflichten und Haftung, mindestens diese. Kurz, eine Berechtigung erwächst gemäß der norma agendi dem Individuum erst aus dem, was hinsichtlich seiner die staatliche Ordnung von den anderen Individuen verlangt. Das subjektive Recht setzt Rechtssubjekte voraus und bewehrt diese, das objektive verwandelt selbst noch die Subjekte in Objekte der Gesetzgebung.

Beide Formen sind jedoch weitgehend, auch derzeit unaufhebbar ineinander verhakt. Das rechtlich geschützte Interesse muß als solches anerkannt sein, um eines zu sein. Jedes Rechtsverhältnis ist mit bissiger Eleganz zweiseitig: die Berechtigungen des Einen sind die Verpflichtungen des Anderen, und selbstverständlich setzt die Klage (actio), diese entscheidende Anmeldung des subjektiven Rechts (zum Unterschied von der Faust im Sack oder auch der bloßen Beschwerde), Rechtsordnung voraus – actio der Klage ist iuris actio. Umgekehrt nimmt sich auch die Rechtsordnung ein Recht auf etwas, ein sozusagen subjektives Recht der Forderung. Ja, der Zwang, den sie ausübt, verkleidet sich geradezu in eine solche Berechtigung ihrer selbst; der Staat meldet sein Recht auf Steuerzahlung, auf Kriegsdienst an. Er tut das erstere selber als juristische Person (als Fiskus), das letztere aber gerade als Imperium. Braucht er zur Durchführung dieser Forderungen nicht erst den Rechtsweg, den Prozeß, so unterscheidet sich diese Direktheit formell wenig von jener des – Wechselrechts (rigor combialis), von der sofortigen Vollstreckbarkeit einer als Wechsel sich präsentierenden Forderung. Umgekehrt steht nach Hegel sogar noch dem Strafprozeß ein subjektives Recht als Korrelat gegenüber: Der Verbrecher hat hier sein »Recht auf Strafe«, er ist und bleibt in ihr ein Rechtssubjekt, das sein eigenes Recht erhält, durch die Strafe »wird der Verbrecher als Vernünftiges geehrt« (Philosophie des Rechts, § 100). Wie dem auch sei: es gibt kein subjektives Recht ohne vorausgesetzt objektives, kein objektives ohne vorausgesetzt subjektives. Wo lediglich oder auch nur überwiegend Befehl auf der einen, Unterwerfung auf der anderen Seite herrschen, wie in der Truppe oder in dem Jesuitenorden, sind die Normen keine rechtlichen. Eben deshalb ist jede Diktatur Suspension des Rechts; augenblickliche Präzision des militärischen Befehls tritt an Stelle der besorgenden Anwendung einer diktatorischen Norm. Selbst wo von einem Gesetz in solchen Fällen noch die Rede ist, sieht es nicht wie ein juristisches, sondern wie ein mathematisch-physikalisches drein, das heißt wie ein solches, von dem es keine Ausnahme, gegen das es keinen Widerstand gibt. Die normale Rechtsordnung setzt aber willenhafte, mit Rechten ausgestattete, aktiv Ansprüche erhebende Personen voraus; per definitionem im Gebiet des Privatrechts, per analogiam auch im öffentlichen Recht. Das Wechselverhältnis zwischen subjektivem und objektivem Recht hindert allerdings den beständigen Versuch nicht, das eine oder das andere als primär auszuzeichnen. Die *zivilistische* Auffassung (besonders bei Jus-Romanisten üblich) läßt überhaupt nur subjektives Recht zu und objektives lediglich insoweit, als es auf der Geltendmachung der subjektiven Rechte anderer beruht. Dernburg bemerkt hierüber, historisch wertend: »Rechte im subjektiven Sinn bestanden geschichtlich lange, ehe sich eine selbstbewußte staatliche Ordnung ausbildete. Sie gründeten sich in der Persönlichkeit des Einzelnen und in der Achtung, welche sie für ihre Person und ihre Güter zu erringen und zu erzwingen wußte. Erst durch *Abstraktion* mußte man allmählich aus der

Anschauung der vorhandenen subjektiven Rechte den Begriff der Rechtsordnung gewinnen. Es ist daher eine ungeschichtliche und eine unrichtige Anschauung, daß die Rechte im subjektiven Sinn nichts seien als Ausflüsse des Rechts im objektiven Sinn« (Pandekten, 1884, I, § 39). Das Willensmoment, das hierbei in dem »Erringen und Erzwingen« steckt und das unzweifelhaft das subjektive Recht (Wollenkönnen) auszeichnet, wird von Dernburg nur auf die »Person und ihre Güter«, also auf den feudalen Machtreichen oder den kapitalistischen Reichtumsmächtigen bezogen. Doch ist es darauf nicht begrenzt, auch der Rebell, sicher der Tribun meldet einen Anspruch in subjektivrechtlicher Willensgestalt an. Berührungen der zivilistischen Methode mit dem klassischen Naturrecht sind derart leicht gegeben, noch leichtere freilich mit dem Manchesterprinzip des laissez faire, laissez aller. Als welches das Naturrecht überdauert hat und die Kapitalisten ganz ohne Staat, durch »Selbstregulierung der egoistischen Interessen« selig werden läßt. Daneben arbeitet in dieser Methode eine gegebenenfalls staatsfeindliche Gesinnung, eine, die nicht den sogenannten freien Unternehmer, sondern den Einzigen und sein Eigentum (wenn auch in brüderlichem Verein) intendiert. Umgekehrt läßt (besonders unter Jus-Germanisten üblich) die *publizistische* Auffassung keine subjektiven Rechte, sondern nur subjektive Pflichten zu; Rechtsquelle ist einzig der Staat, Rechtsinhalt einzig das sogenannte Gesamtinteresse. Von der Verwaltung, Polizei, Strafrechtspflege her tritt dieses Interesse dem privatrechtlichen entgegen, führt in die zivilistische Logik autoritär-kollektive Forderungen ein, die teils schon in die Voraussetzungen aufgenommen, teils bei den Ergebnissen berücksichtigt werden sollen. Da der älteste und der bestausgebildete Teil der Jurisprudenz das Privatrecht und nicht das öffentliche Recht ist, so hat die publizistische Methode rein juristisch ihre Schwierigkeiten; meist werden hier zivilistische Analogien verwendet, um mittels einer angeblichen Staatsperson oder eines förmlichen Staatsgottes gegen die Individualforderungen vorzugehen, besonders auch gegen subversive Klassenforderungen. Subjektives Recht ist hiernach bestenfalls ein abgeleitetes, ein »Leben aus der objektiv-allgemeinen Rechtssittlichkeit«. Gegen den kapitalistischen

Liberalismus steigt hier neufeudale Reaktion auf; die ideologische Verbindung dieser Reaktion mit vorkapitalistisch-antikapitalistischem »Universalismus« (vgl. Othmar Spann, Der wahre Staat, 1923) geht zurück auf die deutsche Romantik. Dort sind die Anfänge des »ganzheittrunkenen Geistes«, die ersten Mißbräuche der aristotelischen Wahrheit, daß das Ganze mehr sei als die Summe seiner Teile, die ersten Depossedierungen der subjektiven Rechte (im Hinblick auf die Französische Revolution als einer Revolution und nicht nur als einer Freilegung des Kapitalismus). Demgemäß bestimmt F. J. Stahl, als Rechtsphilosoph der reaktionären Romantik, als Gründer der konservativen Partei, das subjektive Recht als »sekundäres Prinzip«. Für die publizistische Methode ist es unselbständig, abgeleitet: »Das Recht im subjektiven Sinn ist sonach die sittliche Macht, welche ein Mensch gegen andere hat in der ihm von der Rechtsordnung zugewiesenen Sphäre und kraft derselben« (Philosophie des Rechts, II 1, 1878, S. 279). Es überrascht nicht, daß gar die subjektiven Rechte *außerhalb des Privatrechts*, die *subjektiv-öffentlichen Rechte* von der publizistischen Methode – auch ohne Konservatismus – nur als abgeleitete veranschlagt werden können. Sie wurden von der revolutionären Bourgeosie dem Absolutismus abgezwungen und ein Palladium des Naturrechts. Subjektiv-öffentliche Rechte, wie Freizügigkeit, Bekenntnisfreiheit, Pressefreiheit, Koalitionsfreiheit, kurz die alten Grundrechte der bürgerlichen Revolution werden von der publizistischen Methode zwar nicht mehr in facto verneint, de iurc aber durchgehend als bloße »Exemtionen vom Beherrschtsein« dargestellt. Subjektiv-öffentliche Rechte erfüllen den status libertatis im Staat; dieser aktive Status soll also lediglich eine gegönnte, gerade noch zugelassene Ausnahme sein. Regulär fürs Rechtssubjekt, dem das subjektive Recht zugeordnet ist, ist danach der status subiectionis; einen aktiven Status (status civitatis) haben einzig die Organe der Rechtsordnung, soll heißen ihres Hüters, des Staats. Danach sind die subjektiv-öffentlichen Rechte zwar noch Rechte, und ihr Inhalt ist, im bürgerlichen Rechtsstaat, rechtlich geschützt, doch sie sind dies nur als Widerschein eines objektiven Rechts. Sie sind, nach der publizistischen Definition, bloße »Rechtsreflexe« (gleich dem Interesse, das der Staat schützt, ohne daß dem Träger des Interesses aus dessen Verletzung ein Anspruch erwüchse). Hier schützt der Staat, indem und sofern er die Ausübung der Grundrechte und anderer aus ihnen abgeleiteter politischer Rechte gewährleistet, lediglich die eigene Erlaubnis, die er zu diesem status libertatis gegeben hat. Soweit also das Nebeneinander der subjektiven und objektiven Rechtsgruppe und die vergebliche Reduktion der einen auf die andere. Das bedeutet letzthin: Der Mensch der bürgerlichen Gesellschaft und das Staatsgebilde, das sich von dieser Gesellschaft abgehoben hat, gehen trotz ihrer Relationen ineinander nicht auf. Die Züge der facultas agendi und der norma agendi enden, wenigstens in der Bourgeoisgesellschaft der freien Konkurrenz, mit Remis. Wobei das objektive Recht im Ernst der Praxis doch allemal jenen Sieg erlangt, der über den Privatinteressen der einzelnen bürgerlichen Rechtssubjekte das Gesamtinteresse der Bourgeoisieklasse insgesamt (an der Aufrechterhaltung ihrer Rechtssicherheit) stabilisiert.

Es wurde bereits betont, daß zunächst nur gläubigerhaft ein Anspruch gestellt werden konnte. Aber auch der Arbeiter meldet etwas an, fordert den Mehrwert, den er schafft, für sich. Das subjektive Recht muß also zwei Quellen haben, wenn auch gegebenenfalls benachbarte; auf diese Art nimmt es, qua Anspruch, Berechtigung, Forderung, Recht auf etwas, auch zweierlei Gang. Den des Gläubigers, kurz gesprochen, innerhalb der vorhandenen Gesellschaft, und den des revolutionären Kampfs gegen die bestehende Gesellschaft insgesamt. Dies Zweierlei wiederum fehlt beim *objektiven* Recht völlig, es hat keine so verschiedenen Träger. Hier, bei der norma agendi, gibt es nicht den anspruchshaft geteilten Gang der facultas agendi, den gläubigerhaften hier, den rebellischen dort. Die *einige Norm* hebt sich gerade hart vom Doppelsinnigen des »Anspruchs« ab, trotz aller sonstigen Verschränkung subjektiven Rechts. Ist doch der Ort des objektiven Rechts allemal der Staat der unter sich zwar konkurrierenden, doch in ihrem »Gemeinnutz« grundsätzlich einigen herrschenden Klasse. Und für den Schlechtweggekommenen, den Beherrschten, wird ein illusionäres Allgemeininteresse ausgegeben, eine formale Gleichheit der Gesetze im bürgerlichen Staat, ein homogen gemachter Anstrich überall. Der

Apparat des modernen Staats wurde vorgebildet in den spätmittelalterlichen Stadtgemeinden, ihrer Stadtkasse, Bürokratie, formellen Sachlichkeit gemeinnütziger Verwaltung; von hier hat die absolute Monarchie (im Bündnis mit der aufsteigenden Bourgeoisie gegen den Feudaladel) ihren Staat übernommen. Ein anderes, mächtiges, wenn auch weniger adäquat passendes Vorbild dazu war die Organisation der römischen Kirche; so wie diese selber wieder auf den Beamtenstand des kaiserlichen Rom zurückgegriffen hatte. Alle diese Normgebilde waren in sich selber homogen geschlossen, es gehört zu ihnen als Herrschaft. Und kapitalistisch trägt sich die Konkurrenz nur in der bürgerlichen *Gesellschaft*, nicht in ihrem *Staat* zu; dieser und sein Recht ist nie so ambivalent, gar antagonistisch wie eben die facultas agendi beim Gläubiger und beim Revolutionär. Als Geschäftsführer der kapitalistisch herrschenden Klasse muß deren Staat sich sogar als besonders au dessus de la melée hinstellen, über den antagonistischen Interessen seiner Bürger stehend, vor allem über der Kapital-Arbeit-Spannung. Er muß das gerade wegen der Auflösung der bürgerlichen Gesellschaft in konkurrierende Individuen, vor allem in antagonistische Klassen; wobei das demagogische Gesicht der herrschaftlichen Normeinheit oft wechselte, bald Chauvinismus des Vaterlands, bald Sozialpartnerschaft eines Wirtschaftswunders heißen kann. Derart sagt Marx übers staatlich Homophone wegen des gesellschaftlich Dissonanten: »Die Konstitution des politischen Staats und die Auflösung der bürgerlichen Gesellschaft in die unabhängigen Individuen – deren Verhältnis das Recht ist, wie das Verhältnis des Standes- und Innungsmenschen das Privilegium war – vollzieht sich in einem und demselben Akt« (Zur Judenfrage, MEGA I 1, S. 598). Und, wie schon so lang und eindeutig vorher die Liktoren zeigten, mit Ruten und Beil den römischen Konsuln vorangehend: es gehört noch etwas zur Einheitlichkeit des öffentlich-objektiven Rechts, damit es dem subjektiv-öffentlichen, diesem Urgebiet des klassischen Naturrechts, desto formidabler entgegengeltend sein könne: das Privileg der Strafe, zuhöchst Todesstrafe. Vom Naturrecht her hatte der große Aufklärungsjurist Beccaria (Dei delitti e delle pene, 1764) dem Staat das Recht zur Todesstrafe abgesprochen; denn da der

Mensch kein Recht über sein eigenes Leben habe, könne er dies Recht auch nicht, via Staatsvertrag, der Gesellschaft vindizieren. Gerade hier aber wacht der Staat schlechthin über sich als ungeteilte Gewalt; Die Zahl der Todesstrafen, die Usance hoher Freiheitsstrafen, die Ausschaltung der Kassation, sie wirken besonders als Pegel einheitlicher Staatsomnipotenz. Wenn das subjektiv-öffentliche Recht seine angegebene Zweiheit am Pathos des Anspruchs erweist, so das öffentlich-objektive seine Macht, auch Majestät genannt, an der Konsonanz in Sachen Strafe, zuhöchst der Todesstrafe (gar noch der, selbst übers ius talionis hinaus, das Delikt weit überbietenden). Je mehr Staat daher, desto mehr Zuchthaus, Strick und Beil, desto sichtbarer die schlechthinnige Gewalteinheit des für sich bestehenden objektiven Rechts. Und so nun, von diesem monolithisch-autoritären Normrecht zurück zur Ambivalenz des subjektiv-rechtlichen *Anspruchs:* für die Gläubiger zuerst ausgebildet, unter den Mühseligen und Beladenen, Erniedrigten und Beleidigten so ganz anders aufgenommen. Eben er erscheint, in seinem unvergleichlichen zweiten Sinn, als *subjektive Parole des revolutionären Kampfes* und, aktiv, als dessen *subjektiver Faktor.* So Verschiedenes erfließt aus den zwei Quellen des subjektiven Rechts, zum Unterschied von der einheitlichen, der objektiv rechtlichen Machtquelle, blüht aus der römisch-privatrechtlichen und aus der revolutionären Ökonomie die Qualität des Anspruchs.

Zunächst gewiß und lange hing rechtliches Anmelden durchaus mit Besitz und Eigentum zusammen. Besitz als die tatsächliche Gewalt, Eigentum als die rechtliche Herrschaft über eine Sache setzen beide voraus, daß einer seinen Willen in die Sache legt. Und damit einer seinen Willen hineinlegen, als Rechthaber im subjektiven Sinn und nicht als rechtloser Sklave angesehen werden kann, muß er mindestens die Potenz haben, Sachgüter sich anzueignen. Das *Eigentum* ist der juristischen Person vorgeordnet; in der kapitalistischen Gesellschaft, wo ihr Begriff am schärfsten ausgebildet wurde, erscheint sie daher völlig als Warenbesitzer. Ohne das stützende Privatinteresse und seine Ökonomie gibt es hier keine Rechtssubjekte; sie werden besonders gesetzt und vermehrt durch die uferlose Verwandlung der Sachgüter in Tauschwerte. »Um diese Dinge«, sagt Marx im

Kapital I (Dietz 1947, S. 80), »um diese Dinge als Waren aufeinander zu beziehen, müssen die Warenhüter sich zueinander als Personen verhalten, deren Willen in jenen Dingen haust«; dies also ist zunächst Funktion und Kern der juristischen Person. Deren *privatwirtschaftliche Freiheit* meinte der Romanist Puchta in den starken Worten: »Der Mensch ist Subjekt der Rechte darum, daß ihm jene Möglichkeit, sich zu bestimmen, zukommt, daß er einen Willen hat« (Institutionen, 1843–47, I, S. 5); woraus sich ihm sogar ergibt, in Übereinstimmung mit Feuerbach, »daß den eigentlichen Inhalt des Rechts die Rechte bilden« (nicht die Pflichten). Subjektives Recht dieser Art wirkte, noch progressiv, nicht zuletzt bei Grotius; Befriedigung individueller Interessen, Schutz von Leben und Eigentum wurden wesentlicher Zweckinhalt des Naturrechts, das Privatrecht maßgebende Voraussetzung auch für Staats- und Völkerrecht. Unterdes aber hat sich die juristische Person so bis zur Unkenntlichkeit verändert, daß sie schwerlich mehr als juristisches Synonym für menschliche Würde und Selbstbestimmung genommen werden kann. Denn da Besitz und Eigentum, Stellung im Tauschverkehr nicht auf Individuen beschränkt sind, so kennt das bürgerliche Recht nicht nur *Einzelpersönlichkeiten, auch sogenannte Verbandspersönlichkeiten.* Auch Körperschaften, Anstalten, Stiftungen sind juristische Personen, sind ein von der Summe der in ihr verbundenen Personen verschiedenes und sie überdauerndes Rechtssubjekt – sehr fern des höchsten Glücks der Erdenkinder, der menschlich autonomen Persönlichkeit. Aktiengesellschaften können zwar nicht heiraten, aber eine Fusion eingehen; Kleinkinderbewahranstalten können zwar keine Urkundenfälschung begehen, aber rechtliche Macht ausüben, rechtlich bindende Beschlüsse fassen; Stadtgemeinden können zwar, mangels Seele, keine Arglist üben (quomodo municipia dolo facere possunt, fragt bereits Ulpian), aber sie besitzen Seele genug, um rechtlichen Willen zu bekunden. Ja sogar der Staat hat sich juristische Person beigelegt, und das nicht nur als Fiskus oder als Subjekt im Völkerrecht, sondern als mächtige, auch räumlich bestehende Körperschaft, als oberste Gebiets-Korporation. Auch der kapitalistische Staat wird derart eine juristische Person, als Geschäftsausschuß sämtlicher anderer Verbandspersönlichkeiten kapitalistischer Art und besonders als

Rechtssubjekt des beginnenden Staatskapitalismus, mit immer anonymer scheinendem Stil. Juristische Person insgesamt bedeutet derart – im klassengesellschaftlichen Sinn – nichts anderes mehr als *Qualifizierung zur Tauglichkeit von Menschen oder Körperschaften zur Beteiligung am geschäftlichen Rechtsverkehr.* Folgerichtig auch hat die Macht zur Selbstbestimmung, welche dem Rechtssubjekt von Besitz und Eigentum her zugeordnet wurde, an der stärkeren wirtschaftlichen, besonders an der stärkeren politischen Macht ihre Grenze. Diese wird vor allem sichtbar an den *subjektiv-öffentlichen Rechten,* wie die Bourgeoisie sie von ihrer ökonomischen Stellung her revolutionär erobert hatte: Paschukanis verglich treffend das starke subjektive Recht eines Gläubigers, die ihm geschuldete Summe zurückzuerhalten, mit dem fragwürdig-fragilen Recht des Wählers oder mit dem ebenso fragilen Recht des von ihm beschickten Parlaments, ein Budget zu bewilligen. Letztere Rechte waren schon zur demokratischen Blütezeit der Bourgeoisie aus bedeutend unsoliderem Material als die Forderungen aus dem Obligationenrecht; je länger, je lieber hatte in den Augen der Regierung die Volksvertretung die nicht eben subjektivrechtliche Aufgabe: dem Volk »das Bewußtsein zu vermitteln, daß es gut regiert werde«. Das ist die Hegelsche, damals restaurative, später faschistisch-totalitäre Fassung, um Mitregierung, bestenfalls, in propagandistisches Belehrtwerden zu verwandeln. Woraus also auch ersichtlich wird, daß die subjektiven Rechtspersonen immer mehr von den großen sogenannten Verbandspersönlichkeiten aufgeschluckt werden, gemäß der monopolistischen Entmachtung gerade der kleineren Eigentümer, Produzenten, Warenbesitzer und ihrer von daher entspringenden subjektiv-öffentlichen, vorab politischen Anspruchsrechte. Ja, es zeigte sich schon vor dieser Entmachtung – ebenso mutatis mutandis streckenweise nach ihr – an der faktisch so geringen »Mitregierung« auch in parlamentarischen Staaten, wie doch die subjektiv-öffentlichen Rechte durch Besitz und Eigentum an sich, also durch privatwirtschaftliche Freiheit allein nicht garantiert waren. Von daher bekundete schon Rousseau demokratisches Mißtrauen gegen einen dirigierten Parlamentarismus, vorab in Großstaaten, »wo die Wähler nur am Wahltag einen Schein von Mitbestimmungsrecht ausüben, nachher nicht einmal mehr einen Schein«. Weiter also vor allem: Die Anmeldung der Rechtssubjekte hört mit ihrem *ersten Quell*, dem Anmelden von Vermögensrechten, schließlich Verfügenkönnen über Besitz und Eigentum, so wenig auf, daß sie als *aktiver Widerspruch*, zuletzt rebellisch, überhaupt erst beginnt. Item, hier tritt nun ganz entscheidend der *zweite Ursprung* der facultas agendi hervor, der mehr als je dem Hegemonikon in den Menschen gemäße (nach einem Ausdruck der Stoa), welches den Kopf oben tragen läßt. Alle Umwälzungen innerhalb der bisherigen Klassengesellschaften, zwecks Durchbruch einer neuen herrschenden Klasse, hatten bloße Eigentumsveränderungen als Inhalt; insofern war der privatrechtliche mit dem humanistischen Faktor nicht nur verbunden, sondern vermengt. Dagegen die Umwälzung zu einer letzthin klassenlosen Gesellschaft steht auf einem aufgeschlagenen anderen Blatt; das heißt: so sehr sie anfangs mindestens klassenwirtschaftlich, ja zum Teil noch privatwirtschaftlich um anderen Anteil an Besitz und Eigentum geht, so ist dieser Anteil mit dem Aufbegehrenden des Humanum doch nicht ununterscheidbar, am wenigsten auf Dauer, gemengt. Ehedem hat sich gerade der Männerstolz an dem ihm eigen Gehörenden belebt und oft bereits wie durch es hindurch; weder der seßhafte Grundsatz: My house my castle, der der älteren Eigentumsform entspricht, noch der Start-Grundsatz: Freie Bahn dem Tüchtigen, der der manchesterlichen Eigentumsform entspricht, verdecken die zweite Quelle des subjektiven Rechts oder machen ihr Material überflüssig. Im Eigentumsursprung der subjektiven Rechte liegt vielmehr eine Art List der Vernunft vor, eine deutlich limitierte dazu. Engels zitiert in seinem »Ludwig Feuerbach« einmal höchst zustimmend den Satz Hegels: man glaube viel zu sagen, wenn man behaupte, der Mensch sei gut, es bedeute aber historisch außerordentlich viel mehr, wenn man erkenne, der Mensch sei böse, indem nichts ohne Leidenschaft geschehe und erst das heftig ausbrechende, heftig zugreifende Individuum dem Weltgeist die Kastanien aus dem Feuer hole. So ist oder war Eigentums-Ursprung (die possessive Willensmacht) der subjektiven Rechte mit jenem zweiten Ursprung verbunden, dessen eigenste Begriffsbestimmung eben den *Funken Hermanns*, den *Geist des Brutus*, wie das klassische Naturrecht nicht nur idealistisch sagte, in sich haben will. Während die subjektiv-rechtliche Quelle aus der Eigentumssphäre nirgends lange politisch vorhält und im politischen Faschismus völlig versiegt, liefert die Quelle aus der Brutus-Sphäre gerade in faschistischen Zeiten desto reicheres Material: eben das der Revolution (ohne Ökonomismus). Sie liefert die *Anmeldung der subjektiv-öffentlichen Rechte in ihrer Totalität,* liefert so gleichsam die Revolution in den Revolutionen oder jenen Radikalismus, der die Wurzel packt, nämlich den geschundenen, den aufbegehrenden Menschen. Dieser zweite Ursprung des subjektiven Rechts, als Parole des revolutionären Kampfs, läßt sich selbstverständlich nicht mehr in Verhakung mit dem Eigentumsbegriff, mit diesem Grundbegriff der bisherigen Ökonomie halten. Aber der Ursprung (die menschliche Würde) ist deshalb, weil er außerhalb der Klassenökonomie liegt, *nicht außerhalb der marxistisch verstandenen Ökonomie.* Marx selber rekurriert (nicht nur in seinen Jugendschriften) unaufhörlich auf den zweiten Ursprung: auf das Grundrecht, sich nicht als Kanaille behandeln zu lassen. Daher, wie bemerkt, in der »Heiligen Familie«, 1845: »Die besitzende Klasse und die Klasse des Proletariats stellen dieselbe menschliche Selbstentfremdung dar. Aber die erste Klasse fühlt sich in dieser Selbstentfremdung wohl und bestätigt, weiß die Entfremdung als ihre eigene Macht und besitzt in ihr den Schein einer menschlichen Existenz; die zweite fühlt sich in der Entfremdung vernichtet, erblickt in ihr ihre Ohnmacht und die Wirklichkeit einer unmenschlichen Existenz. Sie ist, um einen Ausdruck von Hegel zu gebrauchen, in der Verworfenheit die Empörung über diese Verworfenheit, eine Empörung, zu der sie notwendig durch den Widerspruch ihrer menschlichen Natur mit ihrer Lebenssituation, welche die offenherzige, entschiedene, umfassende Verneinung dieser Natur ist, getrieben wird.« Die Revolution gegen diese Selbstentfremdung ist hier führend für die Revolution der stärksten und höchsten ökonomischen Produktionskraft: des arbeitenden Menschen, und so wirklich das, was man zutiefst (im Ernst und nicht verdeckend zutiefst) humanistisch nennt. Menschliche Gesundheit, Schönheit, Würde: alle diese Zielinhalte des subjektiven Revolutionsrechts sind daher selber

Kategorien der Ökonomie, aber der rechten. Marx zieht derart letzthin nur aus dem definierten menschlichen Wertschöpfer den Ruf in tyrannos: »In der Agrikultur wie in der Industrie erscheint die kapitalistische Umwandlung des Produktionsprozesses zugleich als Martyrologie der Produzenten, das Arbeitsmittel als Unterjochungsmittel, Ausbeutungsmittel und Verarmungsmittel des Arbeiters, die gesellschaftliche Kombination der Arbeitsprozesse als organisierte Unterdrückung seiner individuellen Lebendigkeit, Freiheit und Selbständigkeit... Die kapitalistische Produktion entwickelt daher nur die Technik und Kombination des gesellschaftlichen Produktionsprozesses, indem sie zugleich die Springquellen alles Reichtums untergräbt: die Erde und den Arbeiter« (Das Kapital I, Dietz 1947, S. 531 f.). Ist die Knochenmühle des Fabrikarbeiters linder geworden, so doch nicht unkenntlich anders und jedenfalls, wie eh und je, keine Knochenmühle für ihren Eigentümer, sondern, gleichfalls wie eh und je, ein Mittel, Mehrwert zu machen aus anderer Arbeit, aus dem immerfort geringen Spielraum ihrer subjektiven Rechte. Subjektiv-öffentliche Rechte in wirklicher Konsequenz und Fülle enthalten derart Aufhebung der gesamten Ausbeutung, das heißt des Privateigentums an Produktionsmitteln, das sie ermöglicht und die subjektiven Rechte ihrem ersten Ursprung nach zuerst kenntlich gemacht hatte. In einer klassenlosen Gesellschaft ohne Marktverkehr ist kein Warenbesitzer, sondern der Güterproduzent Rechtssubjekt (juristische Person), und sein Recht ist, nicht einmal zum Güterproduzieren gezwungen zu sein. Das *letzte subjektive Recht* wäre so die Befugnis, *nach seinen Fähigkeiten zu produzieren, nach seinen Bedürfnissen zu konsumieren;* garantiert wird diese Befugnis durch die *letzte Norm des objektiven Rechts: Solidarität.* Darin erst, sofern sie sozialistisch gelungen wäre, hätte die liberal nötige Prävalenz der subjektiven Rechte (weiterhin ihrer Gewissensmoral) vor den objektiven Rechten (weiterhin ihrer öffentlichen, ihrer Gesellschaftsmoral) ein gutes Ende. Der tiefgehende Dualismus in der Rechtssphäre verschwände in einer Gesellschaft, die nicht nur eine nicht-antagonistische in ihren Interessen wäre, sondern ebenso die Staatsmächte nicht mehr nötig hätte, sowenig wie die Individuum-Reservate, die nötigen, gegen den Staat, gar als

Polizeistaat. – Es braucht nicht nur Kraft, um keinen mehr abhängig sein zu lassen. Es bedarf ebenso vieler Zeit, bis Lohn, Staat, Klasse selber vorbei sind. Rom wurde nicht an einem Tag erbaut, Anti-Rom oder Nicht-mehr-Rom ist kaum vor ein oder zwei Menschenaltern erwartbar. Die subjektiv-öffentlichen Rechte, die objektiven Normen, es sind rechtsphilosophisch die beiden Pole. Ihr Abstand nimmt sozialistisch ab, kann aber durch große Fehler neu pointiert werden. Der subjektive Faktor setzt eine, oft hoch verursachte, doch nicht aus sich selber orientierende Spontaneität, während die objektive, allzu objektive Seite eine demokratisch unkontrollierte, extreme Zentralisierung an den Tag legt. Deren Extrem schließlich imstande war, die Effekte des Tiberius zu reproduzieren, und das, mit wahrhaft nicht angestammtem Frevel, am Sozialismus. Soziale Revolution erobert, verwendet nach Marx die Machtmittel des bisherigen Staats, um sie als Geburtshelfer der neuen Gesellschaft einzusetzen, mit der die alte ohnehin hochschwanger ist. In dieser Bestimmung sind Erfahrungen aus der Pariser Kommune mit Traditionen einer humanistischen Staatsabzielung, Staatsbeschränkung aus dem klassischen Naturrecht auf ganz neuer Ebene zusammen. Es ist interessant, wie hiernach die *objektive Rechtsnorm selber* im Verlauf der sozialen Revolution beurteilt worden ist. Juristisches überhaupt hatte in den ersten Jahren der Sowjetunion keine gute Presse, seine möglichst rasche Beseitigung schien gegeben. *Reissner* sah im Recht nichts als einen »Kompromiß zwischen den Klassen«, ja er formulierte: »Recht ist Opium für das Volk.« Die sozialistische Entwicklung erschien noch als rasche, schien keine juristische Regelung nötig zu haben, ja zu dieser, als einer abgetan bürgerlichen, gar nicht fähig zu sein. *Paschukanis*, der lange Zeit angesehenste sowjetische Jurist, bis er von Wyschinskij unter der Rubrik der Verräter aufgeführt wird, faßte in der ersten Zeit gleichfalls alle Rechtsnormen als bürgerliches Erbstück, zwar in der NEP-Epoche, mit beibehaltener Privatwirtschaft, noch nötig, doch sonst überholt. Erst 1934, nach Liquidierung des privatkapitalistischen Sektors, erkannte Paschukanis an, daß man in eine Zone geraten sei, wo auch neue eigene Rechtsnormen fixiert werden könnten, doch wieder nur, indem und solange es noch eine Warentausch-Gesellschaft gebe, also erst recht auf Abbruch. Verallgemeinern sollten sich diese rein technischen Begriffe, großenteils nur zum Unterbau gehörend, nicht mehr lassen: deshalb »gibt es keine allgemeine Rechtslehre schlechthin oder als Kader mit wechselnden Inhalten, sondern es hat sie gegeben«. Sie überdaure den Warenbesitzer nicht, es gebe folglich kein proletarisches Recht, es solle kein sozialistisches mehr geben, sowenig »wie das Absterben der Kategorien des Werts, Kapitals, Profits und so weiter beim Übergang zum entfalteten Sozialismus das Auftauchen neuer, proletarischer Kategorien des Werts, Kapitals, der Rente und so weiter bedeuten wird« (Paschukanis, Allgemeine Rechtslehre und Marxismus, deutsch 1929, S. 33 f.). All das setzt noch offensichtlich auf ein ziemlich rasches Absterben des Staats »beim Übergang zum entfalteten Sozialismus«; dementsprechend gelten hier die objektiven Rechtsnormen (freilich auch die subjektiven Rechts, als diejenigen des bloßen »Markts, auf dem sich die unabhängigen Einzelproduzenten treffen«) für vorübergehende bürgerliche Residuen, technisch noch nötig, dem Sozialismus dagegen fremd. Indes bereits Lenin, lange also vor der Verhärtung des Staatsapparats, wandte sich gegen eine Unterschätzung auch des »engen bürgerlichen Rechtshorizonts«. Lenins Programm dehnte juristisches und Staatsleben, freilich resthaft, sogar in die erste kommunistische Zeit hinein, in die Zeit, wo der Markt durch organisierten Zusammenhang ersetzt ist, weil auch dann noch eine Austauschform von Äquivalenten bestehe, – nicht mehr zwischen Produzenten selber, wohl aber zwischen ihnen und der Gesellschaft. Sofern der einzelne Produzent exakt zurückerhält, was er in der Gesellschaft gibt, bestehe auch dann noch das gleiche Prinzip wie beim Austausch von Warenäquivalenten, obzwar gemildert, sozusagen überwiegend zivilrechtlich. Wonach also »unter dem Kommunismus nicht nur das bürgerliche Recht eine gewisse Zeit bestehen bleibt, sondern sogar der bürgerliche Staat – ohne Bourgeoisie« (Lenin, Staat und Revolution, Ausgewählte Werke II, Moskau 1947, S. 234). Insofern nun konnte sich, als Paschukanis abgetan war, *Wyschinskij* in Sachen des absterbenden Rechts und Staats auf Lenins Dosierung des Absterbens beziehen. Doch er ging weit darüber hinaus, kein bemühter Prognostiker eines ebenso sorgfältig abgestuften Verschwindens der Staatsnormen, sondern ein Formulator der unter Stalin seit 1936 mehr und mehr personifizierten Allmacht. Durchaus wurde betont, gegen Paschukanis und seine Schule, daß Recht in der sozialistischen Übergangsperiode nicht nur neu kreierbar sei, sondern daß sein gebietender Gebietsumfang gegen bisher sogar wachsen könnte. Vor allem gab Wyschinskij in einem, wie man damals sagte, richtungsweisenden Vortrag: »Die Hauptaufgaben der Wissenschaft vom sozialistischen Sowjetrecht«, 1938, folgende Rechtsdefinition insgesamt (auch die subjektiv-öffentlichen Rechte administrativ einschließend): »Das Recht ist die Gesamtheit der Verhaltensregeln, die den Willen der herrschenden Klasse ausdrücken und auf gesetzgeberischem Wege festgelegt sind, sowie der Gebräuche und Regeln des Gemeinschaftslebens, die von der Staatsgewalt sanktioniert sind. Die Anwendung dieser Regeln wird durch die Zwangsgewalt des Staats gewährleistet zwecks Sicherung, Festigung und Entwicklung der gesellschaftlichen Verhältnisse und Zustände, die der herrschenden Klasse genehm und vorteilhaft sind« (vgl. Sowjetische Beiträge zur Staats- und Rechtstheorie, Berlin 1953, Seite 76). Diese Formel, obwohl auf sozialistisches Recht bezogen, betrifft auch insofern keinerlei humanistisches Vorkommen, als sie wahrhaft allgemein von herrschender Klasse und ihrer Normsetzung spricht, ohne die mindest erkennbare Unterscheidung der proletarischen Klasse von den früheren. Derart hat ein Kritiker namens Stalgewitsch bereits 1948 diese Formel erstens eine ausschließlich normative genannt und zweitens ihre inhaltlose Gewalthaftigkeit festgestellt, der sich auch noch die Rechtsnormen »in Mittel juristischer Formalistik verwandeln«. Hinzuzufügen wäre noch der offenbare, von jedem eigenen Rechtsbewußtsein wahrhaft antinaturrechtlich entfernte Rechtspragmatismus: »Alles Rechtsbewußtsein ist ein Teil des politischen«, sonst nichts. Wyschinskij will zwar Recht auf Politik nicht mechanistisch reduzieren, doch das nur, indem er die *einzelnen* Formen des Rechts von den *einzelnen* Formen der Politik geschieden sieht. Allerdings sieht er derart, überraschenderweise, selbst einzelne Formen der subjektiv-öffentlichen Rechte, jedoch lediglich privatwirtschaftliche, von den politischen Formen unterschieden, ja fast ausgenommen. Solch eine einzelne Rechtsform sei die mit dem objektiven Schutz »der persönlichen, Vermögens-, Familien-, Erbschaftsrechte sowie der entsprechenden Interessen« befaßte (l. c. S. 71). Indes, wie bei solcher Prävalenz der norma agendi von oben her konsequent ist: Nicht nur das Zivilrecht, das Prozeßrecht, auch das Arbeitsrecht wird völlig von der objektiven Rechtssphäre begrenzt und beherrscht. Schließlich bleibt bei Wyschinskij doch nur Staatsrecht übrig, so formidabel wie eh und je und formidabler: »Auf diese Weise können im Grunde alle Rechtszweige in den Kreis des Staatsrechts einbezogen werden, wenn man unter dem letzteren die Lehre von allen Seiten der Entwicklung und Tätigkeit des Staats versteht, die in diesen oder jenen rechtlichen Formen in Erscheinung treten« (l. c., S. 82 f.). Sichtbar steht hier Lenins, vorher von Engels formulierte Prognose eines allmählichen Absterbens des Staats überhaupt nicht zu aktueller Diskussion. Dies wird mit der Angabe eines ständig verschärften Klassenkampfs, einer dauernden inneren (nicht nur äußeren) Bedrohung der Sowjetunion durch ausländische Diversanten genau abgelehnt; erst in einem Zeitalter des Sozialismus auf der ganzen Erde sei die Stalinsche Staatsbelebung (wenn sich so sagen läßt) funktionslos geworden. Daher ist auch weiterhin, nach Wyschinskijs Zeit, diese Ansicht geblieben, doch wird sie weniger vornan gestellt. Der Staat sieht sich im neueren juristischen Schrifttum nicht mehr dermaßen als unterdrückender betont, sondern als anweisender, anleitender. So sagt ein neuerer Staatsrechtler, Kerimow, »daß der Weg zum Absterben des sozialistischen Staats einerseits in der direkten Reduzierung der Unterdrückungsfunktion des Staats, andererseits aber in der Entwicklung der wirtschaftlichen und *kulturellen* (kulturell-*erzieherischen*) Funktionen des Staats besteht« (Kerimow, Staatslehre und Revisionismus, Berlin 1959, S. 145). Damit hat sich die norma agendi verschoben, zugleich aber künstlerisch ausgedehnt; Schillers Gedicht vom Pegasus im Joch wird positiv gefaßt. Davon abgesehen ist aber das wirkliche Gesetz, wonach Marxismus angetreten, immer wieder so unüberhörbar, daß gerade auch Wyschinskij 1938 bekunden mußte: »Wir sowjetischen Völkerrechtler müssen die verantwortliche und ehrenvolle Rolle von Propagandisten des wirklichen Völkerrechts übernehmen, das den Frieden zwischen den Völkern sichert und die Einheit aller gewährleistet, die für Demokratie, Fortschritt und eine wirkliche humanistische Kultur der Menschen eintreten und gegen Faschismus, Räuber und Kriegsbrandstifter sind« (l. c. S. 88). Vorzüglich im imperialistischen Krieg kommt der Staat zu seiner eigentlichen Gestalt, nicht als Ausnahmezustand, sondern als Regel; schon ius pacis aber kennt keine staatliche Omnipotenz, hier auch nicht bei Wyschinskij. Der Faschismus hatte Omnipotenz als Religion uneliminierbar; dem Sozialismus ist sie wesensfremd. Das wegen einer Finalität, die immer nur verhindert, jedoch nicht eliminiert werden kann und die eben, stets angemeldet, aufrechter Gang auf bewohnbarer Erde heißt, – ohne Tyrannei der Fabrik, ohne Fabrik der Tyrannei.

Dies zu besorgen, das geht nicht weich, doch auch nicht mit Starre vonstatten. Eine Leitlinie ist in der wahren norma agendi selber da; um die Sätze von Engels, die sie enthalten, kommt man nicht herum. Lauten doch diese bekannten Sätze von Engels ganz unverhohlen so: »Der erste Akt, worin der Staat wirklich als Repräsentant der ganzen Gesellschaft auftritt – die Besitzergreifung der Produktionsmittel im Namen der Gesellschaft –, ist zugleich sein letzter Akt als Staat ... An Stelle der Regierung über Personen tritt die Verwaltung von Sachen und die Leitung von Produktionsprozessen« (Anti-Dühring, Berlin 1953, S. 347 f.). Das galt unangefochten im Programmatischen weiter, so bei Bebel: »Mit dem Staat verschwinden seine Repräsentanten, Minister, Parlamente, stehendes Heer, Polizei und Gendarmen, Gerichte, Rechts- und Staatsanwälte, Gefängnisbeamte, die Steuer- und Zollverwaltung, mit einem Wort: der ganze politische Apparat. Zehntausende von Gesetzen, Erlassen und Verordnungen werden zur Makulatur, alle Fundamente der heutigen ›Ordnung‹ zur Mythe« (Die Frau und der Sozialismus, Stuttgart 1922, S. 508). Lenin war, wie gesehen, ruhiger, indem er noch in der ersten kommunistischen Phase den bürgerlichen Staat, auch ohne Bourgeoisie, in Maßen fortbestehen ließ. Doch er läßt ihn stetig abnehmen, und das bereits bei dem (noch keinesfalls kommunistischen, nicht einmal recht sozialistischen) *Übergang* vom Kapitalismus zum Sozialismus: »Ein besonderer Apparat, eine besondere Unterdrückungsmaschine, ein ›Staat‹

ist *noch* notwendig, aber er ist bereits ein Übergangsstaat, kein Staat im eigentlichen Sinn mehr, denn die Niederhaltung der Minderheit der Ausbeuter durch die Mehrheit der Lohnsklaven *von gestern* ist eine so verhältnismäßig leichte, einfache und natürliche Sache, daß sie viel weniger Blut kosten wird als die Unterdrückung von Aufständen der Sklaven, Leibeigenen und Lohnarbeiter, daß sie der Menschheit weit billiger zu stehen kommen wird« (Staat und Revolution, l. c., S. 227). Wohlgemerkt freilich: nicht von *Abschaffen*, sondern von *Absterben* des Staates ist bei Engels, Lenin die Rede; zeitlich wie sachlich ist nicht, nach anarchistischem Rezept, zuerst der Staat zu eliminieren, sondern dieser ist zu erobern, um ihn mittels seiner, in sozialistisch geleiteter Ökonomie, wachsend überflüssig zu machen. Wie erinnerlich, wurde gerade die These dieses stetigen Absterbens in Wyschinskijs Zeit widerrufen, und die *Begründung* des Widerrufs gilt selber noch nicht als abgestorben: »Die sowjetischen Marxisten sind zu der Schlußfolgerung gekommen, daß die Formel von Engels den Sieg des Sozialismus in allen Ländern oder in den meisten Ländern voraussetzt und sich nicht auf den Fall anwenden läßt, in dem der Sozialismus in einem einzelnen Land gesiegt hat und in allen Ländern der Kapitalismus herrscht« (Kerimow, Staatslehre und Revisionismus, 1959, S. 142). Trotzdem bleibt die Engelssche Formel – eine der wenigen interessanterweise, die offiziell Revisionen hervorrief – im Höhepunkt so erhalten, daß sie gleich einer Bergspitze schwer verdeckbar in die Täler hereinblickt, mit der Mahnung des Ziels. Absterben des Staats, darin ist gewiß nicht das gute Gewissen für Staatsomnipotenz, also für alte eigentliche, herrschaftliche norma agendi allein. Freiheit ist Freiheit vom Beherrschtwerden durch andere Menschen, letzthin durch Verhältnisse, welche dieses Beherrschtwerden objektiv ermöglichen. Der Sozialismus aber intendiert bereits auf seinem Weg, indem er ein gelingender Weg ist, Aufhebung genau dieser Verhältnisse. Denn er intendiert die öffentliche Ordnung einer norma agendi nur als die *unverdingliche Ordnung einer öffentlich möglich gewordenen Freiheit der facultas agendi aller.* Das ist der Grenzbegriff klassenloser Lösung des bisherigen Gegensatzes zwischen diesen beiden Polen, ist ein Grenzideal dazu, das so oft und so weit, wie pro rata nur möglich, seine Verwirklichung selber in Freiheit setzen möchte und dazu formuliert worden ist. Das Wyschinskijsche Formulieren allerdings liegt nicht ganz in dieser Linie, streift vielmehr eher wieder eine Art fetischisierten Staatsrechts, es fast ungern lindernd. Wenn Anselm Feuerbachs Satz in seiner Zuspitzung gültig wäre, nämlich daß Moral die Wissenschaft von den Pflichten, Recht aber die von den – Rechten sei, dann wäre gerade fetischisiertes Staatsrecht selber die höchste Art solcher Moral; denn es enthält überhaupt nichts mehr als Pflichten. Sachlich dagegen steht fest: Sozialistische Rechtsnorm ergibt sich als die pro rata kodifizierte Solidarität zur Herstellung eines ökonomisch-politischen Zustands, worin, wie Lenin sagte, jede Köchin den Staat regieren kann und dieser selber keine Kodifizierung mehr braucht. Ein Grenzbegriff, wie bemerkt, doch ein konkreter, mit dem Staat als Mittel zu seinem Überflüssigwerden; objektive Ordnung ist Schutz der menschlichen Würde, damit sie den Schutz nicht mehr nötig hat. Auch das unter dem Reich der Freiheit Gedachte hat sinngemäß nicht das Reich zum Inhalt, sondern eben die Freiheit, die möglich gewordene Unabhängigkeit aller mit allen, deren Raum das Reich darstellt. Staatshaftes aber hat gerade damit nichts gemein: wobei an die Wahrheit der alten, sonst fiktiven Staatsvertragslehre erinnert werden mag: daß kein Staat um seiner selbst willen je rechtens intendierbar war. Wie es nach Lenins auffallendem Wort keinen freien Staat geben kann (denn wo Freiheit ist, gäbe es keinen Staat, und wo dieser, gäbe es keine Freiheit), so ist auch ein »wahrer Staat«, im werthaft-entelechetischen Sinn des Wahren, eine contradictio in adjecto. Wahrhaft objektive Figuren in dieser Gegend sind die Spracheinheiten, Nationen, kulturellen Traditionszusammenhänge, vor allem die – alle Assoziationen letzthin assoziierenden, bisher zu Kirchen verstaatlichten – Bereitungszusammenhänge des Wohin und Wozu. Die all das umgebende Figur, Reich der Freiheit genannt, eine Figur wahr gewordener, konkret gewordener Ordnung, mit Freiheit als einzigem Wozu und Inhalt dieser Ordnung, wäre erst Polis, weil ohne Politeia.

22 RECHT UND MORAL IN IHRER TRENNUNG, VERBINDUNG (MORAL STATT – NATURRECHT), WERTHAFTEN PROPORTION

Was unerwachsen, dem stehen noch viele entfernte Dinge nahe beieinander. Das Kind wählt sich seine Freunde nicht so genau aus, ihm ist ungefähr jeder Gleichaltrige recht. Im primitiven Gefühl sind der Pelz und der Ofen verwandt, weil der eine wie der andere wärmt; die Waffe und das Werkzeug, die Kleidung und der Schmuck, die Stadt als Markt und als Festung sind noch wenig voneinander abgehalten. Lange bekanntlich waren auch Regeln der Handlung, wie Sitte und Recht, fast eines. Die Sitte gab ungeschrieben an, was der Richter zu befinden hatte; er war der geachtetste Hüter des Herkommens. Nun aber haben sich Recht und Sitte-Sittlichkeit weitgehend getrennt, nicht zuletzt durch die außerordentliche juristische Versachlichung. Die Schöffen, die Geschworenen brachten zwar wieder ein sittenhaft-sittliches Laientum in die Rechtspflege, doch im Maß wie sich ein Stand von Berufsjuristen bildete und infolge der sich verwickelnden Streitverhältnisse bilden mußte, wurde das Recht ein eigenes Gebiet. Seine Sätze hängen anders zusammen als die der Sittlichkeit, sein Verfahren, das jeden Fall in Behauptung, Bestreitung, Gegenbehauptung zerlegt, ist von dem des moralischen Feinsinns und gar von dem des sofortigen moralischen Urteils verschieden. Seine Normen wurden zunehmend geschäftlich-technische, mit einem bloßen Seitenblick auf moralische. Auch ohne diese Entfernung wurde der Zusammenhang zwischen Recht und Moral in neuerer Zeit entweder verneint, oder es mußten eigene, neue Brücken zwischen ihnen gebaut werden. Jedenfalls steht der Richter nicht mehr als der sittlichste Mann in der Gemeinde da.

Doch muß man sich hüten, daraus selber ungerechte Schlüsse zu ziehen. Nicht nur aus der privaten Tiefe des Anwalts, auch des Richters taucht zuweilen eine Stimme auf, die die Öde des Betriebs unterbricht. Die die Sicherheit dieses Betriebs keineswegs allem voranstellt, die durch die tausend Lücken des Gesetzes mit sittlichen Einwänden noch eine Unterhaltung führt. Es zeigte sich vor allem auch, wenigstens in früherer Zeit, daß die Arbeitsteilung zwischen Recht und Moral das Recht zwar unpathetischer und dieserart moralfrei, aber deshalb nicht immer – unmoralisch macht; man könnte zuweilen sagen, ganz im Gegenteil. Zum *ersten* wurden dadurch alle Dinge, die zu dem Schutzmann gehören, modellhaft leicht. Er regelt nur den Verkehr, schreibt die Wagen auf, die zu schnell fahren, verhindert, wenn er es kann, daß welche gestohlen werden, alles auf gleiche nüchterne Weise. Sofern sich dergleichen so trocken nützlich gibt, wie es ist, verschwindet der bloße sittliche Klatsch, der das Recht umgibt. Zum *zweiten* atmete der Staatsbürger im selben Maße auf, wie die Amtsmiene sich weniger *entrüstete*. Das meint hier: wie den Topfguckern, Herzensguckern der Obrigkeit die sittliche Einmischung in alles und jedes entzogen wurde. Die alten Gesetzbücher erröten, wenn sie über Huren handeln, sie schäumen auf, wenn sie über Meuterei zu bestimmen haben, sie sind überfüllt mit verfolgungssüchtigem Anstand, mit Einheit von Rache und Moralpauke zugleich. Man erinnert sich aber: Die Unterscheidung des iustum vom honestum, wie sie bei Cicero, bei Thomasius, bei Kant und Fichte sich entwickelt hat, befreite gerade die subjektiven Rechte. Bereits das Recht auf den eigenen Körper und das Privatleben, das damit zusammenhängt, gedeiht nur in einer moralfreien, äußerlich gehaltenen, praktisch-technischen, moralisch unanmaßlichen Rechtsauffassung. Mit anderen Worten: Wenn die juristische Regelung sich nicht auf die private Gesinnung, sondern nur auf die dem Nächsten schädliche Handlung bezieht, dann gibt es selbstverständlich viel mehr juristisches als moralisches Wollendürfen; zum Beispiel sind Selbstmord, sogar Vielweiberei (bei bürgerlich freilich beibehaltener, pflichthafter Sorge für die Kinder) dann unverbietbar. Der vom objektiven Recht freie Raum ist größer als der von Moral freie, der juristische Pflichtraum daher kleiner als der moralische. In diesem Unterschied meldeten sich die subjektiven als Freiheitsrechte, denen sehr viel weniger Pflichten gegenüberstehen oder gar eingeschrieben sind als den Freiheitsrechten in der Moral. Sie sind Naturrecht und haben sich genau jenen Teil Freiheit zurückbehalten, der zum Zweck der äußeren Sicherheit nicht abgegeben werden mußte. Hinzu kommt, wie sich bei Thomasius zeigte: Die subjektiven Rechte benutzen nicht nur die Trennung des Rechts von der Moral, auch der Moral vom Recht. Sie benutzen das äußerlich Unerzwingbare der moralischen Gebote, um diese Gebote nun wieder als Rechte zu verkleiden; ist beispielsweise Gewissensfreiheit äußerlich unerzwingbar, so ist sie auch, wo sie auftritt und das Ihre fordert, äußerlich unverbietbar. Nach Seite ihrer Pflicht (Gewissenspflicht) gehört sie zur Moral, als dem Gebiet hoher Anforderungen, autonomer Normen; nach Seite ihrer Unverbietbarkeit gehört die Gewissensfreiheit zum subjektiven Recht und wurde so das Modell der Menschenrechte. Überall sonst erleichterte es das abgetrennte Recht als solches, nicht so viel Sollen gegen sich zu haben und sicher nicht so viel pathetisches. Selbst wo von Rechtspflicht die Rede ist, tritt sie, im Gegensatz zur moralischen, nicht als innere Stimme auf, ein selbstverständliches oder unvermeidliches öffentliches Soll auch noch mit edlem Brustton oder Herzenslicht pathetisierend; so entfernte die Trennung aus dem positiven Recht, auch dem gut gehandhabten, viel Muff. Sie legte dieses Falls nicht so sehr das subjektive Recht frei als: sie entfernte aus dem objektiven eine Geweihtheit, die selbst, wenn sie echt wäre, nicht hierher gehört. Nicht zuletzt deshalb entstand Kants falsch berüchtigte Definition der Ehe, als »Verbindung zweier Personen verschiedenen Geschlechts zum lebenswierigen wechselseitigen Besitz ihrer Geschlechtseigenschaften« (Rechtslehre, § 24); ein Rechtsverhältnis aus der entstandenen Warenwelt ist hier in der äußersten moralfreien Weise, also exakt, ausgedrückt. Zum *dritten* allerdings hat die Trennung rechtlicher und moralischer Gebotsarten erstere als *äußerliche* doch auch zu einer *nur von außen gesetzten* machen lassen. Es war möglich, aus der bloß äußerlichen Ordnung des Rechts nicht dessen größere Laxheit, als bloßer äußerlicher Nicht-Verletzung von Gesetzesparagraphen (im Vergleich mit dem positiven, sittlichen Eifer), sondern umgekehrt dessen größere Härte abzuleiten. Die Freiheit etwa wird juristisch rein administrativ begrenzt, folglich heteronom, moralisch jedoch dagegen aus eigenem Willen, folglich autonom; wenigstens nach der Kantischen Fassung. Das Recht ist danach Müssen, die Moral lediglich Sollen, das Recht ist autoritäre Fremdbestimmung des Willens (zum Zwecke der Koexistenz mehrerer Willen), die Moral ist autonome Selbstbestimmung (und ehrt jeden Menschen als Zweck, nicht als Mittel). Seit der Trennung der bürgerlichen Gesellschaft von der idealen Citoyen-Sittlichkeit ist nicht nur der Auseinanderfall von Legalität und Moralität ein ideologischer Grundzug der Bürgerlichkeit, sondern wegen des Homo homini lupus in der bürgerlichen Erwerbsgesellschaft gilt die Legalität auch als die schlechthin zwangshafte, sie ist die Peitsche des Tierbändigers, nicht die Stimme des Gewissens. Insofern wurde das Recht, und das heißt hier allemal das objektive, eine bedeutend härtere Bindung als Moral; mochte auch das Gebiet, auf dem die härtere Bindung galt, nach wie vor enger sein als das moralische. Wieder zeigen sich die Unterschiede zwischen subjektivem und objektivem Recht: letzteres, vor allem im Düster der Strafjustiz, ist und bleibt heteronom. Während die Moral, auch die noch so sehr in objektivem Gebotston sprechende, wenigstens in der Art autonom scheinen konnte, bei Kant, daß sie die verfluchte Pflicht und Schuldigkeit als eine scheinbar selbstgewählte innerlich reproduzierte. Oder wie Schiller diesen Weg vom autoritären Müssen zum autonomen Sollen (von oben nach innen) explizierte: »Nimm die Gottheit auf in deinen Willen, und sie steigt von ihrem Weltenthron.« Es gibt indes – damit schlägt nun wieder der Unterschied von Recht und Moral nicht unbedingt zugunsten der letzteren, der angeblich immer beseelteren aus – *es gibt auch offen-heteronome Moralen*, ja sie sind die Mehrzahl, der Klassenherrschaft entsprechend, die sie ohne viel Umschweif reproduzieren; und diese Moralsysteme sind gleichfalls solche des Müssens, vielmehr des Müssens und des Sollens dazu. Insofern sind diese Systeme kaum weniger von oben herab gebietend als die objektive Rechtsordnung und sicher bedeutend härter als die subjektiven Freiheitsrechte. Derart also geht es im subjektiven Recht weit *autonomer* her als in den meisten Morallehren; und wie gar erst in den naturrechtlichen, den revolutionären Freiheits-Erweiterungen des *Rechts auf etwas*, auf den Zustand, nicht mehr unterdrückt zu sein. Viel Unterdrückung hat sich schon in den inwendig aufgenommenen Druck von Moralen hineinbegeben und so tiefer entmannt, auch eingepreßt als allemal äußeres objektives Recht. Ja, auf wohlverstandene Art läßt sich sogar sagen: Auch dort, wo das Recht als Strafrecht tausendfach energischer anpackt und bricht als die autoritärste Moral, hat die Unterscheidung von Recht und Sittlichkeit immerhin das Pathos der Vergeltungstheorie gestört. Dazu gibt es sogar in der Strafjustiz noch mehr rechtsleeren Raum als normleeren in mancher freiest erscheinenden Moral, gar in moralistischer Wichtigmännerei.

Ist ein gewohntes Bild gerissen, so trennen sich die Teile nicht sofort. Was so lange zusammengehörte, sieht sich nach der Trennung lange nach, sucht gegebenenfalls im Begriff die Nähe zueinander, die im Sein nicht mehr ist. So wurden auch zwischen Recht und Moral immer wieder begriffliche Brücken zu bauen versucht, eben wegen der guten alten Zeit. Dadurch wurde sogar eine Hilfe zurückgewonnen, die die bloß äußerliche Beurteilung des Tuns dem Täter entzogen hatte. Denn die psychologisch-moralische Unterscheidung zwischen Handlungen mit und ohne Vorsatz (dolus) kommt in den meisten Fällen dem Täter zugute. Der dolus und seine weitere moralische Graduierung (bis herauf zur Anerkennung des Überzeugungstäters) beeinflußt die strafrechtliche Beurteilung durchaus. Das gesamte neuere Recht berücksichtigt, ob die Verletzung einer mit Strafschutz versehenen Norm aus Fahrlässigkeit oder aus Vorsatz geschah; ob der Täter ganz, halb oder überhaupt nicht zurechnungsfähig war. Das primitive Recht war gerade darin barbarisch, daß ihm die Kategorie des dolus fehlte. In neuerer Zeit aber bezeichnet es puren Menschenhaß, den Täter auszulassen, die Tat allein zu werten. So folgerichtig bei Schopenhauer: »Überhaupt gibt der zu verhütende Schaden den richtigen Maßstab für die anzudrohende Strafe, nicht aber gibt ihn der moralische Unwert der verbotenen Handlung. Daher kann das Gesetz, mit Recht, auf das Fallenlassen eines Blumentopfes vom Fenster Zuchthausstrafe, auf das Tabakrauchen im Walde, während des Sommers, Karrenstrafe setzen, dasselbe jedoch im Winter erlaubt sein lassen« (Werke, Grisebach, II, S. 704). Zu solch absurden Straffolgen und Legitimierungen ihrer kann also die Trennung von Recht und Moral auf diesem Feld veranlassen. Umgekehrt zeigt sich das Verblüffende: Herzensinteresse, bis hin zur Gesinnungsschnüffelei, sonst sichere Insignien des Polizeistaats, sind in diesem einen Feld enorme Schutzmittel des Täters. Spitzelei, Herz und Nieren auf solche Art, zu solchem Zweck prüfend, ist hier menschenfreundlich, Moralanalyse der Triebfeder demgemäß eine Rechtswohltat. Alle *anderen* Moralisierungen des Rechts jedoch waren und sind weniger einwandfrei, sie zeigen sich als *Entsprechungen* des positiven Rechts zu bisherigen Morallehren, zum Zweck, »das Recht einzig zu läutern«. Und das, wie jetzt erhellt, unter *Auslassung* des Naturrechts, unter *Ersetzung* seiner durch wohlanständig erhebende Moral; das herrschende Ius soll weniger kritisiert, gar auf sein Recht selber befragt werden, als veredelt, moralisch geadelt. Dazu werden dann auch Parallelisierungen mit der Geschichte der Ethik herangebracht; die meisten freilich tauchen erst nachträglich, in der Betrachtung des neunzehnten Jahrhunderts auf. So werden Rechtsgefühl und ein sogenannter ritterlicher Sinn, der aus innerer Neigung wirkt, angenähert. Oder es beruft sich studiertes Recht auf sittlichen Verstand, weil auch dieser aus Gründen urteilt, nach Grundsätzen handelt. Gefühl und Überlegung kommen also nach dieser Verbindung juristisch wie moralisch vor und haben in beiden Gebieten ihre Fürsprecher, das eine mehr liberale, das andere mehr unter den gefestigten Beamten. Sodann wird parallelisiert: Eine Überlegung nach Grundsätzen kann entweder eine *formale* oder eine *materiale* sein, das heißt: das Recht und ebenso das Sittliche werden entweder nach einer abstrakten Formel bestimmt oder nach einem Normgehalt, worauf sie sich richten. Der *formalen* Betrachtung genügt es, wenn ein Satz des Handelns in sich widerspruchslos, also erweisbar richtig ist, er kann dann überall angewandt werden. Niemand kann zum Beispiel ohne inneren Widerspruch gegen den Begriff des Eigentums, des Depositums wollen, daß allgemein gestohlen, unterschlagen werde. Wird so das Recht ausschließlich in *Formeln* abgehandelt, dann stellen sich leicht Erhebungen zu diesem moralischen Formalismus ein, vielmehr: Konstruktion hier wie dort spricht sich Mut zu, Mut des Scharfsinns für die Moral, Mut der Tugend fürs Recht. Das stärkste Beispiel gab Hermann Cohen: Jurisprudenz ist die »Mathematik der Ethik«, Ethik die »Idee der Jurisprudenz«. Behauptet wird eine Logik des Wollens, die es allererst zum reinen Willen bestimmt, zum allgemeingültigen Willen der Gemeinschaft erzeugt, diese seine moralische Gegenstandsetzung geschieht mittels der juristischen Methode, mittels der apriorischen Logik des Rechtsverhältnisses. Wie die mathematische Naturwissenschaft aus der verworrenen sinnlichen Gegebenheit erst die objektive Erfahrung Natur schaffe, so schaffe das Recht aus dem von Trieben und Affekten beherrschten Zusammensein das von Ideen geleitete Vernunftgebilde der Gemeinschaft; Sinneseindrücke wie Affekte werden in beiden Fällen nicht gehört, sondern verhört. Reiner, das heißt: allgemeingültiger Wille realisiert den Mensch nicht als egoistisches, aber auch nicht als soziales Triebwesen, sondern als – juristische Person (wobei freilich von Aktiengesellschaften keine Rede ist). Das so entstandene Rechtssubjekt soll das gleiche sein wie die moralische Person, und die Achtung vor der moralischen Person in jedem Menschen ist die Richtschnur des sittlichen Handelns, die Idee des sittlich-sozialen Staats. Soweit eine Theorie, die unter der Fahne der Staatssittlichkeit die gesamte Trennung zwischen iustum und honestum wieder einreißt – Justinianus dat honores, solum Justinianus. Wird aber das Recht nicht überwiegend nach Formeln abgehandelt, sondern nach *Normgehalten*, dann nimmt es sich *materielle Güter- und Wertethik* als Oberhaus. Dem formalen Recht wie der formalen Sittlichkeit gilt bereits innere Einheitlichkeit, logische Widerspruchslosigkeit als Kriterium des Richtigen; »Realismus« dagegen mißt nach dem objektiven Wert der praktisch erstrebten Güter und nach der Intensität, mit der sie erstrebt werden. Derart hat Max Scheler zum Unterschied von Cohens formalem ein *materiales* Apriori des Wollens behauptet, wiederum aber das Recht in seiner Vorhandenheit legitimierend an dem, was hier materiale Wertethik genannt wird. Fürs Erstreben und das Erstrebenswerte vor ihm wurde so eine lange Skala von Gütern und Zwecken aufgestellt, mit einer ihnen entsprechenden Skala von Vorzugsbetonungen. Entweder wurde in dieser Anordnung einer Gruppe von Gütern (Wertpersonbildern) zugunsten einer anderen Gruppe Krieg erklärt, etwa dem Individuum zugunsten der Gemeinschaft und umgekehrt. Oder es wurde eine harmonistische Hierarchie der Güter und Zweckwerte gestiftet, eine Klimax aus Individuum, Familie, Volk, Menschheit. Aus Kulturmensch hier, aus selbstgenügendem Kulturreich dort, bis hinauf zu einem, meist theologisch krönenden Summum bonum. Auch dieser materialen Begründung des Sittlichen hat das positive Recht sich angeschlossen und auf seine Weise daraus Hochglanz gezogen. Denn auf dem Umweg über die Klimax läßt sich vom Abtreibungsparagraphen bis zum Militärstrafgesetzbuch jede Rechtsnorm einer sittlichen Zweckgestalt zuordnen, geradezu einer Moral-Kathedrale aus Normen. Zuletzt schließlich parallelisierte sich der Gegensatz zwischen subjektivem *Recht* und objektiver *Rechtsordnung* mit dem zwischen *autonomer und heteronomer Moral.* Das subjektive Recht verband sich überall dort, wo es Besitz und nichts sonst ausdrückte, mit dem sich selbst bestimmenwollenden Mann. Er nahm dann den sittlich auf sich Beruhenden als Charaktermaske, derart, daß niemand in seine private Wirtschaft hineinreden sollte. Soweit das juristische Subjekt Unternehmer war, attachierte es sich besonders gern dem inneren Licht, das nur seinem eigenen Gewissen verantwortlich ist. Umgekehrt verbesserte sich die objektive Rechtsordnung durch heteronome Autorität, die dem Gewissen von außen oder oben vorschreibt, wann es zu schlagen habe. Das Gemeinsame zwischen Rechtsnorm und sittlicher Norm, zwischen Zwang und auferlegtem Gebot ist hier die Unterworfenheit, die Fremdgesetzgebung. Der Zwang scheint zwar nicht bei jedem objektiven Recht im Vordergrund zu stehen, notgedrungen kommt das Völkerrecht ohne ihn aus, auch sonst suchte man ihn als »bindende Kraft allgemeiner Überzeugung« wegzudefinieren, das heißt zu verstecken. Anerkanntheit mittels dieser allgemeinen Überzeugung, nicht Erzwingbarkeit sollte darnach das Recht zum faktisch geltenden und vollziehbaren machen; ungeachtet des Umstands, daß die Rechtsordnung gerade Unterdrückten gegenüber, die zur »bindenden Kraft allgemeiner Überzeugung« keineswegs beisteuern, besonders faktisch zur Geltung kommt. Steht also auch der Zwang nicht überall im Vordergrund, so doch, infolge herrschenden juristischen Klasseninhalts, überall im Hintergrund: die Obrigkeit trägt das Schwert, und die Verwirklichung ihrer Urteile wird von der Pfändung bis zum Schafott gleichmäßig Vollstreckung genannt, das ist Zwangsvollstreckung. Diese eben attachiert sich am wahlverwandtesten der heteronomen Moral, als der dem Subjekt von außen her oder von oben herab entgegengeltenden Gesetzgebung der Sittlichkeit. Rechtliche wie sittliche Norm ist hier, was Staat, Kirche, göttliche Gebote fordern; der Jurist, der »den Willen des Gesetzgebers« auslegt, arbeitet mit der gleichen Mythologie wie der Moraltheologe, der im Dekalog, im Sakrament der Ehe, in der Einsetzung der Obrigkeit den Willen Gottes exemplifiziert. Hierbei wurde freilich schon bemerkt, daß eine absolute, bis zur absoluten Tyrannei gesteigerte Heteronomie der Rechtsordnung überhaupt keine Rechtsordnung übrigließe; sie muß auch im reaktionären Fall Heteronomie mit Maßen sein. Andernfalls wird das Rechtsgesetz zum mathematisch-physikalischen Naturgesetz, das ist, zu einem solch ausnahmslos durchgesetzten, daß nicht einmal mehr ein Gebot, ein Befehl, ein Müssen, gar ein Sollen möglich und notwendig ist. Ungeachtet dessen, daß sich autoritäre Regimes neuerdings sehr gern auf die sogenannt ehernen Naturgesetze berufen, als käme die Peitsche von dorther, sei folglich nicht nur gerechtfertigt, sondern unabschaffbar. Aber das Wasser hat kein Müssen, abwärts zu fließen, und das Knallgas keines, an der Flamme zu explodieren, sondern explodiert schlechthin, die Massen gehorchen nicht dem Gravitationsgesetz, sondern dieses ist eine ihrer Bewegungsformen, Bewegungskategorien auf schlechthin immanente Art, während doch das noch so heteronome Rechts- und Moralgesetz veranlaßt ist, Subjekte der Freiheit relativ zuzulassen und übrigzulassen, damit eine Spanne und Spannung zur Heteronomie, zu dem ihr konstitutiven Befehlscharakter, vorhanden sei. In dieser Spanne allerdings – als dem Raum, worin die Freiheit unterdrückt werden kann – hat sich objektive Rechtsordnung mit heteronomer Moral durchaus gefunden, bald preußisch, bald papistisch aufgebessert. – Soviel hier über die Versuche, geltendes Recht doch wieder recht sittlich zu verknüpfen. Wieso aber wurde großer Wert auf dieses Band gelegt, gerade in Ansehung des *geltenden* Rechts? Das Band wurde hauptsächlich deshalb gesucht, um geltendes Recht durch, wohlgemerkt, ebenso geltend-übliche *Pflichtmoral* in Ordnung erscheinen zu lassen. Um mithin *das kritische Naturrecht, mit dem Postulat realer Menschenwürde, zu umgehen.* Um einen Ersatz dafür zu haben, der nicht angreift, der nicht gleich Grotius, gar

Rousseau einen nachträglichen Ludergeruch von Revolution aufweist. Als *Gesamtausdruck* des Ersatzes bot sich daher allemal die *Gerechtigkeit* an, dieser Hans Dampf in mindestens zwei Gassen, in der juristischen wie der moralischen. War sie doch sogar der Leitstern jenes unschädlichen relativen Naturrechts, das statt Natur den göttlichen Willen, statt Staatsvertrag den Dekalog sich zugrunde gelegt hatte. Von den Moralisten des Ius wird heute noch Gerechtigkeit als Sonntagsideal angepriesen, »die Gerechtigkeit von oben« versteht sich, das patriarchalische Suum cuique, als wäre sie die Kardinaltugend schlechthin, und ist doch so austeilend wie vergeltend dem Klassenregime verhaftet. Moral ohne Herr und Knecht hätte andere Kardinaltugenden und würde nicht Institutionelles, gar nur totaliterzwangshaft Haltbares, auch noch mit autonom-moralischem Schein pathetisieren. Moral ideologiefreien Stils, nämlich endlich klassenlos intendierte, ist zu gut, um dem radikalen Naturrecht auszuweichen, zu zentral, um es zu ersetzen. Das *radikale* subjektive Naturrecht und sein Anspruch: *jeder nach seinen Fähigkeiten, jedem nach seinen Bedürfnissen*, das *radikale* objektive Naturrecht: *Solidarität*, diese reichen zum Steuer der Rechte postulativ aus, werden konkret ausreichen. Eben deshalb wird dergleichen umgangen, wird moralische Kontemplation an seine Stelle gesetzt, mit dem schließlich apologetischen Schein: L'Etat c'est nous. Das soll dann heißen: Der Staat, wie er heteronom geführt wird, ist gerade freiwillig, autonom-moralisch euer bestes Teil. Auf diese Art wurde die moralische Innenseite oder auch Glanzseite überwiegend zu bloßer assimilierter Heuchelei. Erst in der gelingenden Besorgung einer nicht mehr antagonistischen, nicht mehr von oben nach unten gebauten Gesellschaft kann sich auch das wahre Wort erfüllen: Sozialismus, gar Kommunismus sei das, was man unter dem Namen Moral so lange vergebens gesucht hat.

Aus alldem ergibt sich, manche gewohnte Plätze müssen billigerweise vertauscht werden. Einiges, was innerhalb des Rechts möglich ist, rückt nach oben, während Sittliches im Rang *vorderhand* sinkt. Das werthafte Verhältnis zwischen beiden kehrt sich dann, nämlich in der kritischen Betrachtung der Klassengesellschaft, um. Das Recht ist nach seiner subjektiven oder

Freiheitsseite der Moral überlegen, und zwar der bisher autonomen so gut wie der heteronomen. Vom Naturrecht her wurde das Rechtshafte nicht nur deshalb so hoch gewertet, weil es keine oder viel schmalere Pflichten setzt als das Sittliche. Sondern bei Grotius findet sich auch eine *gegenständliche* Wertung, eine, die die Moralpflege des bloßen Innenlebens, als bloßer häufiger Domestizierung des Außenlebens, lehrreich überbietet. Grotius achtet die Moral vorzugsweise als individuelle Ordnung, das Recht aber als sozial-kollektive, dergestalt, daß erstere die Begierden (Furcht und Wollust) beherrscht, letzteres aber das Zusammenleben der Menschen. Moral regelt durch das Urteil über den wahren dauernden Wert der durch Begierde bezeichneten Güter, Recht jedoch durch die breitere Klärung des Geselligkeitstriebs (vgl. Proleg. De iure belli et pacis, §§ 9, 10, 41, 44). Die Ethik des Geselligkeitstriebs ist folglich, wenn man so sagen kann, eine juristische, keine moralische. Zwar das Recht regelt nur die äußeren Handlungen, es schafft bei Kant, gerade als Vernunftrecht, nur die Bedingungen zur äußeren allgemeinen Freiheit; indes diese äußere Freiheit mag realer erscheinen als die innere, ja als Voraussetzung dessen, daß moralische Handlung in realitate überhaupt möglich und sinnvoll sei. Ein Beispiel dafür, daß Moral nicht stimmt und nicht stimmen kann, wenn das Recht, als eine noch so äußere Ordnung der sozialkollektiven Angelegenheiten, nicht in Ordnung ist, gibt eben der kategorische Imperativ, dieser ohne gute Ordnung der Gesellschaft überhaupt nicht denkbare und sinnvolle. Menschen können überhaupt nicht die Maxime ihres Handelns nach dem Prinzip einer allgemeinen Gesetzgebung orientieren, solange die Gesellschaft dieser Allgemeinheit noch eine bloß formelle Rechts-Demokratie, also eine Klassengesellschaft ist. Zu Kants Zeit, im Erscheinungsjahr der Kritik der praktischen Vernunft (1788), bestand auf der Erde nicht einmal diese formelle Rechts-Gleichheit als ständefreie. Und als sie nach der Französischen Revolution durchgesetzt war, deckte die Allgemeingeltung des juristischen Gesetzes lediglich den Klassencharakter der Bourgeois-Allgemeinheit zu. Ein Proletarier könnte also gar nicht moralisch handeln, wenn er die Maxime seines Handelns, unter gegenwärtigen Umständen, dem Prinzip einer allgemeinen

Gesetzgebung zuordnete; denn er würde zum Verräter seiner Brüder. In der Streiksolidarität kann er sinngemäß keiner Allgemeinheit einschließlich der Kapitalisten gerecht werden; so enthüllt sich die Moral des kategorischen Imperativs nur im Zusammenhang des Siegs der unterdrückten Klasse, der abgeschafften Klassen zuletzt. Gewiß ist das Substrat der allgemeinen Gesetzgebung bei Kant nicht die jeweilige Gesellschaft, überhaupt nicht die Gesellschaft im sozialen Sinn, sondern er setzt ein »übersinnliches Substrat der Menschen im Menschen«; auf dieses allein bezieht sich letzthin die Gesetzgebung der praktischen Vernunft. Trotzdem ist in praxi die jeweils gegenwärtige Gesellschaft der einzige Meßraum, das einzige Maßprinzip der Allgemeinheit. Das Kantische Moralprinzip fordert theoretisch, die Maximen der Gesellschaft selber nach dem Prinzip der Menschheit im Menschen zu richten; innerhalb der noch vorhandenen Gesellschaft aber würde dieser Imperativ, sehr gegen seine Intention, lediglich bestimmen, daß alles gefördert wäre, was die vorhandene Gesellschaft erhält, alles vermieden, was sie zerstört. Item, erst in einer selber klassenlosen Gesellschaft, in der realen Rechtsgesellschaft einer realen äußeren Freiheit, wäre der kategorische Imperativ von der Sympathie befreit, die allemal der preußische Generalstab für ihn hegte. Dann aber braucht man ihn nicht mehr, denn die Relationsglieder Ich – Allgemeinheit sind nicht mehr antagonistisch konflikthaft, bedürfen also keines Korrektivs, gar eines ständig reflektierenden, an der Möglichkeit einer allgemeinen Gesetzgebung. Sonach hat hier das Recht, soll heißen: das Vernunftrecht, als Inbegriff der Bedingungen der äußeren allgemeinen Freiheit, den Primat vor der Moral. Ohne Durchsetzung dieses Rechts ist der kategorische Imperativ wesentlich nur ein Mittel, die Klassenherrschaft im Bewußtsein der Unterdrückten zu sanktionieren. Nach Durchsetzung des Rechts wird dieser Imperativ, wie jede formalistische Moral überhaupt, überflüssig; klassenlose Ethik ist innerhalb der klassenlosen Gesellschaft zwar keine Tautologie, gewiß nicht, aber eine von antagonistischen Konflikten befreite. Von Konflikten also, die wesentlich zur antagonistischen Gesellschaftsstruktur gehören und bis dahin nur ethisch verkleidet sind, auf ethische Art höchstens palliativ gemildert, doch nicht konstitutiv gelöst werden können. Sorgen und Fragen, tiefe menschliche Unzulänglichkeiten und Abgleitungen genug bleiben übrig, auch solche keineswegs immer nicht-antagonistischer Art, sondern gerade scharf gespannt zwischen bösem Willen und gutem, zwischen immer nur approximativem Einklang von Person mit Gemeinschaft, Gemeinschaft und Person, das auch bei noch so gesicherter Solidarität: aber diese Spannungen, die ernstesten, die es gibt, solange es das Problem der Vermenschlichung gibt und unseren tiefst prekären Abstand von ihr, sind von bloß institutionellen Zusatz-Verhinderungen rein geworden, die zwischenmenschliche Beziehung ist vom institutionell Schäbigen oder Drückenden unabgelenkt rein geworden, dergestalt, daß Tugenden gleich Ehrlichkeit überflüssig werden oder gleich Treue, selbst Menschenliebe erst ungemischt, ohne Situationskonflikte (wie im kategorischen Imperativ) und objektiv erzwungene Relativierungen ihr Feld gewinnen. Moral ist noch keine, die das Recht der Befreiung nur mit schöner Seele oder mit vielfach ideologisch abgerichteten Tugenden ersetzen soll.

Freilich steht es mit einem Sittlichen recht anders, das nicht als Ersatz zu wirken hat. Es bleibt dann durchaus nicht zweite Stelle, verglichen mit der vordringlichen Änderung öffentlichrechtlicher Verhältnisse. Indem und sofern die Änderungen tauglich sind, einem endlich ideologiefrei Sittlichen Platz zu geben, teilt sich dieses schon dem Ändernden als einem *Bereitenden* mit und fällt in seinem Tun, auch Lassen damit nicht zusammen. Also geht es auch nicht an, nun umgekehrt für die *Moral* einen Ersatz zu suchen, dergestalt, daß bereits der Kampf für eine bessere Gesellschaft die Moral selber sei und diese dafür nur eine Tautologie, gerade als echte. Daher ist der Satz mindestens übertrieben, wo nicht gefährlich und freibriefhaft apologetisch, den Paschukanis seinerzeit so formulierte: »Wenn das lebendige Band, das das Individuum mit der Klasse verbindet, tatsächlich so stark ist, daß die Grenzen des Ichs sozusagen verwischt werden, und der Vorteil der Klasse tatsächlich mit dem persönlichen Vorteil identisch wird, dann hat es keinen Sinn mehr, von der Erfüllung einer moralischen Pflicht zu reden, dann fehlt überhaupt das Phänomen der Moral« (Allgemeine Rechtslehre und Marxismus, deutsch 1929, S. 141). Dann kann dies

Phänomen allerdings fehlen, doch zweifellos nicht nur im Sinn einer Tautologie, sondern einer Tyrannei. Gewiß, eine Heteronomie, die überhaupt keine Moralfragen des Individuums in ihrer Gesellschaft übrigläßt, sowenig gar wie für sich selber, diese könnte, sozusagen als aufgeklärter Absolutismus neuen Stils, die Personen »verwischen«, weil deren »persönlicher Vorteil« ohnehin durch ihre Klasse und nur durch sie, ja in ihr wahrgenommen ist. Indes, die Personen sind dadurch zu bloßen Rezipienten herabgesetzt oder zurückgenommen, das Anspruchsproblem vom Individuum an Gemeinschaft und umgekehrt wird, als ein moralisches, nicht einmal notiert, geschweige bedacht. Das sind Symptome und das sind die Folgen einer Reduktion des Moralischen aufs absolute Politikum als einer völligen moralischen Problemarmut schon jetzt, wie gar erst später, nach erreichtem Ziel. Nicht viel weniger monolithisch wirkte noch eine spätere Vereinfachung der Moralität bei der Staatswissenschaftlerin, auch Ideologin Karewa, und zwar wie folgt: »Die Übereinstimmung der Grundprinzipien und vieler konkreter Forderungen des Rechts und der Moral erklärt sich vor allem daraus, daß sie durch die gleiche ökonomische Grundlage hervorgerufen und bedingt werden. Der gesellschaftliche Aufbau des Sozialismus ist objektiv höchst moralisch, und jede Rechtsnorm, die seine Entwicklung und Festigung fördert, festigt gleichzeitig auch die kommunistische Moral« (Recht und Moral in sozialistischer Gesellschaft, deutsch 1954, S. 91). Die gleiche ökonomische Grundlage soll die beiden Überbauten Recht und Moral deshalb hier zusammenbringen, weil sie der gleichen – gesetzmäßigen Notwendigkeit dienen. Wonach dies das Kriterium jedes Sittlichen, unterwegs wie im ganzen Umfang, sein soll, daß eine Handlung objektiv gerecht und sittlich ist, wenn sie geeignet ist, den Durchbruch und die Wirksamkeit ökonomischer Gesetze zu fördern, wenn sie dem gesellschaftlichen Fortschritt dient. Es liegt auf der Hand, wie sehr heteronom damit einige andere und zur Herstellung des Reichs der Freiheit genauso bedeutbaren Kardinalfragen der Ethik außer acht gelassen sind, als da sind: Verhältnis von Willensfreiheit zur Notwendigkeit, von Person und zu erbauender Gesellschaft, von Gesellschaft und zu befreiender Person. Ja es erhellt das Merkwürdige: Zu *aktuelle Verrechtlichung der Moral* schiebt auf andere Art nicht minder das angegebene radikale Naturrecht aus dem Recht ab, wie das die *moralische Pathetisierung des Rechts* vollführt. Item, es gibt keine Ausführung (Herausführung) der Moral ohne gleichzeitige Veränderung im Verhältnis der Menschen zu den Produktionsmitteln, also ohne Bestreben zur *institutionellen* Abschaffung des Eigennutzes, dieses amoralischen Erbfeinds. Aber auch: Gerade Politik, die diese Bedingungen zur menschlichen Reinheit schaffen will, wird eben als solche keinen Schritt tun können, ohne ihr human Rechtes mit dem human Sittlichen in intentionierter Übereinstimmung zu erblicken. Jeder wechselseitige Ersatz von Politik und Moral ist unecht, wohl aber gilt: Moral, damit sie ohne Heuchelei und Ideologie sein könne, verlangt den Bau des öffentlich Rechten, und dieser Bau hat nicht nur sein Richtfest, sondern seine notwendig präparierende Heimbildung selber in der Moral.

Hier also muß neu verknüpft werden, in Sachen des zu erringenden Rechten wie Guten. Beide kommen in ihrem *Werdenden* durchaus überein, wenn auch dasjenige, was als Sittliches gepredigt wurde, zu oft sich verschnaufender, vor allem herkömmlich konformer verhielt. Und nicht zuletzt unkräftiger; weshalb hier über Moralisches Jean Pauls treffliche Bemerkung gilt, es ermuntere damit einer den anderen, dieser wiederum andere zu guten Handlungen fort und fort, und kein Pfennig werde dabei ausgegeben. Es gibt aber im sittlichen Bewußtsein, so sehr es mißbraucht und ersetzend wurde, genug, das zum Morgen und Übermorgen gehört. Das den Staub und die Heuchelei, zu denen Moral geworden ist, selber richtet; denn von woher anders könnte Heuchelei gerichtet werden als von Moral? Sofern sie die feine Innerlichkeit wie die objektive Heuchelei gleichmäßig abtut, besonders in Zeiten, wo die Steine schreien, in keineswegs abgetan faschistischen. Moral dieser Art ist noch nie geschrieben worden oder besser: sie wurde vom »Beiwerk« der jeweiligen klassenhaft interessierten Pflichtenlehre fast erstickt, aber sie lebt in allen ihren großen Lehren als zwischenmenschliche Bewohnbarkeit. Sie ist dem Rechtsanspruch der Unterdrückten verwandt und übertrifft ihn am utopischen Ende als gänzlich uninteressierter Entschluß zur gegenseitigen

Hilfe. Ethik ist dann am wenigsten eine gelehrte Form des Glaubens an die herrschende Sitte und auch keine kontemplative Schmetterlingssammlung feinerer und feinster Lebensschwierigkeiten (auf Rentierbasis). Kant aber, mit der Maxime, den Menschen jederzeit als Zweck, nie als Mittel anzusehen, mit einer Maxime also, die die bestehende Allgemeinheit sprengt, der der kategorische Imperativ immerhin nicht widersprach, Kant konnte von seiner Moral und nicht nur von Halbheiten seines Naturrechtes her (das Widerstand gegen die Obrigkeit verneinte) der Französischen Revolution, im »Streit der Fakultäten«, den vorsichtigsten, doch auch echtesten Hymnus nachsingen: »Die Revolution eines geistreichen Volks, die wir in unseren Tagen haben vor sich gehen sehen, mag gelingen oder scheitern; sie mag mit Elend und Greueltaten dermaßen angefüllt sein, daß ein wohldenkender Mensch sie, wenn er sie, zum zweiten Male unternehmend, glücklich auszuführen hoffen könnte, doch das Experiment auf solche Kosten zu machen nie beschließen würde, – diese Revolution, sage ich, findet doch in den Gemütern aller Zuschauer (die nicht selbst in diesem Spiele mit verwickelt sind) eine Teilnehmung dem Wunsche nach, die nahe an Enthusiasmus grenzt und deren Äußerung selbst mit Gefahr verbunden war, die also keine andere als eine moralische Anlage im Menschengeschlecht zur Ursache haben kann.« Dergleichen zeigt durchaus Zusammenhänge mit echtem subjektivem Recht, Freiheitsrecht, Naturrecht, mit Veränderung der äußeren Welt, und wäre, wenn es im heutigen Bürgertum auftreten könnte, durchaus ungeeignet, Konsequenzen des Naturrechts zu ersetzen, zu verhindern. Die der Moral ungünstige Wertproportion zwischen ihr und dem rechten Recht gilt eben, wie oben betont wurde, nur *vorderhand*, in der kritischen Betrachtung der *Klassengesellschaft*, vor allem der bürgerlich-spätbürgerlichen *Klassenmoral*. Das gilt nicht mehr sozialistisch, nicht in dieser Perspektive, also auch nicht dem dämmerndtiefen Humanexperiment aller großen Morallehrer gegenüber. Ja von hier aus, allerdings nur an diesem utopisch-inhaltlichen Ende, übertrifft große Moral das Naturrecht, ist sogar dem radikalen so zu- wie utopisch übergeordnet. Dieses Sinns läßt sich über die unterwegs wechselnde Wertproportion von Recht und

Moral beruhigt sein: Radikales Naturrecht setzt menschliche Freiheit in möglich gewordener Solidarität, echte Moral intendiert auf dem Weg zu solcher Herstellung wie im glückenden klassenlosen Zustand selber auf die Lichtung jener Art menschlicher Entfremdung und Ungefundenheit, die nicht nur oder nicht mehr aus der Klassengesellschaft stammt. Das positiv vorhandene Recht freilich wird primär vom radikalen Naturrecht revolutionär »berichtigt«, gerichtet; echte Moral sagt dazu Ja und hält das Amen offen.

23 STRAFRECHT, TRAGÖDIE UND DIE WIRKLICHE NEGATION DES VERBRECHENS

Der väterliche Richter

Besonders leicht wird das Kind geschlagen. An ihm übt sich der Erwachsene, der sich sonst nicht zu helfen weiß. Umgang mit Unmündigen ist oft schwierig, der Hieb kürzt die Wege ab. Je unbegabter ein Erzieher, desto eher greift er zum Stock, und desto weniger richtet dieser aus. Der Schmerz der Prügel gilt bereits als Strafe. Sie beschwichtigt den Strafenden, sie soll weiterhin die verbotene Tat mit Schmerz verbinden, für später, und so gegen die Wiederholung wirken. Vielleicht wirkt bei alldem noch nicht Rache mit, doch Strenge, und eine, die sich nicht einmal darum kümmert, ob das Kind zurechnungsfähig ist. Die Rute soll bessern, indem sie abschreckt; sie soll zur Zucht führen, züchtigen ist das Zeitwort von Zucht. Wenn der Vater nun der früheste Richter, so wird der Richter denen, die als Unmündige mündiger Art vor ihm stehen, zum härtesten Vater. Die Kindheit, dann die Schule war sehr vielen Menschen ein Zustand jenes Zitterns, jenes Preisgegebenseins an den Rächer, das später nur den Verbrechern ihr schwieriges Leben ist. An den Kindern übt sich die Strafe, der Richter selber wurzelt in sehr frühen Gefühlen und Zeiten. Auch wird die Jugend desto weniger geschlagen, je weniger grausam es hinter Schloß und Riegel zugeht.

Auf einen Hieb wird zurückgehauen, das liegt nahe. Strafe ist Rache, damit fing sie an, alles andere kam später oder wurde Ausrede. Auge um Auge, Zahn um Zahn, am besten noch mit einer Zugabe: auf einen Schelm werden anderthalbe gesetzt. Freilich wird diese noch biologische Racheerscheinung ökonomisch allemal stark beeinflußt, zuweilen sogar gemildert. Sie wird zwar nicht in Tauschformeln gebracht, dergestalt, daß die Strafe der gerechte Preis wird, den man fürs Verbrechen zahlt. Wohl aber zeigte sich, auch bei beibehaltener Vergeltungsform der Strafe: *Strafmaß* und *Strafvollzug* variierten mit den Verhältnissen auf dem Arbeitsmarkt. So verlangte das frühere Mittelalter keineswegs Auge um Auge, Zahn um Zahn, sondern das Äquivalent nahm ab. Man brauchte die Augen und den Zahn, das Bauernland war dünn besiedelt, die Strafen sanken zu Geldbußen. Das Verfahren kam erst in Gang, nachdem die verletzte Person Anklage erhoben hatte, von Amts wegen kam keine Verfolgung. Diebstahl, Raub, Totschlag, Nichtzurückzahlung einer Schuld wurden unterschiedslos als Grundlage betrachtet, auf der der Geschädigte in Form der Geldbuße Genugtuung erhalten konnte. Der Grundherr verhinderte privaten Krieg der Schutzbefohlenen, von denen er eine Abgabe hatte; auch als diese zu Leibeigenen gedrückt wurden, verhinderte die Geldbuße, daß Arbeitskräfte durch Leibesstrafen ohne Not vernichtet wurden. Indem ein Teil des erlegten Betrags dem Feudalherrn zugeführt wurde, empfahl sich diese Art Strafvollzug auch als Zusatz zum Zehnten. Solch anormales Bild änderte sich aber im späteren Mittelalter, die Rachegewalt der Strafe trat ganz monumental hervor, und zwar im selben Maß, als die Naturalwirtschaft verfiel und der Arbeitsmarkt die Menschen nicht mehr aufnahm. Auf der Flucht vor der Auspressung durch ihre Grundherren (die selber durch das beginnende Kaufmanns- und Fürstenkapital niedergingen) zogen pauperisierte Bauern als Bettler, Vagabunden, Räuber die Landstraße; soziale Unruhen wurden der Obrigkeit gefährlich. Von diesen Verbrechern war nichts mehr zu holen, die Strafjustiz durch Bußen wurde fiskalisch uninteressant. Desto einleuchtender aber empfahl sich der Tripeleffekt von Rache, Abschreckung, Vernichtung: Heinrich VIII. von England allein ließ 72 000 Vagabunden hängen. Erst damals kamen Polizei und Ermittlungsdienst auf, seit dem dreizehnten Jahrhundert erschien die Folter. Der Strafprozeß, jetzt von Amts wegen ergehend, nach Offizialprinzip, lieferte den Inkulpaten völlig schutzlos einem Offizium aus, das Untersuchungsrichter und Strafrichter in einer einzigen, grundparteiischen Person war. Der Angeklagte war lediglich Objekt des Verfahrens, nur bestimmt, Beweise gegen sich selber zu liefern und im Verweigerungsfall oder gar beim Versuch, sich zu verteidigen, Objekt der Folter zu werden. Der Strafprozeß verlief von der Außenwelt völlig abgeschlossen, finster, unheimlich, voll entsetzlicher Übergriffe, mit dem Ausgang auf Verstümmelung oder Tod und dem Freispruch als Mirakel; die Carolina von 1532 ist in ihren Strafbestimmungen ebenso ein Gesetzbuch wie ein Lehrbuch des Sadismus. Bis die Erholung des Arbeitsmarkts im siebzehnten Jahrhundert die Vernichtungsstrafe wiederum unrentabel erscheinen ließ. Das begann im siebzehnten Jahrhundert: Seuchen und Kriege, besonders der Dreißigjährige, Ausweitung des Handels, Ratio des Merkantilsystems hatten gesteigerten Bedarf an Arbeitskräften zur Folge; also stieg die Tendenz zu einer nutzbringenden Erhaltung der Verbrecher. Erst in dieser Zeit wurden Freiheitsstrafen eingeführt, der Verurteilte verbüßte seine Strafe im Zuchthaus als Kettensklave, als Zwangsarbeiter. Kerker bestanden auch im Altertum und Mittelalter, aber man hielt die Gefangenen darin nicht auf dosierte Zeit, sondern bis zu ihrem Tod oder bis sie sich loskauften. Erst als die frühkapitalistische prosperity einsetzte (ohne Negersklaven einzuführen), wurde das Zuchthaus rentabler als der Galgen, wurde nicht mehr jedes kleinste Delikt mit Leibesstrafe geahndet. Erst damals wurde die Gerechtigkeit, mit Maßen, human, sogar der Abbau der reinen Rachestrafe fand Gehör in erneuter Anomalie, sogar die gänzliche Abschaffung der Todesstrafe. Hier wirkte aber unter dem humanen Impuls, der die Ökonomie jeder Revolution begleitet und in der Französischen noch kurze Zeit stehenblieb, vor allem eben die Relation zwischen Arbeitsmarkt und Strafvollzug. Und die Humanität dieser Relation hatte ihre Grenzen: die Folter, die grausamen Hinrichtungen dauerten bei

Kapitalverbrechen fort, hielten sich zum Teil bis in die Anfänge des neunzehnten Jahrhunderts. Daß Rache- und Vernichtungswille durch Ökonomie nicht überall zurückzudrängen war, zeigte sich sogar in den zwei linderen Epochen des Strafvollzugs. Er zeigt sich gerade hier, im früheren Mittelalter wie in der Neuzeit, und zwar sogleich, wo nicht weltliches Unrecht (iniuria), sondern magisch-religiöses (nefas) vorzuliegen schien. Mord war durch Geldbuße sühnbar, aber Baumfrevel: da wurde dem Delinquenten der Leib geöffnet, das Eingeweide herausgezogen, mit dem einen Ende an den Baum genagelt, und der Frevler wurde so lange um den Stamm gejagt, bis die Därme sich als neue Rinde aufgespult hatten. Und hatte die Neuzeit nicht mehr wie das Mittelalter solche Reste des altgermanischen nefas, so hatte sie die Hexenprozesse; weder Arbeitsmarkt noch Naturrecht noch mathematische Naturwissenschaft kamen gegen sie auf. Unausdenklich die spanischen Stiefel und die Streckleiter, der glühend gemachte Eisenstuhl, auf den arme Weiber gesetzt wurden, der Hexerei angeklagt, erschöpft von schrecklicher Gefangenschaft, betäubt von Finsternis und Hunger in ihren stinkenden Kerkerlöchern, mit Ketten beladen, fleischlos und halb tot. Unausdenkbar die Folterexzesse und der Feuertod für sie und für die Ketzer – gleichzeitig mit Grotius, aber auch gleichzeitig mit Newton und Leibniz. So triumphiert der archaische Gegenhieb, Gegen-Mord der Strafe auch in relativer Schonzeit; er triumphierte dort besonders, wo der Gegenmord nicht einmal vorher einen Mord brauchte.

Urschuld und die Geschichte als Buße

All das liegt tiefer als der bloße Trieb zu vergelten. Sonst könnte es nicht den Menschen auch mit sich selbst entzweien, den Selbsthasser erzeugen. Als einen, der sogar an sich Rache nimmt, weil ihn sein dauernd belastetes, nicht in Ordnung befindliches Gewissen verdammt. Das Gewissen ist die Sprache des Über-Ichs, und das Über-Ich, das sich derart zum Gerichtsherrn macht, ist das ideale Bild des Menschen von sich, eben jenes, das sittliche Forderungen in sein Bewußtsein schickt. Aber sofern dies Über-Ich richtet, sofern es dauernden Druck,

Geständniszwang, immer erneutes Sündengefühl erzeugt und derart, unter idealer Maske, eine Art inneres Folterwerkzeug bildet, sind seine Forderungen verdächtig. Sie stammen in allen drückenden Fällen von dem, was ein Mensch nicht ist, indem es aus heteronomer Vergangenheit auf ihn zukommt und ihn dahin einbannt. Dieser Bann unterscheidet das Über-Ich, wie Freud es zuerst festgestellt hat, von allen befreienden, uns utopisch aufnehmenden Bildern des Genügetuns. Individuell sind die Eltern, ist besonders der Vater in ihm lebendig, phylogenetisch, der im Individuum wiederholten Stammesgeschichte nach, der Despot und sein Tabu. Alles Pflichtbewußtsein hat seine archaische Wurzel in diesem Über-Ich; ihm gegenüber wurde die Grundverpflichtung eingegangen. Und nichts anderes als seine Aura erscheint auch in der *äußeren* Rache-Institution, in Gericht und Gerichtsprozeß. Nicht umsonst die feierliche Ausgestaltung des Strafprozesses zu allen Zeiten, die Vermummung der Richter, das Über-Ich in Staatsgestalt, wobei sogar das Kruzifix mitwirkt (ungeachtet es den berühmtesten Justizmord darstellt). All das erweckt den Eindruck eines besonderen, neben der tatsächlichen Welt bestehenden juristischen Seins, Straf-Seins, und soll ihn erwecken. Nicht nur das Abstraktum Staat macht sich derart zu einer sinnlichen, sinnlich-düstersten Konkretheit, auch die Rachegewalt erlangt im Gericht jenen drohenden Grund und Hintergrund, der mit dem bloßen Äquivalent-Verhältnis Schuld-Sühne nicht nur zusammenfällt und nicht mit ihm endet. Hierfür ist es unwesentlich, wie liberal oder robust das Verfahren selber vor sich geht; ob Advokatur und Geschworene den Angeklagten sozusagen nicht allein lassen. Das Gericht selber ist dämonisch, so unaufhebbar, daß selbst eine so wohltätige Korrektur wie die Öffentlichkeit des Verfahrens sich praktisch im Zeitalter der Presse zu einer Zusatzstrafe verwandelt hat, zu einem neuen, nämlich gedruckten Pranger. So ist das strafende Über-Ich mächtig amplifiziert im Gericht und mächtig mit Hintergründen verbunden, die als heteronome den menschlichen Willen, Freiheitswillen dauernd in Anklage versetzen. Nur das subjektive Recht ermunterte dazu, das Recht als Wissenschaft der Rechte zu definieren, Moral als Wissenschaft der Pflichten; doch das objektive Recht ist als Strafordnung nicht nur mit der heteronomsten moralischen Pflichtenlehre verbunden, sondern mit genereller *Verschuldungs-Mythologie*. Die Hörigkeit dieser Art wird an allen großen Selbsthassern sichtbar, an Kafka wie Kierkegaard, an Dostojewskij wie Luther. Kafka gab alldem die letzte und Grundform: die einer nackten Gewalt, die die verkleidetste, die einer offenen, die die hinterlistigste ist; in ungeheuerlichem Gericht wird nur die Strafe sichtbar gemacht, dem Menschen nachjagend, und nicht sein Verbrechen erschlossen. Kafka schrieb seinen Roman »Prozeß« über das nie endende Verfahren gegen sich selbst, das in dem mythischen Dachboden so tagt wie nächtigt. Kierkegaard oder das Zittern, daß Gott so unendlich leicht zu narren, Dostojewskij oder die Mitschuld an allem Bösen, das Bewußtsein, daß alles Unrecht gegen Gottes Sohn getan: sie sind beide die sprechenden, gestehenden, übergeständigen Strafobjekte – hier des göttlichen Zorns, dort der göttlichen Unschuld. Kierkegaard sagt: »Im Sündenbewußtsein« (das das geschärfte Schuldbewußtsein ist) »wird sich das Individuum in seiner Verschiedenheit vom Allgemeinmenschlichen bewußt, das Individuum, das sich nur durch sich selbst bewußt wird, was qua Mensch zu existieren heißt.« Und hier ist kriminelle Verzweiflung ein Widerschein der Luther-Verzweiflung: de facto, de iure im eigenen Werk verdammt zu sein. Auch Luthers Glaube schließt notwendig die unbedingte Selbstverurteilung in sich, als Anerkennung des göttlichen Gerichts. In ihm gibt es – bei dem Unwert aller Menschen vor Gott – keinen Freispruch; der wesenhaft Angeklagte kann nur auf Gnade hoffen, das heißt auf Begnadigung. Der Ernst Luthers führt an den *Quell* der Verschuldungs-Mythologie zurück; an den Sündenfall-Mythos und die ihm entsprechenden Urschuld-Sagen in allen höheren Religionen. Das Gefühl, daß das Leben Strafe und Buße sei, geht mit verschiedener Interpretation durch die Veden, die griechischen Mysterien, die Bibel. Überall unterkellert sich dies Gefühl mit der »Erinnerung« an ein vorzeitliches Unrecht, das man selbst oder in seinen »Eltern« begangen. Wo nicht das Leben, gilt der Tod als Strafe; Anaximander faßte ganze verschollene Mythos-Komplexe in dem einen Satz zusammen, daß alle Dinge in den Urstoff, woraus sie entstanden, wieder zurückkehren müssen, um »Buße und Strafe zu zahlen für ihre Ungerechtigkeit nach der Ordnung der Zeit«. Selbst die Bestimmung eines individuellen Aufbegehrens, eines Individuellseins ist in dem merkwürdigen Satz bereits enthalten, die Strafwürdigkeit des Trotzes ist in ihm enthalten; denn das Todesurteil über die »Ungerechtigkeit«, die ἀδικία (auch Beleidigung, Kränkung, widerrechtlicher Besitz), ergeht gegen das an sich schon kriminelle Sondersein im Sein. Der Tod ist der Sünde Lohn, gar im Sündenfall-Mythos geschieht er buchstäblich als Hinrichtung: Adam und seine Kinder sind zum Tod verurteilt, der Engel des Todes vollstreckt die Sentenz. Es ist die Sentenz, die Gott selbst erließ, die von Gott der Obrigkeit zu einer gegebenenfalls verfrühten und verschärften Vollstreckung übergeben wurde. Von daher sind alle Strafen christlicher Obrigkeit nichts als Ausführungsbestimmungen des Ur-Strafgesetzes aus dem Zorn des Herrn – et poenae et remedia peccati, nach den Kirchenvätern, nach Thomas, nach Luther. Im Inneren des Gotteszorns brannte die Hölle; auch diese hatte die Kriminaljustiz ihren Opfern vorweg anzurichten. Besonders der Feuertod für Ketzer, Zauberer, Hexen ist unmittelbar älteren Höllenbildern entlehnt; ihr sonstiges Heulen und Zähneklappern bereitete auf ein noch größeres vor. Das Ungeheuerliche einer ewigen Verdammnis hob ohnehin jede Proportion zwischen Schuld und Sühne auf. Mit alldem wurden Rache-Strafe und Straf-Äquivalent weit überboten, durch Erbsünde, Erbstrafe mythisch überboten: Wie der Sündenfall die metaphysische Wurzel des Verbrechens, so der Fluch des Herrn die metaphysische Rechtfertigung der Strafe. Noch die späteste reaktionäre Ideologie hat sich dieses remedium peccati bedient, F. J. Stahl definiert im Anschluß an Luther: »Recht ist das Ethische in einer durch den Sündenfall bewirkten Umwandlung zu einer äußerlichen Zwangsmacht.« Noch die späteste Gedanken-Mythologie, wie sie unter dem Einfluß Baaders durch Schelling und nachdem durch E. v. Hartmann ausgnostiziert wurde, hat den Schuldsatz Anaximanders als Prinzip: Die Welt ist so Buß- als Heilungsprozeß, und zugrunde liegt ihr die Urschuld eines unausdenklichen Verbrechens. Furchtbares ist am Anfang geschehen, so mischt sich in den Heilungsprozeß einer Urwunde zugleich der Prozeß im Strafrechts-Sinn; erst spät kommt der Entwicklungsbegriff hinzu. Bei Schelling wird die Urschuld gänzlich entschieden zu der des Sonderseins, des Radikal-Bösen, das Freiheit heißt oder Lossagung vom Universalwillen. Abfall ist der Grund der Existenz, Sündenfall geht der Geschichte wie der ganzen Welt voran, geschichtlicher Prozeß ist nichts anderes als Niederhaltung oder Auflösung des Partikularwillens zur Regel, Ordnung, Vernunftform. Weltgeschichte ist so in neuem Sinn Weltgericht: »Aber immer liegt noch im Grunde das Regellose, als könnte es einmal wieder durchbrechen, und nirgends scheint es, als wären Ordnung und Form das Ursprüngliche, sondern als wäre ein anfänglich Regelloses zur Ordnung gebracht worden« (Untersuchungen über das Wesen der menschlichen Freiheit, 1809, Werke VII, S. 359). Diese Notierung Luzifers kam im Gefolge der Französischen Revolution; der in ihr geschehene Durchbruch des frei wirtschaftenden Individuums durch die ständische Ordnung wurde von der Reaktion verteufelt. Schelling hat für die »entzündete Ichheit« (die ja in Gott selber ihren Anstoß hat und überhaupt Bewegung schafft) auch freundliche Worte; doch verhärtet sie sich zum Trotz, so ist und bleibt sie Urschuld. Verbrecher sind ihre übertrieben deutlichen Erscheinungen, selbstverständlich ordnete die Restauration ihr auch die Jakobiner, die »ewige Rotte Korah« der Revolution, zu. Die entlegene Spekulation Schellings bezeichnete so am Ende, was der herrschenden Klasse jederzeit als Gefühl naheliegt: unter der Welt ist Feuer, ist Schlange. Die Obrigkeit zertritt ihren Kopf, setzt in der Vergeltung *Übervergeltung* als Effekt der Schuld-Mythologie.

Brechung der Urschuld, tragisches Licht

Nur wenige kamen danach aus dem Bann etwas heraus, meist als gedichtete. Auf der Bühne nämlich sahen Schuld und Sühne, wo sie auftraten, anders drein. Die Tragödie zeigt ebenfalls schuldhafte Menschen, sozusagen, und untergehende, aber sie zeigt sie ebenso als siegende. Das Mitgefühl der Zuschauer entspricht hier einem Ineinander der Sache: die tragischen Helden werden durch die Verurteilung zu ihrem Untergang gleichzeitig bestätigt. Zuordnung von Schuld, das heißt von Verletzung einer

Ordnung zum Untergang als einer Sühne besteht, doch die Schuld, die angegeben wird, ist meist ein Vorwand, bestenfalls eine Außenseite. Ganz deutlich in der antiken Tragödie: Aischylos häuft allerlei Tadel auf Agamemnon, dieser geht nicht deshalb zugrunde. Sophokles gibt dem Ödipus erst ein Übermaß von Schroffheit mit, begründet ist das Schicksal des Helden darauf nicht. In der neueren oder sogenannten Charaktertragödie hat sich das Geschick des Helden zwar viel genauer seiner Schuld zugeordnet, ja die Schuld, die zum Untergang führen könnte oder führt, ist sogar juristisch definierbar (Insubordination im »Prinz von Homburg«, Hoch- und Landesverrat im »Wallenstein«). Dennoch bedeutet auch diese genauere Zuordnung nicht das, was die Schulmeister des Tragischen, die Moralisten des prometheischen Spiels daraus gemacht haben. Hinter den angefügten Schönheitsfehlern des antiken, Charakterfehlern des neueren tragischen Helden wirkt als einzige Schuld, vom Standpunkt der Ordnung aus, die Person, welche sich eben gegen diese Ordnung *auflehnt* und an dieser Auflehnung zerbricht. Nichts falscher, als im antiken Helden, weil sein Schicksal ihn psychologisch ungemildert, auch unvermittelt trifft, den willenlos Leidenden zu sehen; im Gegensatz zum Überzeugungstäter des neueren Dramas. Selbst Ödipus, über den am meisten Schicksal von außen verhängt scheint, kommt bei Sophokles diesem Schicksal entgegen, ist ihm mindestens in Personalunion vorbestimmt. Ob unbewußt oder bewußt, ist hierbei eine moderne Unterscheidung; es wirkt ergreifend und bezeichnend zugleich, daß Ödipus den Mörder des Laios um jeden Preis glaubt ermitteln zu müssen, »als wäre Laios sein Vater gewesen«. Immer wieder erhebt sich über das Leiden die Klage und über die Klage die Anklage, still zuletzt bei Ödipus, die Götter schlecht nennend bei Philoktet, maßlos und weltüberschreitend bei Prometheus. »Du siehst«, schreit mit letztem Vers der angeschmiedete Titan bei Aischylos zum Äther hinauf, »du siehst, welch Unrecht ich dulde« – das ist Leid, das ist aber auch unzerstörter, gefährlicher Trotz. Es ist die Totenklage am Schluß der Dionysos-Feste, welche in der Tragödie fortklingt, erst recht jedoch ist in dieser Klage das Unzerstörbare; – Prometheus ist und bleibt der tragische Grundheld, und er ist ein Rebell. Prometheus' Trotz noch im Dulden arbeitet auch hinter Ödipus und Agamemnon, macht sie zu Trägern einer Tragödie, nicht eines Trauer- oder Märtyrerspiels. Auch der antike Held ist so ein Charakter, obzwar ein einschichtiger, handelt sogar als besonders starres und unbewegtes Selbst gegen gültige Ordnung (sichtbarer als Lear, Hamlet oder auch Julius Cäsar). Wird die dramatische Person zum Träger einer älteren Ordnung, wie Antigone, so kämpft sie den Konflikt, der sich mit der herrschenden Ordnung ergibt, zu Ende, als betreibe sie das Metier ihres Charakters zu Ende. In der neueren Tragödie pflückt das tragische Individuum, nach Hegels Satz, ausschließlich die Früchte seiner eigenen Taten, und diese Früchte eben sind die eines erhabensten Zerbrecher-Tods. Insgesamt: die Tragödie holt aus dem Schicksal, das zermalmt, die Konstanz eines großen Menschen, der noch im Untergang siegt. Das Todesurteil des Tribunals wird so zur Szene eines unwiderlegten Glanzes, Schuld-Glanzes. Von daher also das Mischgefühl des Zuschauers vor dem tragischen Ereignis, das Gefühl, daß das Ende notwendig ist, auch vom Helden her, daß es nicht notwendig ist, daß die Ordnung, die sich herstellt, selber nicht in Ordnung ist. Die ambivalente Erhebung am Ende gilt oder galt gewiß auch dem Walten der sogenannten ewigen Gerechtigkeit, sie gilt tiefer dem Menschen, dessen Größe und Schweigen, dessen statuarischer Untergang das Gericht selber richtet. Das läßt sich, auf aristokratische Weise, derart ausdrükken: Nur große Naturen können im tragischen Sinn schuldig werden, sie haben Vorrecht, es zu werden. Die demokratische Deutung drückt den Tatbestand gründlicher aus: Tragische Schuld hängt, selbst in ihrem sichtbarsten humanen Defizit, noch mit dem zusammen, was an dem verhängnisvollen Handeln berechtigt ist, das heißt, was besser ist als die vorhandene Ordnung, mit der es kollidiert. Indem die Tragödie solches aufzeigte, durchbrach sie zum erstenmal – ob auch in musischer Weise – die Kette von Schuld und Sühne durch Trotz und Hoffnung; sie nahm dem Strafgott die Überlegenheit.

Dazu war äußerlich und mehr als äußerlich vorausgesetzt, daß das scharfe Wort sich geübt hatte. Wenn auch der Held am Schluß verstummt, so arbeitet er sich doch vorher in Rede und Gegenrede aus. Man hat immer schon bemerkt, daß das Drama auf mimischem Weg nie entstanden wäre, aber man hat seinen Ursprung zu einseitig sakral gesehen, in den Wechselgesängen dionysischer Chöre. Tatsächlich wäre es bei diesen geblieben, und es wäre nie ein Schauspieler hinzugekommen, hätten sich Gespräch und Rede nicht anderswo ausgebildet. Nämlich bei Volksversammlung und vor allem beim *Gericht:* erst der Auftritt vor ihm gab den Weg zur Tragödie frei, als forensischen, nicht nur mysterienhaften. Und zwar folgendermaßen: Das alte Rechtsverfahren, wenn es dem Geschädigten die Rache abnahm, um eines Höheren, der Sühne willen, so geschah dies noch in erstarrten Formeln, mit magischem Druck. Nicht nur der Vertrag lief so im strengsten Zeremoniell und verdankte diesem seine Heiligkeit; im altrömischen Recht wirkte gesetzter. Wortzauber noch gründlicher: Der Kläger, der sich im Hersagen der überlieferten Klageformel versprach, hatte verspielt. Nun aber geschah im athenischen Prozeß, besonders im Strafprozeß, vom sechsten Jahrhundert ab ein Durchschlag durch das in gebundenen Wortformen verlaufende Gerichtszeremoniell, ein deutlich auf Dionysos bezogener Durchschlag. Dergestalt nämlich, daß die frei strömende Rede, ja das ekstatische Trotzwort des kämpfenden Angeklagten eine neuere, höhere Gerechtigkeit anrief als die im archaischen Zeremoniell verbriefte. *In die Tragödie aber ging dies Bild des neuen Prozeßverfahrens ein,* sie nahm den Mythos – und zwar ausnahmsweise den Verschuldungs- und Sühne-Mythos – als eine Art Gerichtsverhandlung auf. Nur selten wurde dabei Zeitgeschichte dramatisiert, dagegen der Fluch, der auf Tantalus und seinem Geschlecht ruhte, brachte Agamemnon, Orestes, Elektra, Iphigenie hintereinander in eine dramatische Sühneverhandlung, der Fluch auf Ödipus ließ gegen seine Söhne Eteokles und Polyneikes, seine Tochter Antigone verhandeln. Wird so aber der Mythos die Verhandlung, so ist, nach der feinen Bemerkung Benjamins, »seine Dichtung Abbildung und Revision des Verfahrens zugleich«. Ja, die Nachwirkung des Gerichtsbilds begründet sogar die berühmte Lehre von den drei Einheiten (als welche, wenn sie auch in Athen nicht formuliert, doch durchgehend befolgt wurde). Entsprechend dem forensischen Ursprung der Tragödie »ist die Einheit des Orts: die Gerichtsstätte; die Einheit der Zeit: die seit je – im

Sonnenumlauf oder anders eingegrenzte des Gerichtstags; und die Einheit der Handlung: die der Verhandlung« (Benjamin, Ursprung des deutschen Trauerspiels, 1928, S. 111). Erst nach Kenntnis dieses neuforensischen Ursprungs der Tragödie erlangt also ihr anderer, der aus den Dionysos-Mysterien, die rechten Valeurs. Die Theater wurden in der Nähe der Dionysos-Tempel gebaut, die Aufführungen fanden an den Festen des Dionysos statt, galten als Teil des Gottesdienstes. Und es war die Totenklage um den Gott, die dem Tod des tragischen Helden entgegengebracht wurde und der Sühnung ihre alte, gleichsam olymposfromme Konsonanz nahm. Nicht der Entscheid (das Todesurteil) selber, aber die Befriedigung über den im Mythos mitgeteilten Entscheid wurde revidiert. Der tragische Held ist noch ein Sühneopfer, er zahlt durch seinen Untergang für seine eigene, für die Wesens-Schuld Prometheus-Luzifer Tribut, aber er ist das letzte Sühneopfer. Er entkräftet das sühnefordernde Recht der Olympischen; so erscheint der erste Trotz eines Individuums gegen sakral gemachte Ordnung. Und vor allem auch erscheint an diesem Individuum ein Anliegen jeweils gesellschaftlicher oder weiterdauernder, zur ganzen Menschheit erweiterter Art. Diese reicht also über einen bloßen, sozusagen großkopfigen Charakter heroischer Individuen weit hinaus, über ihren bloßen »Niveau-Konflikt« mit mittelmäßig bleibender Umgebung. Und ebenso über jede nur formal bleibende Hybris, sofern diese sich als bloße und sonst inhaltsarme Anmeldung ihrer selbst gibt. Zum tragischen Träger gehört vielmehr Protest mit *sachlichem Rechtssinn*, das macht das Phänomen des tragischen Untergangs erst groß, macht es unbesiegt in der Niederlage, wo nicht, dialektisch, wegen der Niederlage. Die Macht und die Würde des tragischen Angriffs inszeniert sich inhaltlich allemal durch den vom Helden vertretenen Auftritt einer *anderen Ordnung*, mitten in der bestehenden; der Auftritt ist partial oder zentral gegen die bestehende als unrechte gerichtet. Sei es selbst, daß diese Ordnung, wie im Fall »Antigone«, eine abgesunkene ist, die der »Pietät«, also des Mutterrechts; aber eine Wärme dieser alten Ordnung ist in der neuen noch nicht abgegolten, ist gleichfalls, auf seine Weise, besser als Zeus, der Herr. Sei es vor allem, daß das tragische Individuum, selbst bei einseitiger, exaggerierter Weise, eine noch undurchgesetzte Ordnung vertritt, wie das zuhöchst im Prometheus-Trotz und seiner Hoffnung gedacht ist. Solche Anmeldung ist auch dort erkennbar, wo die Grenzüberschreitung sogar in der gleichen Gesellschaft getan wird, der der tragische Held zugehörend bleibt, dann aber zwiespältig durchbrechend und zum Fälligen hin unglücklich rebellierend. Wie im Fall »Wallenstein« (Herstellung der Reichseinheit unter einem neuen Haupt), wie in allen Tragödien, die ihren Helden wirklich an mehr und doch auch an weniger rühren lassen als an das, was Hebbel zu harmlos den großen Schlaf der Welt genannt hat. Vorzüglich aber gehören die Repräsentanten einer *künftigen Gesellschaft* hierher, zentral gegen die verworfen bestehende vorgehend und von ihr verschüttet, tragisch in einem Sinn, der sich am bittersten dem Prometheus annähert. Zugleich brechen diese Tragischen ganz sichtbar nicht die Früchte ihrer individuellen Taten, sondern – wie Spartacus, wie Münzer – einzig die Früchte einer historisch-objektiven Verfrühtheit von Anti-Olymp; und nur mit dieser »Schuld« bilden sie Tragödie. Solche Figuren, der künftigen, noch allzu künftigen Welt verschworen, entsprechen einleuchtend-verblüffender Weise auch wieder der »Antigone«-Stellung, nämlich als deren Umkehrung, von Abend- zu Morgenröte. Wurde im Problem der »Antigone« eine nicht ganz erledigte Vergangenheit mit ihrem relativen Recht angemeldet, so hier verhinderte humane Zukunft, mit absolutem Recht. Wohin auch noch das Unzureichende der Mittel über die Hälfte zum objektiv, nicht individuell Verhinderten zählte, das ist: zu dem noch übermächtigen »Zeus« wie erst recht zu einem noch nicht gereiften Kairos, als dem der Tendenz und Situation. Freilich tritt man mit Spartacus und Münzer aus der Dichtung heraus, indem ihnen trotz des reziproken »Antigone«-Motivs keinerlei Sophokles kam; dafür ist das Tragische in beiden inkarnierter. Daß aber der Mensch besser sei als seine Götter, diese Erkenntnis wurde zum erstenmal in der Tragödie antik dargestellt und wirkte von hierher weiter. Das tragische Geschick hat nicht nur, nach Schiller, den Menschen erhöht, indem es ihn zermalmt, es ließ auch die düstere Majestät des Gerichts zum ersten Mal fragwürdig vor dem erscheinen, was Prometheus nach seinem Bild gebildet hatte. Die Tragödie sah antik die Götter als unter ihren Menschenopfern stehend, wobei diese gerade durch Untergehen immer lehrreicher und immer statuarischer zur Anklage wurden. Das auch dann und dort, wo der tragische Held sehr einsam strahlte; wo der Raum der Dichtung nicht an einen wirklichen Kassationshof angrenzte. Die Bühne trug trotzdem weit, und das große tragische Individuum verhalf auch in scheinbarer Einsamkeit zu der höchst öffentlich wirkenden Einsicht, daß ihm Unrecht geschehe. Diese Wirkung ist desto substantieller, als sich das Zeushafte bisher stets leichter reproduzieren konnte als das Prometheische. Die Verhältnisse stehen noch in Geburt, wo Prometheus ohne Zeus vorkommt und derart einen neuen Sinn gewinnt, mit dem (trotz »Ödipus auf Kolonos«, auch »Egmont«) völlig neuen Raum einer – optimistischen Tragödie. Bis dahin wird das Tragische nicht aufhören können, ganz anders Optimismus zu lehren, nämlich: in tyrannos. Wie das einer der klarsten Dichter des Tragischen, Alfieri, über seine Dramen »Virginia«, »Filippo«, »Saul« schrieb. Also war es der Einbruch der Gegenrede, der die Tragödie brachte, der Einbruch der Gegenrede vor einem schuldhaften Gericht in die Dionysos-, vor allem Prometheusgestalten des archaischen Mythos. Ihr Akteur (nicht vom Trauerspiel, sondern von der Tragödie wird hier gesprochen) ist als Verbrecher, Zerbrecher in Wahrheit der Rechtsgläubigste.

Diebstahl, Raubmord, Urkundenfälschung; relative und absolute Straftheorie

Die meisten üblichen Täter haben damit freilich nichts gemein. Sie kamen eher unter die Räder, als daß sie einen heldischen Streitwagen führten. Der edle Räuber, wenn es ihn gab, selbst der rächende ist lange dahin. Man unterscheidet unter den üblichen, den nicht-heroischen Verbrechern gewöhnlich zwei oder zweieinhalb Arten. Diese Unterscheidung geschieht sozusagen psychologisch: sie trennt den Augenblicks- vom Gewohnheitsverbrecher. Es ist das aber (ohne daß sie falsch wäre) eine *äußerliche* Einteilung, sie trennt lediglich die bürgerlich noch halbwegs honetten Rechtsübertreter (Augenblicksverbrecher) von den aufgegebenen. Unter den Augenblicksverbrechern kann sich ein Urkundenfälscher befinden, unter den Gewohnheitsverbrechern ein bloßer rückfälliger Brotdieb. Treffender wird daher eine soziale Unterscheidung sein, nämlich zwischen Verbrechen aus *Not und Verwahrlosung* (neun Zehntel Kriminelle kommen aus tief gedrückten Schichten) und Verbrechen aus *fallierter Bürgerlichkeit.* Wirtschaftliche Ursachen haben beide, doch die Ursachen der Not (auch bei Gewohnheitsverbrechen) sind fast zwingend, die aus bürgerlichen Schwierigkeiten nur einladend. Die Verbrechen des Verwahrlosten sind gewiß besonders roh, und keineswegs auf rührenden Mundraub, aus unmittelbarem Hunger, beschränkt. Sie steigen über Diebstahl, Einbruch, Körperverletzung bis zu Raubmord, haben sehr rasch schwere Qualität. Dagegen kommen die Verbrechen besserer Kreise: Urkundenfälschung, Versicherungsbetrug und dergleichen lange nicht auf, obwohl Brandstiftung wegen der Versicherungssumme, Giftmord um einer Erbschaft willen ebenfalls recht angenehme Formen haben. Überdies fehlt auch hier schwere Qualität nicht, wenngleich mehr eine solche der soignierten Anstiftung: Die großen amerikanischen Vermögen, die großen Gewinne der Ostindischen Kompagnie sind auf den Wegen Neros entstanden. Der Pitaval der feinen Köpfe, der ordenssternbesäten Verbrechen, gar der Polizeiprovokationen und Reichstagsbrände aller Zeiten steht noch aus. Freilich haben ihre wahren Täter sich selber selten die Finger beschmutzt; kein Uriasbrief ist an sich mit Blut besudelt. Indes selbst die größere Roheit der Slum-Verbrecher zugegeben, besonders die größere Häufigkeit dieser Roheiten, so ist mit ihnen jederzeit die Gesellschaft angeklagt, die die Slums produziert. Die von den Verbrechern aus dieser Gegend ein abnormes Maß von Widerstandskraft gegen erleuchtete Schaufenster, reiche Villen und ihre Bewohner verlangt, während die Bourgeoisieverbrecher zur Gesellschaft selbst gehören, ja, im internationalen Gaunertum, von deren glänzendsten Erscheinungen ununterscheidbar sind. Ein Dieb aus verwahrloster Herkunft verhält sich zum Eigentum nicht so wie ein bourgeoiser, folglich hat der Eigentumsschutz gegen den ersteren nicht denselben Anspruch auf Brustton wie gegen den zweiten. »Denn niemand«, sagt der späte, sonst fragwürdige, biedermeierliche Naturrechtslehrer Jakob Fries hier mit Recht, »denn niemand kann verbunden sein, das Eigentum eines anderen zu respektieren, wenn ihm bei der allgemeinen Verteilung nicht auch sein Teil zukommt, wenn er bei dem Überfluß anderer in hilflosem Mangel gelassen wird« (Philosophische Rechtslehre, 1803, S. 135). Der feinere Eigentumsverletzer jedoch erkennt das Eigentum gerade an, wenn er es verletzt, um eigenes zu begründen; Unterschlagung ist eine innerbürgerliche Angelegenheit, keine am *Machtrand* der Gesellschaft. Der Urkundenfälscher zieht die Gesellschaft nicht als eine ihm entgegengesetzte auf die Anklagebank; denn er gehört zu ihr, wenngleich auf fallierte Weise. Er verlangt für die gefälschte Urkunde den öffentlichen Glauben, den er selber durch die Fälschung erschüttert; er steht im Einverständnis mit der Welt, die er betrügt. Auch der Verbrecher aus Not und verwahrloster Herkunft kann sich der feineren, der sozusagen gesellschafts-immanenten Rechtsbrüche bedienen. Aber die wenigsten kommen in diese Lage, die meisten bleiben Kriminalproleten im Dienst eines schwer faßbaren Herren-Gangsters. Und rückt selbst einer in die Region auf, wo das körperliche Risiko eines Einbruchs oder Raubüberfalls durch Verbrechensformen ersetzt wird, die eine bereits bestehende kapitalistische Verflochtenheit und überdies geschäftliche Bildung voraussetzen, dann gehört der Verbrecher bereits zur Welt der Aktie, nicht mehr des Dietrichs. Beide Typen freilich sorgen nur für ihren persönlichen Vorteil, mit einer Geometrie, wo nicht die gerade, sondern die krumme Linie zwei Punkte aufs kürzeste verbindet. Der Verbrecher ist nirgends revolutionär, auch seine Slum-Gestalt würde, wenn ihr Gelegenheit dazu gegeben würde, als Rentier enden. Der Kriminelle sieht als noch so kühner nicht heroisch aus, er ist untragisch, er hat, statt den großen Schlaf der Welt zu stören, nach der ohnehin grundfalschen Hebbelschen Definition des tragischen Täters, die Besitzenden nur aus einem kleinen Schlaf gestört, und diese fallen sogleich in ihn zurück. Trotzdem bestanden Übergänge von einer gewissen Art Slum-Verbrecher (nur von diesen) zu einem Anschein, ja Beginn rebellischer Akte; diese Übergänge nahm zuweilen der Räuber. Nicht in dem Sinn, daß die besitzende Klasse jederzeit ihre jeweiligen Revolutionäre »Räuber«

genannt und wohl auch so empfunden hat. Aber Briefe aus der Französischen Revolution berichten, daß die Besitzenden von Paris ihre Tore in Erwartung sagenhafter Räuber mit doppelten Riegeln verrammelten; schon Monate vor Ausbruch der Revolution hatte eine Panik dieser Art das Land erfüllt: – »les brigands arrivent«. Entscheidend also ist, daß große Räuber tatsächlich als Rächer der Armen im Nebeneffekt gewirkt haben und in Volksliedern gefeiert, mindestens nicht ohne Sympathie dargestellt werden. So Stenka Rasin in Rußland, Jakob Szela in Polen, selbst Schinderhannes und der bayerische Hiesl in Deutschland; bezeichnend auch, daß Schillers Briganten-Drama das Motto »In tyrannos« trug und tragen konnte. Bald sank die Räuberpoesie wieder zurück, lebt als solche nur noch anarchistisch weiter. Immerhin war sie möglich und eben am Typus des Verbrechens aus Not und Verwilderung, um nicht zu sagen: aus Notwehr. Der Unterschied zu den Gaunereien am Schreibtisch, überhaupt mit Bildungsmonopol, ist einleuchtend. Betrügerischer Bankrott, Erpressung, Giftmord – die gesamte Gruppe innergesellschaftlicher Verbrechen hat zuweilen milderndes Verständnis, aber nie ein sympathisierendes Volkslied erregt.

Dafür mehrte sich freilich der Richter, der kein richtiger mehr sein wollte. Dieser weichere Typ wuchs im gleichen Maß, wie der gute Bürger auch anderen Schichten, in bedrohlicher Weise, fragwürdig vorkommt. Der faschistische Staat nahm sich, wie keiner bisher, das Recht zur totalen Vernichtungsstrafe. Die liberale Straflehre dagegen war relativ geworden, sie unterschied nicht nur, wie bemerkt, Augenblicks- und Gewohnheitsverbrecher, sie suchte auch beiden gegenüber, in gestaffelter Weise, eine Art anästhetische Strafart. Der Zweck der Strafe war hier *Schutz* der Gesellschaft, nicht *Vergeltung*, wie in der absoluten Straftheorie. Diese freilich wußte sich liberalen Zeiten immer anzupassen, indem sie sich auch als klug gab. Praktisch pries sich die *Vergeltungsstrafe* damit an, daß sie am sichersten zur Abschreckung und am skrupellosesten zur Vernichtung geeignet sei. Theoretisch erlaubt das alte ius talionis, wie es zuletzt noch, abgeschwächter, Bindings Strafrechtskonstruktion zugrunde liegt, besonders dichthaltende Geschlossenheit: keine psychologistischen Störungen fallen herein. Stellt doch das Strafrecht als solches die scharfe norma agendi katexochen dar; das Privatrecht ist damit verglichen nur »ein Loch in einem Netz von Normen«, wie Binding (Die Normen und ihre Übertretung, 1872) einigermaßen mißbilligend sagte. Das Strafrecht hingegen läßt das seine völlig ausgeführt und ununterbrochen verboten sein, kennt schlechthin nur Übertretungen, und eben: alles Psychologistische, als versuchtes Loch im Drakonischen selber, soll dieses nichts angehen. Selbst der Einwand, daß die Vergeltungstheorie notwendig Willensfreiheit voraussetze und daß die »moderne Wissenschaft« diese nicht mehr anerkennen könne, soll nicht so stichhaltig sein, wie er scheint. Denn alle Nuancen des dolus und der Zurechnungsfähigkeit, die auch die absolute Straftheorie jetzt anerkennt, betreffen ihr nur das Strafmaß, nicht das Recht der Strafe selbst, als der vergeltenden Zufügung eines Übels. Abschreckend bleibe die Strafe, auch bei sehr geminderter Zurechnungsfähigkeit; die pädagogische Zuchtrute, welche es mit kleinen Kindern zu tun hat und dem Abschreckungszweck vor allem dient, wurde vom Problem einer infantilen Willensfreiheit noch nie behelligt. Vergeltend bleibe die Strafe, auch wenn der Täter noch so determiniert sein sollte; denn die Sühne ging und gehe primär allemal auf die Qualität Schuld, erst sekundär auf ihren Träger. Diese Auffassung reicht von der magisch-genauen »Entsprechung« zwischen der Art des Verbrechens und der Art der Strafe bis zur Strenge eines Strafrechts an und für sich. Ius talionis höherer Ordnung reicht von Hammurabis Kodex, dem ältesten bekannten Rechtsbuch, mit der Redressierung des Verbrechens durch negierende Wiederholung seiner in der Strafe, bis zu Hegels Straf-Definition: als der »Negation der Negation« und dadurch der Wiederherstellung des Rechts. Kurz, die Vergeltungstheorie, die noch mythologische wie die dialektisch-idealistische, richtet sich in ihrem Strafpathos (nicht in ihren Strafmodis und ihrem Nebenzweck: Abschreckung) substanziell gegen die Tatschuld selbst und erst in zweiter Linie gegen deren psychologische Personalunion. Trotzdem freilich brachte die *Schutztheorie* gerade von dieser psychologischen Seite her die Vergeltungstheorie zum Fall. Dieser war unvermeidlich, sobald die Schuld-Sühne-Relation ihre mythologischen Hintergründe verlor, folglich keine Schuld an und für sich verteufelt werden konnte. So begann mit und während der liberalen Periode des Bürgertums die Theorie der Schutzstrafe, die *relative Straftheorie:* eine psychologische, sodann soziologische Ausweitung des dolus-Begriffs. Der dolus-Begriff selber, obwohl er dem Recht der Primitiven fehlt, ist ebenfalls alt; die Unterschiede, die er im Strafmaß setzt, werden bereits vom Hammurabi-Kodex, sodann in der Bibel (2. Mos. 21, 12–14) berücksichtigt. Aber erst die Schutztheorie hat von hier aus den Strafmythos der redressierten Schuld selber korrigiert, im Sinn der Motivforschung, und zwar der nicht nur psychologisch interessierten. Sie berücksichtigt die unfreien Motivationen des Verbrechers, die organisch-sozialen aus Anlage, Erziehung, Milieu, basiert auf der Annahme des Determinismus, intendiert die Abschaffung der Sühne. Solch relative Straftheorie kommt von Feuerbach her (»Revision der Grundsätze und Grundbegriffe des positiven peinlichen Rechts«, 1799–1800) und stellt eine letzte Nachwirkung des Naturrechts dar. Wie bemerkt, war dem gesamten klassischen Naturrecht (außer Kant) die Strafjustiz eine Verlegenheit; bereits Grotius bekämpfte die Vergeltungsstrafe. Diese Verlegenheit kam der neuzeitlichen Reduzierung der Leibesstrafen, infolge des erholten Arbeitsmarktes, ideologisch immerhin entgegen. Sie kam auch noch der Vorsicht entgegen, mit der eine spätere, wirtschaftlich schon wieder erschütterte Gesellschaft sich vor allzu deutlicher Verrohung noch hütete. Das war im neunzehnten Jahrhundert, als der Arbeitsmarkt sich wieder verschlechterte und die Zwangsarbeit im Zuchthaus ganz und gar nicht mehr rentabel war. Trotzdem mehrte sich in dieser Zeit die sogenannte Gefangenenfürsorge, der Sinn für Milde, die Neigung sogar, den Verbrecher als Kranken zu behandeln. Nichts wäre, im Gefolge der schweren Krisen, ökonomisch näherliegend gewesen, als das wertlos gewordene kriminelle Menschenmaterial zu verschrotten; doch erst der Faschismus hat hier gänzlich wieder Ausrottung geschafft, machte auch die Freiheitsstrafe zur trockenen Guillotine. Bis dahin jedoch wirkte Feuerbach nach, der nicht nur nulla poena sine lege, sondern auch nullum crimen sine lege anerkannte und den Wert der Strafe lediglich an ihrem Effekt als Androhung maß. Feuerbachs Einfluß durchs ganze neunzehnte Jahrhundert hindurch machte es selbst der Vergeltungstheorie schwer, sich zur Übervergeltungstheorie mythologisch zurückzubilden. Achtete Feuerbach das Kriminalgesetz nur »als politisches Institut ohne irgendein ideelles Rechtsprinzip«, so war auch der ideellen Moral-Mythologie jede Scharfmacherei gelegt. Der fortwirkende Liberalismus Feuerbachs schützte im Strafgesetzbuch nicht nur den Staat vor dem Verbrecher, sondern auch den Verbrecher vor dem Staat (auch vor Affekturteilen, kochendem Volkszorn, Lynchgericht in höherem Auftrag). Noch um die Wende des zwanzigsten Jahrhunderts war liberale Straftheorie möglich, ja sie kulminierte damals, in der Zeit der Kriminalanthropologie (Lombroso), Kriminalsoziologie (Ferri, Garofalo) und anderer »Hilfswissenschaften« der bürgerlichen Strafreform. Der wirkliche Grund für diese Reformversuche war derselbe, der auch der Sozialgesetzgebung dieser Zeit zugrunde lag: Angst vor weitergehenden Forderungen, philanthropische Klugheit, die zugleich die vorhandene Ordnung schönte, Reformismus, ut aliquid fieri videatur. Trotzdem ist eine versuchte Abschlagszahlung unverkennbar; wie denn gewisse Grundsätze der Schutzstrafe, sofern Anselm Feuerbach darin lebendig war, später und zeitweilig oder passim auch in der Sowjetunion nicht ohne Einfluß geblieben sind. Die liberale Straftheorie selber kulminierte in Deutschland in dem Eklektizismus Franz von Liszts, der der Schutzstrafe ebenso abschreckende wie bessernde wie sogar unschädlichmachende Funktion beilegte. Abzuschrecken hatte sie die Augenblicksverbrecher (und die übrigen »latenten Halunken«), zu bessern die noch nicht hartgesottenen Gewohnheitsverbrecher, unschädlich zu machen die unverbesserlichen. Das eben sind die drei Verbrecherkategorien, denen Liszt die »Magna Charta« eines gestaffelten und modifizierten Strafgesetzbuches zuwenden wollte und denen er Strafe ohne Vergeltung zudachte. Strafe als Schutz der Gesellschaft vor Rechtsbrechern, mit dem Recht, das eine angebliche »Gesellschaft als Ganzes« auf ihren Schutz hat. Nicht mehr aus göttlicher Rache-Übertragung, auch nicht aus irgendwelcher quantitativer Heimzahlung, sondern eben aus der angeblichen Interessen-Majorität, ja Interessen-Homogenität einer »Gesellschaft als Ganzes« wurde hier Strafe überhaupt gesetzt. Sicherung vor drohenden Verbrechen ist der Zweck der Strafe, des prophylaktisch vorwärts, nicht vergeltend rückwärts blickenden Urteils; die gesamte Kriminaljustiz ist nur ein Teil der »zielbewußten Bekämpfung des Verbrechertums«. Allerdings gingen auch diese Nachwirkungen des Naturrechts, diese am wenigsten, über die *bürgerliche Schranke* nicht hinaus, die dem Reformismus wesentlich ist und seiner schließlichen Schwächlichkeit. Die Schutztheorie beachtet alle möglichen Determiniertheiten des Verbrechers, Anlage, Erziehung, Milieu, sie zieht aus der Unfreiheit des Willens, zu der sie sich bekennt, ihr Hauptargument gegen die (nicht auf Psychologie basierte) Vergeltungstheorie. Aber gerade die Überfülle der berücksichtigten Determiniertheiten verarmt hier den Blick und verlegt ihm die einzig entscheidende, einzig radikale Richtung. Allein schon die Gleichstellung, wo nicht Bevorzugung der sogenannten kriminellen Anlage vor dem Milieu ist ein Mittel, um die Ursachen des Verbrechens aufs Pathologische abzuschieben. Gibt es, nach Lombroso, geborene Verbrecher, dann hat die Verbrechensbekämpfung naturgemäß an diesem Fakt ein Ende; Erziehung und Milieu brauchen nicht weiter bemüht, gar – zur Verbrechensbekämpfung – verändert zu werden. Kriminalanthropologie dient dann genausogut der Vergeltungstheorie: gegen den »geborenen Verbrecher«, gegen seine unaufhebbare Konstitution und Erbmasse wirkt die Ausrottung fast ebenso einleuchtend wie die Unschädlichmachung durch Sicherungsstrafe. Auch ist die lebenslängliche Einschließung eines keineswegs Irren, wie die Sicherungstheorie das verlangt, ebenfalls mit schwerstem Leid verbunden; sogar wenn, in selber frei umherlaufender Definition, dieses Leid mit Sühnung nichts gemein hat. Doch ist überhaupt die ganze Lehre vom »geborenen Verbrecher« wenig mehr als eine Ideologie, um die Strafsache kapitalistische Gesellschaft von der Verhandlung abzusetzen. Selbst Milieuforschung, wie die bürgerliche Kriminalsoziologie sie ausführt, bedient sich eines Meißels aus Seife; denn bürgerliche Soziologie insgesamt hat den Auftrag, mittels viertelsmarxistischer Methoden marxistische Erkenntnisse abzustumpfen oder zu hintertreiben. Strafreform auf anthropologisch-soziologischem Grund bringt nur eine stufenweise Verbesserung der Gefängnisbetten (wobei die Strafanstalt, um zum Verbrechen nicht gerade anzureizen, immer noch unangenehmer sein muß als der elendeste Slum). Liberale Strafreform kann eo ipso nicht die Gesellschaft aufheben, welche die Bedingungen zum Verbrechen erst produziert. Auch die Schutzstrafe geht gegen Menschen, von denen ein abnormes Maß »sozial-ethischer Widerstandskraft« verlangt wird und wegen der Abnormität dieses Maßes nicht verlangt werden kann. Die meisten Verbrecher sind in diesem Sinn gerade zuwenig abnorm, das heißt, sie besitzen lediglich ein normales Maß Widerstandskraft gegen die Versuchungen, die aus der Reichtumswelt und Reichtumsauslage anderer an sie herantreten. Der Urkundenfälscher, also Bourgeois-Verbrecher, mag solch Maß noch eher aufbringen, denn ihm sind selbst in Krisenzeiten die Wege nicht so schwierig wie dem Lumpenproletariat und der industriellen Reservearmee. Aber der Slum-Verbrecher, gegen dessen Gefährlichkeit die Schutzstrafe besonders am Platz erscheint, klagt durch seine Existenz die gleiche Gesellschaft an, die in ihren liberalen Theoretikern auf Schuldanklage verzichtet, jedoch nicht auf Abschreckung, Besserung, Unschädlichmachung. Die relative Straftheorie ist auch in sich selber noch relativ, nicht radikal. Auf der Strecke von Feuerbach bis Liszt hatte es ein Prometheusfunke, auch in seiner bescheidenen Gestalt, schwer, sich zu erhalten. Die Schutztheorie hat, mit Überlieferungen aus dem Naturrecht, eine rachefreie Strafe als Instrument der Verbrechensbekämpfung intendiert. Dieses Instrument und diese Bekämpfung finden sich freilich nicht so recht in einer Welt, die den Armen schuldig werden läßt, die ihn wegen Übertretungen verurteilen muß, auf die der Reiche normaliter gar nicht kommt.

Unschädlichmachung der Gesellschaft, als wirklich radikale Straftheorie

Der Schlag, der hier hilft, gilt selber als verboten. Denn er bekämpft das Verbrechen, indem er es selber auf die reichen Leute abgesehen hat. Die Revolution entzieht ihnen, die so vieles in Villen und Banken aufhäufen ließen, daß sich ein Einbruch lohnt, die Sklaven. Sie trocknet die Sümpfe aus, legt die Slums nieder, in denen sich das Verbrechen notwendig erzeugt. Sie nimmt selbst den Bourgeois-Inkulpaten, die die krummsten Wege den üblichen krummen vorziehen, die Landschaft des gewinnversprechenden Betrugs. Schlauerweise hat die mitschuldige Gesellschaftsordnung die wirklichen, nämlich ursächlichen Bekämpfer des Verbrechens selber mit allem Grauen der Unterwelt umgeben. Hier belehrte nicht, daß jede wirkliche Revolution mit Plünderern so hart umging wie eine Truppe mit Leichenfledderern nach der Schlacht. Der Kleinbürger war trotzdem von je dazu verführbar, im revolutionären Arbeiter den Mob, den Pöbel, das losgelassene Verbrechen an sich zu sehen, von dem nur Böses erwartbar sei. Der Aufstand der Massen gilt so als Ausbruch des Chaos (vor dem die herrschende Klasse »in letzter Stunde« zu retten hat), Kommune und Unterwelt rangieren identisch, sämtliche Archetypen des Unten, vom geöffneten Zuchthaus bis zur geöffneten Hölle, wurden auf die Sozialrevolution angewandt und von der herrschenden Klasse mobilisiert. So erscheint die Rettung vor dem Verbrechen selber als höchstes Verbrechen, die vollendete Aufklärung als Praxis der Nacht. Die Wahrheit, daß nur der Faschismus Pöbelmassen braucht und organisiert, hilft dagegen nichts: ebenso eindruckslos blieb der Anblick der Gangsterbande, die doch gerade legale Regierung spielte, von der alten Ordnung beauftragt. Ja, das unzusammenhängende Bewußtsein des Kleinbürgertums (ein Reflex seiner widerspruchsvoll verwischten Klassenlage) wird, wenn der Höllenpfuhl nicht ausreicht, sogar durch den Archetyp des Himmelreichs, ironisch gebraucht, vor der Revolution geschützt. Einerseits werden die Kommunisten als Mörder geboren, als Menagerie des Antichrist, andererseits aber sind sie lächerliche Idealisten, die glauben, der Mensch könne ein Engel werden und die Erde verwandle sich in ein Paradies. Beides fällt zusammen, die Ratte wie der Engel, und gegen beides arbeitet die sogenannte Volksgemeinschaft, die »Gesellschaft als Ganzes«, die bereits in der liberalen Zeit den Staat zu seinen Unterdrückungsmaßnahmen legitimiert hatte, die im ganzen oder halben Faschismus die Politischen in gründlichere Gefahr bringt als je die Kriminellen. Also ist die Revolution verboten, denn das Monopol einer kleinen, gegebenenfalls neugebildeten Schicht an den Produktionsmitteln, dies aufliegende, wie es gerade die echte Gesellschaft als Ganzes hindert, ist heilig. Also wird faschistisch die einzig radikale Straftheorie, die nicht nur zielbewußte, sondern vor allem ursächliche Bekämpfung des Verbrechens: der wirkliche Sozialismus, ohne Monopol einer Kaste, unter Strafe gestellt. Im Faschismus verschwand auch die gesamte Anomalie einer relativen, vom Naturrecht her stammenden Straftheorie, es verschwindet sogar das brutale, doch geordnete Äquivalenzwesen der Vergeltungstheorie. Strafe als bloße Maske des Mords ist die Kriminalform dieses Anti-Marxismus geworden; Prometheus, der den Menschen das Feuer brachte, hatte nicht mehr Zeus gegen sich, sondern Caliban und Nero (mit dem Blitz des Zeus). Soziale Revolution aber ist, unter anderem, von vornherein Bekämpfung des Verbrechens, jedoch eben ursächliche, keine, die an Symptomen herumpfuscht und die Ursachen selber immer neu produziert. Hegel in seiner reaktionären Vergeltungstheorie setzte die Rechtfertigung der Strafe dahin, daß rein durch sie, als Negation der Negation, die Existenz des Verbrechens aufgehoben werde. Nirgends aber wird die Existenz des Verbrechens konkreter aufgehoben als durch Aufhebung der Bedingungen, unter denen es entstand und immer wieder entstehen muß. Sinngemäßer Marxismus wäre derart als er selber radikale Straftheorie, ja die radikalste als ebenso freundlichste: er tötet die gesellschaftliche Mutter des Unrechts.

STAATSURSPRUNG, STAATSRECHT, ARCANA DOMINATIONIS UND IHR GEGENTEIL 24

Ehe unter Aufsicht

In alles wurde der frühe Mensch hineingeboren. Wie heute noch jeder seine Eltern, so fand er den Stamm fertig vor. Keiner fühlte sich als Einzelner, doch das Weib freilich mußte, nachdem der regellose Verkehr im ackerbauenden, seßhaft werdenden Stamm aufgehört hatte, sehr früh eigens gesucht, entführt oder auch geraubt werden. Wenn etwas gegründet wurde, so war es die jeweils geschlossene Ehe. Sie war, da Frau und Mann, anders als der Stamm, allemal erst zusammengebracht werden müssen, ein immer wieder neu Gemachtes, Gestiftetes. Dieses Stück Sichverbinden von Einzelnen ist der Ehe wesentlich, sie ist eine Einigung. Desto leichter jedoch geht sie, als eine keineswegs privat bleibende, wieder in die Gruppe, später in den Staat ein. Die Gründung eines Hausstands macht dann das ursprünglich so privat erscheinende Ereignis Liebe zu einem nicht nur privatrechtlichen Vertrag. Das ändert sich nicht einmal in kinderloser Ehe; auch dann wirkt der Haushalt als staatliche Zelle. Der Vertrag, zu zweit ein Leib zu werden, scheint so zivilrechtlich wie möglich, und er ist es von Haus aus, dennoch gehört nachher nicht bloß das Paar mit Kindern, auch das kinderlose also, ganz unter sich bleibende, einer halb staatsrechtlichen Einrichtung an. Mit erschwerter Lösung des Vertrags (während doch alle zivilrechtlichen ohne weiteres durch Übereinkunft der Partner auflösbar sind), mit Verbot eines zweiten ehelichen Vertrags neben dem bereits eingegangenen, mit erschwerter Adoption vor zurückgelegtem fünfzigsten Jahr und dergleichen mehr. Nicht nur halb, sondern ganz staatsrechtlich ist die Ehe als Kinderzeugung und letztere selber eingemeindet. Die Kinder haben als heranwachsende die Eltern zunehmend hinter sich, den Staat aber vor sich, der sie erwartet und aufs neue abhängig macht. Er wirkt durch sie auf die Ehe ein als den Garten, aus dem er seine Bürger nimmt, er setzt Unterhaltspflicht, Schulzwang, formt dadurch den zukünftigen, tunlichst normalen Bürger, gar Untertan. So biegt die Ehe: nicht dazu da, sich selbst genügen zu können und zu dürfen, aus der privaten Wahl, Lust und Gewohnheit in öffentlich-rechtliche Aufsicht ein. Liebenden schließt sich der Abgrund des Geschlechts wie der Familie, das ist wahr, doch ihnen als jungem Paar geht die Zelle einer Ordnung auf, die nicht ohne weiteres die eigene ist und sein kann. Wobei freilich auch schon das scheinbar rein privat geschehene Verhältnis Liebe, Ehe die Formen des öffentlichen Verkehrs mitmachen kann, mitmacht. Eifersucht etwa ist alt, doch erst verstärkte Gefühle des Besitzes haben sie recht geheizt; wonach hier »betrogen« werden mag oder »veruntreut« wie in einem Geschäft. Diese Ausdrücke und mindestens Teile der mit ihnen verbundenen Gefühle brauchen gar nicht erst öffentlich-rechtlichen Anschluß, indes trotzdem bringt vor allem doch der Staat die doppelte Beleuchtung herein. Er bringt in das schönste und reichste aller möglichen Verhältnisse, außer dem Anteil, den er daran hat, letzthin noch einen Reflex seiner bevormundenden Art. Bis heute weist das bürgerliche Eherecht Reste der hausherrlichen Gewalt über die Frau und, besonders weitgehend, über die Kinder auf. Der Landesvater, der öffentlich-rechtlich verschwand, sofern auch nicht dort schlimmere Fuchteln auftauchten, lebt familienhaft weiter, und die meisten Schulen, wenn sie die Kinderstube ablösen, sind der alte Polizeistaat im Kleinen. Erst wenn kein Gatte mehr dem anderen, vor allem kein Kind mehr den Eltern »gehört«, kann ein Haus fraglos, nämlich zwanglos glücklich sein. Familie bleibt eine Zelle weiterer Gemeinschaft, aber Muff und Druck als einer anderen – Zelle finden dann keinen Zuschuß. Liebe ist das Beste, was es zwischen zwei Menschen geben kann, nach eigenem, weithin noch ungetrübtem Maß und Recht glückend oder nicht. Werden die äußeren Mühen und Sorgen der Ehe öffentlich abgenommen, so brauchen sie ihr nicht aufgepreßt zu werden.

Ursprung des Staats, Arcana dominationis

Sichtbare Kräfte sind weit weniger gefürchtet als unsichtbare. Der Staat gehört weithin zu den letzteren, seitdem die Gespenster verschwunden sind. Er zeigt sich überdeutlich in Polizei, Kerker, Soldaten, aber all diese sind er noch nicht, sie vertreten ihn nur. Sie geben ihm Nachdruck, dahinter wirkt ein Ausschuß der herrschenden Klasse, der sich aber als allgemein-vertretender gibt. Der ebenso breit ist, wie er noch seine höchsten Spitzen zu überragen scheint, und gegen den wenig gesagt ist, wenn er als Sparren oder ideologischer Fetisch erklärt wird. Doch das Geheimnis jeder Erscheinung löst sich in seiner Geschichte; dieser Satz gilt für das Staats-Phantom, das so sehr reale, am einwandfreisten. Fest steht, der Klassenstaat ist keine »erweiterte« Familie, kommt nicht von daher. Die alte urwüchsig produzierende Hausgenossenschaft kannte Gesinde, Kinder, Frauen, Herr, aber das Eigentum war doch gemeinsam; sie hatte Arbeitsteilung, aber noch naturwüchsige, keine klassenbildende. Es gab Anfänge zu

Klassen, ist doch die Ausbeutung so alt wie die Arbeitsteilung, doch die Großfamilie hielt noch halb urkommunistisch zusammen. Gemeinschaft ist auf dieser Stufe noch wirklich, nicht illusorisch, noch keine Schicht hat sich erhoben, welche, getrennt vom wirklichen Gesamtinteresse, alle anderen beherrscht. Die süd- und westslawischen Völker haben Hausgenossenschaft, weiterhin Familiengemeinde lange erhalten. Die Mitglieder der Gemeinde sind unmittelbar zur Produktion vergesellschaftet, die Arbeit wird nach Herkommen und Bedürfnis verteilt, die Produkte, soweit sie zur Konsumtion kommen, ebenfalls. Der Überschuß des Arbeitsprodukts über die Unterhaltungskosten der Arbeit, die Bildung eines gesellschaftlichen Produktions- und Reservefonds aus diesem Überschuß war noch nicht das Besitztum einer bevorzugten Klasse, der damit auch die politische Herrschaft zufiel. Wie kam nun der Sprung aus der ältesten und der – in Haus- und Marktgenossenschaften – fortwirkenden Urkommune zum geformten Herrschaftsverhältnis? Zur altorientalischen Despotie, zum Staat der antiken Sklavenhalter, des mittelalterlichen Feudaladels, der modernen Bourgeoisie? Die reine *Gewalttheorie* (vertreten durch Gumplowicz, Dühring, vor allem durch Franz Oppenheimer, zuletzt auch durch den alten Kautsky) leugnet ab, daß der Klassenstaat aus weitergehender Arbeitsteilung und Tauschwirtschaft entstanden sei. Mithin aus Faktoren innerhalb des primitiven Gemeinwesens selber, mittels derer sich die alte Gentilverfassung zersetzte. Statt dieser Faktoren wird »Überfall von außen« für die Staatsentstehung verantwortlich gemacht: Jägerstämme, besonders aber Ackerbaustämme (bei denen doch Arbeitsteilung und Privateigentum bereits begonnen) werden von kriegerischen nomadischen Viehzüchtern überfallen und versklavt. In diesem Zusammenstoß, im Helotentum der Ackerbauern soll danach die Klassenbildung, Klassenunterdrückung, Staatsgewalt ihren Ursprung haben; Krieg, nichts sonst, legt den Grundstein. Der Staat entsteht durch Eroberungskrieg, durch Vereinigung zweier Gemeinwesen, von denen das siegreiche zur ausbeutenden, das besiegte zur ausgebeuteten Klasse wird; Zwangsstaat wird auferlegt. Der politische Zweck dieser Gewalttheorie ist eingestandenermaßen nicht nur die Apologie der Demokratie, zuweilen auch, mit anarchistischer Kehre, bei der Gewalt, nicht bei der Wirtschaft primär einsetzend, sondern (dem Anarchismus freilich ganz unverträglich) im Besonderen der *kapitalistischen* Demokratie: ein Lohnarbeiter ist kein Sklave. Denn – so wird wenigstens von Kautsky fortgefahren und behauptet – die *kapitalistische Produktionsweise* beruht nicht auf kriegerischer Übermacht, wie die Produktionsweisen der Sklaverei und der feudalen Leibeigenschaft. Der Kapitalismus ist zum ersten Male ein rein ökonomisches Gebilde, wenngleich noch hineingebaut in einen überkommenen Zwangsstaat. Der Zwangsstaat allein also, isoliert, muß in seiner erst halb überwundenen Feudalgestalt, seinem Militarismus bekämpft werden, nicht aber der industrielle Kapitalismus; denn dieser ist von Haus aus staatsfrei, ohne Zwang. Wenn die Ausbeutung im Sklavenhalterstaat, im Feudalstaat lediglich das Ergebnis nackter Waffengewalt ist, dann läßt sich der Zwangsstaat, als rein machthaft entstandener, auch völlig von Ökonomie isolieren, mit der Konsequenz, daß die Ausbeutung im Kapitalismus einen militanten Fremdkörper darstellt. Folglich einen eliminierbaren; und nach Befreiung vom noch militanten Fremdkörper ist der kapitalistischen Demokratie ein friedliches Hineinwachsen in den Sozialismus nicht nur möglich, sondern eingeschrieben. Das alles auf Grund der reinen Gewalttheorie fürs primäre Entstehen des Staats und der ebenso reinen Ausnahme davon im kapitalistischen Staat. Nun gibt freilich auch der verdächtigste spätere Zweck (Apologie des Kapitalismus) noch keine ganze Widerlegung einer ursprünglich rein historisch, nicht bewußt ideologisch aufgezogenen Staatstheorie. Das Eroberungsverhältnis der Spartaner zu den Heloten, vielleicht auch der römischen Patrizier (oft etruskischen Ursprungs) zur einheimischen Plebs, der Angelsachsen zu den Briten, der Normannen zu den Angelsachsen könnte die Gewalttheorie unterstützen. Desgleichen der brandenburgisch-preußische Staat; er ist als Militärkolonie im unterworfenen Sklavenland entstanden und wirkte lange genug als »sadistisch-masochistisches Amalgam« (Mehring, Lessinglegende). Doch können diese Ereignisse nicht verabsolutiert und gar ad olim rückprojiziert werden; denn in ihnen hat sich nicht ein Staat überhaupt erst gebildet, sondern ein bereits vorhandener wurde besetzt und umgeformt. Es gibt kein geschichtliches Zeugnis dafür, daß die Macht der Eroberer stets und überall die erste Form einer Minderheitsherrschaft über eine Mehrheit gewesen sei; daß in den unterworfenen Völkern nicht vorher schon – aus immanent ökonomischen Ursachen – Klassenteilung, Staatsbildung begonnen habe. Darum setzt einzig die andere, die *Wirtschaftstheorie* der Staatsentstehung die genetischen Akzente richtig – genau mit dem Erfolg, daß nun wirklich ursächlich gegen den Fortbestand der Macht, den überlängerten, angegangen werden kann. Die Wirtschaftstheorie der Staatsentstehung (klassisch vertreten durch Engels) leugnet die Mitwirkung von Gewalt und Raub bei der Klasseneinteilung, Staatsbildung nicht, doch sie trennt die Politik nicht von Ökonomie, sie sieht im Eroberungskrieg nur die Folge, nicht die Ursache der Ausbeutungs- und Gewaltorganisation. Die Urkommune der Jägervölker brauchte keineswegs der Reihe nach von Rinderzüchtern überfallen zu werden, um Klassengesellschaft zu werden. Im Gegenteil, die fortschreitende Arbeitsteilung selber und immanent hat die herrschende Klasse gebildet und schließlich staatshaft formidabel gemacht; der Staat wird so bei jeder vorschreitenden Arbeitsteilung und mittels ihrer zum Herrschaftsinstrument, zum keineswegs aufgezwungenen. *Ungleichheit des Eigentums an Produktionsmitteln*, nichts anderes, führt derart, auf ökonomisch-immanente Weise, zur Zerstörung der Stammessolidarität, zur Ausbildung einer politischen Klassengewalt. Folgerichtig ist der Staat auch im Kapitalismus so wenig Fremdkörper, daß er hier erst kulminiert. Ebenso vollendet sich hier erst seine wichtigste ideologische Funktion: nicht bloß Instrument, sondern *Verhüllung* der Klassenherrschaft zu sein. Er gibt sich seitdem als allgemeine Macht, die scheinbar über der Gesellschaft steht und ausgleicht. Er ergänzt die bürgerliche Gesellschaft im selben Maß, wie ein verblasenes Allgemeininteresse (Staatsbürger-Interesse) das atomisierte Privateigentum ergänzt. Diese Staatsmacht und »objektive« Höhe bildete sich aus als wechselseitige Versicherung der Bourgeoisklasse für ihre einzelnen Mitglieder wie gegen die ausgebeutete Klasse, »eine Assekuranz«, sagt Marx 1850, »die immer kostspieliger und scheinbar immer selbständiger gegenüber der bürgerlichen Gesellschaft werden muß, weil die Niederhaltung der exploitierten Klasse immer schwieriger wird«; und der Faschismus wenigstens hat dem mehr als recht gegeben. Aber der bürgerliche Staat gibt sich als neutrale Macht über den Klassen und Parteien, als wirtschaftsfreie, ja lebenstranszendente Macht, deren Objektivität und Interesselosigkeit das Wohl des Ganzen stets dem des Einzelnen überordne. Die Entstehung und Erhaltung dieser Macht als einer der herrschenden Klasse überall entzaubert aber ihre Objektivität auch dort, wo sie sich immer wieder als res publica etabliert. Die häufigste Erscheinung dieser bisherigen Gemeinsamkeits-Gestalt war innenpolitisch der Polizeistaat und außenpolitisch der Krieg; sie war bei antagonistischer Gesellschaft nicht wirklicher Rechtsstaat, gar – contradictio in adiecto – Kulturstaat, konnte es nicht sein. Wobei der Überbau des Staatshaften, obwohl er doch einmal verschwinden wird, sich auch noch viel langsamer umwälzt als die Basis, ja als die Überbauten Kunst, Religion, Philosophie, obwohl diese doch nicht verschwinden werden.

Gerade in neuerer Zeit wurde staatliches Wesen scharf. Nie vorher waren blaue Bohnen und Vater so nah, so schützend vereint. Statt der bürgerlichen Wirtschaft von früherher aufgesetzt zu sein, kommt ihr Staat nun aus ihr. Die wachsenden inneren und äußeren Gegensätze haben ihn geschliffen, haben die herrschende Klasse sich des Staats nun durchgehends bedienen lassen. Er zerstörte und durchdrang als allgemeinste kapitalistische Betriebsform seine früheren, sozusagen noch organischen, lockerer geschichteten Formen, das ständische Gefüge der Abhängigkeit. Er setzte die Kirche ab, nahm ihr das Diesseits aus der Hand, auch das relative Jenseits der Sitte und Bildung. Fast ganz gegen den prunkenden Hofschein wurde das absolute Königtum die erste Form des kapitalistischen Staats; so zerschlug es die Macht der feudalen Stände, etablierte sich selbständig gegenüber der Kirche. *Bodin* (Les six livres de la république, 1577) hat als erster definiert: Staat ist die vernünftige und mit höchster Macht ausgestattete Regierung einer Summe von Familien und dessen, was ihnen gemein ist. Souveränität ist seine beständige und unbedingte Gewalt über die Untertanen mit dem Recht, Gesetze zu geben, ohne durch sie gebunden zu sein. »La puissance absolue et perpetuelle« stand bereits im damaligen französischen Staat fest, wie denn Bodin, der erste positiv-rechtliche Verächter von Naturrecht, die Gesetzgebung durchaus nach dem gesellschaftlich jeweils vorhandenen Zustand sich richten lassen wollte. Aber vorher bereits hatte Machiavelli im »Principe«, 1532, den technisch scharf angepaßten Wirklichkeitssinn solcher Macht bekundet. Eher attisch von Haus aus als römisch, genährt vom Bild der Polis, beschrieb er trotzdem, was die herrschenden Verbrecher jederzeit taten und tun mußten. Dem theoretisch nicht sehr originellen Machiavelli (er gab keine eigentliche Staatslehre) machte die Regierungsform hierbei keinen Unterschied. Er war eben noch in seinen »Discorsi«, als einem Kommentar zu Livius, Republikaner, um im »Principe«, mit einem nur auf den Zweck bezogenen Zynismus großen Stils, Ratgeber des absoluten Herrschers zu werden. Einziger Zweck ist die Stabilisierung des kirchenfreien, amoralischen, areligiösen Nationalstaats; wobei Nation die Masse Volk nur als beherrschte miterfaßt. Die Masse Volk ist ihrem bürgerlich-monarchistischen Verächter lediglich die Niedertracht, eine Anhäufung der schlechthin bösen, dabei ewig gleichen menschlichen Natur; folglich muß der Pöbel mit allen Mitteln im Zaum gehalten werden, für ihn zuerst empfiehlt Machiavelli die Geheimrezepte der Beherrschung. Ihnen zur Seite stehen die Geheimrezepte im Verkehr mit fremden Machtstaaten; die Apologie des verschlagenen Interessenkampfs ist gerade durch dessen Geständnis noch elastischer vermehrt. Der Erfolg des »Principe« im sechzehnten und siebzehnten Jahrhundert beruht nicht nur darauf, daß hier das Grundbuch des fürstlichen Absolutismus gegeben wurde. Er beruht ebenso stark auf dem hier gegebenen Grundbuch der offenen Verschwörung, der deklarierten Kabinettspolitik, des Kontrapunkts aus ausgesuchten Intrigen. Der Erfolg (im Regierungsgebiet der Serenissimen und Exzellenzen) ist mit dem Gegenschlag gegen das Naturrecht verknüpft, mit der Elastizität der Staatsraison im Gegensatz zur subversiven Strenge des naturrechtlichen Raisonnements. Der Faschismus hat hier nichts erfunden, er hat die Praxis des weißen Terrors, die in allen Revolutionszeiten, vom Bauernkrieg bis zur Pariser Kommune, schon vollkommen funktionierte, nur verstärkt und totalisiert. Weiter hat der Faschismus als vollkommenste Unterdrückungsstaatlichkeit auch deren Pfiffe hochgebraucht: die *Verbrechens-Arcana der Machtgewinnung und Machtbefestigung*. Also die geheimen Pläne und Praktiken technischer Art, mittels derer innen wie außen die Herrschaft in Gang gebracht, in Gang gehalten wird. Es gibt über diese Rezepte vor allem im siebzehnten Jahrhundert eine gut genutzte Literatur, und sie geht fast völlig auf Machiavellis Katalog zurück. Der nationalsozialistische Kronjurist Carl Schmitt hat zuerst den Komplex der »Staatsgeheimnisse« theoretisch wieder berührt, das tönende Schweigen ehrfurchtgebietender Gerissenheit. Das hat mit Alkoven und dergleichen nichts gemein, ist nicht das »sittenlose Treiben der Höfe«, worüber sich die Kleinbürger, seit der Aufklärung, neidisch entrüsten. Eher vermittelt die dramatische Reflexfigur des »Intriganten« ein Bild; er ist vom Barocktheater bis Schiller meist ein Höfling, sicher ein Meister verwerflicher Vorsehung. Umgeben bis heute, linkerhand, von einexerzierten Servilitäten, gefütterten Hunden der Despotie, Alleen aus Zitterpappeln. Für die dumme Macht gilt der Satz des Tacitus: » Socordiam eorum irridere licet qui praesenti potentia aevi temporis memoriam extinqui posse credunt«; für die listige Macht war lange nicht einmal dieser Hohn gewachsen. Maßgebend war hier die Schrift des besten Rezeptsammlers aller Propagandaministerien, des Krummstabs-, Krummstaatsrechtlers Arnold Clapmar: De arcanis rerum publicarum, 1605. Clapmar weist ahnungsvoll darauf hin, daß auch der Handel seine Arcana habe, nämlich Kunstgriffe, die nicht jeder kennt, List und Betrug, um sein Ziel zu erreichen. Auch die Medizin, die Kriegführung, sogar die Malerei kennen Geheimmittel, doch erst in der Staatsführung seien sie, da gerade das Netz der Unterjochung so brutal wie sublim zu sein habe, unumgänglich. Der Machiavellischüler ohne Größe unterscheidet hier zweierlei: Arcana dominationis, das ist die Lehre, wie man mit dem aufrührerisch gewordenen Volk fertig wird, und Arcana imperii, das ist die Lehre, wie man in normalen Zeiten das Volk in Ruhe hält, die Souveränität schützt, sich Bündnisse, Soldaten, Geld verschafft. Doch laufen beide Arten beständig ineinander, so wie Schlauheit und Gewalttaktik in einem wohlregierten Staat ineinanderlaufen, sich mindestens allemal ergänzen. Haupttrick der Arcana sind gewisse Veranstaltungen, die einen Schein von Freiheit erwecken, um das Volk zu beruhigen, »simulacra libertatis«, dekorative Einrichtungen, die den Ständen eine geräuschvolle, aber politisch bedeutungslose Beteiligung zulassen. Lehrreich für den latenten Faschismus in jener Staatsweisheit ist der Rat: dem revoltierenden Volk alles zu versprechen, »nam postea sedato populo retractari possunt«, denn später kann das Versprechen zurückgezogen werden. Oder auch das Versprochene kann mit »rhetorica pro realitate«, Schönfärberei also, dargestellt werden, als wäre es erfüllt. Die Diktatur von oben wird als spezifisches Arcanum dominationis empfohlen, sie schüchtere das Volk dadurch ein, daß sie eine Behörde schafft, gegen die es keine Provokation gibt. Dergleichen also ist der äußerste Gegenpol gegen das gleichzeitig sich ausbildende klassische Naturrecht, und es ist die Wahrheit des »positiven Gesetzes«. Das Grundbuch de arcanis gibt selbst folgende horrende Klimax: »Ius naturae corrigitur a iure gentium, ius gentium a iure militari, ius militare a iure legationis, ius legationis a iure Regni sive dominationis« – hier in diesem »Korrigieren« durch immer engere und härtere Macht ist die Wirklichkeit des Staatsrecht, auch wo ius Regni zufällig fehlt. Privatrechtliche Begriffe wie aequitas oder iustitia auf das öffentliche Recht anzuwenden, erscheint der Arcana-Macht als Naivität. Wo »eventus solum iudicabit«, gelten die Rechts- und Unrechts-Kategorien lediglich als Umschreibung für Zweckmäßigkeit, oder sie werden als Ausdruck für die bei den Menschen nun einmal herrschenden Vorstellungen in die Berechnung einbezogen. Das bei den Monarchomachen beginnende klassische Naturrecht sah in der »pestifera doctrina« dieser Machiavelli-Literatur den Geist der Bartholomäusnacht; er ist mehr. Die Identität von Macht und Recht gehört zur staatlich formierten Klassenherrschaft überhaupt, wonach selbst das Völkerrecht, mit dem Naturrecht des Friedens in sich, zu einer Generalstabsangelegenheit gemacht werden konnte. Wenn es wahr ist, was Jacob Burckhardt sagt, daß die Staaten nach dem gleichen Prinzip erhalten werden, nach dem sie gegründet worden sind, dann wird die Staatseinrichtung als solche durch die gleich nach der Urkommune eingeleitete ökonomische Zweiteilung der

Menschen erhalten. Nach diesem Gesetz ist Caesar angetreten und lebt sich zu Ende – von Nimrod bis zum Faschismus, bis zu den schweren Anfängen einer klassenlos werdenden Gesellschaft, wo eben nach dem Satz von Engels die »Regierung über Personen« in die »Verwaltung von Sachen« übergehen kann. Bis dahin und zu diesem Ende wäre der Staat als sozialistischer nach der Weisung von Marx und Engels der Staat in seiner *völlig verkehrten Gestalt*, mit keiner bisherigen vergleichbar. Er fungierte schlechthin nur als Diener seines Untergangs, ein vorübergehendes Gerüst und Stützbalken am Bau des zu errichtenden Nicht-Staats. Also lautet im »Anti-Dühring« die aufrufende Bestimmung: »In dem Maß, wie die Anarchie der gesellschaftlichen Produktion schwindet, schläft auch die politische Autorität des Staats ein.« Ohne Verdinglichung der Macht im Aufbau ihres Gegenteils, im Non-Arcanum liberationis, und wie sehr erst ohne Gebrauch von Mitteln, die den Zweck entheiligen. Das eben gehörte zu den bisherigen Klassengesellschaften bis heute: Der Not fügt sich der gebeugte Nacken hinzu, und hängen diese beiden zusammen, mit wirtschaftlicher Abhängigkeit primär, so kann keines von beiden ohne das andere aufgehoben werden. Das heißt: Ausbeutung verschwindet nicht bei sonstiger machtloser Freiheit, es mehren sich dann hauptsächlich nur die white-collar-workers, Stehkragenproleten; Administriertheit wird nicht verhindert bloß durch Teilnahme an gesellschaftlich werdendem Eigentum allein. Stolz des aufrechten Gangs, Naturrecht, bewußt oder unbewußt, ist das Resistierende, Insurgentenhafte in jeder Revolution. Spartacus rebellierte nicht nur aus ökonomischen Gründen, sowenig wie die Französische Revolution ohne Zündung durch die Menschenrechte denkbar ist; sie standen genau auch gegen das »Unbequeme« des Geßlerhuts, wie es Schiller nennt. »An die Stelle der alten bürgerlichen Gesellschaft mit ihren Klassen und Klassengegensätzen tritt eine Assoziation, worin die freie Entwicklung eines jeden die Bedingung für die freie Entwicklung aller ist« (Kommunistisches Manifest, 1848); was Beethoven unterschrieben hätte. Und da kein Rechtsstaat in prosperity das wahre, katastrophenhaltige Wesen des Kapitalismus auf Dauer verdecken kann und ebenso kein Stalineffekt, mit sehr veränderbaren Ursachen, den menschlichsten aller Siege, den Sozialismus, so gelten diese Marxworte ante rem auch in re, post rem; ihre Wahrheit ist index sui et falsi. Der Grundtenor des radikalen Naturrechts gegen den Staat ist klassenlose Gesellschaft, Reich der Freiheit; es wächst nur, indem es vorauswirkt.

25 DER VERSTAATLICHTE GOTT UND DAS RECHT AUF GEMEINDE

Auch wenn eine Sache gänzlich fortgefallen, verschwindet sie nicht gleich. Es bleibt eine Lücke, und sie hat noch die Form des vorher Vollen. Das abgerissene Haus nimmt mit dem Wegfall, der es geworden ist, noch sehr deutlich die Stelle ein, wo es vorher stand. So auch der Staat; wobei an ganz unähnlichem Ort eine andere Macht steht, die eine etwaige Staatslücke gern mit sich schließen lassen will. Diese Macht ist die Kirche, sie vergeht mit Eigentum und Klassen mindestens nicht so betreibbar oder notwendig wie der Staat. Eine künftige Weltleitung, gut dem Bedürfnis angepaßter Produktionsvorgänge, übernimmt keinerlei Staatsgeschäfte, wohl aber wäre denkbar, daß etwas wie zentrierte Ratgebung, wie Verwaltung des Sinns überbleibt. Etwas, das die Gemüter ordnet und das die Geister lehrt, um immer wieder, wie Kirche, in Bereitung und Richtung zu leben. Dieselbe Gesellschaft, worin sich die Produktions- und Verteilungsvorgänge völlig am Rand zutragen werden, legt eben deshalb die wesentlichen menschlichen Angelegenheiten in die Mitte, ans Ende, in die Zielfragen des Wohin und Wozu. Ja, statt der schäbigsten aller Sorgen, der Erwerbssorgen, womit das finale Leben der meisten über und über beschäftigte, auch verdeckt war, treten dann stärker als je die echten, wertvollen, uns angemessenen Sorgen vor, die Frage dessen, was wirklich im Leben nicht stimmt. Wohl wird eine nicht mehr antagonistische Gesellschaft alle weltlichen Geschicke fest in der Hand halten, sie setzt ökonomisch-politische Situationslosigkeit, Schicksalslosigkeit, doch eben deshalb treten die Unwürden der Existenz desto fühlbarer hervor, vom Kiefer des Tods herab bis zu den Lebensebben der Langeweile, des Überdrusses. Die Boten aus Nichts haben ihre bloßen Valeurs aus der Klassengesellschaft verloren, tragen ein neues, jetzt noch weitgehend unvorstellbares Gesicht, doch die in ihnen abgebrochene Zweckreihe frißt ebenfalls auf neue Art. Die Kirche hatte dergleichen mit dem angeblich unabschaffbaren irdischen Jammertal verbunden und so letzteres gerade in dem, worin die Menschen es sich bloß zugezogen haben, gerechtfertigt. Dem metaphysischen Bedürfnis, dem so verquickten, hat sie mythologische Antworten vorgesetzt, in denen die Herren, die irdischen Mächte noch einmal vorkamen und so den irdisch vorhandenen Staat durch einen himmlischen festigten. Indes, so durchsichtig das auch in seiner Ideologie geworden ist: Die wirklich metaphysische Frage hält länger an als die mythologisch-transzendenten Antworten, die ihr in Herrenkirchen gegeben worden sind. Sie vergeht mit ihnen nicht, lebt suo genere auch in den Abenteuern und Dunkelheiten der unverfälschten Immanenz, in deren objektiv-realen Dunkelheiten und gerade an ihnen. Hat die Kultur einen Feldzugsplan, gerichtet gegen die Verschlossenheit des Daseins, so ist folglich ein Generalstab für diesen Feldzug nicht ganz undenkbar, auch nach längst erledigten Fünfjahrplänen des sozialistischen Aufbaus. Selbst nach sämtlichen Einsichten ins Ecrasez l'infame: die Kirche, ihre Scheiterhaufen, ihre Verdummung, ihre nie zufällige Segnung alles Weißgardistischen betreffend. Weil das nicht ganz erschöpft, hat das Naturrecht der revolutionären Sekten auch nie die Kirche im gleich totalen Sinn verdammt wie die Staatsgewalt. Es verdammte den Staat, weil er a limine zuviel des Nimrod, Ahab, Nero ist, aber die Kirche, weil sie, mit den Neros verbunden, zuwenig oder überhaupt nicht mehr Christi ist, seine Gemeinde. Und auf Grund des sozial schwerlich stillbaren metaphysischen (nicht mythologischen) Bedürfnisses ist Kirchenhaftes nach abgeschaffter Eigentums- und Klassengesellschaft nicht in gleichem Umfang wurzellos geworden wie der Staat. Statt »Regierung über Personen« kommt »Verwaltung von Sachen«, Leitung von Produktions- und Austauschprozessen: aber wo stehen der *Organismus* der Personen, die *Apsis* und vor allem das *Apsisfenster der Solidarität*, das ohne Transzendenz transzendierend beleuchtende? Die Pforten der

Hölle werden die Kirche nicht überwältigen, dafür hat sie sich ihnen schon zu oft geöffnet. Aber es ist ein anderes, wenn die Machtkirche, Aberglaubenskirche vergeht und wenn eine machtfreie Lehrmacht des Gewissens ums Wohin und Wozu auf der Wacht sein, auf die Wacht treten sollte. Im »Zukunftsstaat«, meinte Bebel, wird nicht der Offizier, sondern der Lehrer der erste Mann sein; auch in einem Kirchenschiff ohne Aberglauben und auf Fahrt wäre das der mögliche Fall. Religiös durchaus, doch nicht als re-ligio oder Rückverbindung mit Herrschaft und ihren Mythologien, sondern als Rückverbindung eines ganzen Traums nach vorwärts mit unserem bedürftigen Stückwerk.

Nun, um zur gegebenen Kirche zurückzukommen, so lebt sie fast ganz züchtig und geldfromm. Sie eifert mit Worten über den Schaden Josefs und der Schafe, aber hat sich mit den Herren eingerichtet und verteidigt sie geistlich. Sie ergrimmt über durchbrochene Blusen, doch nicht über Slums mit halbnackten verhungerten Kindern und vor allem nicht über die Verhältnisse, die Dreiviertel der Menschen im Elend halten. Sie verdammt verzweifelte Mädchen, die eine Frucht abtreiben, aber sie heiligt den Krieg, der Millionen abtreibt. Sie hat ihren Gott verstaatlicht, zur Kirchenorganisation verstaatlicht und das römische Reich beerbt unter der Maske des Gekreuzigten. Sie erhält das Elend und das Unrecht, indem sie die Klassengewalt, die es zufügt, erst duldete, dann guthieß, sie verhindert den Ernst der Befreiung durch deren Verschiebung auf St.-Nimmerleins-Tag, ins Jenseits. Als Mittel, die antike Proles zu sänftigen, hatte die Kirche gesiegt, als feudale, dann kapitalistische, auch offen faschistische Weltmacht hat sie »aufs Kommen des Reichs Christi« trefflich vorbereitet. Die Verflechtung mit dem bürgerlichen Staatsinteresse, ein neuer Konstantinischer Zustand, eint im antikommunistischen Zug schließlich die katholische mit den protestantischen Kirchen; war doch ohnehin deren antighibellinische Spannung zum Staat eine tief verschworene. Sie betraf nur den konkurrierenden Anteil an Profit und Herrschaft, keine Verneinung beider aus Evangelium. In Spanien, meist auch im Frankreich des Ancien régime, wo die Kirche der größte Grundeigentümer war und den Zehnten erhielt, hatte der Staat mit der Kirche keine Anstände, und die Rechte beider waren wie

Castor und Pollux. Ebenso patronisiert sie die faschistischen Versuche zum sogenannten Ständestaat; Leo XIII. gab nicht dessen erstes, aber dessen erstes antisozialistisch gezieltes Rezept. Der klerikale Ständestaatsgedanke hat, unter den gegebenen hochkapitalistischen Verhältnissen, mit der mittelalterlichen Wirklichkeit nichts gemein, ist moderne Klassenkampf-Ideologie von oben. Er phantasiert einen vertikalen »Berufszusammenhang« zwischen dem Arbeiter und dem Eigentümer einer Schuhfabrik, dergestalt, daß dieser Vertikalismus den horizontalen Riß zwischen Kapital und Arbeit mit Betriebsgemeinchaft, mit einem Gliedbau solcher Gemeinschaften überwindet; und die Kirche erblickt darin ein Element der – Corpus Christi-Idee. Vorüber sind die Konkurrenz-Anomalien, wonach Jesuiten wie Bellarmin und Mariana Widerstandsrecht gegen eine schlechte Obrigkeit, ja Tyrannenmord lehrten: der Vatikan reklamiert sich den kapitalistischen Staaten als Seelsorger des Gehorsams ihrer Bürger. Er weiht nur eine ausgeprägt kapitalistische Obrigkeit, nicht die legale Spaniens, als es gegen die Faschisten kämpfte, und selbstverständlich nicht die bolschewistische. Hier aber sind gar keine Übergänge möglich, bei noch so »ehrwürdiger Vergangenheit« des Papismus (als der entschiedenen Form der Organisationskirche); entscheidend vieles an dieser Vergangenheit, gar Gegenwart, wirkt nicht immer ehrenwürdig. Gewiß ist es sträflich simplifiziert und Zeitungsphrase, die Kirche eine in Rom stationierte Filiale der Wallstreet zu nennen, aber Kompromißgebilde war sie von je, und dessen Elastizität hat gegen den Sozialismus eingerammte Grenzen. Eine Trennung des Kirchenchristentums vom Kapitalismus ist deshalb schwer abzusehen, obwohl der junge Klerus nie ganz wie der alte war und ist, obwohl auch der Sozialismus nicht mehr zu lange wie Abspülicht von Aufkläricht über Religiöses zu sprechen hätte. Indes am Weinstock und den Reben, wenn autoritär verwaltet, ging es allermeist caesarischer als christlich her. Wie freilich in jedem Klerikalismus, auch wenn er vor seiner Bürokratisierung, Zentralisierung, Dogmatisierung zurückschrecken ließ und läßt; wozu uns gerade in der kirchlichen Vergangenheit ein nicht nur katholisch lehrreiches Beispiel anblickt. Nach der Hispanisierung Italiens erlosch dort das geistige Leben, nach dem Prozeß gegen Galilei wurden wichtige Teile der lutherischen Intelligenz, die schwankend geworden war, wieder immun, wurden gegen Marianisches, als wäre es Stillstand mit Kette, erbittert oder gleichgültig. Es gibt eine Enzyklika Gregors XVI., 1832, Vorspiel zur Unfehlbarkeitserklärung von 1870, und sie statuiert als »Wahnsinn, daß jedem Menschen Gewissensfreiheit gebühre«. Ergo vestigia terrent, aut Caesar aut Christus in jedem Betracht, und Caesarisches diskreditiert. Wohl aber – soweit in einem langdauernden Morgengrauen zu sehen ist – mag *Katholizität*, ohne alle Parallele zu verdinglichter Anstaltskirche, zu verabsolutiertem Hirtentum, in der *Solidarität* impliziert sein. Die neue Ökumene gehört zu einer nicht mehr wesentlich antagonistischen Gesellschaft, gehört zu ungestört wachsenkönnender Gemeinsamkeit. Und zur Ökumene, damit sie nicht nur in den Tag hinein, sondern über den Tag hinauslebe, gehört eine Einrichtung, die mehr ist als Verwaltung von Sachen, die es mit der Freundlichkeit, der tiefdringenden, der Brüderlichkeit, der schwierigen, sehr ernst nimmt. Im Sozialismus ist der Weg dahin, das hier endlich realisierbare Erbe dessen, was als innere Emanizipation, äußerer Frieden intentioniert war. Der rote Glaube war immer mehr als Privatsache, es gibt ein Grundrecht auf Gemeinde, auf Humanismus, auch politisch und im Zweck. Dazu war das fordernde Recht unterwegs, die Eunomie des aufrechten Gangs in Gemeinsamkeit; nicht nur der Kunst ist der Menschheit Würde in die Hand gegeben.

ANHANG / CHRISTIAN THOMASIUS, EIN DEUTSCHER GELEHRTER OHNE MISERE (1953)

Daß nur eine Weisheit. Daß dieselbe in lebendiger Erkenntnis des wahrhaften Guten bestehe.
Thomasius, Summarischer Entwurf derer Grundlehren, die einem Studioso iuris zu wissen und auf Universitäten zu lernen nötig sei, Pars I, Cap. I, 1.

Es gilt, eines aufrechten Mannes zu gedenken. Er war seiner schläfrigen und untertänigen Umgebung recht unbequem. Wäre es nach ihr gegangen, so hätte sie den ärgerlichen Neuerer vernichtet. Statt dessen zeigte sich wieder einmal, ein ehrlicher Kopf, der beides ist und Fortschritt spricht, macht sich auf die Dauer unvermeidlich. Eine kräftige und nachdenkliche Gestalt des bürgerlich aufsteigenden Rechttuns soll uns in folgendem wieder begegnen. Dieser Erzieher war und handelte deutsch, im trefflichsten Sinn des Worts. Nichts Steifes ist an ihm, außer, daß er vor keinem den Nacken bog.

Solch ein wahrhaftiger Mann war Christian Thomasius. Jurist mit Menschenliebe, Philosoph und nicht zuletzt einer der frühesten deutschen Publizisten. 1655 wurde er in Leipzig geboren, 1728 ist er, bis ans Ende voll gemeinnütziger Schlagkraft und Gedanken, in Halle gestorben. Sein Vater war bereits ein namhafter Gelehrter; der junge Leibniz zählte zu seinen Schülern. Thomasius studierte in Leipzig die Rechte, nachdem er Magister der Philosophie geworden war, promovierte 1697 zum Dr. iuris, hielt bald darauf in Frankfurt a.O., dann in Leipzig Vorlesungen. Sie waren durchwärmt von der Liebe zum Naturrecht, dem mit uns geborenen, wie man damals sagte, dem unabdinglichen. Der Glaube an die darin ausgedrückte menschliche Würde hatte Thomasius überhaupt zum Studium der Rechte geführt. Seine naturrechtlichen Vorlesungen erregten Aufsehen, freilich nicht immer angenehmes. Doch den Stein des Anstoßes brachte er zunächst von anderer Seite her in Gang.

Wie bekannt, hat Thomasius als erster in einem deutschen Hörsaal deutsch gesprochen. 1687 kündete er am Schwarzen Brett, das durch dergleichen noch nie »entweiht« worden war, eine Vorlesung in der Volkssprache an. Und zwar über Gracians, des berühmten Spaniers, »Oraculo manual, y arte de prudencia«, was Thomasius aufmunternd übersetzte als »Grundregeln, vernünftig, klug und artig zu leben«. Bereits inhaltlich war die Wahl des listreichen, doppelbodigen, vieltönigen Buchs ungewohnt, wenn auch nicht im gleichen Maß wie zwei Jahre früher eine lateinische Untersuchung des Thomasius, »De crimine bigamiae«, worin gelehrt wurde, die Pflicht zur Einehe lasse sich naturrechtlich nicht schlüssig folgern und ableiten. Doch eben das hatte sich noch fern der Öffentlichkeit, auch mehr als scholastisch erscheinende Konsequenzprobe zugetragen. Die Befremdung der Leipziger Ehrbaren über solch seltsame Untersuchung ist trotzdem vorstellbar. Bald aber hörte die bloß übermütige Reizung dieser und anderer Art auf, eben das geschah, womit Thomasius im besten Doppelsinn Furore gemacht hat. Der junge Dozent lehrte nun, mit der Neuheit deutschen Vortrags, gerade ein Gegenteil von Bigamie, nämlich Treue zur angetrauten deutschen Sprache, Einholung der verstoßenen in die höchste wissenschaftliche Institution. Die Vorlesung begann ironisch, mit einem Lob des – Wälschen und »welchergestalt man den Franzosen nachahmen solle«. Nämlich nicht so, wie es geschieht, daß bei uns alles, selbst die Krankheiten, französisch seien, à la mode, und nur das eine werde nicht nachgeahmt: die Hochachtung der Franzosen vor ihrer Muttersprache. Dieses Stück Frankreich gerade solle bei uns vorzüglich eingeführt werden, auch was gelehrte Vorträge und Abfassung gelehrter Werke angeht. So weit also war es durch den Dreißigjährigen Krieg und den Ruin der deutschen Städte, den Untergang des frühkapitalistischen Bürgertums, den Sieg der »landesfürstlichen Libertät« in Deutschland gekommen, daß die deutsche Sprache, die bei Walther und Wolfram so bildhaft-kräftige, bei Eckart und Tauler so grübelnd-tiefe, anderthalb Jahrhunderte nach Luthers Bibelübersetzung mit Ironie und seltenem Patriotismus in die Gelehrtenwelt eingeführt werden mußte und daß dieses als unerhörte Kühnheit galt. Das Verdienst des Thomasius ist hierbei desto größer, als er mit der Sprache das begann, was heute erst mit der Eröffnung des Studiums fürs Volk vollendet wird. Indem auf Deutschlands Hohen Schulen nur Latein galt, indem der Student gezwungen war, nur Latein zu hören, darin zu denken, darin das Gedachte, Gelernte auszusagen, zu schreiben, hatte er für all sein Wissen lediglich ein fremdes Wort, und die Muttersprache wurde ihm für höheren Gebrauch vollends ungeschickt. Vor allem vermehrte sich dadurch die ohnehin unübersteigbar gewordene Trennung der Stände um eine neue: um den akademischen Sprachzaun. Das lateinisch geschärfte Bildungsmonopol schnitt auch innerhalb des Bürgertums den Gelehrten völlig vom Ungelehrten ab; wie sehr entfernte es die Wissenschaft gar vom Volk insgesamt. Thomasius also leitete mit seiner Tat überhaupt erst die mögliche Wirksamkeit einer ins Bürgertum gehenden Aufklärung ein. Indem er die Wissenschaft betont deutsch reden lehrte, lange vor dem Aufklärungsphilosophen oder »praeceptor Germaniae« Christian Wolff, entwickelte er auch in Deutschland nationale Sprachform mit bürgerlich-europäischem Inhalt. Und mitten in dem von hundert Territorialfürstentümern zerrissenen Reich gab er in seinem Feld, dem höchsten, dem des Wissens und der Wissenschaft, die Einheit eines wenigstens gesprochenen Vaterlands.

Die Zeitschrift

Thomasius machte sein Deutsch aber auch über den Hörsaal hinaus vernehmbar und öffentlich. Das, neben dem Lehramt, als Publizist, weltmännisch und im guten Sinn magisterhaft zugleich. Der unternehmende Mann tat auch hier nichts Geringeres als: Er gab von 1688 ab die erste gebildete Zeitschrift seines Landes heraus, »Teutsche Monate« genannt (er hat den Titel öfter gewechselt). Zwei Jahre lang, bis Thomasius Leipzig verließ, konnte sie monatlich erscheinen; wichtig war es für den Aufklärer, daß sie auch die bürgerliche Frau erreichte und an den Geist heranzog. Diese früheste deutsche Zeitschrift nahm in manchem das »Journal des Savants« zu Muster, das um zwanzig Jahre früher bestand, seit 1665. Aber – und das ist höchst bemerkenswert – sie erschien ebenso um zwanzig Jahre früher als Defoes »Review«, als Steeles und Addisons Journal »The Tatler« von 1709 und dessen Fortsetzungen (»Spectator«, »Guardian«) – und fast vierzig Jahre vor Gottscheds »Vernünfftigen Tadlerinnen« von 1725. Die Zeitschrift des Thomasius wurde in Deutschland sogleich nachgeahmt, in mehreren Städten, auch im anglisierenden Hamburg. »The Tatler« ist ohne weiteres im Entzücken der Sprache und der Einfälle, im Reichtum der Szenen, Gespräche und Themen dem Versuch des Thomasius, wie übrigens jeder anderen Zeitschrift, unvergleichlich überlegen. Doch das Verblüffende, durchaus nicht genug Beachtete ist: sowohl in der dialogischen Form wie in der Form einer einrahmenden Erzählung, mit erfundenen Personen und Situationen, wie in der Abwechslung des ernsten Verstands mit Spott und Genrebild ist Thomasius offenbar vorangegangen. An diesem Punkt ist folglich so wenig deutsche Misere wie an anderen bedeutenden unserer Literatur und am wenigsten eine überschwengliche. Vielmehr ist der Stil der »Teutschen Monate« sehr von dieser Erde, auch ganz eigentümlich aus verschiedenen Erden gemischt, von der grobianischen nach Abraham a Santa Clara bis zu knapper Ironie, fast mit Vorwegnahme Lichtenbergs. Ein wichtiger Formlehrer dürfte Pierre Bayle gewesen sein, mit seinen »Nouvelles de la république des lettres«, von 1684, ein entscheidender aber war Erasmus von Rotterdam, der unabhängigste Kopf seiner Zeit, auf den sich, wie auf Bayle, Thomasius auch bedeutend beruft. Zweifellos manches »vocabulum eleganter sonans«, wie Thomasius sagt, konnte er noch nicht ins damalige Deutsch übernehmen; überwiegend in der Zeitschrift ist trotzdem, nach den eigenen Worten des Thomasius, »die freudige und sinnreiche Schreibart«. Freudig infolge des Vernunftglaubens der aufsteigenden bürgerlichen Klasse, sinnreich infolge der genau gezielten, genau dosierten Satire. Diese ist keine schlecht allgemeine, auf Abstraktion gerichtete, etwa gegen Trunksucht oder Gefallsucht oder Putzsucht überhaupt, wie das so oft und ohne greifbare Adressaten in Deutschland geübt worden war, vom Ausgang des Mittelalters bis zu Versuchen dieser Art beim jungen Jean Paul. Sondern die »Teutschen Monate« hatten ihren Gegner entschieden notiert, also arbeitet die Essigfabrik der Satire, wie

Jean Paul das nannte, bei Thomasius mit konkretem Auftrag und Objekt. Das Objekt war hier, mit deutlichen Schlüsselfiguren, das Leipzig seiner Zeit als Spiegel einer Welt. War die Heuchelei der Rechtgläubigen, die Schulfuchserei eines scholastisch überalterten Universitätsbetriebs und, wenigstens unter der Hand behandelt, die Impertinenz des fürstlichen Polizeistaats. Ein selber durchaus gelehrter, der Juristerei und Rechtsphilosophie kundiger, sie mehrender Mann zeigt sich als Anti-Perücke schlechthin. Auch Stoffe des Hans Sachs, wie die Liebesgeschichte des Aristoteles (mit dem Thomasius den scholastischen Schulbetrieb treffen wollte), sind geradezu Offenbachisch erneuert.

Ein Blick in die früheste deutsche, gleich so wohlgeratene Zeitschrift dürfte erwünscht sein. Sie entwickelt vom ersten Heft an ihren kritischen Inhalt als Gespräch zwischen vier Personen. Vielmehr, die vier Personen sind selber in dieses Gespräch auf einer Reise im Postwagen verwickelt. Christoph, ein lebenskundiger Kaufmann, Augustin, ein in der großen Welt erfahrener Kavalier, Benedict, ein gründlicher Gelehrter, David, ein in Vorurteilen befangener Pedant. Behandelt werden die Predigten des Abraham a Santa Clara, dann mit einem Sprung die neueren französischen Romane; der vorurteilsfreie Gelehrte schätzt sie wegen ihrer so weltmännischen wie nationalen Art, der Pedant zieht sie ebendeshalb herab. Statt ihrer rühmt er die scholastische Logik, Rhetorik, Metaphysik, und nun folgen wundersame Probleme, die der Pedant behandelt zu sehen wünscht. Dieser beschränkte Kopf schlägt vor – und hier erst ist ihm wirkliche akademische Wissenschaft –, daß in der Historie untersucht werden soll, »ob David schon Coffée getrunken, weil Abigail ihm unter anderen Präsenten gedörrte Bohnen überbracht«. In der Physik solle man, nach Anleitung der Lehre, daß die Luft und nicht das Wasser das feuchteste Element sei, per deductionem dartun, es könne Wasser geben, das nicht naß sei. Die Medizin solle, gegen die störende Entdeckung des Blutkreislaufs, per inductionem diese Lehre widerlegen, »weil die Anatomie an ihrem Objekt zeige, daß es keinen Kreislauf gebe«. Und nun der Clou gegen alle Magister Lobesam: die Rechenkunst solle eine christliche Mathematik mit lauter geistlichen Exempeln werden und dadurch beweisen, »daß die Probe beim Addieren, so mit dem Creuze geschieht, viel christlicher und richtiger sei als die per subtractionem«. Hier überall erinnert der Spott des Thomasius vorgreifend an Lichtenberg, auch an die Satire Lessings »Der junge Gelehrte«. So hatte Lichtenberg von einem Totenkopf gesprochen, der so natürlich aussehe, daß man glaubt, er lebe; so will Lessings junge Perücke vor einem Gespräch über das Frauenzimmer erst wissen, ob der status controversiae in den Schlußfiguren Barbara oder Celarent stehe. So hat fast zweihundert Jahre später noch Dostojewskij eine deutsche Dissertation erfunden über die Bedeutung der Stadt Hanau als Hansestadt und über die besonderen Umstände, weshalb Hanau gar keine Hansestadt gewesen ist. So läßt Swift einen echt englischen Kompromißkopf sagen, die Seele sei weder sterblich noch unsterblich, die Wahrheit liege vielmehr, wie überall, in der Mitte. Thomasius nimmt mit seinem Hohn überdies eine echte Renaissance- und Humanistentradition auf, gegen die Spinnerei und wertlose Pedanterie. Und noch mehr gegen jene Subalternität, die selbst den Fortschritt zu einem formelhaften Spinnweb machte und die Studien, die blühen, zur Geistesöde. Gegen all das geht das Gespräch weiter, an der Karikatur der Wissenschaft illustriert Thomasius seinen Satz, man könne bei vorurteilsfreien Militärs und bei Frauenzimmern mehr Rechtes erfahren als bei Stubengelehrten. Zweifellos traf die Karikatur, wie die Reaktion auf sie erwies, typische Erscheinungen der protestantischen Neuscholastik. Also jenes dürre Epigonentum seit Melanchthon, das sich mit besonderer Unfruchtbarkeit und Bigotterie nicht zuletzt in Leipzig eingerichtet hatte. Am Ende kommt der Diskurs auf politische Bücher, und sie werden mit Schwejkscher Miene verworfen. Als unnütz, weil der Privatmann doch nicht so klug sei wie der Fürst, »der alle geheimen Abmachungen kenne«; als gefährlich, »weil hohe Häupter lange Arme hätten und, wenn man aufrichtig sein wolle, man ihrer doch, weil Fürsten und Herren auch menschlicher Schwachheit unterworfen sind, nicht immer zum besten erwähnen kann«. Einer blickt darauf Benedict, den Gelehrten, an, weil dieser ein Heft der »Acta Eruditorum« hervorzieht, und fragt, wie es sich mit diesen Actis eigentlich verhalte. Indem aber Benedict gerade erzählen will und kaum den Herrn Mencke erwähnt hatte, den Herausgeber des berühmten Leipziger Gelehrtenjournals (an dem übrigens Thomasius selber mitarbeitete), so fällt der Wagen um, und »ihr Discours nahm ein beschneyetes Ende«. Dies Ende markiert zugleich den Schluß des ersten Heftes der Zeitschrift des ersten Monats, auf eine zweifellos entzückende Weise. Doch selbst noch diese Art des Schlusses hat die Perücken gegen Thomasius erbittert; sie meinten, mit besonderer Humorlosigkeit, er habe den »Actis Eruditorum« allegorisch ein schmähliches Ende vorherverkünden wollen. Thomasius entgegnete gleichfalls mit vollendeter Ernst-, auch Engelsmiene, er müsse ja splittertoll gewesen sein, wenn er als junger Mann ohne allen Beistand und Autorität auf einen solchen Gedanken gekommen wäre. Im übrigen habe er zum Schnee nur seine Zuflucht genommen und aus ihm die Folgerung aufs Ende gezogen, weil ihm sonst der Monat zu stark geworden sei. Daß ein noch anderes die immerhin belletristische Folge vom Schnee war, zeigte aber sogleich das nächste Heft der Monate: David, der Pedant, hatte nämlich bei dem unglücklichen Sturz eine Wunde am Kopf erhalten. Deshalb mußte er in der nächsten Stadt in den Händen des Barbiers bleiben, indes das Gespräch der drei übrigen sich desto unbeschwerter fortsetzte. Es würde zu weit führen, auch den Inhalt dieses und der folgenden Monate zu skizzieren; gemeinsam ist allen der angegebene Zweck, »die Lehre von der wahren Tugend und von rechtschaffener Gelehrtheit dem von der Pedanterie und Gleisnerei guten Teils verblendeten menschlichen Geschlechte vorzutragen«. Eingestreut unter Rezensionen sticht noch der Dialog über Akzisen sowie über die Ungerechtigkeit der Steuer hervor. Indem die Obrigkeit den Armen, »denen sie selbst eine große Schuld abzutragen hat«, auch noch Steuern abzwingt, leben der Adel und die Kirche taxfrei in Christo. Christoph, der lebenskundige Kaufmann, schlägt statt dessen vor, jedes Schäferstündchen solle besteuert werden; vorab die Clerici möchten dann einen Beitrag zu liefern wohl imstande sein. Zugleich einen gottgefälligen; denn alle Steuern dienten ja einzig dazu, dem Kurfürst von Sachsen, wie man höre, eine reiche Einnahme zum Türkenkrieg zu verschaffen. Also zum Kampf gegen Haremsbesitzer und Leugner der Lehre, daß kein Reicher ins Himmelreich komme. In dieser

Laune geht das Wesen fort, gibt dauernd contra, im frühesten Dienst der deutschen Aufklärung.

Eine besonders gelungene Abfuhr muß noch eigens und lehrreich erwähnt werden. Sie richtete sich dieses Falls nicht gegen Zöpfe, sondern gegen einen wirklichen Denker. Der Ton ist demgemäß sympathisch verschieden, ohne daß der kritische Witz und die Schlagkraft litten. Im Gegenteil, elegante Bosheit zieht auf, überdies aber ein wichtiges, zwar nicht materialistisches, doch höchst diesseitiges Bekenntnis. Der Gegner oder sich zum Gegner Machende war der bedeutende zeitgenössischen Philosoph, auch Mathematiker und Physiker Tschirnhaus, Verfasser der Schrift »Medicina mentis«, die die unmittelbaren Gewißheiten im Selbstbewußtsein herausstellen wollte. Tschirnhaus, von Descartes herkommend, mit Spinoza und Leibniz bekannt, hatte Thomasius beschuldigt, dieser habe ihn in den Monaten eines unlauteren Christentums verdächtig gemacht. Das bezog sich auf die Moralbegründung in Tschirnhausens »Medicina mentis«, wonach die unmittelbare Gewißheit, die der Moral zugrunde liegt, lediglich die unangenehmen und angenehmen Affektionen des Bewußtseins seien. So leitete Tschirnhaus einzig aus dieser Gewißheit die Moralphilosophie ab, welche das Wohlsein des Menschen und seine Glückseligkeit zu untersuchen habe. Das letztere war ganz in des Thomasius Sinn, Tschirnhaus aber beschwerte sich darüber, daß Thomasius der Welt gesagt habe, die »Medicina mentis« habe Lukrez empfohlen, den berüchtigten Dichter des noch berüchtigteren Atheisten und Materialisten Epikur. Über diese Ungehörigkeit verlangte Tschirnhaus, sichtlich gekränkt und beunruhigt, eine Genugtuung. Und nun erfolgt im Junius-Heft der Monate die prachtvolle Abfuhr, den vermeinten Schimpf durch ironische Belehrung in vermehrtes Lob verkehrend. Dergestalt, daß Thomasius, ohne Tschirnhaus viel zu erwähnen, den Vorwurf des Epikureertums entkräftet, indem er eine – Verteidigung Epikurs unternimmt. Zunächst fügte er dem Monat einen Kupfer bei, auf welchem Epikur in süßem Schlaf liegt, und zwar (wie der Historiker Luden in seinem noch recht lesenswerten »Christian Thomasius« 1805 fast errötend mitteilt) mit dem Kopf im Liebesschoß; Platon weht ihm die Mücken weg (Anspielung auf die jenseitig gewordenen Ideen),

Aristoteles fängt die störenden Grillen auf (Anspielung auf das abgedroschen gewordene Collegium logicum und die gesamte Neuscholastik). Was aber die Rettung Epikurs angeht, so verteidigt Thomasius zwar nicht dessen Atomlehre, für die ihm der Sinn fehlte, samt den physikalischen Kenntnissen. Wohl aber gibt er dem Moralisten Epikur, anders als Tschirnhaus, hohe Ehre, dem Lehrer des diesseitigen, von Götterfurcht ungeschreckten Glücks. Die Lust, wohin Epikur den Zweck des menschlichen Lebens setzt, ist danach ebenso vortrefflich wie das Wort selber süß und schön sei, als die Harmonie des Menschen mit sich und der Welt. Damit gibt Thomasius hier bereits die gleiche Bekundung, mit der er, wie noch zu sehen sein wird, das Glück als eine Menschenehre rechtsphilosophisch ausgezeichnet hat; in diesem Punkt echt materialistisch. Keine Lüsternheit ist bei alldem, keine gemeine, nämlich isolierte Wollust, wohl aber gerade die Moralität der Lust, und sie zieht Thomasius aus der Verachtung, in die sie so lange Jahrhunderte von Jenseiterei gebracht haben. Ja, er sagt, der Rausch eines Jenseits-Göttlichen sei in den Wissenschaften, wo dieses nicht hingehört, öfters nicht anders beschaffen wie »die Wirkung von einem Glas Wein oder Branntwein«. Epikur selber, gewiß, er war schon vorher von Gassendi wieder entdeckt und erinnert worden, Thomasius bezieht sich auf dessen bahnbrechende Schrift »De vita, moribus et doctrina Epicuri« von 1647. Doch wenn auch der Philosoph Gassendi in Epikurs Atomistik weit kenntnisreicher als Thomasius war, so zog sich der Kanonikus Gassendi, der er gleichfalls war, desto ängstlicher von dem »Epikureer« Epikur zurück. Thomasius aber hat den Verrufenen gerade in dem, worin er der Unzucht gleichgestellt worden war, zuerst gerühmt. Und das in der Öffentlichkeit einer Zeitschrift, mit moralischem Bekenntnis statt, in lateinischer Gelehrtenrepublik, mit Distanz und geschützter Betrachtung.

Halle, Pietisten, merkwürdige Hintergründe

Nun, das Maß wurde voll, der Krug lief über. Der aufsässige Mann hatte Freunde fast nur unter den Verfolgten, denen er half. Dem selber Verfolgten konnten sie nicht helfen, der allzu viele Angesehene befeindet und angeschlagen hatte. Ausländische Händel mit servilen Lutheranern kamen hinzu, die Beffchen bebten, die Talare, vorab die juristischen, suchten Vergeltung. Auf Betreiben der Geistlichkeit, unter beträchtlicher Mithilfe kochender Kollegen, wurde Thomasius 1690 aus Leipzig entfernt. Als formeller Grund ward angegeben, Thomasius habe den reinen Glauben geschändet, indem er in einem Gutachten die reformiert-lutheranische Mischehe zwischen fürstlichen Personen für einwandfrei erklärt hatte. Der wichtigere Grund war selbstverständlich der Mann ohne Misere, war das natürliche Licht, war die moussierende Zeitschrift, war das ungesalbte Naturrecht. Die von der Zeitschrift Betroffenen liebten den Epikur nicht, sie liebten aber erst recht ihr mannigfaches Abbild in den Monaten nicht und fanden es unähnlich. »Denn«, sagt Thomasius schon im zweiten Heft der Monate, mit großartiger, wiederum an Lichtenberg erinnernder Menschenkenntnis, »wir sehen zwar gerne unsere Leibgestalt im Spiegel, aber das Portrait unseres Gemütes, welches wir doch am besten erkennen sollten, sehen wir mehrenteils für die Gestalt anderer Leute an.« Der entlassene Privatdozent verließ 1690 Stadt und Universität Leipzig, übrigens ohne schon zu wissen, daß in Dresden ein Haftbefehl wider ihn ausgewirkt war. Fand eine Stellung an der Hallenser Ritterakademie, die dann durch seine Beiwirkung, unter der seine glänzende Lehrtätigkeit in deutscher Sprache nicht die geringste war, bald zur Kurbrandenburgischen Universität, dann zu einer zentralen des neuen Königreichs Preußen umgewandelt wurde. Preußen war damals, worauf Mehring hinweist (Die Lessing-Legende, 1920, S. 233), an einer Universität interessiert, die keine altlutherischen Eiferer erzog; hatte es doch, vom eigenen reformierten Bekenntnis abgesehen, die gewerbfleißigen, Akzise vermehrenden Hugenotten aufgenommen. Weiter suchte es ein besonderes Staatsrecht heranzubilden, und zwar ein partikularisches, kein an das Reichs- oder Kaiserrecht erinnerndes, wie es an den übrigen Universitäten noch vertreten wurde. Hatte man solch preußisches Spezialrecht von Thomasius erwartet, so wurde man freilich enttäuscht; bei Hof stand er sehr bald nicht gut angeschrieben, und nur sein ansteigender Ruhm mag den Bekenner-Professor geschützt, zuletzt gar mit einem

Hoftitel versehen haben. Thomasius lehrte derart in Halle bis zu seinem Tod 1728, eine spätere glanzvolle Rückberufung nach dem reuigen und veränderten Leipzig schlug er aus, doch mag Thomasius diesen Triumph genossen haben. Er wirkte in Halle vor allem mit der Wissenschaft, worin er in Leipzig angetreten war, mit der Lehre des Naturrechts. Wurde nun in dieser Disziplin und darüber hinaus der Vorkämpfer von Aufklärung und praktischem Christentum zugleich. Beides aber trieb ihn immer weiter von der zänkischen Kirche weg, machte ihn zugleich freundlich zu den abseitigen, den stillen dogmenlosen christlichen Sekten. Eine Zeitlang trat er so den Pietisten nahe, dem Prediger Spener, dem Erzieher Francke, die von den Altlutheranern heftig verketzert worden waren und denen Thomasius, nachdem er sie schon in Leipzig verteidigt hatte, in Halle eine Zuflucht vermittelte.

Zweifellos war es zunächst Liebe zu den Verfolgten, die den Aufklärer auf diese fromme Seite sehen ließ. Er blieb nicht bei den Frömmlern, immerhin ist die Berührung merkwürdig, ihre ziemlich lange Dauer (bis 1707) kann auch durch den gemeinsamen Feind, den Lutherpfaffen, nicht ganz erklärt werden. Der Pietismus kam aus einem geduckten, doch wenigstens geistlich sich überkompensierenden Kleinbürgertum, so verwarf er die herrenmäßige Ideologie wie die dogmatische Veräußerlichung und Erstarrung der Lutherkirche. Er setzte sich vor allem auch gegen deren Unduldsamkeit ab, desto protestierender, als diese der papistischen wenig nachgab, ja sie oft übertraf. In seinen Anfängen vom niederländischen Calvinismus beeinflußt, auch von den englischen Puritanern, gab der Pietismus politischen Männerstolz freilich bald auf, ideologisierte die Feigheit zu einer Art hochmütiger Demut und den Defätismus zu rein geistlicher Auserwähltheit. Auch die fortwirkende Berührung mit der spätmittelalterlichen täuferischen, regimentsfeindlichen Mystik (die der Pietismus übrigens mit einer ihm weitgehend entsprechenden Bewegung im Katholizismus selber, dem französischen Jansenismus, teilt) führte in Deutschland nur zu einer in sich selbst verglimmenden Innerlichkeit – bis hin zur »schönen Seele«. Am Ende verlor sich gerade der Hallenser Pietismus in mönchische Lebensfeindschaft; »Markttage und Musiktage sind des Teufels

Feiertage« (was später sogar zu pietistischen Angriffen auf die Bachsche Musik führte): solches wurde den Spener und Francke zur Parole, verbunden eben mit hoch-überheblicher Unduldsamkeit. Das aber war das Wenigste, was Thomasius vertrug; und so kehrte er sich aus dem gleichen Grund, der ihn für die Pietisten zunächst eingenommen hatte, zu guter Letzt von ihnen ab, von dem neuklerikalen Konventikel, von der moralistischen Sauertöpferei. Moralität hatte für Thomasius auch zur Zeit seiner Pietistenfreundschaft nicht Trübsinn bedeutet, nicht Verabreichung oder Wirkung von Reu- und Bußtränklein, sondern noch der Titel des Buches, worin er, gerade als Retter Epikurs, auch die gemeine Wollust mit dem Geiz und der Ehrsucht zu den drei Hauptlastern rechnet, lautet: »Von der Kunst, vernünfftig und tugendhafft zu lieben als dem eintzigen Mittel, zu einem glückseeligen, galanten und vergnügten Leben zu gelangen / oder Einleitung zur Sitten-Lehre.« Diese Schrift erschien 1692, mithin in der ersten Hallenser Zeit, und ebenso kommt sie in ihren ersten beiden Hauptteilen ganz ohne Religion aus. Erst der dritte blickt auf Gott, doch nicht als auf den obersten Exekutor des Sittengesetzes und gar eines grämlichen, finsteren, barbarisch strengen, wie in Franckes Hallenser Pädagogium, sondern der Blick geht auf einen gütigen Geber der menschlichen Glückseligkeit. Trotzdem nun – und damit beginnt das Problem, warum Thomasius erst 1707, nach fast zwanzig Jahren, zum Rationalismus, unter dem Einfluß Lockes, zurückfand –, trotzdem wäre es einseitig, die ursprüngliche Beziehung des Thomasius zu den Pietisten nur äußerlich und nicht mit Blick auf einen alten *ketzerchristlichen* Inhalt zu nehmen, der gerade das »natürliche Licht« in Thomasius unkirchlich angezogen haben mochte. Das heißt: Thomasius kehrte sich wegen des pfäffischen Krakeels, den er bald auch bei den Pietisten fand, von ihnen ab, doch die Intention auf praktisches Christentum, wie er sie trotzdem bei Pietisten sah, erlaubte sehr lange eine halbschürige Beziehung. Vorhin wurde bereits erwähnt, daß der anfängliche Pietismus noch einen, wie immer zahmen und pervertierten, Kontakt mit der Laienbewegung der alten deutschen Mystiker und der Täufer unterhielt. Spener hatte verlangt, man solle den Tauler und Suso, den Sebastian Franck (einen Verehrer Münzers) und

Valentin Weigel fleißig lesen, damit die Hoffnung besserer Zeiten unterhalten werde, worin endlich praktisches Christentum regiere. Mit noch viel engerer Verbindung zwischen humaner Generalreform und Christenreich erinnerte sich Thomasius an den gleichzeitigen großen Pädagogen Comenius, aus der Gemeinde der mährischen Brüder. Comenius hatte in seiner »Pansophia« erträumt, statt der Komplimente vor Christus und gar erst vor den fürstlichen Tyrannen solle der Liebeskommunismus Christi öffentlich werden. Wonach Comenius nicht so sehr die Weisheit Salomonis an die Tyrannen wandte, indem ohnehin alles eitel sei, als vielmehr das Wort vom Nadelöhr und dem Himmelreich. Und dem Comenius, aber auch den Pietisten stand der Ketzerfreund Gottfried Arnold nahe, der in Deutschland zuerst die Aufklärungs-Formeln: Priesterkünste, Pfaffentrug in Gang gebracht und dessen »Unparteiische Kirchen- und Ketzerhistorie«, 1699 bis 1715, gerade Thomasius »das beste Buch nächst der Bibel« genannt hat. Überall sind hier Nachklänge jener »mystischen Demokratie«, deren Intention schließlich von Joachim di Fiore herstammt, dem Jesajas des dreizehnten Jahrhunderts. Joachim di Fiore ist der Urheber der Lehre, daß gleich dem Alten auch das Neue Testament vergänglich sei und eine Gesellschaft des freien Geistes, der Spiritualen, der Brüder vom reinen Geiste, vom vollen Geiste herrschaftslos heraufziehe. In dieser »mystischen Demokratie« war die reale utopisiert, mit religiöser Hülle, aber auch mit einem riesigen Hintergrund, den ganzen Menschen alarmierend. Und eben: Übergänge zur Aufklärung mangelten nicht; Comenius, der von Thomasius bewunderte Gottfried Arnold stellen selber einen solchen dar. Thomasius hat auch alle die früheren Mannsgestalten des Anti-Klerus aus seines Gottfried Arnolds Ketzerhistorie wohlgekannt und sich die Pietisten dadurch lange verbessert, ja scheinbar wahlverwandt gemacht. Indem sich Thomasius also nicht nur aus Solidarität mit den Verfolgten, sondern auch vom Ketzerchristentum her den Pietisten ursprünglich angenähert hat, zeigt die frühe deutsche Aufklärung überdies eine Vieltönigkeit, die bisher oft übersehen wurde und die sich von der Aufklärung des klareren, klarer kapitalistischen Westeuropa merklich unterscheidet. Das im Sinn gesellschaftlich-ideologischer Rückständigkeit, aber zugleich im Sinn eines, mindestens streckenweise, bunteren Kontrapunkts von Erinnerungen, wonach der frühen deutschen Aufklärung bestimmte Rückverbindungen nicht fehlten, auch nicht eine bestimmte damit verbundene noch mystifizierte, doch phantasievolle Dimension. Die gleiche Rückverbindung mit dieser Dimension ist noch bei Lessing erkennbar, in den letzten Teilen (§§ 86–89) seiner »Erziehung des Menschengeschlechts«, wo er »gewisse Schwärmer des 13. und 14. Jahrhunderts« nennt und ein »drittes Zeitalter« (eben das der herrschaftslosen Humanität) offenhält. Bei Thomasius, wie erst recht bei Lessing, war nirgends Überschwenglichkeit, doch die Vernunft des Herzens hatte den Menschenfreund, Laienfreund im Pietismus ursprünglich angezogen und vor allem der Glaube an eine mögliche Welt als Brüdergemeinde.

Eierschalen in der Naturphilosophie

Ein anderes noch sollte durch Spener und Francke das aufgeklärte Bild gleichsam altdeutsch machen. Auch allzu altdeutsch in dem Punkt, daß es Thomasius für die errungenen mechanischen Einsichten seiner Zeit blind machte. Oben wurde gesagt, daß ihm, der ohnehin nur gelegentliche physikalische Kenntnisse besaß, das Verständnis für Epikurs Atomlehre abging. Was er gegen Tschirnhaus an dem antiken Materialisten verteidigt hatte, war dessen furchtfreie Hedonē oder Lebenslustlehre. 1709 nun ließ der Aufklärer Thomasius in Halle eine merkwürdige naturphilosophische Schrift ausgehen, mit ebenso merkwürdigem, an spekulatorischen Eierschalen reichem Titel: »Versuch von (!) Wesen des Geistes oder Grund-Lehren / Sowohl zur natürlichen Wissenschaft als der Sitten-Lehre. In welchen gezeigt wird / daß Licht und Luft ein geistiges Wesen sey / und alle Cörper aus Materie und Geist bestehen / auch in der gantzen Natur eine anziehende Kraft / in dem Menschen aber ein zweyfacher guter und böser Geist sey.« Es ist eine nicht sehr zusammenhängende Schrift, und auf sie bezog sich wohl Leibniz, wenn er, bei aller Verehrung für Thomasius, von dessen »wild wachsendem Philosophieren« sprach. Vor allem aber richtet sich die Schrift gegen die mechanische Erklärung der Natur, gegen Atomistik und die

Korpuskulartheorie. Wie denn auch Thomasius, hierin völlig den Justizmord seines Zeitalters mitmachend, an anderen Stellen sich gegen Spinoza wendet, weil er die Kreaturen zu Gott gemacht habe. Statt dessen behauptete Thomasius einen Primat des Geistes auch in der Natur, mithin einen objektiven Idealismus, der mit der geschehenen Rettung Epikurs nicht wohl im Einklang steht. Gerade die »philosophia corpuscularis et mechanica« erschien Thomasius als unverträglich mit der Moral, der gleichen Moral, deren Diesseitigkeit er doch an Epikur verteidigt hatte. Und trotzdem, wie ist der Geist beschaffen, den Thomasius als Naturphilosoph nun in der Welt primär sieht? Er ist, wie das vierte Hauptstück der genannten Schrift gleich in den ersten Thesen ausführt, das tätige Wesen der Materie, so wie diese das leidende ist, er ist das Agens der Zerteilung, Aufspannung, Bewegung, Anziehung der Körper, und vor allem: er gelingt nur durch die Materie und in ihr zu sichtbarer Realität. Hier geht Thomasius in der 166. These so weit zu sagen: »Die Tätlichkeit des Verstandes wirkt nur allein im Gehirn, denn die Gedanken sind außer dem Gehirn nicht.« Und von der Transzendenz des Geistes bleibt so wenig zurück, daß er im ganzen vielmehr zum allgemeinen Weltgeist wird, der ewig sich gleich und ewig neu sich in allem gestaltet, was war und ist, im Metall wie in der Pflanze, im Tier wie im Menschen. So daß der Verächter des Spinozismus doch selber zum kaum verhüllten Pantheisten wird, freilich nicht zu einem mechanischen, sondern gleichsam zu einem qualitativen, mit einer »quallenden« Fülle von »Quallitäten«, nach der Etymologie Jakob Böhmes, in der physisch-geisthaft quellenden Natur. Das alles ist bei Thomasius, dessen Stärke keinesfalls in der Naturphilosophie liegt, gewiß nur unzureichend, oft auch besonders hausbacken und eklektisch ausgeführt. Vor allem eben ist die damals so ungemein progressive Kraft der mechanischen Naturerklärung (Thomasius nennt sie in Bausch und Bogen die »Cartesianische Philosophie«) nicht begriffen. Indes erkennt Thomasius an, die Cartesianer hätten »die eine Hälfte der Naturkunst, nämlich die die sichtbaren Dinge angeht, vor dem Unflat und Grillen der Schul-Philosophie gesäubert« (Vorrede). Überdies war der Kampf des Thomasius gegen die Mechanistik, als Suche nach dem »geistigen Band« im

Totgehaltenen (»Encheiresis naturae nennt es die Chemie«), für die Theisten und ihre Schul-Philosophie gleichfalls völlig unbrauchbar. Denn eben: Ketzereinflüsse, wie sie über den Pietismus vermittelt wurden, sind auch hier nachwirkend, dieses Falls Rückverbindungen mit pantheistischen Naturmystikern. Mancherlei Paracelsus erscheint in der »sympathia et antipathia rerum«, von der Thomasius spricht; ausdrücklich nennt Thomasius den Paracelsisten Fludd (Versuch von Wesen des Geistes, 1709, S. 100, Anm.) sowie den Comenius (ebenda, S. 87, Anm.). Es wimmelt von Anspielungen auf den ungenannten Jakob Böhme sowie auf Sebastian Franck, der gelehrt hatte, Gott sei in allem als wesenhaft-qualitative Kraft, im Metall als Glanz, im Vogel als Flug und Gesang, im Menschen als Wille. Wieder zeigt sich auch der merkliche Unterschied zwischen der entwickelten mathematisch-naturwissenschaftlichen Aufklärung Frankreichs, Englands und der zurückgebliebenen, nicht so durchkapitalisierten Deutschlands. Es ist das ein Unterschied, der selbst Leibniz, den größten Mathematiker seiner Zeit, nichtmechanistisch, qualitativ-stufenförmig, obzwar monistisch in seiner Weltansicht macht und ihn in vielem mehr mit Nikolaus von Cusa, dann mit Giordano Bruno als mit dem Cartesianismus verbindet. Gewiß, was Wissen, Zusammenhang, Schöpferkraft angeht, kann der streckenweise ganz mystizistische Versuch des Thomasius neben einem Leibniz gar nicht genannt werden. Und doch lebt hier wie bei dem großen Philosophen ein Rest der noch nicht mechanistischen Naturphilosophie der italienischen und deutschen Renaissance, er ist ihnen gemeinsam. So weit reicht dergleichen in Deutschland, daß noch die Goethische Farbenlehre gar nicht übel mit dem Grundsatz des Thomasius einverstanden sein könnte, das Licht wäre ein geistig Wesen und seine, wie Thomasius sagt, »mehr oder minder tätigen doses« machten Hell oder Dunkel. Goethes »Geschichte der Farbenlehre« läßt diese Stelle aus, sie paßt aber zu der merkwürdigen Reihe des Anti-Newton in Deutschland, zu den »Taten und Leiden des Lichts«. Oder weiter bei Thomasius nun in einem fast romantisch-naturphilosophischen Text: »Jedoch weil auch die doses dieser Proportion unzählig sind, so entsteht daraus der Unterschied der sogenannten meteorum. In etlichen ist zu viel Licht, als im Irrwisch, in etlichen zu wenig Licht, als im Regen« (l.c., S. 92). Trotzdem war Aufklärung, nach der phantasievollen, allzu phantasievollen Seite, auch im merkwürdigen Naturversuch des Thomasius. Sie suchte darin nach ihrer äußeren Entsprechung, nach dem gleichen aufheiternden Frei-Geist in den Dingen, das ist, nach den überwiegenden Dosen von Licht und reiner Luft im materiellen Mixtum Welt. All das macht sich bei Thomasius geltend, ungeachtet seiner Anmaßungen gegen die physische Materie. Ein unübersehbares Stück Paracelsus, neben Cartesius, lebt noch in solch beladener deutscher Aufklärung – als einer ungleichmäßig entwickelten, einer altfränkisch, aber auch bunt gekleideten.

Die Regeln von Glück und Frieden

Doch gewiß nicht so hat sich der aufrechte Mann in der Folge bedeutend gemacht. Sein Anliegen war und blieb das Recht, nicht allerhand Luft und Licht weit draußen, gar hoch droben. Das Verständig-Gute war der Boden, auf dem er zu Hause war, statt Erweckung zu treiben oder Irrwische zu überleuchten. Um Vernunft ging es dem deutschen Aufklärer vor allem, um Gemeinnutz bürgerlicher Vernunft, und dieses war selbst den unpharisäischen Herzenspietisten samt der Naturbelebung unvollziehbar. Thomasius also hat vor allem als Mann der recta ratio in *Recht* und *Sittlichkeit* von Halle her gewirkt, weit nach Deutschland und in die Zukunft hinein. Hat den Philister aus seiner Dumpfheit aufgerüttelt, auch dem erschreckenden Bildungsverfall nach dem Dreißigjährigen Krieg, ein Menschenalter vor Christian Wolff, gesteuert. Hat der erneuerten wie der altgebliebenen Feudalität, zu deren Vernichtung das deutsche Bürgertum nicht reif war, wenigstens die Ideologie gestört, mehr als die Naturrechtler Pufendorf, gar Christian Wolff zusammengenommen. Juristen – böse Christen, sagt ein altes gebranntes Volkssprichwort: eben diese Erfahrung drehte der Professor der beginnenden Menschenrechte deutlich um. In der Landschaft des Thomasius öffnet sich nun – nach und während so mannigfacher Seitenblicke – die dauernde Aussicht auf sein Erbgut: die Rechtsphilosophie. Noch in Leipzig, 1687, hatte der Jurist ein dreibändiges naturrechtliches Werk geschrieben, »Institutionum iurisprudentiae divinae libri tres«; es war freilich noch nach Weise des scholastischen, des »relativen« Naturrechts in den Zehn Geboten beheimatet. Zur Verblüffung seiner Leser erschien jedoch der Inhalt dieses Werks, es hatte bereits Schule gemacht, 1705 grundsätzlich verändert, nämlich ohne religiöse Zuordnung wieder; im »Fundamentum iuris naturae et gentium«. Letzteres ist wohl das reifste Werk des Juristen und Rechtsphilosophen, ist rein sozialethisch abgezielt, läßt Gott aus dem Recht weg. Bereits bei Gelegenheit der ersten, noch milderen Fassung war Thomasius zu den theologisierenden Rechtslehrern in scharfen Gegensatz geraten. Der Gegensatz bezog sich auch weiterhin auf die Unabhängigkeit des natürlichen Lichts im Naturrecht vom übernatürlichen, gar Kirchenlicht. Indem Thomasius nur natürliche, nicht göttliche (aus den Zehn Geboten fließende) Jurisprudenz anerkennt, fällt die religiöse Sanktion des Rechts in seiner ganzen Sphäre aus. Das Vernunftgesetz, hatte Grotius gesagt, gelte auch dann, wenn es – was unmöglich sei – gar keinen Gott gäbe; Thomasius verschärfte diesen Satz dahin, daß man überhaupt nicht von Naturrecht sprechen könne, wenn es von Gott den Menschen auferlegt sei. Auch hat Thomasius das Recht, wie konsequenterweise die Moral, nicht nur ohne religiösen Ursprung, sondern ebenso ohne religiöse Abzielung dargestellt; wonach unter den überlieferten Pflichten gegen Gott nur diejenigen als vernunftgemäß gelten, die sich in der Erfüllung der Pflichten gegen sich selbst und gegen andere betätigen. Die Rechtsphilosophie verliert dadurch völlig ihre Nachbarschaft zur Theologie, eine Nachbarschaft, wie sie Pufendorf, der Vorgänger des Thomasius in Deutschland und sonst höchst methodische Naturrechtslehrer, meist noch festgehalten hatte. Dergestalt, daß nach Pufendorf nur die Erkenntnisse, nicht aber die Inhalte des wahren Rechts ihren Quell ausschließlich in der Vernunft haben; die juristischen »Entitäten« dagegen stammen für Pufendorf eben aus der »impositio Dei«, der göttlichen Auferlegung durch die Zehn Gebote. Entschieden stellt auch in diesem Punkt Thomasius das rein liberale Naturrecht, dies ideologische Instrument des aufsteigenden Bürgertums, nach dem Vorgang des Grotius in Deutschland her und radikalisiert, wie gesehen, den Grotius selber. Statt der Nachbarschaft zur Religion erscheint nun einzig die zur Moral; deren Inhalt aber ist irdisch, der beste irdische. Und Thomasius bezeichnet diesen Inhalt mit einem Wort, das nie aufgehört hat, heute am wenigsten aufhört, höchste Aktualität mit Humanität zugleich zu besitzen: er bezeichnet das Soll des gesellschaftlichen Ensembles als *Glück und Frieden*.

Diese also gilt es, durch das sittliche Recht, die rechte Sitte zu befördern. Hierbei unterscheidet Thomasius, mit einer freilich fremd gewordenen Art, den äußeren und den inneren Frieden. Das in den drei Regeln von Glück und Frieden, als denen des iustum, decorum, honestum (Fundamentum iuris naturae et gentium I, cap. 5.). Der *äußere* Friede wird durch das Recht im erzwingbaren Sinn gewonnen, durch das *iustum* oder das *Gerechte*. Weiter durch das vollkommenere, schon moralisch vermittelte, also nicht so erzwingbare Recht, welches *decorum* heißt oder das *Wohlanständige*. Die Regel des *iustum* lautet: »Was du nicht willst, daß dir geschehe, das tue den anderen nicht.« Oder kurz: Verletze niemand, weder deinen Nachbarn als Person noch als Volk. Die, wie Thomasius sagt, edlere und feinere, auch positivere Regel des *decorum* lautet: »Was du willst, daß dir geschehe, das tue den anderen.« Mit alldem soll der äußere Friede befördert sein, durch pure Anleitung und Verbesserung der Individuen mithin, die ja auch, gemäß der Gesellschaftsvertrags-Theorie des bürgerlichen Naturrechts, den Staat gegründet haben und, in ihrem Aggregat als Volk, ihn ausmachen. Die Beförderung des äußeren Friedens enthält also in nuce bereits den Antrieb wie die Umrahmung durch den inneren Frieden, als den der *sittlichen Person* und des sittlichen Personen-Aggregats der Völker; er wird fundiert durch lauter Positivum der Gesinnung. Nach den zwei ersten Regeln, denen des äußeren Friedens, folgt derart die dritte, positivste, die des *honestum* oder der *Sittlichkeit*, welche mit *innerem* Frieden verbunden ist. Die Befolgung dieser Regel aber ist zum Unterschied von den beiden ersten, vorab vom iustum, unerzwingbar; die Sittlichkeit verschafft sich einzig durch persönliche Überzeugung, nicht durch Gewalt, Geltung. Liebe freilich geht durch alle Regeln, auch durch die des iustum, doch sobald das iustum erzwungen werden muß, hat die Liebe keinen Platz mehr in ihm. Derart lehrt Thomasius, mit der Antithese, die von Paulus und Luther stammt: »Nunmehr erkennst du leichthin, was für ein Unterschied unter der Gerechtigkeit und Liebe überhaupt sei. Die Gerechtigkeit ist dasjenige Teil der Liebe, das den Menschen das Vermögen gibt, den anderen zu dem, was er willig leisten sollte, zu zwingen; deswegen kann wohl Liebe ohne Gerechtigkeit, nicht aber Gerechtigkeit ohne Liebe sein. Ja, es verliert die Gerechtigkeit den Namen der Liebe, wenn man den Zwang wirklich braucht. Und ist dannenhero gar leicht zu erkennen, warum das andere Teil der Liebe den Namen für sich allein behält, bei welchem wir nicht einmal das Vermögen haben, den anderen zu zwingen« (Von der Kunst, vernünfftig und tugendhafft zu lieben, 5. Hauptstück, § 104). Das Gebot des *honestum*, der Sittlichkeit, wohnt bei Thomasius also wesentlich im Positivum der Gesinnung, dem »forum internum«, und lautet: »Was du willst, daß der andere sich tue, das tue dir selbst«; oder mit der Erläuterung, die Thomasius hinzugibt: »Sein kein Pharisäer, tue die Vollkommenheit, die du von anderen verlangst, dir selber an.« Was kräftig zugleich an die Kantische Regel anklingt, der Mensch solle nicht eigene Glückseligkeit und fremde Vollkommenheit erstreben, sondern umgekehrt eigene Vollkommenheit und fremde Glückseligkeit. Soviel hier über die drei Regeln des Thomasius, vor allem aber über den *Hauptpunkt:* die juristisch Epoche machende *Unterscheidung zwischen erzwingbarem iustum, unerzwingbarem honestum.* Dies Kriterium der Erzwingbarkeit oder Nichterzwingbarkeit hat die Sphären von Recht und Moral sehr lange entscheidend getrennt. Die bürgerliche Rechtswissenschaft hat diese Abtrennung beibehalten, samt ihrem Kriterium; so galt hier das Völkerrecht, weil ihm die Exekutivgewalt fehlt, gewissermaßen als irregulär im Vergleich mit den übrigen Rechtsinstituten. An die Beschränkung des juristischen Gebiets, an die Unterscheidung des erzwingbaren Rechts von der unerzwingbaren Moral hat Kant, nach dem Vorgang des Thomasius, dann nur die letzte Hand angelegt. Und es erhellt: Diese Unterscheidung ist zweifellos rein auf die bürgerliche Gesellschaft und ihren Staat zugeschnitten, sie wird wesenlos in der sozialistischen, gar kommunistischen. Wo die Menschen weder so antagonistisch zu leben brauchen, daß es ohne ein breites Gefüge erzwingbaren

Rechts keinen Frieden gibt, noch vor allem Individuum und Gesellschaft derart voneinander getrennt sind, daß dem Individuum eine unerzwingbare, gar oppositionelle Gesinnungsethik nötig ist. Andererseits jedoch muß bei Thomasius wieder die Unterscheidung zwischen Recht und Moral in ihrer ehemaligen, noch durchaus progressiv gewesenen Bedeutung verstanden werden. Sie drückte nicht nur das Selbstgefühl des bürgerlichen Individuums gegen den ringsum bestehenden Polizeistaat aus, sie gab auch der menschlichen Würde – als einem Bestand der nicht bloß bürgerlichen Person und Humanität – einen damals in der Gesellschaft überhaupt noch nicht vorhandenen Ort. Zwar ergab das von Thomasius aus seinen beiden ersten Regeln demonstrierte Privat- und Staatsrecht ohnehin nicht den vorhandenen Polizeistaat, doch es ergab, selbstverständlicherweise, auch noch nichts anderes als die bürgerliche Klassengesellschaft. Das mit einem von Thomasius deutlich bezeichneten Nichtvertretensein von positiver Moralität im lediglich negativ gebietenden Recht. Ebenso ist die Moral, welche Thomasius gegen oder über die Rechtsverhältnisse setzt, wesentlich Gesinnungsmoral nach nicht nur allgemein-bürgerlicher, sondern auch deutlich Lutherischer Art; und doch: sie unterscheidet sich von dieser grundsätzlich dadurch, daß sie, gerade auch als unerzwingbare, unreglementierbare, zum äußeren Werk kommen will und kann. Im Sinn einer widerstandsfähigen Emanzipation der Überzeugung gegen den Polizeistaat wie einer Erhebung über die Nicht-Sittlichkeit jedes überhaupt nur demonstrierbaren bürgerlichen Rechts. Auf diese Art also steht die moralische Überzeugung bei Thomasius nicht als Asyl der Feigheit da oder auch nur als eines der in sich geduckten, ewig innerlichen Subjektivität. Konträr, sie macht sich, wie Thomasius selber mit so vielen Frontalangriffen gegen bevormundende Fremdgesetzgebung vorgeführt, zum Arsenal eines Kampfes für Denkfreiheit, für öffentliche Humanisierung. Ja auf diese Art wird die Moral nicht weniger vom Recht unterschieden als mit ihm richtunggebend wieder verbunden; ist und bleibt doch Moral bei Thomasius die oberste unter den drei Regeln seines Naturrechtes. Folglich gibt Thomasius im Kap. 17 seines »Summarischen Entwurffs derer Grund-Lehren« (1699) diese so an: »Daß keiner ein guter Politicus sei, wer nicht ein guter Ethicus in der Tat ist.« Damit wieder ist der Satz Kants vergleichbar, im »Entwurf zum ewigen Frieden«, die wahre Politik könne keinen Schritt tun, ohne vorher der Moral gehuldigt zu haben. Und das Ziel bei alldem ist und bleibt Frieden; er ist für Thomasius noch weit stärker als vorher bei Grotius der normale Zustand rechtlich-moralischer Existenz, inwendig wie auswendig. Iustum, decorum, honestum, diese drei Ideologie-Sterne eines Bürgertums, das, seiner Basis unbewußt, noch auf summierte Wohlfahrt hinzusteuern glaubte, sollten die Humanität unvermeidlich machen.

Naturrecht und Glücksmoral

Mehreres Einzelne in der gut gemeinten Weisung des Thomasius ist nicht sonderlich neu. Gleich die erste Regel gibt sich als Gemeinspruch, der wohl damals schon häufig vorlag. Was du nicht willst, daß man dir tu, dieser Satz mit seiner Folgerung liegt der ersten Regel hörbar zugrunde. Auch deren gekürzte Form, das »Verletze niemand«, steht als allgemeine Vorschrift (alterum non laedere) schon in den Institutionen, also dem Elementarbuch des Corpus iuris. Aber das bürgerliche Naturrecht wollte in solchen Regeln ja überhaupt nicht neu sein. Es wollte nur hervorziehen und wiederholen, was zu allen Zeiten, unter allen Völkern in der Brust lag. Das hatte Cicero schon dem Grotius als altes stoisches Gedankengut überliefert: es gibt gemeinsame Vorstellungen, communes notiones, die der menschlichen Natur schlechthin eingeboren sind. Und sie enthalten den Vernunftweg des Rechten, die recta ratio, deren sich der Mensch in seinem dunklen Drange wohl bewußt ist. Allerdings ergab sich aus dem angenommenen Rechtsbewußtsein aller Zeiten und Völker nur eine empirische Anleitung des Naturrechts, keine streng deduktive Ableitung. Deshalb hatte Grotius außer der empirischen Begründung eine zweite, weniger populäre, doch wissenschaftlicher erscheinende ausgezeichnet: die aus der ursprünglichen »Menschennatur«. Diese gab nun das »Prinzip« ab, aus dem das Naturrecht als streng deduzierbar erschien; die gleiche logische Konsequenzweise findet sich bei Hobbes. Aber die »Menschennatur« selber, dieses »Prinzip«, woraus Naturrecht deduziert wurde, hatte bei Grotius als wesentliches Merkmal den »appetitus socialis« oder Geselligkeitstrieb, bei Hobbes dagegen, der seine Kapitalisten richtig kannte und sie bis in den Staatsanfang zurückdatierte, den rücksichtslos egoistischen Machttrieb, mit »bellum omnium contra omnes«, dem keineswegs geselligen Krieg aller gegen alle. Folgerichtig trug der Staat wegen der verschiedenen Definitionen der »Menschennatur« bei Grotius und bei Hobbes verschiedenen Charakter. Bei Grotius war er, in Übereinstimmung mit dem »appetitus socialis«, durch einen Einigungsvertrag, zum Zweck der gegenseitigen Hilfe, entstanden, blickte also liberal drein. Bei Hobbes war er, in Nicht-Übereinstimmung mit dem Wolfs-Charakter der Menschen und ihrem »bellum omnium contra omnes«, durch einen Unterwerfungsvertrag, zum Zweck der gegenseitigen Sicherheit, entstanden, blickte also überwiegend autoritär drein. Pufendorf, sonst unselbständig und auch darin kompromißlerisch, daß er Grotius und Hobbes synthetisierte, das heißt, daß er für kleinere Gemeinschaften den Geselligkeitstrieb und seine Befriedigung, für größere den Egoismus und seine Bändigung zugrunde legte, – Pufendorf also gab insofern ein Neues hinzu, als er die deduktiv strenge Ableitung des Naturrechts, die von Grotius geforderte, von Hobbes eingeleitete, nun wirklich schulgerecht und konzis durchführte. So erschien das Naturrecht gleich dem damaligen Vorbild aller Wissenschaften, der Mathematik, völlig als demonstrierbare Wissenschaft. Die Prinzipien, von denen es abgeleitet wurde, sollten rein aus der Vernunft geschöpft sein und nichts als die Wesensmerkmale der »Menschennatur« an sich beinhalten. Und von hier aus eben setzte Thomasius, nicht in seinen Regeln des Naturrechts, wohl aber in dessen »Prinzip«, bedeutend und frisch ein. Er hat mit fast großartiger, nämlich so natürlicher wie optimistischer Wendung statt des Grotiusschen »appetitus socialis«, des Hobbesschen »bellum omnium contra omnes« *Streben nach Glück* als Grundzug der »Menschennatur«, *gestörtes Streben nach Glück* (Furcht und Bedürftigkeit) als Anlaß zum Staatsvertrag pointiert. Und die Staatsanstalt selber hat, nachdem sie entstanden ist, nichts als Aufhebung dieser Störungen zu sein, nichts als Befolgung der menschlichen Bestimmung zu immer vollkommenerer Freude.

Daran wird der Staatswert für seine Bewohner, das deduzierbare Recht der jeweiligen Staatsinstitute selber gemessen. Erkennbar grüßt auch hier wieder, an zentraler Stelle, der Epikur herüber, den Thomasius gegen Tschirnhaus verteidigt hat, Epikurs Hedonik, vermehrt um inneren und äußeren Frieden, um Glück aller als Sichtbarwerdung geglückter Humanität. Damit also brachte Thomasius durchaus einen neuen Ton ins Naturrecht, um so mehr, als er *menschliches Glück* mit *menschlicher Würde* gerade *naturrechtlich* verband. Er hat damit einen wesentlichen Haltungs-Unterschied, wie er etwa zwischen dem Menschenbild der Sozialutopien und demjenigen des Naturrechts besteht, mit gleichsam strenger Freundlichkeit überbrückt. Denn nur von den Sozialutopien ging bisher die Aussicht wesentlich auf menschliches Glück, während die neueren Naturrechtslehren – zum Teil wegen ihres aktiv-antifeudalen Auftrags, zum Teil wegen der dadurch begünstigten Rezeption männlicher Stoa – wesentlich die Würde des Menschen visiert hatten. Thomasius aber, auch den Sozialutopien nicht ganz fern, nahm beides in Aussicht, eine Einheit von Glück und Würde. Diese männliche Glückspredigt, gegen Kopfhängerei wie gegen starre Ungeheuer an Tugend, wirkte in die Lebenslust eines auch in Deutschland allmählich aufsteigenden Bürgertums hinein; ihr späterer Prediger für »die Aufweckung der leibgeistlichen Menschheit« wurde Herder. Hat Kant hierin einen Rückschlag in der späten Aufklärung gebracht, mittels seiner ebenso preußisch-kargen wie pietistisch-mönchischen Trennung von Neigung und Pflicht, also von eudämonistischer Moral (die nur »Ratschläge der Klugheit« gäbe) und dem Sittengesetz schlechthin (das unter allen Umständen gebiete, unhypothetisch, kategorisch): so findet sich doch auch bei Kant letzthin eine versuchte, ja sonderlich feinsinnige Synthese von Glück und Würde, dergestalt, daß das Glück zwar die Tugend nicht begründen und einschmeicheln dürfe, wohl aber daß die Tugend »zum Glück würdig mache«. Thomasius selber hat mit der einfachen Gleichung Glück und Würde jedenfalls einem vorzüglichen materialistischen Wesen Ausdruck gegeben. Wenn gestörtes Glück auch gewiß kein »Deduktionsprinzip« der Rechts- und Staatsentstehung bildet, so enthielt das Gesellschafts-»Prinzip«: Aufhebung des gestörten Glücks doch ein vortreffliches Richtmaß zur Beurteilung des vorhandenen Rechts, der vorhandenen Moral. Das statuierte Recht auf Glück, als Grundrecht, vertrug sich derart mit dem alten Gerüste des Unrechts schlecht: Naturrecht dieser Art war zwar noch kein Simson, der die Säulen zertrümmert, wohl aber stand es auf als Stolz gegen leidend und auch darin entwürdigt machende Obrigkeit, als Haß gegen ihre Barbarei, als tätige Liebe zu ihren Opfern.

Der Königsthron, Kampf gegen Folter und Hexenprozeß

So wurde der aufrechte Mann auch als dauernd eingreifender sichtbar. Sein Freimut überragte alle deutschen Zeitgenossen; einige weicher erscheinende Bekundungen sind es nur als floskelhafte. Thomasius selber ist Klinge; wozu uns in einer seiner Eingaben an den Landesherrn ein erstaunliches Beispiel anblickt. Thomasius schreibt dem Kurfürsten, aus Anlaß einer Auseinandersetzung über die Bedingungen wissenschaftlicher Blüte, folgendes: »Die Freiheit ist es, welche allem Geiste das rechte Leben gibt und ohne welche der menschliche Verstand gleichsam tot und entseelt zu sein scheint. Der Verstand erkennt keinen Oberherrn als Gott, und dahero ist ihm das Joch, das man ihm aufbürdet, so man ihm eine menschliche auctoritas als Richtschnur vorschreibt, unerträglich oder aber, er wird zu allen guten Wissenschaften ungeschickt... Die Freiheit ist es allein, was denen Holländern und Engländern, ja denen Franzosen selbst (vor der Verfolgung der Reformierten) so viel gelehrte Leute gegeben, dahingegen der Mangel dieser Freiheit die Scharfsinnigkeit der Italiener und den hohen Geist der Spanier so sehr unterdrückt.« An dieser nicht eben unterwürfigen Auslassung ist auch der fast gesellschaftswissenschaftliche Scharfblick bemerkenswert, mit dem Holländer, Engländer einerseits, Italiener und Spanier andererseits progressiv unterschieden werden. Die ungestörte frühkapitalistisch-liberale Entwicklung der Engländer wird bezeichnet, die durch keine neufeudalen Hemmungen gestört oder gar unterbrochen wurde. Ebenso wird von Thomasius die schreckliche Wirkung neufeudaler Reaktion bezeichnet: in Italien, von dem der erste siegreiche Frühkapitalismus und damit die Renaissance ausgegangen war und das nun in der Hispanisierung erstickte; gar erst in Spanien selber, dem durch Despotie und Inquisition gänzlich bedrückten. Eben die Hispanisierung hatte es fertiggebracht, daß nach dem Prozeß Galilei die schöpferische Naturwissenschaft in Italien erlosch, indem kein Kopf sich ihr mehr zu widmen wagte. Und im Ausland hatte der Prozeß Galilei die Wirkung, daß wichtige Teile der protestantischen Intelligenz, die, von der gekommenen Geistesöde des Luthertums abgestoßen, mit dem Katholizismus zu sympathisieren begannen, diesem nun vollends verlorengingen. Zusammen mit Thomasius lebte ein deutscher Staatsrechtslehrer namens Spattenbach; dieser hatte in einer »Politischen Philosophie« 1668 verkündet, daß Gott, nachdem er die Erde geschaffen, es für gut hielt, eine besonders kostbare und taugliche »Materi« zu wählen, um in ihr, nämlich den Königen, alle Züge und Striche seines göttlichen Bildes zu vereinigen, wonach jeder es sogleich an der Stirn erkennen könne. Das ist zweifellos eine wundersame Ergänzung zur Schöpfungsgeschichte, gleichsam eine Porzellanmanufaktur für Fürstenleiber statt des Erdenkloßes, woraus der gemeine Adam geschaffen. Aber an diesem, fürs damalige Deutschland nicht einmal extremen Satz ist das gleichzeitige Verhältnis des Thomasius zum Absolutismus in seinem Trotz zu ermessen. Thomasius hatte schon vor der Eingabe an den Kurbrandenburger arge Händel auszufechten gehabt wegen des Buchs eines kgl. dänischen Hofpredigers namens Masius: »Über den Vorteil, welchen die wahre Religion den Fürsten gewähre.« Die Erledigung dieses Buchs, im Dezemberheft 1688 der »Teutschen Monate«, enthielt zugleich die denkbar derbste Kritik am fürstlichen Gottesgnadentum selber. Nicht ganz ohne Grund hatten die Feinde des Thomasius damals in Leipzig ausgegeben, er habe in der Kritik die Majestät mit Maulschellen verglichen. Thomasius hat damals vom Gottesgnadentum (und der Religion, wenn sie als seine Stütze galt) zunächst gesagt, »daß nicht leicht eine abgeschmacktere und von aller Vernunft und Schrift mehr entfernte Meinung gewesen sei als diese«. So verweist er auf die Zustimmung des Volkes, denn sie sei die unumgängliche Bedingung fürstlicher Macht; das Volk könne fürstliche Majestät verleihen, auch wenn es selber gar keine

Majestät habe, genauso – und nun folgt das echt Thomasische Gleichnis – »wie es Maulschellen im Schubsack habe«. Das war eine in Deutschland überhaupt nicht mehr gehörte demokratisch-reformatorische Kraftsprache, fast mit Nachklang aus Bauern- und Täuferdeutsch, wie lang schon her. Thomasius hat auch dann, wenn er die unumgänglichsten Formen, oft nur Floskeln, im Verkehr mit dem Absolutismus gebrauchte, diesen, der ihm doch keinerlei geweihter ist, nirgends anders aufgefaßt denn als Übel, woraus durch Benutzung im Dienst der bürgerlichen Aufklärung noch das Beste herauszuholen wäre. Das war für Deutschland allerdings eine Illusion, war ein Fehlschluß von dem ganz anders absolutistischen Frankreich her, wo sich durch das relative Bündnis der Monarchie mit einem kapitalistisch entwickelten Bürgertum in der Tat bürgerlicher Fortschritt ergeben hatte. Auch ist Thomasius nicht wie der deutsche Naturrechtslehrer Althus schon hundert Jahre vorher bis zur Kündbarkeit des Untertanenverhältnisses vorgeschritten, das heißt, bis zur Revolutionslehre, daß die dem Träger der Regierungsgewalt erteilte Vollmacht bei Nichterfüllung seines Auftrags de iure widerrufbar sei. Dennoch steht Thomasius, auch in seiner Eingabe an den Landesherrn, als ein einziges Prinzip des politischen Rückgrats. Kein Volk hat das Recht, sich sittlich-geistig zugrunde richten zu lassen, das vor allem klingt aus der exemplarischen Warnung an den Königsthron. Und das Exemplarische setzte sich, wie nun zu sehen sein wird, in wahrhaftigen Taten der frühen Aufklärung bei Thomasius fort – gegen Grausamkeit, Dummheit und Wahnsinn. In diesem Punkt findet sich bei Thomasius über veränderte Verhältnisse hinweg eine erstaunliche Verwandtschaft mit dem großen liberal-humanen Juristen Anselm Feuerbach aus dem noch aufgeklärten Anfang des 19. Jahrhunderts. Es ist die Verwandtschaft des entdämonisierten Rechts, der Rechtsleidenschaft, die den Menschen, nicht den Feudalterror, mit all seinen Vergötzungen, im Mittelpunkt haben möchte, kurz, des Strafrechts wider Willen. Thomasius gab dazu in Deutschland das Signal – gegen Methode mit Wahnsinn, wie gegen Wahnsinn mit Methode.

So hat er als einer der ersten verlangt, die Folter aufzugeben. Noch so edle Seelen seiner Zeit hatten keine Einwände gegen sie vorgebracht. Und kaum hat sich in irgendeiner anderen Angelegenheit der menschliche Witz so tätig und fruchtbar erwiesen wie in der Erfindung unausstehbarer Schmerzen. Um mitleidig oder grausam zu sein, muß man beides sein können: so hat das christlich hochentwickelte Mitleid auf die Schule der Grausamkeit besonders günstig gewirkt. Der Inbegriff der Martern durch Brennen, Strecken, Hochziehen, Schneiden, Gliederbrechen und andere Beweismittel der peinlichen Frage hieß »kaiserliches Recht«. Es war ein Recht, das von dem des Zivilprozesses sich schon dadurch unterschied, daß es sich nicht, wie das römisch rezipierte, auf Besitzverhältnisse bezog, sondern wesentlich auf die Besitzlosen, gänzlich Entgleisten, auf die von der Scholle vertriebenen Bauern, die entlassenen Soldaten und andere zwangsläufig Vagabundierenden, zum Verbrechen Gezwungenen, schon seit dem 16. Jahrhundert. Thomasius aber drang darauf, daß die Beweismittel des Strafprozesses endlich denen des Zivilprozesses gleichen; der Grundsatz: confessio regina probationis sei demgemäß durch gründliche Untersuchung mindestens zu ergänzen. Denn eben dieser Grundsatz, gar als einziger strafrechtlich zugelassener, hatte ja – falls nicht gleich zwei Tatzeugen der Unschuld oder Schuld auffindbar waren – die durch Tortur erpreßte (und oft so falsche) Selbstbezichtigung nötig gemacht. 1705 ließ Thomasius in einer Disputation die Folter als eine Schmach christlicher Staaten bezeichnen, 1708 ließ er durch einen seiner Schüler die Schrift herausgeben: »Über die Verbannung der Tortur aus dem Gericht der Christen.« Dieser Aufruf beginnt so: »Durch die Folter wird den höchst unglücklichen und bis jetzt noch nicht überführten Angeklagten eine Strafe auferlegt, welche an Grausamkeit diejenige übertrifft, mit der sie, wenn sie des Verbrechens vollkommen überwiesen wären, belegt werden würden... O zu frevelhafte Verkehrtheit bei Ausübung der Strafgewalt! Was ist ungerechter, was kann der Gerechtigkeit Entfremdeteres gedacht werden, als arme Sterbliche, die noch unüberführt sind, mit so grausamen Strafen zu zerfleischen, welche zu denken ein Gemüt schaudert, dem noch ein leises Gefühl von Menschlichkeit übrig ist?« Die Folter wurde in Preußen erst ein halbes Jahrhundert, in vielen anderen Staaten erst ein ganzes später abgeschafft. Noch 1769 hat die Kriminalordnung Maria Theresias die drei gräßlichsten Grade der Tortur in fünfundvierzig großen Kupfertafeln als Anleitung für Richter anschaulich gemacht. Noch 1805 hat ein Gießener Rechtsprofessor, namens Koch, in der Vorrede zu Caroli quinti peinlicher Halsgerichtsordnung die Folter verteidigt und nur darüber geklagt, daß »hitzige und passionierte Richter« sie zuweilen falsch anwendeten. Die gesetzliche Marter verschwand trotzdem, wie Thomasius verlangt hatte; in diesem Sinn war das 19. Jahrhundert ein aufgeklärtes. Bis dann der Faschismus neue Folterkeller eröffnete; mit ihnen nahm das Bürgertum seinen Thomasius zurück.

Weiter aber hat er als einer der ersten dafür gekämpft, den Hexenwahn zu vernichten. Hier ging ihm zwar 1631 der Jesuit Spee voran, doch dieser hatte nicht den Glauben an Hexen, sondern nur das übereilte Verfahren gegen sie angegriffen. Ins Zentrum traf erst die Schrift Balthasar Bekkers, des tapferen Holländers aus der cartesianischen Schule: »Die verzauberte Welt«, 1690. Darin wurde der Hexenglaube selber als Ausgeburt der Dummheit und des Wahnsinns dargestellt; vor allem wurde der Halt des Ganzen, der Teufel, erledigt. Dieser war ja in protestantischen Ländern fast stärker geworden als in katholischen; Luther hatte Maria, die Sanfte, weggenommen, Luzifer aber, zur Schreckung aller Aufsässigen, verstärkt. So blühte nun das Gaudium Walpurgisnacht toller als je, mit ihm die Gefährlichkeit überhaupt, ein Weib zu sein, das ist, eine potentielle, wo nicht wahrscheinliche Hexe. Wo Weiber selber regierten, half das ihrem Geschlecht nichts: Im reichsunmittelbaren Frauenstift Quedlinburg ließ man 1589 an einem Tag hundertdreiunddreißig Hexen verbrennen; aus christlicher Barmherzigkeit hatte man den Zauberinnen vom nahen Blocksberg Pulversäcke an die Brust gebunden. Überall glühte der Exzeß aus verfolgungssüchtiger Panik und zerrütteter Einbildungskraft; nie hatte die Welt eine ähnlich langdauernde, ähnlich angeschürte Massenpsychose gesehen. 1702 nun gab Thomasius die Schrift heraus: »De crimine magiae«, deutsch erschienen als »Kurze Lehrsätze von dem Laster der Zauberey«. Das, nachdem er lange vorher schon, 1687, also bereits in Leipzig, eine Disputation veröffentlicht hatte: »Ob Ketzerey ein strafwürdig Verbrechen sei«. Darin hatte er der Obrigkeit unverhohlen das Recht abgesprochen, die Ketzer zu bestrafen, sich aber noch nicht gegen den Teufelswahn, als Gegenstütze jedes Zelotismus gewandt. Solches geschah erst, nachdem Thomasius als rangerster Professor der Hallenser Juristenfakultät Einsicht in Hexenprozeßakte erlangt hatte und entscheidende Gutachten darüber erlassen konnte. Nun blickte er noch anders als bei der Folter in Wahnsinn mit Methode, in Mordlust mit Theologie; und er schlug Alarm. Bekker hatte den Teufelsglauben erledigt, aber Thomasius ergänzte Bekkers Entzauberung auf eine bei der Hexenjagd besonders zuständige Weise: durch die Gewissenhaftigkeit des Juristen vor solch, sage man, irrealem Anklagematerial. Was waren das doch für Prozesse: in jedem anderen gab es einen objektiven Tatbestand, im Hexenprozeß überhaupt keinen, es sei denn den einer Massenpsychose und ihrer Opfer. Was für ein furchtbarer Unverstand: bei normalen Gerichtsfällen bestimmte die Tat den Richter, im Hexenprozeß bestimmte der Richter die Tat, und da beim Teufel alles möglich war, bestand auch, was Buhlschaft mit dem Bösen, den Blocksberg, die Versammlungen der Hexenzunft anging, kein schützendes Alibi. Dem Teufel rückte Thomasius weiterhin historisch-satirisch auf den Leib, er machte ihn nämlich durch seine unverhältnismäßig große Jugend lächerlich. Denn, bemerkt Thomasius, während der Glaube an Einwirkungen böser Geister alt sei, habe der christliche Teufel, auf den der Greuelbund vom Blocksberg sich bezieht, sein Alter kaum auf fünfhundert Jahre gebracht. Das Alte Testament kennt zwar eine Hexe von Endor, aber ohne Teufel, das Neue erwähnt zwar einen Satanas, weiß aber nicht das mindeste von Meister Urian und seinem abgründigen Hofstaat. Das römische Reich kannte gleichfalls keinen Hexenteufel, ebensowenig Kaiser Karl mit seinen Paladinen, ja die alten Päpste selber schweigen, und von keiner Walpurgisnacht wird ein Dämonisches berichtet. Das änderte sich erst mit der Anti-Satansbulle Gregors IX. im 13. Jahrhundert; sie erst steht bei Meister Urian Gevatter. Derart also machte Thomasius aus dem theologischen Satan-Phänomen ein sehr historisches: Das Hauptrequisit der Hexenprozesse wird zu einer fünfhundertjährigen Einschiebung, zu einer Fragwürdigkeit in den Flegeljahren. Desto heftiger freilich herrschte der Wahn seit Gregorbulle und Hexenhammer, blühte die entsetzliche Gerichtsbarkeit. Blühte, wie die Formel hieß, ad maiorem Dei gloriam et confusionem Satanae, das heißt, um das Volk nicht nur in Furcht, sondern in lähmendem Grauen vor der Obrigkeit zu halten, auch dann, wenn keine politischen Revolten vorlagen oder drohten. Die mit dieser Obrigkeit eng verbundene Kirche, als protestantische wie katholische, brachte mit dem gepredigten Wahnsinn statt des Paradieses wenigstens die ihr nützliche schreckende Hölle auf Erden. Die Lustfeuer der Hexen ersetzten die Autodafés der spanischen Inquisition in protestantischen Ländern; denn ohne Scheiterhaufen kam die Neufeudalität nirgends recht passabel aus. Wie sonderbar es in diesem Punkt auch bei der hochgestellten Intelligenz aussehen konnte, das bezeugt noch 1750 in Berlin das Buch eines »Weltweisen« namens Meier, Mitglieds der Preußischen Akademie: »Von der Würkkung des Teuffels auf dem Erdboden«; dieses Buch erschien fast gleichzeitig mit Kants »Allgemeiner Naturgeschichte und Theorie des Himmels«. Thomasius aber hat nicht nur den Hexenteufel in der Historie ersäuft, er hat in und um den Hexenrauch Aberglauben jeder Art bekämpft: Geisterbanner, Kometenangst, Wunderzeichen, Amulette und die Astrologie. Ja, er gibt bereits 1692, in seiner »Einleitung zur Sitten-Lehre«, am Schluß des dritten Hauptstücks (S. 151 f.), folgendes Fazit: »Und ist dannenhero ein Abergläubischer und Abgöttischer mehr als ein Atheist, ... da doch ein Atheist nicht allein in seinem äußerlichen Tun und Wandel nicht unvernünftig lebt, sondern auch zum öfteren äußerlich von Gott subtil räsoniert... Darfst dich nicht daran stoßen, daß man so sehr wider die Atheisten, gar selten aber über den abgöttischen und unvernünftigen Aberglauben streitet und schreit. Fast die ganze Welt steckt in diesem letzteren bis über die Ohren und bemüht sich dannenhero denselben als eine wahrhaftige Gottesfurcht den armen Unwissenden vorzumalen... Und gewiß, wenn man sich in dessen Historien ein wenig umsieht, so ist dieses ein uralter Streich, daß man rechtschaffene Philosophos, und beinahe fast alle, für Atheisten ausgeschrieen. Dannenhero pflegen vernünftige Menschen diese Anmerkung zu machen, daß gemeiniglich derjenige, der von einer dergleichen unvernünftigen Bestie auch zu unseren Zeiten für einen Atheisten ausgerufen wird, ein rechtschaffener und tugendhafter Mann zu sein pflege.« Da grüßt also wieder eine Erinnerung Epikur herüber, zwar nicht die der Atomistik und Korpuskulartheorie, die Thomasius, wie gesehen, später in seinem naturphilosophischen »Versuch von Wesen des Geistes« abgelehnt hat, zugunsten des »geistigen Bands«. Wohl aber wirkt, ja regiert die Erinnerung an den Philosophen des entzauberten Weltgartens, der glücklichen Moralität ohne Furcht, Aberglauben und Mythologie. Das also lieferte letzthin das Arsenal zur Bekämpfung des ärgsten von allem praktischen Aberglauben, des Hexenwahns. Die Hexenprozesse selber ließen in Preußen, auch Sachsen durch den Einfluß des Thomasius nach, doch freilich sind sie, nach scheinbarem Aussterben, durch den Faschismus wiederum, suo genere, erneuert worden. Mit ausgewechselten Opfern, verändertem Aberglauben, ohne Kirchengott, mit dem »Mythos des zwanzigsten Jahrhunderts« – es war dennoch eine Reprise. Die letzte Hexe wurde in Deutschland nicht 1775 in Kempten verbrannt, sondern Tausende Opfer dieser Art, vom Nazi Juden genannt, wanderten, außer so viel anderen, noch 1945 in Auschwitz, Meidanek in Gaskammer und Krematorium. Wirklich Teuflisches war hervorgetreten, und es zeigt sich in der Folge nicht auf Deutschland beschränkt. Aber der deutsche Lichtpunkt, als der Thomasius hervorgetreten, hat das Beste jeder Aufklärung selber beleuchtet, so wie Kant das später aussprach: »Aufklärung ist der Ausgang des Menschen aus seiner selbstverschuldeten Unmündigkeit.« So geschah auch des ganzen Thomasius »Ausübung der Vernunft-Lehre«, geschah die menschenfreundliche Kunst, sich des Verstandes zu bedienen; – der Sozialismus nimmt diesen seinen Thomasius nicht zurück.

Nochmals der deutsche Vortrag

Ein letzter Blick gehe nochmals auf den preiswürdigen Mann, der deutsch lehrte. Das war eine vaterländische Tat großen Stils und eine fällige, also rasch wirksame. Logau, Opitz, Flemming, Lohenstein, Hofmannswaldau waren dem Thomasius deshalb vorbildlich, weil sie ihm die Muttersprache dichterisch handhabten. Zuvor hatten Paracelsus, Böhme gezeigt, was Deutsch grübelnd kann. Thomasius ging im Parteiischen sogar so weit, daß er von Lohenstein und Hofmannswaldau, den damaligen Leuchten der deutschen »Haupt- und Heldensprache«, behauptete, »sie könnten sechs Virgilen den Kopf bieten«. Auch konnte Thomasius selber, bei feierlichen Gelegenheiten, in den Superlativ des Barockdeutsch verfallen, so bei Gelegenheit eines Todesfalls in der Hallenser Fakultät: »Die guten Teils allhier formierte neue Universität würde diesen harten Fall mit blutigen Zähren beweinen, wenn nicht durch Verlierung dieses ihres edelsten Haupts sie zugleich ihrer Augen beraubet und von Gott gleichsam wiederum zu einem zerstümmelten Körper aus gerechtem Zorn gemacht worden.« Desto bewundernswerter ist es, daß Thomasius, wie gesehen, in seinen »Teutschen Monaten«, aber auch in mancherlei Teilen seiner Popularphilosophie zuweilen schon ans Deutsch des späteren 18. Jahrhunderts erinnert. Gerade das Philosophieren im Welt-, nicht Schulbegriff wirkte damals auf die deutsche Sprache höchst günstig ein und verhinderte offenbar, daß sie in Juristerei und Philosophie als bloße Übersetzung aus der lateinischen Schulsprache auftrat. Wärme und Lebendigkeit, wie sie nur der Gebrauch der Muttersprache verschafft, griffen statt dessen Platz, vereinten sich mit der eigenen Lebendigkeit des Thomasius, seiner erfinderischen Gesprächskunst, seiner pädagogischen Wirkungskraft. Zweifellos, durch die damals eingeleitete Abschaffung der lateinischen Gelehrtensprache ging auch Unersetzliches verloren: die Internationale des Ausdrucks. Als eine, die in Leipzig, Krakau, Paris, Oxford gleich leicht vortragen ließ, die in gleichartiger Terminologie, ohne Gefahren der Übersetzung die gelehrten Bücher überall verstehbar machte. Das Französische hatte seit Ludwig XIV. einen ähnlichen Dienst geleistet, doch er war weit begrenzter als der lateinische; denn die englische wissenschaftliche Literatur machte kaum mit, ebensowenig die italienische. Die lateinische Gelehrtensprache führte also in der Tat manchen Vorteil mit sich, war als universale eine gute Erbschaft aus dem Mittelalter; – viel größer jedoch gerieten im Verlauf der bürgerlichen, der national und dynamisch werdenden Philosophie ihre Hemmungen und Nachteile. Vor allem die Dynamik des bürgerlichen

Denkens, zum Unterschied vom ständisch-hierarchischen der Feudalgesellschaft, fand in dem verbalarmen mittelalterlichen Latein keinen Ausdruck. Das mittelalterliche Latein erlaubte zwar subtilste Unterscheidungen, doch wegen der sofortigen Substantivierung dieser Unterscheidungen und auch der dialektischen Abbildung darin wurden die Unterschiede fix, statisch, hart. Woher denn Goethe noch lange nachher die Substantivierung der Welt auch im humanistischen Gelehrtenlatein beklagte; bei Gelegenheit des Julius Caesar Scaliger bemerkt er in der »Geschichte der Farbenlehre«, nachdem er das beweglich-freie Griechisch gepriesen hatte: »Die lateinische Sprache dagegen wird durch den Gebrauch der Substantiven entscheidend und befehlshaberisch. Der Begriff ist im Wort fertig aufgestellt, im Worte erstarrt, mit welchem nun als einem wirklichen Wesen verfahren wird.« Das an Verben, Infinitiven, Partizipien so bewegliche Deutsch macht jedenfalls weniger substantivischen Bann. Und durch den Vorgang des Thomasius wurde nicht nur eine deutsche Nationalliteratur auch in den Wissenschaften frei gemacht, sondern ebenso ein wachsend elastischer Ausdruck im Verhältnis zur bürgerlich erschlossenen Dynamik und ihrem Prozeß. Kein besserer Zeuge hierfür als Leibniz, der Latein und das immerhin genormte Französisch doch selber gebrauchte, wenn er hierzu sagt (in seinen »Unvorgreifflichen Gedanken, betreffend die Ausübung und Verbesserung der Teutschen Sprache« unter § 57): »Reichtum ist das Erste und Nötigste bei einer Sprache und bestehet darin, daß kein Mangel, vielmehr ein Überfluß erscheine an bequemen und nachdrücklichen Worten, so zu allen Vorfälligkeiten dienlich, damit man alles kräftig und eigentlich vorstellen und gleichsam mit lebenden Farben abmalen könne.« Leibniz hat diese Schrift 1697 geschrieben, von Schottelius, dem ersten Germanisten, angeregt, der 1641 schon eine »Teutsche Sprachkunst« herausgab, doch praktisch angeregt durch Thomasius, zehn Jahre nach dessen epochemachender Deutsch-Vorlesung und den »Teutschen Monaten«, mit den durchaus »lebenden Farben« ihrer Sprache. Durch den Vorgang des Thomasius konnte nun neben die erwachende deutsche Dichtung, neben die lang vorher geschaffene, aber zuschanden gemachte Spracheinheit der Lutherbibel die Spracheinheit der

Bildung und Wissenschaft treten. Das über die Hunderte von Landesgrenzen, auch über die Konfessionstrennung hinweg, in die Deutschland als einziges europäisches Großland zerrissen war. Die Sprache selbst gehört nicht zum Überbau, wohl aber die Einsetzung der Muttersprache zum Zweck einer Nationalliteratur, die auch die wissenschaftliche Bildung umfaßt. Mit dieser Einsetzung hat die deutsch schreibende Wissenschaft sich erst zum nationalen Eigentum gemacht. Das Bewußtsein der Nation selber war mit der Sprache gewonnen, gegen alle Schlagbäume, Zaunkönige und Reichsmarktflecken. So hat Thomasius mit seiner populärsten Tat entscheidend zu jenem Überbau beigetragen, der Separatismus wie Ausländerei gleichmäßig gefahrloser machte. Thomasius ist die Geburt der deutschen Universität, eines der ersten und anschaulichsten Gewissen deutscher Freiheit und Einheit dazu. Minerva hat seitdem nicht vergessen, besonders lebhaft auch deutsch zu sprechen, aber der Leipziger Versuch am Schwarzen Brett, wie er zu einer Volksbasis der Wissenschaft hintrieb, ist immer noch nicht zu Ende.

Wahrhaftiges Gemeinwesen

Eines bürgerlichen Manns ohne Furcht und leidlich ohne Tadel wurde gedacht. Er war weit davon entfernt, ein Aufrührer zu sein, aber er hat kein Knie gebeugt und vertrat das Stärkste, was damals im deutschen Bürgertum zu vertreten war. So stellte er sich, inmitten aller deutschen Misere und gegen sie, in Positur. Er eröffnete, mit charaktervollem Wuchs, die deutsche öffentliche Aufklärung, verband wie keiner die Studierstube mit der Welt und griff in sie ein. Auch der Menschenverstand des Thomasius ist keineswegs der der Mittelmäßigkeit, wie das die reaktionär-romantische und fast jede spätbürgerliche Philosophiegeschichte behauptet, sobald sie auf den ihr uninteressanten Aufklärer zu sprechen kommt. Hat doch die gleiche Philosophiegeschichte, mindestens seit der imperialistischen Zeit, für die gesamte Aufklärung nur Herabsetzungen übrig, Kategorien wie: seicht, platt, trivial, banausisch und dergleichen, all das übrigens – damit am sozialen Auftrag zur Herabsetzung kein Zweifel sei – ebenso auf den Materialismus bezogen. Zugegeben, daß Thomasius kein Denker großen schöpferischen Stils war: wäre er aber ein Reaktionär gewesen wie etwa die Staatsrechtler Haller oder Adam Müller oder Stahl aus der Restaurationszeit, die noch weniger promethische Genien darzustellen in der Lage waren, so wäre ihm angebliche Mittelmäßigkeit keineswegs zum Vorwurf gemacht worden. Auch geht es nicht an, die deutsche Aufklärung insgesamt – wie die Reaktion tat – etwa nach dem späten Spießerexemplar Friedrich Nicolai zu beurteilen; das ist, als wollte man die Romantik nach Vulpius und »Rinaldo Rinaldini« bewerten. Frisch nehme der Begriff also an Thomasius seinen Teil, die kraftvolle, fröhliche, kritisch geladene Volkshaftigkeit in der Wissenschaft. Diese Thomasische, verbunden mit dem in Deutschland so selten gewesenen Stück progressiver Praxis, ist gerade ein sehr wenig seichter, nämlich saftvoller Gegensatz gegen jede Entmannung des Wissens zu beliebig vielen und beliebig goutierten Geistarten, gar gegen aufgeschwemmte, emporgestelzte wirkliche Plattheit mit allem möglichen in »Sicht« außer dem Thomasischen: »Daß nur eine Weisheit. Daß dieselbe in lebendiger Erkenntnis des wahrhaften Guten bestehe.« Eben ein Philosophieren, das aufs Wahre und wahrhaft Gute ernstlich aus ist, wird Thomasisches nie als Fremdkörper finden und das Licht der Aufklärung, wie es seinen Mann gestanden hat, nie als von draußen hereinfallend oder gar überhaupt nicht hereinfallend, wie letzteres beim geriebenen Obskurantismus der Fall und daneben wieder bei klerikalistischem Dogmatismus, der ohnehin alles weiß. So hat Thomasisches allemal seinen Wert, der gewesene Thomasius dazu; – die Weiterungen ins philosophisch Mächtige verstehen sich, von einem Punkt ab, von selbst. Wobei aber auch der Naturwuchs des Thomasischen dazu gehört und nirgends aufzugeben ist, weil nichts auf der Welt so wohltut wie endlich diese doppelte Signatur: Volksnähe und das Beste an den – dem Thomasius freilich entlegenen, doch nicht verriegelten – Grenzen der Menschheit.

Vieles an dem so hochachtbaren Mann ist zweifellos schlechthin veraltet. Die Klassenschranke bleibt klar, vorab was die allzu privat zuratenden Regeln für Glück und Frieden angeht. Sie sind sich der wirtschaftlichen Grundlage, des gesellschaftlichen Zusammenhangs, worin sie stehen, nicht bewußt. Unhaltbar geworden ist des Thomasius Unterscheidung zwischen einem erzwingbaren äußeren Recht, einer unerzwingbaren Gesinnungsmoral. Hatte diese Unterscheidung, wie angegeben, gegen Polizeistaat, auch gegen demonstrierbares bürgerliches Naturrecht überhaupt, einen gewissen progressiven Sinn, so vergeht dieser innerhalb einer sozialistischen Solidarität. Zugleich ist die allgemeine Schranke sichtbar, die das Naturrecht des Thomasius mit jedem der bürgerlichen Neuzeit teilt: mit der Annahme einer statischen menschlichen Natur, einer unvermittelten Abstraktheit des humanen Ideals. Dessen »allgemein Gutes« ist in der antagonistischen Klassengesellschaft unmöglich; und Thomasius erscheint derart genauso abstrakt oder rein nur im Ideal konsequent wie alles liberal-harmonisierende Naturrecht und alle ebensolche Moral bis hin zu ihrer Krönung durch den kategorischen Imperativ. Nun aber – und das ist die letzte Überraschung, die der angeblich so übersichtliche Aufklärer bietet –, nun aber geschieht bei Thomasius eine ganz und gar nicht liberale Eskapade. Und sie bewegt sich auf nichts Geringeres hin als auf die *sozialistische Konsequenz* der Menschenrechte – also doch von der Wirtschaft her, der in den drei Regeln der Glückseligkeit nicht erwähnten. Thomasius gibt eine Bekundung, worin er den wirklichen Tisch nennt, an dem die Moral sitzen könnte. Diese Bekundung steht im sechsten Hauptstück, S. 300 ff., der Schrift »Von der Kunst, vernünfftig und tugendhafft zu lieben / oder Einleitung zur Sitten-Lehre« und lautet: »Nun folgt die unzertrennliche Gemeinschaft alles Vermögens, ingleichen alles vernünftigen Tuns und Lassens, als die völlige Bezeugung, daß nunmehr die vernünftige Liebe ihre Vollkommenheit erlangt... Und also muß demnach alles Eigentum aufhören und alles gemein sein, weil ein jedwedes Eigentum aus dem Mangel der Liebe und der Uneinigkeit entstanden ist. Wir haben dieses auch anderswo weitläufig ausgeführt, daß von Anfang der Welt eine Gemeinschaft der Güter gewesen sei, ...daß bei dem Anfang des Christentums, als die christliche Liebe noch ihre gehörige Brünstigkeit gehabt, auch alle Güter unter den ersten Christen gemein gewesen... Wollte Gott, daß kein Mensch arm oder reich wäre.« Thomasius fährt gegen allerhand Zweifler an solcher moralischen Kommune fort: »Es ist wohl an dem, das Eigentum hat sich in alle Stände des gemeinen Wesens derart eingeflochten, daß man im ersten Augenblick nicht wohl begreifen kann, was für eine Gestalt dasselbige immermehr haben könnte, wenn kein Eigentum sein sollte. Aber es hat uns diesen Skrupel zu benehmen allbereit ein scharfsinniger Kopf die Mühe erspart, indem er unter dem Schein, als ob er ein neuentdecktes Volk, das er die Severambes nennt, nach ihrer Regimentsart und sittenhistorischen Weise beschreiben wollte, die Gestalt einer Republik, darin alle Güter gemein wären, so artig und geschickt beschrieben, daß der geringste Zweifel der Möglichkeit nicht mehr zurückbleibt, wenn nur die Bosheit die Herzen der Menschen nicht so sehr eingenommen hätte.« Thomasius meint mit dem angezogenen Buch die Sozialutopie »L'Histoire des Sévérambes«, 1672, von Vayrasse, doch er überschreitet auch, im Inhalt dieser wie mehrerer anderer Stellen, das bürgerliche Naturrecht durch das urkommunistisch abgezielte der revolutionären Sekten, das ihm ja wohlvertraut war. Und die Gesellschaft des Gemeineigentums wird von Thomasius nicht in einem utopischen Roman erzählt, sondern in der zitierten Sittenlehre, als einem gelehrten Werk, mit allem Ernst der damaligen Ableitung demonstriert. Das war eine große Kühnheit und gar erst in Deutschland, dem Land des kaum vergessenen Bauernkrieges, eine Kühnheit auch dann, wenn nicht Münzerischer Aufruhr, sondern, bei Thomasius, christliche Liebe den Weg schlagen sollte. »Bringe erst die Liebe in die Leute, darnach wird es sich mit dem Eigentum oder der Gemeinschaft der Güter von selbst geben« (l. c. S. 310) – das ist naiv, aber reichte diese Naivität nicht bis Ludwig Feuerbach? Heute würde der gleiche Typus Thomasius, in so gründlich veränderter Situation, nicht mehr die fiktiven Severamben heranzuziehen haben. Er hätte realversuchten Sozialismus des Gemeineigentums, hätte Exempel in der halben Welt als Antwort. Als Antwort auf die Frage, das gemeine Wesen betreffend, »was für eine Gestalt dasselbige haben könnte, wenn kein Eigentum sein sollte«. Überdies war dergleichen für den Mann, der aus dem Naturrecht die Konsequenz realer Humanität zog, keine Frage; diese ist ja einzig, wie Thomasius sagt, der Skrupel derer, denen sich »das Eigentum derart eingeflochten hat«, bis zur Fesselung des Willens und Verstands. Eingeborenes Grundrecht bleibt für Thomasius das Recht auf Glück; ein wahrhaftiges Gemeinwesen sollte gerade das ganze Glück ohne Störungen bringen, und das Grundmittel dazu war die Aufhebung des Eigentums. Zugleich aber finden sich die Glücksbilder mit denen der Mannhaftigkeit zusammen, ohne daß sich das eine vom anderen ersetzen ließe. Soviel über die Humanität des Thomasius; sie kann sich sehen lassen, sogar noch in ihrem derb-luziden Eklektizismus und ganz in ihrem gelebten Grundrecht. Die Karriere des Glücks wurde von Thomasius in der deutschen Aufklärung angelaufen; das verband sich ebenso, wie Figura zeigte, mit Männerstolz und Menschenwert.

1

Ratschlag, der vielleicht nicht nur für damalige Rechtsstudenten gilt

Es ist nicht zu läugnen / daß die Studiosi Juris auf Universitäten nach der gemeinen Lehr-Art eines Theils von vielen Dingen nichts hören oder lernen / die ihnen doch zu wissen hochnöthig sind / anders Theils viel Dinge öfters mit großer Mühe und Fleiß lernen / die ihnen hernach in gemeinen Leben wenig oder nichts nutze sind.

Summarischer Entwurff derer Grund-Lehren / Die einem Studioso Juris zu wissen / und auff Universitäten zu lernen nöthig / nach welchen D. Christian Thomas, Künfftig / so GOtt will Lectiones privatissimas zu Halle in vier unterschiedenen Collegiis anzustellen gesonnen ist.

2

Ein Sonderstück unter all den in tiefster Devotion ersterbenden Widmungen, womit das 17. und 18. Jahrhundert hindurch Autoren ihre Werke fürstlichen oder sonst hochmögenden Personen zu überreichen hatten

Hochwohlgebohrner Freyherr / Gnädiger Herr.

Ich solte ja billich anstehen / mit meinem Socrates nach Hoffe zukommen / in dem kein Zweifel ist / daß / wenn er noch beym Leben wäre / er vielleicht dem Hoffe für ein Possen-Spiel dienen würde / indem seine *Mores* nach der *Galanterie* des Hoffes nicht eingerichtet sind. Er hatte zwar zwey bey Hoffe sehr nöthige Tugenden / nemblich / daß er die Ihme zugefügten Beleydigungen mit großer Geduld vertrug / und daß er sehr wenig oder gar nicht *interessiret* war. Alleine daß er so gar geduldig war / und die Beschimpffungen seiner *Xantippe* und anderer seiner Widerwärtigen eines Theils ohne alle Empfindlichkeit verbisse / am andern Theile aber nicht einmahl die Geschencke / die ihme von seinen guten Freunden freywillig angeboten wurden / annahme / oder sie wohl zurücke sendete / anderer Umstände anjetzo zugeschweigen; Dieses sind ja solche Dinge / die von der heutigen Welt für sehr unförmlich und lächerlich gehalten werden.

Und wie solte Socrates bey Hoffe *approbation* finden / da er nicht einmahl sich bey denen *Universitäten* in Achtung zubringen vermögend wäre. Ich bin gewiß versichert / daß / wenn er wieder auferstehen solte / so wohl seine Lehr- als Lebens-Art von Jedermann auff Hohen Schulen verlachet werden würde. Er würde viel Aristophanes auch bey uns finden / die Ihn als den ärgsten *Pedanten* in einen öffentlichen Schau-Spiel durchziehen würden. Ja Er würde sich zweiffellos noch einmahl beqvehmen müssen / als ein *Atheiste* und Verstöhrer der gemeinen Ruhe den Gifftbecher zutrincken / und stehet dahin / ob er noch einmahl getreue Platones oder Xenophontes finden würde / die sich seine Unschuld / wie vor diesem geschehen / zuvertheydigen erkühnen solten.

Wie dem allen aber sei / so dürffte bey genauer Untersuchung der Umbstände der Mangel nicht so wohl auf Seiten des *Socrates* / als an denen überall eingerissenen bösen Gebräuchen unserer Zeiten seyn. Ich will dieses Geschwür eben jetzo nicht mehr unsanffte berühren / theils / weil solches mehr Verbitterung als Besserung verursachen dürffte; theils / weil solches von mir albereit anderswo mit wenigem Gefallen derer / so damit behafftet sind / geschehen. Dieses ist doch ausgemacht / daß Socrates kein *Pedante* gewesen / und daß Er zu seiner Zeit von den tugendhafftesten Staats-Leuten als ein Vater / und denen berühmtesten Weltweisen aller Secten / als ein Oberhaupt verehret worden. Er hielt zwar keine ordentlichen Stunden in seinem Lehren: Er sätzte seinen Zuhörern keine Bäncke / sondern er lehrete auff denen offentlichen Plätzen / in denen Gewölben und Buden / darinnen sich die Leute häufig zuversamlen pflegten / und dennoch thate er dadurch denen zu seiner Zeit lebenden *Sophisten* mehr schaden / und führete vielmehr junge Leute von dem Abwege einer eitelen Schein-Weißheit auff den Pfad der wahren Tugend / so ferne dieselbige durch die sich selbst gelassene Vernunfft erlanget werden kan / als nimmermehr Plato, Zeno, Epicurus, Aristoteles, oder einer von unsern heutigen Weltweisen gethan. Und wie Er die damahls nichts geachtete Sitten-Lehr / die doch billig der Grund aller rechtschaffenen Weltweißheit seyn soll / nach dem Lobspruch derer Alten selbst zu erst vom Himmel herabgezogen; Also war Er auch ein verständiger *Politicus* und unterwies diejenigen / so dermahleins zu Athen dem gemeinen Wesen vorstehen wolten / auf das nützlichste; Ja er gab den *Generalen* selbsten dienliche Lehren / zur Führung des Krieges / wie solches die denckwürdigen Dinge / so Xenophon von Ihme geschrieben / sattsamb bezeugen.

Beginn der schwerlich »alleruntertänigsten« Widmung an seinen »allergnädigsten Herrn«, Herrn Dodo Freiherrn von Inn und Knyphausen, Herrn zu Lutzburg, Gennelt und Helffte, Sr. Churfürstlichen Durchlauchtigkeit zu Brandenburg Wirklich-Geheimen Rat und Hofkammer-Präsidenten, Hochfreiherrliche Exzellenz und Gnaden bei Gelegenheit der Übersetzung, die Thomasius von Charpentiers »Vie de Socrate« 1693 veranstaltet hat. Im Einklang mit dem von Thomasius oft zitierten Satz des Tacitus: »Socordiam eorum irridere licet qui praesenti potentia aevi temporis memoriam extinqui posse credunt: Der Beschränktheit derer läßt sich lachen, die glauben, daß durch gegenwärtige Gewalt die Erinnerung künftiger Zeit ausgetilgt werden könne.«

NAMEN- UND TITELREGISTER

NAMEN- UND TITELREGISTER

Zeittafel

1885	am 8. Juli in Ludwigshafen geboren
1908	Promotion in Philosophie
1915	Übersiedlung nach Bern. Pazifistisches Engagement
1918	Übersiedlung nach Berlin. Mitarbeit bei der *Frankfurter Zeitung* und der *Vossischen Zeitung*
	Geist der Utopie
1921	*Thomas Münzer als Theologe der Revolution*
1923	*Durch die Wüste*. Kritische Essays.
1930	*Spuren*
1933	Emigration über Zürich, Paris, Wien nach Prag.
	Mitarbeit bei der exilierten *Weltbühne*
1935	*Erbschaft dieser Zeit*
1938	Emigration in die USA. Mitbegründung des Aurora Verlags.
	Mitarbeit an der Zeitschrift *Freies Deutschland*
1946	*Freiheit und Ordnung*. Abriß der Sozialutopien
1949–1957	Ordinarius für Geschichte der Philosophie und Leiter des Philosophischen Instituts der Universität Leipzig
1951	*Subjekt-Objekt*. Erläuterungen zu Hegel
1952	*Avicenna und die Aristotelische Linke*
1953	*Christian Thomasius*. Ein deutscher Gelehrter ohne Misere
1954	*Das Prinzip Hoffnung*. Band I
1955	*Das Prinzip Hoffnung*. Band II
	Nationalpreis der DDR
1955	*Differenzierungen im Begriff Fortschritt*
	Dispensierung von allen akademischen Ämtern
1959	*Das Prinzip Hoffnung*. Band III
1961	Professur für Philosophie an der Universität Tübingen
	Naturrecht und menschliche Würde
	Philosophische Grundfragen. Zur Ontologie des Noch-Nicht-Seins
1962	Beginn der 16bändigen Gesamtausgabe
	Verfremdungen I
1963	*Tübinger Einleitung in die Philosophie 1*
1964	*Tübinger Einleitung in die Philosophie 2*
	Verfremdungen II. Geographica
	Kulturpreis des DGB. Mitglied des PEN-Zentrums der BRD
1965	*Literarische Aufsätze*
1967	Friedenspreis des Deutschen Buchhandels

1968	*Atheismus im Christentum*
1969	*Philosophische Aufsätze zur objektiven Phantasie*
1970	*Politische Messungen, Pestzeit, Vormärz*
1972	*Vorlesungen zur Philosophie der Renaissance*
1974	*Ästhetik des Vor-Scheins 1*
	Ästhetik des Vor-Scheins 2

Ernst Bloch
im Suhrkamp Verlag

Gesamtausgabe in 16 Bänden, bisher erschienen:

Band 1 Spuren, 1969, 228 S. Ln.
Band 2 Thomas Münzer als Theologe der Revolution, 1969. 232 S. Ln.
Band 3 Geist der Utopie. Bearbeitete Neuauflage der zweiten Fassung von 1923. 1964. 354 S. Ln. u. Kt.
Band 4 Erbschaft dieser Zeit. Erweiterte Ausgabe. 1962. 416 S. Ln.
Band 5 Das Prinzip Hoffnung. In fünf Teilen. 2 Bände. 1959. 1658 S. Ln.
Band 6 Naturrecht und menschliche Würde. 1961. 368 S. Ln. u. Kt.
Band 7 Das Materialismusproblem, seine Geschichte und Substanz. 1972. ca. 560 S. Ln. u. Kt.
Band 8 Subjekt-Objekt. Erläuterungen zu Hegel. 1962. 526 S. Ln. u. Kt.
Band 9 Literarische Aufsätze. 1965. 582 S. Ln. u. Kt.
Band 10 Philosophische Aufsätze zur objektiven Phantasie. 1969. 634 S. Ln. u. Kt.
Band 11 Politische Messungen, Pestzeit, Vormärz. 1970. 492 S. Ln. u. Kt.
Band 13 Tübinger Einleitung in die Philosophie. 1970. 384 S. Ln.
Band 14 Atheismus im Christentum. Zur Religion des Exodus und des Reichs. 1968. 362 S. Ln. u. Kt.
Band 15 Das Experiment Welt. Zentren der Kategorienlehre. 1975. ca. 260 S.
Band 16 Geist der Utopie. Erste Fassung (1918). Faksimileausgabe. 1971. 452 S. Ln.

Das Morgen im Heute. Eine Auswahl zum 75. Geburtstag. Herausgegeben von Siegfried Unseld. 1960. 88 S. Pp.

Das Prinzip Hoffnung. Wissenschaftliche Sonderausgabe in 3 Bänden. 1967. 1658 S. Lnkasch.

Ernst Bloch zu ehren. Beiträge zu seinem Werk. Herausgegeben von Siegfried Unseld. 1965. 418 S. Ln.

Es spricht Ernst Bloch. Zum 85. Geburtstag. Herausgegeben von Gert Kalow. Kassette mit 2 Schallplatten und Textheft. 1970.

Philosophische Grundfragen. 1961. 96 S. Ln.

Ernst Bloch
in der edition suhrkamp

Avicenna und die Aristotelische Linke. 1963. Band 22. 116 S.

Christian Thomasius, ein deutscher Gelehrter ohne Misere. 1967. Band 193. 72 S.

Durch die Wüste. Kritische Essays. 1964. Band 74. 160 S.

Pädagogica. 1971. Band 455. 152 S.

Tübinger Einleitung in die Philosophie I. 1963. Band 11. 204 S.

Tübinger Einleitung in die Philosophie II. 1964. Band 58. 180 S.

Über Karl Marx. 1968. Band 291. 178 S.

Über Methode und System bei Hegel, 1970. Band 413. 142 S.

Widerstand und Friede. Aufsätze zur Politik. 1968. Band 257. 112 S.

Vom Hasard zur Katastrophe. Politische Aufsätze aus den Jahren 1934–1939. 1972. Band 534. 450 S.

Das antizipierende Bewußtsein. 1972. Band 585. 350 S.

Über Ernst Bloch. Beiträge von Martin Walser, Ivo Frenzel, Jürgen Moltmann, Jürgen Habermas, Fritz Vilmar, Iring Fetscher, Werner Maihofer. 1968. Band 251. 150 S.

Ästhetik des Vor-Scheins 1. 1974. Band 726. 328 S.

Ästhetik des Vor-Scheins 2. 1974. Band 732. 282 S.

Ernst Bloch
in der Bibliothek Suhrkamp

Die Kunst, Schiller zu sprechen, und andere literarische Aufsätze. 1969, Band 234. 162 S.

Spuren. Erweiterte Ausgabe. 1970. Band 54. 291 S.

Thomas Münzer als Theologe der Revolution. 1962. Band 77. 244 S.

Verfremdungen I. 1962. Band 85. 234 S.

Verfremdungen II. Geographica. 1964. Band 120. 208 S.

Zur Philosophie der Musik. 1974. Band 398. 334 S.

Ernst Bloch
in den suhrkamp taschenbüchern

Subjekt-Objekt. Erläuterungen zu Hegel. 1971. Band 12. 544 Seiten.

Naturrecht und menschliche Würde. 1972. Band 49. 372 Seiten.

Vorlesungen zur Philosophie der Renaissance. 1972. Band 75. 162 Seiten.

Atheismus im Christentum. 1973. Band 144. 314 S.

Ernst Bloch
in den suhrkamp taschenbüchern wissenschaft

Das Prinzip Hoffnung. 3 Bände. 1973. Band 3. 1655 Seiten.

st 185 Ingeborg Weber-Kellermann, Die deutsche Familie. Versuch einer Sozialgeschichte
Mit zahlreichen Abbildungen
204 Seiten
Der Rückblick auf die Geschichte der Familie macht deutlich, daß im Mittelalter der Hausvater dem ganzen Haus als Planer und Verwalter der Ökonomie vorstand, als Vertreter seines Hausrechts in der Gemeinde, als Gatte und Vater und Gestalter der häuslichen Kultur wie auch als Meister und Wirt. Mit der Trennung von Arbeitsplatz und Wohnstätte im Verlaufe der Industriellen Revolution wandelt sich der Typus der Familie von demjenigen der gemeinsam wirtschaftenden und hausenden Großfamilie zur Kleinfamilie. Erst in der gegenwärtigen Gesellschaft stellt sich wieder die Aufgabe, einen neuen Familientypus ohne vorgeformte Abhängigkeiten zu entwickeln.

st 186 Alexander Kluge, Lebensläufe. Anwesenheitsliste für eine Beerdigung
272 Seiten
Mit seinen *Lebensläufen* (1962) wurde Kluge rasch bekannt. Der vorliegende Band ist um zehn bisher unveröffentlichte Erzählungen erweitert. Es geht um Lebensgeschichten von Lehrern, Wissenschaftlern, Kriminalräten, Richtern, Karnevalsprinzen, Soldaten, Frauen verschiedener Berufe, einen Familienverband, der sich nur noch zu Beerdigungen zusammenfindet. Die Lebenswünsche dieser Menschen treffen auf die gesellschaftliche Entwicklung. Nichts kann bleiben wie bisher. Insofern ist das Nacherzählen von Lebensgeschichten eine mögliche Protestform.

st 187 Dieter Kühn, Siam-Siam. Ein Abenteuerbuch
184 Seiten
Mit historischer Kenntnis und souveräner Erfindungsgabe erzählt Dieter Kühn auf ebenso unterhaltsame wie spannende Weise Geschichten von Paarbildungen und Doppelspielen. Was da exotisch oder exzentrisch scheint,

meint Gewöhnliches, macht Möglichkeiten in uns bewußt. Dieter Kühn hat gegenüber der Erstausgabe von 1972 den Text zum Teil erheblich überarbeitet.

st 188 Helmut Swoboda, Die Qualität des Lebens
Vom Wohlstand zum Wohlbefinden
224 Seiten
Diese zeitkritische Studie ist bestrebt, Begriffe wie Lebensstandard, Konsumstandard, Bruttosozialprodukt, Wirtschaftswachstum zu klären und auf ihre Abhängigkeiten hin zu untersuchen. Sowohl die Tatsache, daß durch die Erschöpfbarkeit der Ressourcen und die wachsenden Kosten für die Umweltsanierung ein Ansteigen des Konsumstandards kaum noch lange möglich sein wird, als auch die Frage, was uns das Konsumdenken eigentlich einbringt, zwingen zu einer Umorientierung. Was Swoboda für erforderlich hält, ist eine Rückbesinnung vom Konsum auf den Menschen.

st 189 Reinhold Rathscheck, Konfliktstoff Arzneimittel
Mit Abbildungen
208 Seiten
In diesen neun Kapiteln, die gegenüber der Erstausgabe von 1971 gründlich überarbeitet sind und deren Zahlenmaterial auf den neuesten Stand gebracht ist, beschäftigt sich der Autor mit den aktuellsten Fragen: mit den Gründen des steigenden Arzneimittelverbrauchs und mit Tatsachen und Gefahren des Arzneimittelmißbrauchs. Den Erfolgen der pharmazeutischen Forschung von gestern stehen die Schwierigkeiten gegenüber, die heute zu überwinden sind. Das Stichwort »Arzneimittelflut« wird ebenso aufgegriffen wie die Frage der Wirksamkeit von Medikamenten, der Arzneimittelprüfung und -werbung, der Arzneimittelpreise und -patente.

st 190 Rainer Maria Rilke, Die Weise
von Liebe und Tod
Texte und Dokumente
Bearbeitet und herausgegeben von Walter Simon
424 Seiten
In diesem Text- und Materialienband werden die drei Fassungen von Rilkes *Cornet*, 1899, 1904 und 1906, nebeneinandergestellt. Eine zweite Abteilung vereinigt alle

bis jetzt zugänglichen Briefe Rilkes und seiner Briefpartner, in denen der *Cornet* erwähnt ist. Die dritte Abteilung bringt die kritische und betrachtende Literatur zum *Cornet*. Dabei kommen die zustimmenden wie ablehnenden Meinungen gleichermaßen zu Wort. Eine Bibliographie und ein Namenverzeichnis beschließen den Band.

st 191 T.S. Eliot, Die Dramen
Deutsch von E. Fried, R.A. Schröder, P. Suhrkamp, N. Wydenbruck
512 Seiten
In diesem Band sind sämtliche Dramen Eliots vereinigt: *Sweeney Agonistes; Mord im Dom; Der Familientag*; *Die Cocktail Party*; *Der Privatsekretär*; *Ein verdienter Staatsmann*.

st 192 Bertrand Russell, Autobiographie III. 1944–1967
Aus dem Englischen von Rudolf Weys
368 Seiten
Dieses ist der dritte und letzte Band einer der wirklich bedeutenden Autobiographien unserer Zeit. In den ersten beiden Bänden (st 22, st 84) wurde jene Welt dargestellt, die mit dem Zweiten Weltkrieg endete, und jene Kämpfe auf politischem und gesellschaftlichem Gebiet, die bereits fast oder sogar ganz gewonnen waren. Im vorliegenden Band erfahren die früheren Abschnitte einen logischen Abschluß. Hier ficht jener Mann, der die philosophische Wahrheit mit einer zu seiner Zeit unvergleichlichen Klarheit des Gedankens und der Sprache verfolgte, einen äußerst unpopulären Kampf. Sitzstreiks, Märsche, Reden und Manifeste – sie sind alle Teil eines scharfen, zusammenhängenden Bildes. Wir sind hier mit dem kraftvollen Höhepunkt des sehr langen und fruchtbaren Lebens eines Mannes konfrontiert, der auf seine Zeit einen gewaltigen Einfluß ausübte.

st 193 Laszlo Glozer, Kunstkritiken
Mit Abbildungen
294 Seiten
Diese Auswahl von Kunstkritiken, in den Jahren 1968 bis 1973 für die *Frankfurter Allgemeine Zeitung* und die *Süddeutsche Zeitung* geschrieben, stellt pointiert die

Frage, wie sich ein und derselbe Rezensent zu künstlerischen Polen wie Rembrandt und Beuys verhält und schreibend Kunst zu vermitteln versucht. Die Aufsätze äußern sich zu kunstgeschichtlichen Bereichen wie der großen Tradition neuzeitlicher Malerei (Caravaggio, Rembrandt, Watteau, Füssli), dem vergessenen und neuerdings wiederentdeckten 19. Jahrhundert (Turner, Whistler), zu Phantasie und Surrealismus, zu Kunstproblemen der Nachkriegszeit, der sechziger Jahre und der Gegenwart. Im Mittelpunkt der Sammlung stehen Aufsätze über Pablo Picasso.

st 194 Edmund Wilson, Auf dem Weg zum Finnischen Bahnhof
Über Geschichte und Geschichtsschreibung
Aus dem Amerikanischen von Ehrenfried Klauer und Hans Stern
448 Seiten
Dieses in der ganzen Welt berühmt gewordene Buch bringt die Schilderung von Charakteren und Schicksalen aus der Geschichte des Sozialismus und der Revolutionen. In die Vorgeschichte der großen russischen Umwälzung von 1917 gehören nach Wilson nicht nur Marx und Engels, Proudhon, Fourier, Owen und Babeuf, sondern auch der italienische Philosoph Vico, Historiker wie Jules Michelet und Hyppolite Taine oder Schriftsteller wie Ernest Renan und Anatole France. Das Kernstück des Buches bilden großangelegte und minuziös ausgeführte Porträts von Marx und Engels, Lenin und Trotzki.

st 196 Federico García Lorca, Über Dichtung und Theater
Deutsch von Enrique Beck
144 Seiten
Diese Sammlung entlegener Quellen und Dokumente von und über García Lorca macht deutlich, welch einzigartige dichterische Existenz und menschliche Potenz Spanien und die Welt verlor, als Lorca, 38 Jahre alt, von der Falange erschossen wurde. Aus den zahlreichen Mosaiksteinchen persönlicher Äußerungen entsteht das Bild eines Menschen, der in Leben, Sprechen und Schreiben Anmut mit Würde vereinte, Heiterkeit des Herzens mit einem wachen sozialen Gewissen. Zur Werkinterpretation, für die Kenntnis von Lorcas poetischen und theatertheoretischen Absichten ist der Band unentbehrlich.

st 200 Samuel Beckett, Das letzte Band. Dreisprachig
Deutsche Übertragung von Erika und Elmar Tophoven
Englische Originalfassung. Französische Übertragung von
Samuel Beckett
Mit Szenenphotos
96 Seiten
Ein neunundsechzigjähriger Schriftsteller, ziemlich erfolglos, kramt aus seinem Tonbandarchiv, in dem er sein Leben akustisch dokumentiert, das Magnetophonband hervor, das er vor einem Lebensalter, als Neununddreißigjähriger, besprochen hat. Schon am neununddreißigsten Geburtstag hatte er einem zehn Jahre zuvor aufgenommenen Tonbandinterview mit sich selbst gelauscht. Das ältere Ich sitzt über das jüngere Ich zu Gericht, und die Gegenwart ist nur noch Kommentar der Vergangenheit.

st 201 Bertolt Brecht, Frühe Stücke
224 Seiten.
Baal. Trommeln in der Nacht. Im Dickicht der Städte.
Brechts Entwicklung zur großen epischen Dramatik, zum »wissenschaftlichen Theater«, ist erst aus der Kenntnis seiner Jugendwerke, in denen schon wesentliche Themen seiner Welt vorgezeichnet sind, richtig zu verstehen. Alle Stücke »zeigen ohne Bedauern, wie die große Sintflut über die bürgerliche Welt hereinbricht...« *Bertolt Brecht*

st 202 Jürgen Habermas, Dieter Henrich
Zwei Reden. Aus Anlaß des Hegel-Preises
84 Seiten
Dieter Henrich hielt als Präsident der Internationalen Hegel-Vereinigung die Laudatio anläßlich der Verleihung des Hegel-Preises 1973 der Stadt Stuttgart an Jürgen Habermas, in der er die Kontinuität Habermasschen Denkens hervorhebt. Mit der in diesem Band veröffentlichten Rede »Können komplexe Gesellschaften eine vernünftige Identität ausbilden?« bedankte sich Jürgen Habermas für den Hegel-Preis.

st 203 Hans Werner Riedel, Die Kontrolle des Luftverkehrs. Flugsicherung und Fluglotsen
Mit zahlreichen Abbildungen
208 Seiten
Die Kontrolle des Luftverkehrs, die Flugsicherung, ist ein Detail in der Welt der Technologie. Was sich dort wirk-

lich abspielt, welche Mittel und Leistungen eingesetzt werden, welchen Schwierigkeiten der Fluglotse in einem Mensch-Maschine-System ausgesetzt ist, darauf versucht dieses Taschenbuch eine Antwort zu geben.

st 204 Karl Kraus, Magie der Sprache. Ein Lesebuch
Herausgegeben und mit einem Nachwort
von Heinrich Fischer
368 Seiten
Für dieses Buch, das ein lebendiges Lesebuch und keine akademische Anthologie ist, hat der Herausgeber aus mehr als 30 Büchern und über 900 Nummern der *Fackel* einen Extrakt geschaffen, der die zeitlose Wortgewalt, die polemische Kraft, aber auch das Heitere, Wortspielerische, das Zarte dieses Sprachkünstlers und Dichters vergegenwärtigt.

st 205 Max Frisch, Dienstbüchlein
176 Seiten
Das *Dienstbüchlein* enthält Frischs Erinnerungen an seine Schweizer Militärzeit von 1939 bis 1945. »Ich bin ungern Soldat gewesen. Immerhin sind Erfahrungen nicht abzugeben mit der Uniform, Erfahrungen mit unserem Land, mit sich selbst.« An diese Erfahrungen erinnert sich Frisch heute, an die Tage in Uniform, an 650 Militärtage ohne Arrest. »Indem ich mich heute erinnere, wie es damals so war, sehe ich es natürlich nach meiner Denkart heute. Ich wundere mich, wieviel man hat erfahren können, ohne es zu sehen.«

st 206 Hermann Hesse, Demian. Die Geschichte von Emil Sinclairs Jugend
166 Seiten
Hermann Hesses Erzählung *Demian*, 1919 erschienen, hatte, wie Thomas Mann in seinem Vorwort zur amerikanischen Ausgabe berichtet, auf die junge Generation nach dem Ersten Weltkrieg »eine elektrisierende Wirkung und traf mit unheimlicher Genauigkeit den Nerv der Zeit«, ähnlich Goethes *Werther*, dessen Wirkung Thomas Mann mit der des *Demian* vergleicht.

st 207 Hartmut von Hentig, Magier oder Magister? Über die Einheit der Wissenschaft im Verständigungsprozeß
256 Seiten

Viel zu lange schon sind für Hartmut von Hentig die Wissenschaftler Magier gewesen, die mit dem Anspruch auftraten, durch ihre wissenschaftliche Praxis die Wahrheit finden zu können, ohne je in der Lage zu sein, Laien diesen Anspruch glaubhaft zu vermitteln, geschweige, sie am Prozeß der Wahrheitsfindung teilhaben zu lassen. Statt dessen sollen die Wissenschaftler nun »Magister« werden, das heißt, sich vordringlich der Erklärung dessen widmen, »was sie herausfinden, warum sie es erforschen, wie man es verwendet und wie man es lernen und weitergeben kann«.

st 208 Peter Handke, Als das Wünschen noch geholfen hat
126 Seiten
Inhalt: Leben ohne Poesie; Was soll ich dazu sagen?; Die offenen Geheimnisse der Technokratie; Die Reise nach La Défense; Blaues Gedicht; Die Geborgenheit unter der Schädeldecke; Jemand anderer: Hermann Lenz; Eine Zwischenbemerkung über die Angst; Die Sinnlosigkeit und das Glück.
»Dieses Buch könnte man lesen als eine neue Erforschung der *Innenwelt der Außenwelt der Innenwelt*, Jahre später. Was hat sich verändert? The story of my life, und die Geschichten anderer.« *Peter Handke*

st 235 Uwe Johnson, Eine Reise nach Klagenfurt
112 Seiten
In Klagenfurt hat Ingeborg Bachmann ihre Kindheit erlebt; ist diese Zeit noch zu finden in der Stadt von heute? Danach zog sie vor, zu leben in Rom und anderswo; was für Einladungen bietet Klagenfurt? Zitate von Ingeborg Bachmann lösen die Recherchen Uwe Johnsons aus, das Zusammenspiel beider Elemente illustriert die Spannung zwischen den beiden Orten. In Rom starb Ingeborg Bachmann am 17. Oktober 1973; in Klagenfurt ist sie begraben.

st 238 Dietrich Hofmann (Hrsg.), Schwangerschaftsunterbrechung. Aktuelle Überlegungen zur Reform des § 218
352 Seiten
Dem vorliegenden Band geht es darum, der Vielfalt und der Unterschiedlichkeit der Auffassungen Rechnung zu

tragen, welche die Position der verschiedensten Berufe, Kräfte und Gruppierungen unseres Landes kennzeichnen. Der Anspruch auf Sachlichkeit basiert auf der Klarstellung naturwissenschaftlicher, medizinischer Erkenntnisse, der Erkenntnisse eines Juristen, eines Moraltheologen, eines Soziologen und eines Psychiaters.

st 239 Bis hierher und nicht weiter
Ist die menschliche Aggression unbefriedbar?
Zwölf Beiträge. Herausgegeben von Alexander Mitscherlich
»Mitscherlich und mit ihm die Autoren dieses Bandes sehen heute die Aufgabe vor sich, jenseits aller ›Kollektivierungsmethoden‹ mit ihrem äußeren Feindbild und jenseits aller Tabuisierung durch herrschende Gruppen den einzelnen über seine Aggressionen aufzuklären, ihn erst einmal so weit zu bringen, daß er die Aggression erkennt, sie zugibt, mit ihr zu leben lernt . . . Das Ergebnis ist ein Buch, in dem wie niemals zuvor die gegenwärtige Diskussion zusammengefaßt ist.« *Karsten Plog*

Alphabetisches Gesamtverzeichnis der suhrkamp taschenbücher